中国艺术报

庆祝中国共产党成立100周年 特刊

向光而行，驰而不息

百年风华

砥砺百年

丹心向党

百年风华
正青春

中国艺术报
庆祝建党 100 周年
文章精选

中国艺术报社　编

中国文联出版社

图书在版编目（ＣＩＰ）数据

百年风华正青春：中国艺术报庆祝建党 100 周年文章
精选 / 中国艺术报社编. -- 北京：中国文联出版社，
2023.11
　　ISBN 978-7-5190-5357-4

　　Ⅰ. ①百… Ⅱ. ①中… Ⅲ. ①文艺评论－中国－当代
－文集 Ⅳ. ①I206.7-53

中国国家版本馆 CIP 数据核字(2023)第 216926 号

编　　者　中国艺术报社
责任编辑　张凯默　邢舒然
责任校对　秀点校对
封面设计　贾闪闪

出版发行　中国文联出版社有限公司
社　　址　北京市朝阳区农展馆南里 10 号　　邮编 100125
电　　话　010-85923025（发行部）　　010-85923091（总编室）
经　　销　全国新华书店等
印　　刷　三河市龙大印装有限公司

开　　本　710 毫米×1000 毫米　　1/16
印　　张　29
字　　数　357 千字
版　　次　2023 年 11 月第 1 版第 1 次印刷
定　　价　95.00 元

版权所有·侵权必究
如有印装质量问题，请与本社发行部联系调换

编 委 会

康　伟　余　宁　孟祥宁　邱振刚　　金　涛　张亚萌

张志勇　乔燕冰　何瑞涓　马李文博　王　琼　蒲　波

陈思静　杨　阳　张瀚允　宫剑南　　冉　丹　王于鑫

王　帆　董　磊　金　铭　韩　猛　　张　健　王　寅

李朝杰　冷　怡　张　黎　王　伟

高擎民族精神的火炬（代序）

——写在中国共产党成立一百周年之际

《中国艺术报》评论员

从太空的视角回望地球，总有一种美感亘古恒存，演绎着人类文明的生生不息。

伴随着嫦娥五号顺利着陆"月背"、祝融号成功探测火星、神舟十二号载人飞船与天和核心舱完成自主交会对接……这些前所未有的视角，无不昭示着神州大地的百年巨变。

中国，从一个积贫积弱、饱受欺侮的半殖民地半封建社会，实现了站起来、富起来并不断向强起来迈进的复兴梦想，正以积极进取、奋发昂扬的姿态，不断迈向新的境界。

2021 年 6 月 28 日，北京。国家体育场内，灯光璀璨。庆祝中国共产党成立 100 周年文艺演出《伟大征程》在这里盛大举行。中央舞台的巨型屏幕上，金色党徽在红色幕布的衬托下熠熠生辉，两侧分别书写着"1921"和"2021"金色字样，象征着伟大的党带领全国各族人民的百年奋斗历程。四个篇章的恢弘演出，唱响了"领航！伟大的中国共产党！"

"文艺是时代前进的号角，最能代表一个时代的风貌，最能引领一个时代的风气。"伟大征程，波澜壮阔，始终激荡着党领航文艺的奋进求索，始终脉动着文艺与人民同呼吸、与国家共命运的时代强音。

（一）回首百年历程，文艺何为？只有在党的领导下，文艺才能真正高擎民族精神的火炬、劲吹人民奋进的号角。而这一切，都源于上海兴业路766号和浙江嘉兴南湖上的一艘小小红船。

翻开近现代中国的历史大书，触目皆是积贫积弱、九原板荡、奇耻大辱。从洋务运动到辛亥革命，各种"主义"和"方案"，都以失败而收场。从梁启超的"大愿未酬时易逝，抚膺危坐涕纵横"，到陈天华的"长梦千年何日醒，睡乡谁遣警钟鸣"，一个个个体的"诗言志"，也只能是"灵台无计逃神矢"的忧国忧民。直到十月革命一声炮响，给中国送来了马克思列宁主义，诞生了中国共产党，中国的大地上，才真正透出希望的曙光。

2021年6月25日，习近平总书记主持十九届中共中央政治局第三十一次集体学习并发表重要讲话指出，北大红楼和丰泽园在党的历史上都具有标志性意义，生动地诠释了中国共产党是怎么来的、中华人民共和国是怎么来的，给我们上了一堂鲜活而又生动的党史课。

北大红楼，是红色序章的标志性建筑。丰泽园毛泽东同志故居，是毛泽东同志从1949年9月21日开始工作和生活了17年的地方。就像两个耀眼的坐标，它们串起了相约建党和新中国成立的两个重大时刻，也界分了中国文艺史的两个重要发展时期。

鲁迅先生说，要改造国人的精神世界，首推文艺。一百多年前，在实业救国、制度改良、辛亥革命相继失败和列强欺凌的内忧外患中，新文化运动风起云涌，文艺被寄予开启民智、革新思想的希望。以李大钊、陈独秀等为代表的一大批先驱知识分子，积极推动马克思主义在中国的早期传播，开展酝酿和筹建中国共产党等革命活动。以新文化运动为标志，中国文艺迎来了一个重大转折，驶向了新民主主义革命的航道。

1921年7月23日，来自全国各地和旅外党组织的13名代表，从四面八方会聚到上海法租界望志路106号（今兴业路76号）和浙江嘉兴南湖的一艘红船上，召开了中国共产党第一次全国代表大会，宣告一个以马克思列宁主义为行动指南的、以实现社会主义和共产主义为奋斗目标的、统一的无产阶级政党——中国共产党正式成立。

开天辟地，震古烁今。从此，红色的航标，用信仰之光，为中国文艺照亮了奋斗之路。

（二）时代洪流中，革命文艺的嘹亮号角响起，一批批进步文艺工作者会聚在党的周围，发出引领时代的强音。

顺承着新文化运动的滚滚风潮，在瞿秋白、恽代英、肖楚女、邓中夏、张闻天等党的早期革命家的参与下，左翼文艺运动逐渐形成和发展起来。1929 年，中共中央文化工作委员会在上海成立。1930 年 3 月 2 日，在党的领导下创建了"中国左翼作家联盟"，铸就了中国革命文艺史上的一座丰碑。

"所以我们决意……先把过去的得失清算一下，考察现在世界文化发展的潮流，中国革命运动的阶段，研究在这样的潮流、这个阶段上我们中国青年应做何种艺术运动，然后才不背民众的要求，才有贡献与新时代之实现。"1930 年 4 月，田汉发表长文《我们的自己批判》宣告自己的进步转向。

作为"革命文学"的代表和促进无产阶级革命文学发展的新锐力量，柔石、胡也频、殷夫、李伟森、冯铿五位"左联"作家将手中的笔化作投枪和匕首，为唤起民众、宣传革命积极地奔走疾呼。1931 年 2 月 7 日，他们被反动派秘密杀害于上海龙华，将沸腾的青春热血，献给了革命信仰。

……一批又一批进步文艺工作者会聚在党的周围，矢志不渝追随党领导的革命事业。他们为了民族解放、国家独立、人民幸福，前赴后继，奔忙奔走，不惜献出自己宝贵的生命。

在红色革命根据地，革命的文艺工作者积极办刊出报、组织文艺活动、组建文艺组织、编创文艺作品。从革命歌谣《救穷歌》《红军纪律歌》到话剧《庐山之雪》《红之萌》《打到漳州去》等，"新的工农的苏维埃文化"成燎原之势。革命文艺经受长征的淬炼，伴随陕甘宁、晋察冀、冀鲁豫等根据地的建立和新的形势要求，点燃了民族精神的火炬，铸成了抵御外侮、团结抗日的文艺脊梁。

（三）似一盏明灯，《在延安文艺座谈会上的讲话》从根本上回答了革命文艺的方向、道路等重大原则问题，给予文艺工作者无限的勇气，新民主主义革命文艺运动开辟广阔前景。

"延安的城门成天开着，成天有从各个方向走过来的青年，背着行李，燃烧着希望，走进这城门。"经过两万五千里长征的浴血奋战、艰险跋涉，中国革命的重心转移到了陕北黄土高原这座不起眼的小城。

丁玲、艾青、艾思奇、贺绿汀、冼星海……一批批风华正茂的文化青年向着光明，冲破重重封锁辗转西行。几年内到达延安的知识分子竟达四万余人，相当于 1937 年初中共党员的总和。当时的《解放日报》评述，延安"不但在政治上而且在文化上作中流砥柱，成为全国文化的活跃的心脏"。诚哉斯言，伟哉斯言。

正是在这座小城，毛泽东在《新民主主义论》中提出："建立中华民族的新文化，这就是我们在文化领域中的目的。"正是在这座小城，召开了对中国文艺发展有着重大而深远影响的延安文艺座谈会，毛泽东《在延安文艺座谈会上的讲话》的发表，全面、系统地明确了文艺为人民大众特别是为广大工农兵群众服务的方向以及如何为群众服务的路径。这是我们党对文艺工作的第一次全面明确指导，更开启了一个与工农兵群众相结合的新文艺发展的光辉道路。

"我们的文学艺术都是为人民大众的。""有出息的文学家艺术家，必须到群众中去，必须长期地无条件地全心全意地到工农兵群众中去，到火热的斗争中去。"巍巍宝塔山，滚滚延河水，还有杨家岭的枣园和阳光，它们共同见证了这一刻——1942 年 5 月 2 日至 23 日，延安文艺座谈会，气势磅礴的思想乐章，跨越时空穿透而来，至今回响。

毛泽东《在延安文艺座谈会上的讲话》，为探索中国特色社会主义文艺发展道路奠定了坚实的理论基础。在延安文艺座谈会精神感召下，无数饱含着家国情怀、满腔热血的文艺工作者纷纷奔赴延安，奔向全国，"到群众中去""到火热的斗争中去"；他们出墙报，创作木刻、年画，组织文艺下乡，开展戏剧运动，掀起了深入生活的热潮；从歌曲《东方红》到歌剧《白毛女》，从小说《小二黑结婚》到《太阳照在桑干河上》，大量群众喜闻乐见的精品佳作被创作出来，更提升了广大文艺工作者的思想境界，培养了一大批有信仰、有情怀、有担当的作家艺术家，为新中国成立后的社会主义文化建设留下丰厚的家底。

奉献丹心开尘寰，迎来春色换人间。从上海兴业路76号、浙江嘉兴南湖到赤潮澎湃、星火燎原，从延安、西柏坡到香山，广大文艺工作者追随着党领导的革命事业，经历了硝烟的洗礼、血与火的考验，也准备好了为建设社会主义放声歌唱。

72年前，伴随着北平和平解放，来自解放区和国统区的文艺队伍首次胜利会师，10个代表团的650名著名文艺家会聚北平，共商新中国文艺发展大计。1949年7月2日至7月19日，中华全国文学艺术工作者代表大会在北平召开。大会总结了"五四"以来文艺工作的成绩与经验，确定了以《在延安文艺座谈会上的讲话》为新中国文艺事业的总方针，明确了新中国成立以后文艺必须为人民服务、首先为工农兵服务的总方向，提出了社会主义时期文艺的新任务。7月19日，大会闭幕，中华全国文学艺术界联合会宣告成立。

中国文联的诞生，是早期革命文艺团体发展的必然结果，是中国共产党顺应历史趋势作出的科学决策。它的成立，确立了中国共产党领导建设社会主义文艺事业的重要组织制度。到1953年9月23日第二次全国文代会召开前，全国文联团体会员和个体会员持续增加，形成覆盖全国的文艺组织网络，为规划组织文艺创作、服务社会主义建设作出突出贡献。

（四）千百年来，文艺大多只为贵族阶层所掌握、所享用、所消遣，他们所倡导的文艺也往往与劳动人民无关。对于中国共产党来说，新中国成立后，如何建设社会主义文化、繁荣发展社会主义文艺，无疑是一个崭新的课题。原点只有一个，就是人民。

在中国共产党人带领中华民族寻求独立与解放的时代洪流中，"手里拿笔的军队"与"手里拿枪的军队"携手战斗，开启了社会主义文化的崭新纪元。这是以毛泽东为代表的中国共产党人在中国社会革命和思想文化运动基础上的新发明。他们清楚地看到，无论是在革命战争年代，还是在社会主义建设时期，人民群众都是主体。在党的领导下，中国文艺确立"为人民服务"的文艺方向，开始了不同于过去数千年固有轨道的发展历程。

"双百"方针的提出，奠定了党领导文艺的又一块基石。1951年4月3日，中国戏曲研究院成立，毛泽东题词"百花齐放，推陈出新"八个大字。1953年，中国历史问题研究委员会向毛泽东请示历史研究工作的方针，毛泽东提出要"百家争鸣"。1956年5月2日，毛泽东在最高国务会议第七次会议上进一步对此进行了阐述："现在春天来了嘛，一百种花都让它开放，不要只让几种花开放，还有几种花不让它开放，这就叫百花齐放。百家争鸣，是说春秋战国时代，有许多学派，诸子百家，大家自由争论。现在我们也需要这个。"1956年6月13日，《人民日报》正式发表了《百花齐放，百家争鸣》。至此，对新中国文艺事业有着深远影响的"双百"方针正式确立。

恩格斯曾说过，文化植根于"一个民族或一个时代的一定的经济发展阶段"。毛泽东也反复强调，文艺事业必须随着实践的发展而发展。一部百年中国文艺史，就是中国共产党领导文艺的历史，也是中国共产党人对文艺的认识不断深化的历史。人民，从来都是中国共产党领导文艺的主线，"为人民"而不懈探索，"为人民"而书写壮阔史诗。

在党的文艺政策指引下，广大文艺工作者掌握为工农兵服务的方向，深入实际生活，提高艺术修养，努力艺术实践，为逐步实现国家的社会主义工业化贡献力量。在文联和各协会的组织安排下，一大批作家、艺术家深入农村厂矿，参加实际斗争和劳动锻炼，深入体验生活，开展文艺创作，取得了丰硕的成果。从文学创作中的"三红一创"到《开国大典》《江姐》《朝阳沟》《草原英雄小姐妹》等各艺术门类的创作，佳作迭出，百花争艳。仅1959年举办的"庆祝建国十周年新片展览月"上，就展出了35部优秀电影作品，包括《星星之火》《五朵金花》《五朵红云》《青春之歌》《聂耳》《女驸马》《前哨》《万水千山》《我们村里的年轻人》《水上春秋》《穆桂英挂帅》《战上海》《朝霞》《追鱼》等，被称为电影界"难忘的1959年"。

无数的事实告诉我们，心里有人民，文艺工作者就有广阔的天地，文艺就大有可为，在社会主义中国尤其如此。

（五）改革开放如同一声惊雷，汇聚起改变中国的力量，催生亿万中国人民大踏步追上时代的激情。在时间的尺度里，文艺诉说着新时期"春天的故事"。

对于广大文艺工作者来说，这个"春天的故事"还有更生动的细节。1979年秋冬之交，中国文学艺术工作者第四次代表大会召开，邓小平代表党中央、国务院充分肯定了"文化大革命"前十七年广大文艺工作者取得的成绩，推倒了强加给文艺界的诬蔑等不实之辞，极大地抚慰了广大文艺工作者饱受"文化大革命"摧残的心灵，深刻阐明了新的历史时期文艺工作面临的形势、任务和党的路线、方针、政策。

"人民是文艺工作者的母亲。一切进步文艺工作者的艺术生命，就在于他们同人民之间的血肉联系。""人民需要艺术，艺术更需要人民。"《祝词》重申了"双百"方针，基本确立了新的"二为"方向，对文艺与政治的关系作出了新的阐释，推进了思想解放的进程。这是中国文艺发展历程中极为重要的里程碑，也是新时期社会主义文艺的伟大转折，中国文联、中国作协及各团体会员相继恢复，新时期文艺迎来了春天。

如果说经济改革打破了体制坚冰，那么文艺发展就如引水活流。这是"摸着石头过河"的探索，也是解放思想后的万象生动。广大文艺工作者如饥似渴地抢回"失去的十年"，新奇地打量国门外的世界，深入观察和研究热火朝天、日新月异的生活，创作了一大批精品力作，如《芙蓉镇》《天云山传奇》《今夜有暴风雪》等文学作品，《春风已经苏醒》《父亲》等美术作品，《于无声处》《报春花》《桑树坪纪事》《狗儿爷涅槃》等戏剧作品，《小白杨》《少年壮志不言愁》等歌曲作品，《红楼梦》《西游记》《三国演义》等电视剧作品。一部电视剧《渴望》，更是引起了万人空巷的观剧热潮，成为一代人难以磨灭的记忆。

东方风来满眼春。在新的历史条件下，文艺应该如何"为人民服务"？面对新形势、新情况，文艺应该如何把舵定向？在迈向 21 世纪之际，我们党作出重要部署，用"三个代表"重要思想为文艺发展指明了方向。

21 世纪的大门，在千禧年的祝福声中打开，"中国号"巨轮正向着更广阔的未来驶去。中国追上世界的步伐，加入世界贸易组织，迈进互联网高速发展的时代。坚持科学发展观，建设和谐文化，成为推进文艺繁荣发展的重要引领。"人民是推动社会主义文化大发展大繁荣最深厚的力量源泉"，"以满足人民精神文化需求为出发点和落脚点"，"坚持文化发展为了人民、文化发展依靠人民、文化发展成果由人民共享"……在"建设社会主义文化强国"的集结号中，中国电影产业蓬勃发展，票房连年攀升，从 1995 年的仅 9.5 亿元增长到了 2012 年的 170.7 亿元，从一个侧面反映出文艺繁荣发展的喜人景象。

（六）"文运同国运相牵，文脉同国脉相连。"

当时间的刻度指向 2012 年，历史翻开了崭新的一页。

2012 年，中国共产党第十八次全国代表大会在北京隆重召开，以习近平同志为核心的党中央接过历史接力棒，引领人民，开启中国特色社会主义新时代。

承前启后、继往开来。走过新中国"站起来"，历经改革开放"富起来"，迈进 21 世纪"强起来"，置身新的历史坐标中，党的新一届领导集体紧握时代发展的精神罗盘，领航中国这艘巨轮，蓄力，发力，奋力，驶向新的航程。

党的十八大以来，以习近平同志为核心的党中央高度重视文艺事业。习近平总书记站在坚持和发展中国特色社会主义、实现中华民族伟大复兴中国梦的全局和战略高度，决策部署，谋划指导，全力推动新时代文艺工作。

2014 年，主持召开文艺工作座谈会；2016 年，出席中国文联十大中国作协九大开幕式；2019 年，看望参加全国政协十三届二次会议的文化艺术界社会科学界委员；2020 年，出席教育文化卫生体育领域专家代表座谈会。一次次重要讲话，高瞻远瞩，思想深邃。

2017 年，给内蒙古苏尼特右旗乌兰牧骑队员回信；2018 年，给老艺术家牛犇同志写信、给中央美院老教授回信；2019 年，致信祝贺中国文联中国作协成立 70 周年；2020 年，给中国戏曲学院师生回信。一封封信，尺素情深，殷殷嘱托。

2017 年，在党的十九大报告中，首次列单节论述"繁荣发展社会主义文艺"，为坚定文化自信、推动社会主义文艺繁荣兴盛指明方向。

党中央先后制定《中共中央关于加强和改进党的群团工作的意见》《中共中央关于繁荣发展社会主义文艺的意见》，中共中央办公厅、国务院办公厅印发《关于实施中华优秀传统文化传承发展工程的意见》，国务院办公厅印发《关于支持戏曲传承发展的若干政策》。一个个顶层设计出台，促进创作，助推发展。

……

"思想走在行动之前，就像闪电走在雷鸣之前一样。"德国诗人海涅曾用如是诗意的语言，去彰显和强化思想的力量。习近平总书记关于文艺工作的系列重要论述谋定全局、聚焦短板瓶颈，党中央系列举措政策精准发力、破解难点问题，相辅相成一以贯之形成党的文艺精神线脉，为文艺界提供了科学指引和根本遵循。

百年以来的中国，还没有哪一个时代，对文艺工作的推进到达如此力度，还没有哪一个时代，文艺实践达到关乎"两个一百年"奋斗目标、实现中华民族伟大复兴中国梦的高度。

党领导的中国文艺，在百年历史大潮中，在新时代的春风里，奔腾前行。

（七）从 1942 年的延安文艺座谈会到 2014 年的文艺工作座谈会，党始终引领中国文艺走在时代前列，始终熔铸文艺于民族精神的血脉。在新时代，党开辟出中国特色社会主义新境界。

2014 年 10 月 15 日，注定会被写入中国文艺史中，注定会印刻在中国文艺工作者的生命中。当天的人民大会堂东大厅群贤毕至，少长咸集，习近平总书记主持召开文艺工作座谈会，亲切地与文艺家代表一起，分析现状、交流思想，共商中国文艺发展大计。

毛泽东同志《在延安文艺座谈会上的讲话》从文艺的原点出发，明确回答了文艺"为什么人"和"如何为"等文艺的根本问题，揭开了中国文艺发展的新纪元；习近平总书记《在文艺工作座谈会上的讲话》，则面向新时代，创造性地回答了事关新时代中国文艺繁荣发展的一系列带有根本性、方向性的重大问题，开启了中国文艺发展的新征程。

这样的思想传承，这样的精神回响，为新时代文艺创作锚定新航向，为中国文艺发展标定新方位，为社会主义文艺擘画新蓝图，由此高高扬起中国特色社会主义文艺向新时代的高峰挺进的旗帜。

定方向、立纲领，点问题、提神气——讲话科学分析了文艺领域面临的新形势、新情况、新问题，创造性地回答了事关文艺繁荣发展的一系列带有根本性、方向性的重大问题，明确了党对文艺工作的新思想、新判断、新要求。新的历史条件下，我们如何开创文艺工作新局面有了重要的精神指引，有了理论与实践的根本遵循。

思想是行动的先导，理论是实践的指南。习近平总书记关于文艺工作的重要论述，继承和发展了马克思主义文艺观，实现了马克思主义理论中国化的新飞跃，作为习近平中国特色社会主义思想的重要组成部分，开辟了中国特色社会主义文艺理论新境界。

（八）时节不居、岁月如流，一百年苦难辉煌，不曾改变的是坚守的初心和使命。

"我今年93岁了，我的年龄'不封顶'！《党的女儿》是我一生中最珍惜的一部片子，用文艺为人民服务是我的职责！在'十四五'开局之年，作为中国文联的'家庭成员'，希望中国文联对我大胆'使用'！我一定召之即来！"

2021年1月5日，中国文联在中国文艺家之家展览馆举办的"崇德尚艺　潜心耕耘——中国文联知名老艺术家艺术成就展"开幕式上，展览的三位主角之一、中国文联荣誉委员、中国影协顾问、著名电影表演艺术家田华的深情告白，引来掌声雷动，这位几乎与党同时成长的"党的女儿"70多年的演艺生涯中，"人民"是她最诚挚的初心。

初心和使命，是一个执政大党百年奋斗的精神内核和价值旨归。"中国共产党人的初心和使命，就是为中国人民谋幸福，为中华民族谋复兴。"习近平总书记在十九大报告中的宣言铿锵有力。而为人民，同样诠释着百年中国文艺不变的初心和使命。

历史充分证明，江山就是人民，人民就是江山。

"社会主义文艺，从本质上讲，就是人民的文艺。"习近平总书记在文艺工作座谈会上，掷地有声地历史性重申了毛泽东同志在延安文艺座谈会上强调的："为什么人的问题，是一个根本的问题，原则的问题。"

于是，"坚持以人民为中心的创作导向"成为新时代文艺大地上唯一的路标，指引百花盛放、烂漫飘香。

话剧《谷文昌》《柳青》、秦腔《王贵与李香香》、豫剧《重渡沟》、苏剧《国鼎魂》、河北梆子《李保国》、民族歌剧《马向阳下乡记》《沂蒙山》、舞剧《永不消逝的电波》《天路》《草原英雄小姐妹》《骑兵》、电视剧《平凡的世界》《鸡毛飞上天》《大江大河》《山海情》《装台》《觉醒年

011

代》等等，一大批思想精深、艺术精湛、制作精良的艺术作品，见证着文艺为人民的永恒本质。

在中国人民抗日战争暨世界反法西斯战争胜利 70 周年、中国共产党成立 95 周年、红军长征胜利 80 周年、党的十九大、改革开放 40 周年、新中国成立 70 周年等党和国家重大时间节点，一部部作品、一个个展览、一台台演出，展现着大国气象和爱国情怀，在围绕中心、服务大局、奉献人民的担当中彰显民族精神，奏响时代强音。

走进偏远山区、田野乡间、工厂学校、戍边一线，"送欢乐下基层""到人民中去""我们的中国梦"——文化进万家活动，等等，各艺术门类开展的主题惠民活动，穿梭着文艺工作者的身影，为无数基层群众送去艺术的甘露，越来越壮大的文艺志愿者队伍，留下了他们遍及全国各地的足迹。

在中国文艺志愿服务一路挥舞的旗帜上，印着著名美术家韩美林设计的中国文艺志愿者标识，八只向中心飞翔的"和平鸽"紧紧围绕图形"Z"，团结成一个圆形，昭示着一种强烈的向心力、凝聚力，那是一种心向人民的强大力量。

（九）如何创作更多无愧于时代、无愧于人民的优秀作品？怎样从"高原"迈向"高峰"？这是文艺的新时代之问。"文艺创作方法有一百条、一千条，但最根本、最关键、最牢靠的办法是扎根人民、扎根生活。"这是科学的答案。

"这是真正民间的舞蹈，也是真正有生命力的艺术！"今年 3 月跟随中国舞协组织的"深扎"队伍走进新疆喀什地区的麦盖提县库木库萨尔乡胡木旦买里村，参与一场盛大的刀郎木卡姆表演时北京舞蹈学院教授王玫，突然止不住地流下了眼泪。她说："这不是在跳舞，这是一种生命的交集。"

从世界屋脊到天涯海角，从黄土高原到荆楚大地，在近几年中国舞协遍布大江南北"深扎"的路上，这样的感动一直在舞蹈创作队伍里频频发生着、发酵着、发扬着，也直接孕育产生出《转山》《梦宣》《青稞》《希格希日－独树》《老雁》《国家的孩子》《头巾》《欢乐颂》等一大批用心、用情、动心、动情的优秀舞蹈作品。

"只有真的走进去我们才能知道，哪里是英雄上马的地方，哪里是艺术家应该出发的地方。"中国舞协主席冯双白针对"深扎"之于创作的激情剖白，道出艺术的原点和创作的真谛。这样的感动和感悟，这样的实践和变化从一种精神内化于心、外化于行地蔓延开来。

2014年11月，中宣部等五部门联合号召在全国文艺战线广泛开展"深入生活、扎根人民"主题实践活动，"深扎"这项覆盖全国范围的主题实践活动的大幕由此拉开。

2015年10月，中国文联与中国音协、中国美协、中国曲协、中国舞协、中国摄协、中国书协在京举办6场"向人民汇报"——"深入生活、扎根人民"文艺创作成果展演；2016年，中国文联和中国音协、中国舞协组织20多位知名音乐舞蹈艺术家赴西藏自治区开展"深入生活、扎根人民"采风创作活动；2017年，中国文联组织美术摄影艺术家赴塞罕坝机械林场采风创作；2018年，中国文联组织知名舞蹈家、音乐舞蹈艺术家赴内蒙古采风创作……

"去问开化的大地，去问解冻的河流，去问南来的燕子，去问轻柔的杨柳。"20世纪80年代，诗人艾青以春天万物萌发的意象表达思想解放成就时代洪流的诗句，或许可以借来抒发今天文艺精神推动下的澎湃气象。

"深扎"，已然从"热词"到"热潮"，从精神到实践，已经成为文艺工作者创作的敲门砖和新习惯，引领着广大文艺工作者不断增强脚力、眼力、脑力、笔力，让笔墨紧跟时代，镜头聚焦人民，创作接地气了，有人气了，泥土味重了，烟火气浓了，精品佳作多了。

优秀文艺作品反映着一个国家、一个民族的文化创造能力和水平。今天，身处伟大时代的中国正在呼唤伟大的文学艺术作品。

2016年岁末，在中国国家博物馆这一极具象征意义的文化殿堂中，

"中华史诗美术大展"拉开帷幕，146件国画、油画、版画、雕塑等作品，多角度描绘中华民族五千年波澜壮阔的奋斗史诗和民族精神与品格，这个由中国文联联合有关部门历时五年组织实施的"中华文明历史题材美术创作工程"，以厚重的创作为中国重大主题性美术创作树起新的里程碑，向世人交出了一份令人瞩目的"答卷"。

这里有数易其稿、反复打磨的汗水，这里有孜孜不倦、精益求精的决心；这里有勇敢创新的探索、中西融合的努力，这里有弘扬中国精神、凝聚中国力量的自觉，老中青三代艺术家以潜心创作精品力作为新时代文艺工作者做下最好的注脚。

纵观影院，从《湄公河行动》《战狼》《战狼2》《红海行动》等饱含爱国主义精神和集体主义热情的"新主流大片"崛起，到"硬核科幻"《流浪地球》成为"爆款"，再到《我和我的祖国》《中国机长》《攀登者》创下中国电影史上"最强国庆档"，高歌猛进的中国电影不断刷新票房奇迹，赢得好口碑，激发着人们奋进新时代、创造新业绩的文化自信。

舞蹈《唐宫夜宴》火热"出圈"，大型文博探索节目《国家宝藏》"燃爆"B站，《记住乡愁》《我在故宫修文物》《如果国宝会说话》等纪录片抢占荧屏，《上新了·故宫》等综艺节目频登网络热搜榜，昆曲青春版《牡丹亭》、晋剧《傅山进京》、豫剧《焦裕禄》、秦腔《西京故事》等多部戏剧力作叫好叫座，创造性转化、创新性发展，让中华优秀传统文化换新颜，展新篇。

而由我国港台地区向东南亚、韩国、日本等亚洲文化圈辐射，到"强势出海"进军欧美等英语国家，中国网文强势"出海热"，甚至有专家称中国网文足以与美国好莱坞、日本动漫、韩国电视剧并驾为"世界四大文化奇观"，在世界文化版图上"流光溢彩"。

（十）文化是民族的根，精神是民族的魂。

身处百年未有之大变局，今日中国正面临思想大活跃、观念大碰撞、文化大交融，社会主流之外存在信仰迷失、道德缺失、价值错乱、行为失范，文艺繁荣背后存在心浮气躁、原创力匮乏甚至善恶不明、美丑不分的隐忧，一些文艺家被名利俘虏，让文艺成为市场的奴隶，沾满铜臭气……价值罗盘亟须调正，精神力量亟待凝聚。

"一个国家、一个民族不能没有灵魂。文化文艺工作、哲学社会科学工作就属于培根铸魂的工作。"习近平总书记深刻指出。

用信仰驱动，用共识引领，用价值导航。2012年全国两会前夕，中国文艺家之家大楼挂出"爱国、为民、崇德、尚艺"8个红红的大字，这是党的十八大提出的24字社会主义核心价值观在文艺领域的体现，这是中国文联向社会发布的文艺界核心价值观和《中国文艺工作者职业道德公约》的高度凝练与核心阐释，是文艺的价值标尺和精神旗帜。

大艺必有大德，大德成就大艺。从精神到行动，倡导到践行，文艺界核心价值观的航标指引下，广大文艺工作者率先垂范用文艺践行价值引领，以明德引领风尚。

中国文联以"剜烂苹果"的工作助力摆正文艺与时代精神的"风向标"——

鲁迅先生曾提出，"希望刻苦的批评家来做剜烂苹果的工作"。2014年5月，中国文联成立国内首个全国性文艺评论家组织——中国文艺评论家协会，随后，全国27家省级协会相继诞生，中国文艺评论基地遍地开花，人才队伍不断壮大，全国评论版图日渐清晰，努力将文艺评论引导创作、推出精品、提高审美、引领风尚的重要作用发挥得更大。

中国文联从榜样身上汲取奋进的力量——

从北京到青海，从辽宁到福建，从安徽到湖南，近年来，中国文联、中国曲协会同中央文明办等机构在全国开展"道德模范故事汇"基层巡演活动，艺术家们用一个个真实的故事，让道德的力量借艺术形象在社会不断延伸。

中国文联用加强行风建设带动整个行业风气——

2016年10月，中国文联文艺工作者职业道德建设委员会在京成立，接着，全国各文艺家协会职业道德与行风建设委员会相继成立；2018年

1月，《新时代文艺工作者"讲品位、讲格调、讲责任，抵制低俗、庸俗、媚俗"倡议书》强势发出。

……

记录新时代、书写新时代、讴歌新时代，勇于回答时代课题，文艺使命在肩；描绘时代的精神图谱，为时代画像、为时代立传、为时代明德，文艺责无旁贷。

（十一）文艺如何照亮个体生命史、群体奋斗史、民族精神史？脱贫攻坚、以艺战"疫"提供了深刻启示。

"是中国文联重新点燃了我的梦。"回首自己的艺考路，张霞这样说。

2019年9月，还是武都区两水中学高三10班学生的张霞被西北民族大学古筝专业录取，她也成为村里首个考上二本大学的人。艺考让这个来自当地建档立卡贫困家庭的学生体会到了"特长"的"烧钱"。

在中国文联的及时资助下，她才得以继续参加艺考最后半年的集训。多年来，中国文联积极资助武都区贫困家庭学生，已累计资助150名，有127名学生考上了大学，今后每年还要资助75名贫困学生。

"……富饶的期盼／托付给一枚枚／心形的橄榄／一个传奇诞生／在陇上江南／米仓山下／许下梦的诺言……"2020年10月15日晚，一首由中国文联组织知名词曲作家屈塬、王备专门为甘肃武都创作的扶贫歌曲《橄榄梦》，在"大道康庄"中国文联2020年文艺扶贫原创歌曲演唱会上唱响，以优美的旋律、炽热的情感叩动着首都观众的心弦，人们在歌声中与甘肃武都人民一起欢庆着因发展橄榄产业脱贫致富的喜悦。

甘肃武都，只是中国文联定点帮扶的一个点，只是全国各文艺家协会带领各门类艺术家文艺扶贫的一个面。

精准扶贫、脱贫攻坚，文艺界在行动。他们组织艺术课堂、文艺支教，从"送文化"到"种文化"，播撒下文艺的种子；他们用文艺的形式，讲述脱贫攻坚的中国故事，讴歌先进典型、先进事迹，为脱贫攻坚战提供文艺力量和精神鼓舞。他们组成文艺小分队开展慰问演出，将最好的文艺作品带进大山深处，提升贫困群众的文化素养，为当地经济社会发展营造良好氛围；他们积极创新思路，通过作品带动募捐资助，用文艺推动文旅融合、实现宣传"带货"；通过文艺赋能，盘活资源、培训人才、孵化产业，让"种文化"能"结硕果"；他们以文艺扶贫为主线，科技扶贫、产业扶贫、消费扶贫多措并举，把扶贫和扶志、扶智紧密结合。

《丰收中国年》《春的足迹》《幸福从哪里开始》《再唱小白杨》《把悬崖还给索玛花》等多首主题新歌陆续出炉；大型主题音乐会《小康之歌》在国家大剧院隆重上演；"逐梦新时代·唱响幸福歌""奋进小康路·唱响幸福歌""大道康庄"等文艺扶贫原创歌曲演唱会声声唱响，《天上的菊美》《我的村民我的村》《十八洞村》《秀美人生》《九十九步扶贫路》《初心》《一点就到家》、微电影《大梨村》等先后问世；花鼓戏《桃花烟雨》、彩调剧《新刘三姐》、上党梆子《沁岭花开》、锡剧《追花》、黄梅戏《鸭儿嫂》、话剧《闽宁镇移民之歌》绽放舞台；中国画作品《助梦》《暖心——十八洞村贫困户精准识别公示会》、油画作品《互联网的春天——农村电商》等绘画作品墨寄丹心；舞剧《悬崖上的回响》《流芳》《幸福花山》等舞动传情……有筋骨有道德有温度的优秀文艺作品，记录扶贫道路上的思想旅痕，书写脱贫攻坚的精神史诗。

在广袤无垠的中国大地上，在波澜壮阔的奋斗画卷中，文艺奋发作为，始终与人民共呼吸，与时代同步伐。

2020年2月，新冠肺炎疫情形势胶着时期，曾有一组从武汉方舱医院传出的视频和画面在网络上广泛传播——舒腰展臂的广场舞、抖肩翻腕的新疆舞等各种舞蹈，在身着防护服来自全国援鄂医疗队的医护人员和病患中舞动着，那一刻，舞姿优美与否已不再重要，那是大疫当前生命抗争的信号，那是人类与病毒顽强博弈的号角。

艺术，以其最柔软温婉的方式，迸发和凝聚出最强大温暖的力量。以艺战"疫"，成为全国广大文艺工作者最响亮的目标和最坚决的旗帜。

在武汉疫情最前线的66个昼夜，为4.2万余名"白衣执甲、逆行出征"的医护人员拍摄肖像，将目之所及心之所感诉诸笔端，为全国各媒体撰写了10万字左右的稿件……作为代表中国文联的一批深入武汉、挺进"红区"的文艺工作者，由中国摄协主席李舸领队的中国摄协赴湖北抗击疫情摄影小分队敢于斗争、不辱使命，广泛组织摄影力量，用坚毅、真情和汗水创造的奇迹让人震撼。

"最难舍，是这份情／在你面前我要淡定／撑起多少个黑夜／绝不让生命叫停。"文艺界抗击疫情主题MV《坚信爱会赢》，为疫情中的人们带去巨大的慰藉和激励，成为现象级的战"疫"作品："多少个白天和黑夜，你们与死神和病魔抗争，为14亿人民筑起生命的盾牌，感谢你们，感谢你们把初心写在行动上，用生命践行誓言，抗击疫情，我们在一起！"那场无数艺术家参与，曾在抖音、快手等网络平台上刷屏的"我想对你说"爱心传递活动让人动容。

记录从平地惊雷到山川肃静，从八方驰援到同向同行的纪录片《同心战"疫"》；集纳66封书信的图书《战"疫"书简》；数百名优秀演员零片酬出演电视剧《在一起》；无数歌手传唱的歌曲《坚信爱会赢》；演绎一个个平凡的人众志成城，最终托起一座英雄的城市的话剧《逆行》，不同的演绎给人同样的感动。

……

有人说，在创造了世界减贫史上的中国奇迹的这场中国脱贫攻坚战中，疫情只是一道"加试题"。但面对这道"加试题"，中国人民万众一心，同心同德交上的这份高分考卷，像是一个世纪隐喻，而文艺的助力更加扩大其精神指向——

"摧伤虽多意愈厉，直与天地争春回。"

（十二）历史昭示我们，党领导中国文艺的一百年，是引导文艺发时代先声、励人民斗志、书人民史诗的一百年。奋斗百年路，开启新征程，文艺在推进中华梦圆的进程中必将迸发出强劲的精神伟力。

当我们回到北京，回到中国共产党百年华诞前夜的大型文艺演出

《伟大征程》，百年风华，纵横捭阖，华彩尽绽，波澜壮阔的历史与时代史诗画卷，描绘和诉说着百年大党领导的现代中国的光荣与梦想、奋进与辉煌。一切都在证明，都在昭示，都在人民心中。

这是一场跨越百年的献礼，这是一段朝向未来的乐章。这一刻，中华大地，繁星璀璨，文艺，正以自己无限丰富的样貌，形成历史的交响……

胸怀千秋伟业，恰是百年风华。

"实现'两个一百年'奋斗目标、实现中华民族伟大复兴的中国梦是长期而艰巨的伟大事业。伟大事业需要伟大精神。实现这个伟大事业，文艺的作用不可替代，文艺工作者大有可为。"这是习近平总书记的殷切期望，也是时代的声声召唤。

奋斗百年路，启航新征程。在百年大党的领导下，不忘初心，牢记使命，继续前进，中国特色社会主义文艺一定能够在史诗般的新时代写下新的史诗，为建设富强民主文明和谐美丽的社会主义现代化国家写下新的篇章！

目　录

高擎民族精神的火炬（代序）

　　——写在中国共产党成立一百周年之际　⋯《中国艺术报》评论员 / 001

百年风华

历史，从这里启航

　　——油画《启航》里的中共一大故事和"红船精神"⋯⋯　张　璐 / 007

78 年前，北庄村孕育团结歌

　　——歌曲《团结就是力量》诞生记 ⋯⋯⋯⋯⋯⋯⋯　张　悦 / 011

《豆选》：见证人民当家做主 ⋯⋯⋯⋯⋯⋯⋯⋯⋯⋯　宫剑南 / 018

鸿篇巨制中的历史真实与信仰力量

　　——电影《开国大典》里的开国大典 ⋯⋯⋯⋯⋯⋯　李　博 / 022

《中国人民志愿军战歌》诞生记 ⋯⋯⋯⋯⋯⋯⋯⋯⋯　张　璐 / 028

油画《遵义会议》：历史的细节含糊不得 ⋯⋯⋯⋯⋯　张瀚允 / 035

小说《红岩》是这样写成的 ⋯⋯⋯⋯⋯⋯⋯⋯⋯⋯⋯　王　琼 / 039

《游击队歌》："人民批准的作品" ⋯⋯⋯⋯⋯⋯⋯⋯　王　钰 / 044

永远激励我们"向前进"！
——革命现代芭蕾舞剧《红色娘子军》创作回眸 ……… 乔燕冰 / 049

吴印咸《延安文艺座谈会代表合影》：记录新文艺道路的起点
……………………………………………… 郑荣健　范雪娇 / 057

油画《南昌起义》：画布上"划破夜空的一道闪电" ……… 尹德容 / 065

书法《西江月·井冈山》：诗词与革命的传奇 ………… 何瑞涓 / 071

《义勇军进行曲》：历史的见证　最好的国歌 ………… 张　成 / 081

《八女投江》：让英雄的精神薪火相传 ……………… 宫剑南 / 088

《狼牙山五壮士》：令人震撼的壮美精神史诗 ………… 宫剑南 / 094

电视剧《长征》：长演不衰的史诗　长征精神的交响 ……… 吴月玲 / 101

电影《大决战》：以优秀影像彰显人民的选择 ………… 马李文博 / 110

电影《焦裕禄》：塑造"心里只有人民"的好书记形象 …… 赵志伟 / 120

"为天使造像"，记录弘扬伟大抗疫精神 ……………… 范雪娇 / 128

奋进号角

党领导文艺工作的丰功伟绩和基本经验………………… 董学文 / 141

从历史走向未来
——百年大党的文化使命与理想追求 ……………… 林雅华 / 148

社会主义文艺是人民的文艺
——党领导的百年文艺始终坚持"以人民为中心"……… 毛时安 / 158

中国共产党引领文艺的创新发展…………………… 张德祥 / 171

党的文艺方针与百年文艺创新实践·············李明泉　李昱瑾 / 177

从"诗用比兴"到"弘扬中华美学精神"

　　——毛泽东、习近平提出的重要美学命题 ·············张　晶 / 187

中国共产党与马克思主义文艺理论的中国化·············张　炯 / 194

为人民创造艺术杰作·············王一川 / 202

社会主义目标与百年"红色经典"的文化价值·············王　杰 / 212

中国共产党百年文艺实践品格与价值追寻·············肖向荣 / 223

中国共产党百年来的文化担当·············李　龙 / 235

光辉艰辛的开拓与建设

　　——党的文艺思想发展与历史经验 ·············路　侃 / 244

建党百年，影以载道

　　——浅谈主旋律影视作品的发展与流变 ·············孙立军 / 255

建党百年主题电影创作的突出特点·············徐粤春 / 261

以永远在路上的初心引领中华民族迈入强起来的新境界

　　——习近平总书记在庆祝中国共产党成立 100 周年大会上的

　　重要讲话精神解读 ·············范玉刚 / 266

凝聚共识举旗帜，以文化人共担当

　　——学习习近平总书记"七一"重要讲话体会 ·············冯双白 / 275

进一步巩固马克思主义指导地位的新表述·············刘方喜 / 282

坚持马克思主义基本原理同中华优秀传统文化相结合

　　——习近平总书记在庆祝中国共产党成立 100 周年大会上的

　　重要讲话学习笔记十题 ·············仲呈祥 / 287

从"文明蒙尘"到"人类文明新形态"……………………… 马滢漳 / 295

传承民间文艺薪火　服务人民美好生活

　　——学习贯彻习近平总书记"七一"重要讲话精神 …… 潘鲁生 / 302

礼赞百年

一部情景史诗，礼赞伟大征程

　　——记庆祝中国共产党成立100周年大型情景史诗

　　《伟大征程》专家研讨会 ………………………………… 吴　华 / 317

《永不消逝的电波》：主旋律命题中绽放出艺术美感与质感

　　……………………………………………………………… 彭　维 / 320

沂蒙精神崇高美，舞台诠释感人心

　　——评大型民族歌剧《沂蒙山》……………………… 魏德泮 / 323

地缘美学密码的魅力

　　——电视剧《山海情》观后 ………………………… 王一川 / 328

歌剧《红船》：舞台之光，照见了百年前那场会那群人 …… 怡　梦 / 333

历史自觉　文化自信　艺术品质

　　——评电视连续剧《觉醒年代》……………………… 仲呈祥 / 339

《闪亮的坐标》：让英雄这个"民族最闪亮的坐标"永远闪亮

　　……………………………………………………………… 吴月玲 / 346

忆百年征程　赞百年辉煌

　　——记"向党报告"庆祝中国共产党成立100周年

　　优秀曲艺节目展演 ………………………………………… 赵志伟 / 351

历史巨著里一朵鲜艳的桃花

　　——观话剧《前哨》四题 ……………………… 欧阳逸冰 / 354

《1921》：主旋律影片的新力作 ……………………… 马尔康 / 359

礼赞百年丰功伟绩

　　——记大型原创交响合唱《百年放歌》……………… 中　音 / 362

在影像中感受百年岁月、百年征程

　　——记"百年·百姓——中国百姓生活影像大展（1921—2021）"

　　…………………………………………………… 李俊生 / 365

以精湛的戏剧艺术礼赞党的百年辉煌

　　——记"百年辉煌"庆祝中国共产党成立

　　100 周年戏剧晚会 ……………………………… 怡　梦 / 369

共同欢聚在党的"第一百个春天"

　　——记中国文联原创歌曲特别节目 ………………… 吴　华 / 372

歌舞飞扬，与党同行

　　——记"各族儿女心向党"歌舞晚会 ……………… 乔燕冰 / 376

百年党史精神图谱的完美艺术呈现

　　——简析建党百年"主题雕塑创作工程"和

　　"大型美术创作工程" ………………………… 冯　远 / 380

在实施"两个创作工程"中勇攀新时代文艺高峰…………… 徐　里 / 385

红色题材杂技剧的时代价值与艺术路径

　　——以杂技剧《桥》《战上海》《渡江侦察记》为例 …… 任　娟 / 391

守正出新书"伟业"

　　——记"伟业——庆祝中国共产党成立 100 周年

　　书法大展" ………………………………………… 杨　阳 / 400

追光：《革命者》的精神向度与美学理想 ················· 王文静 / 408

杂技书写史诗的典范之作
　　——评杂技剧《战上海》 ··························· 胡一峰 / 412

谱写新时代党员的青春之歌
　　——评电视剧《我们的新时代》··········· 林玉箫　仲呈祥 / 415

理想之光照耀主题创作
　　——从《理想照耀中国》谈起 ··················· 蒋祖烜 / 419

战争电影创作的新界碑
　　——评电影《长津湖》························· 胡智锋 / 424

薪火相传，复兴使命
　　——评大型民族交响史诗《崛起》··············· 张听雨 / 428

后　记··· 433

百年风华

　　油画《启航》、歌曲《团结就是力量》、电影《开国大典》……不同历史时期的优秀文艺作品及其背后的故事，展现了党的光辉历程。"百年风华"集中推出本报记者采写的文章，涉及美术、书法、电影、电视、摄影等门类。让我们在经典作品中感受党的百年风华。

《豆选》（黑白木刻），彦涵，1948 年

百年风华正青春

中国艺术报庆祝建党100周年文章精选

八女投江（中国画），王盛烈

四個決議案

（一九四九年九月二十七日中國人民政治協商會議第一屆全體會議通過）

（附一）國歌

一、全體一致通過：中華人民共和國的國都定於北平。自即日起，改名北平為北京。

二、全體一致通過：中華人民共和國的紀年採用公元。今年為一九四九年。

三、全體一致通過：在中華人民共和國的國歌未正式制定前，以義勇軍進行曲為國歌。

四、全體一致通過：中華人民共和國的國旗為紅地五星旗，象徵中國革命人民大團結。

中華人民共和國國歌
（義勇軍進行曲）

田漢作詞　聶耳作曲

（前奏）

起來！不願做奴隸的人們！把我們的血肉，築成我們新的長城！中華民族到了最危險的時候，每個人被迫着發出最後的吼聲。起來！起來！起來！我們萬眾一心，冒着敵人的砲火前進！冒着敵人的砲火前進！前進！前進！進！

1949 年 9 月 27 日中国人民政治协商会议第一届全体会议通过

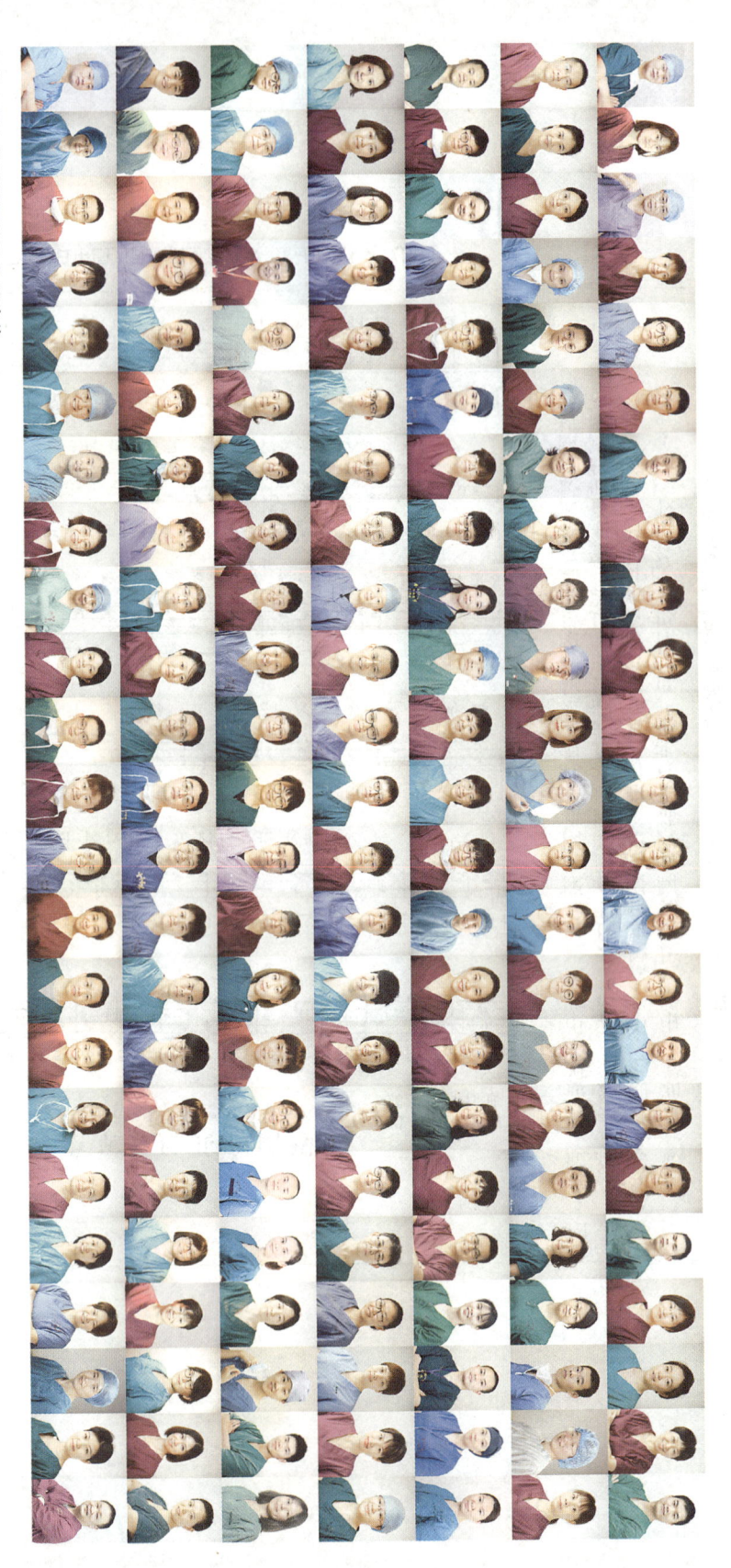

部分全国各地援鄂医疗队队员肖像

中国年鉴社全程跟踪报道 2020年中国大事

900

历史，从这里启航

——油画《启航》里的中共一大故事和"红船精神"

张　璐

1921 年，中共一大南湖会议的召开，使南湖游船因此获得了一个永载史册的名字——红船，成为中国革命源头的象征。2005 年 6 月 21 日，时任浙江省委书记的习近平发表文章《弘扬"红船精神"走在时代前列》，首次将"红船精神"提炼为："开天辟地、敢为人先的首创精神，坚定理想、百折不挠的奋斗精神，立党为公、忠诚为民的奉献精神。"2017年 10 月 31 日，党的十九大召开后的第一周，习近平总书记带领中共中央政治局常委赴上海和浙江嘉兴，瞻仰中共一大会址、南湖红船，追溯党的根脉。"红船精神"，引发全党和全国人民关注。

中国美术学院教授何红舟和黄发祥联合完成于 2009 年的油画《启航》，正是以中共一大南湖会议为表现对象而创作的。据何红舟介绍，《启航》最初有两张草图，一幅表现一大代表乘小船陆续登红船；另一幅则是代表们从湖边的跳板登船的场景。其中表现一大代表乘小船陆续登红船的这幅入选了 2009 年国家重大历史题材美术创作工程，并被中国美术馆永久收藏，而另一幅则是浙江省重大历史题材美术创作工程获奖作品，系该工程 113 件作品中的五件金奖作品之一，并被浙江美术馆永久收藏。

创作以中共一大为表现对象的国家重大历史题材作品，应该如何回到历史、还原现场、凝练主题、彰显精神？一开始接到任务，何红舟就进行了深入的思考。"开天辟地、敢为人先的首创精神，坚定理想、百折不挠的奋斗精神，立党为公、忠诚为民的奉献精神，是中国革命精神之源，也是'红船精神'的深刻内涵。怎么去表现？比如内容是表现上海开会，还是到嘉兴南湖开会？构图上，是表现代表们上船还是下船？这些都是需要艺术家从自己对整个历史事件以及参与其中的人物的理解出发，在此基础上再去把主题的精神内核表达出来。"

何红舟说，"红船精神"是鼓舞我们坚定共产主义理想和中国特色社会主义信念，不畏艰险、艰苦奋斗的强大精神支柱。为了让作品尽可能还原真实，何红舟查阅了众多历史资料，创作期间，他还到南湖革命纪念馆进行调研。纪念馆里有自1840年鸦片战争以来，中国人民为寻求救国图强的道路而不断探索、抗争，以及马克思主义在中国的传播、共产主义小组的建立直至中国共产党的成立这一段开天辟地的历史史实。"情景的再现让我仿佛置身这段历史长河中，这对我创作《启航》有了深刻的帮助。"在何红舟看来，创作历史画，对历史史实的确认是至关重要的，"1921年有这么一个历史事件，13个人参加会议，它是真实的；但是，到底是谁先上船，或者穿什么衣服，由于没有太多历史细节以及真实影像资料保留下来，那么我们就只能根据现有的资料进行合理的推敲和构思"。

"为了创作这两幅作品，我还邀请了黄发祥老师作为搭档帮助我更好地完成作品，黄老师是我的同事，又是要好的朋友，我当时希望能有一个年长的老师在一旁为我提供帮助，从绘画的表现上面，相互之间也有一个更好的交流。"何红舟说，黄发祥对党史有深入的研究，在创作的时候，哪些人物到场了，哪些没有到场，他们经常在中间进行反反复复的讨论，"一些代表，他们没有到南湖去，我们一边画还要一边考究历史材料，同时对一些党史专家提出的问题在画中去作出回应。比如党史专家一再对我强调的，毛泽东和董必武在这次会议中的重要地位。但又不能太过头，把毛泽东塑造为一大会议的主导者"。所以，在艺术表现手法上，何红舟动了一些脑筋，比如，毛泽东和董必武尽管处于画面的中心，但在处理上，毛泽东衣服的颜色稍暗一些，没有将他放在船头，而是放在了一个比较动态的位置上，确保了矗立在船头的一大会议的几位中心人物依然显而易见。

《启航》的画稿经过了反反复复的修改，才有了最后这两幅稿子。两幅草图均选择一大代表登船这一瞬间来表现一大会议转移到南湖召开时神秘而庄重的氛围。两幅画稿的区别也包含着何红舟经营的苦心在其中。"我希望这同一题材的两张画不要雷同，也可以提供两个方案作为选择。最后，2007 年 5 月在北京召开的全国历史画草图评审与现场观摩会上，尽管有评委倾向于一大代表由跳板上船这张稿子所体现出的庄严，但多数评委还是认同从小船上大船这张草图。"

中共一大的召开，宣告中国共产党正式成立。中国革命自此迎来焕然一新的面貌，中华民族自此走上了通往光明的道路。《启航》再现了这一历史瞬间，为此何红舟、黄发祥前后用去了三年时间。但何红舟仍感到有遗憾的地方，"画面的总体效果有些'平'，这与我总是想将一大代表全部表现出来的想法有关，其次在表现庄严而神秘的气氛时，还缺一点更为'真切'的感觉，缺的是对那个时代总体特征的把握"。

反复比对《启航》的两幅画，由小船上大船的这一幅让何红舟感到，小船上大船的不稳定感觉，以及对激荡的水面的表现，有助于加强那个时代的特征给予人的感受，暗示出那个时代环境的艰险，从而可以更好地烘托"启航"的主题。何红舟认为，《启航》这张画的主题思想是表现中国共产党的成立，共产党这艘大船的启航，人物是主要的表现对象，但绝不是简单人物群像的聚合，而是主题性创作。在由小船上大船的这张稿子的人物组合中突出的是总体的动势，这种方式更吻合主题思想的表达，也更有可能突破画面平淡的效果。"国家重大历史题材美术创作工程定稿的这张小船上大船的画面较之浙江省重大历史题材美术创作工程那张，在构图、气势方面具有一定优势。特别是我和黄发祥老师有了省里这张画的创作经验后，如何将全国这张画得再好些也就有了一定的把握。"

我们即将迎来中国共产党成立 100 周年。在这波澜壮阔的百年历史进程中，中国共产党团结和带领全国各族人民创造了人类社会发展史上一个又一个伟大奇迹。在参与创作《启航》的过程中，黄发祥感到，进行重大历史题材美术创作，需要艺术家拥有对作品超强的构思能力，而《启航》让他最满意的部分正在于此。黄发祥说："没有好的构思，构图是产生不了的。一张画的构思把握得比较准确，创作出来的作品也会比较有效，我们通过画作构思对整个事件进行了再度的、深入的学习研究，领会事件的重大意义，从而能够更好地表现作品的主题思想和人物的精神面貌。"

（作者系《中国艺术报》记者）

78 年前，北庄村孕育团结歌

——歌曲《团结就是力量》诞生记

张　悦

"78 年前，《团结就是力量》从你们那里唱响，成了亿万人民广为传唱的一首革命歌曲。如今，你们带领乡亲们传承红色基因，团结一心，苦干实干，摘掉了贫困帽子，我感到很高兴。"[1] 2 月 7 日，习近平总书记给河北省平山县西柏坡镇北庄村全体党员的回信，给小山村的百姓带来莫大鼓舞。

"没想到总书记这么快收到了俺们的信，没想到总书记这么快就给俺们回了信，更没想到总书记那么忙还惦记着俺们这个小山村！"收到习近平总书记的回信，北庄村党支部书记封红卷激动地从椅子上跳了起来，一连用三个"没想到"表达内心的激动之情。据了解，2021 年新年伊始，北庄村全体 27 名党员决定给总书记写一封信，想把老区人民脱贫的喜悦和团结奋斗的成果汇报给总书记。"如今，村里的光景一天比一天好，我们想向总书记报喜！"封红卷激动地说。

"'团结就是力量，团结就是力量，这力量是铁，这力量是钢，比铁

---

① 《习近平回信勉励河北省平山县西柏坡镇北庄村全体党员　把乡亲们更好团结凝聚起来　让日子过得越来越红火》，《人民日报》，2021 年 2 月 9 日，第 1 版。

还硬，比钢还强……' 当年《团结就是力量》这首歌就是在我们村创作的，同名歌剧也是在我们村首演的，这是我们在信中向总书记汇报的第一件事情。"正如封红卷所说，这首歌传唱度很高，但是知道这首歌创作背景的人却并不多，"这首歌在我们村一直传唱至今，激励几代村民团结奋斗，全村干部团结，党群团结，邻里团结。我们坚信只要团结一心，没有做不到的事情！"

正是在这首"团结歌"精神的鼓舞下，2018 年，北庄村整体脱贫出列，2020 年村民的人均年收入达到了 1.2 万元。这些年，北庄村的党员干部和全体村民团结一心，在党和政府领导下撸起袖子加油干，摆脱了贫困，"写信的内容回到了我们的初心，俺们把全村上下这些年在《团结就是力量》这首歌的激励下发生的变化写了出来。俺们觉得，用农民的话说咱村里的事最真！"

"习近平总书记给北庄村全体党员的回信给全村百姓带来莫大鼓舞。我作为北庄村人，又是从事党史研究工作的，深切感受到总书记对革命老区人民的关心和厚爱，还有对 78 年前诞生的这首歌曲的重视，倍感激动。习近平总书记曾说过，'实现中华民族伟大复兴是十分伟大而又十分艰巨的事业，需要全体中华儿女众志成城、万众一心，把一切力量都凝聚起来，把一切积极因素都调动起来'。可见，团结在总书记心中的分量。"西柏坡纪念馆研究部副主任、研究馆员史进平这样说道。

北庄村所在的平山县是一块红色的土地，沟沟坎坎里都是革命故事。抗日战争全面爆发后，为了保家卫国，"有人出人，有粮出粮，有钱出钱，有物出物"，北庄村人踊跃参军参战，支援前线。在 1937 年 10 月 3 日至 11 月 6 日，仅一个月零三天的时间，就有 1700 多名平山子弟踊跃参军，加入 120 师 359 旅 718 团（由于大部分是平山人，被称为"平山团"）。这个团因英勇善战曾被聂荣臻司令员赞誉为"太行山上铁的子弟兵"！1938 年 7 月的《新华日报》发表长篇采访通讯《一个不平凡的县》，也详细报道了平山县人民踊跃参军参战的事迹，平山县以抗日模范县之名而享誉全国，北庄村功不可没。1941 年 6 月 24 日，《晋察冀日报》

刊发了记者沈重经过实地调研后所写的《晋察冀一个村庄的成长——平山·北庄》，这篇近3500字的调研报告中对北庄村事迹做了典型报道，其中写道："在北庄这块光荣的土地上，在人力支援方面成绩尤为突出，曾创下抗日战场上一个壮举：三年来北庄的青壮年们选进到子弟兵团去的就有三十五名，特别在今年武装动员中，北庄就有一个青抗先班集体参加到子弟兵团去。"

"可以看出，北庄是一个红色的村庄，是一片光荣的土地，所以艺术家们才能更深切地感受出'团结的力量'。"在史进平的讲述中，我们回到《团结就是力量》这首歌诞生的烽火年代。

日本侵华时期，在敌后抗战活跃的华北地区，日军在八路军的广泛打击下不断遭受损失，这极大地动摇着日军的殖民统治并牵制着其兵力的调度。为此，穷凶极恶的日军迁怒于敌后群众，对八路军敌后抗日根据地进行了一遍又一遍的"扫荡"。因北庄所在的平山县是军区、分区驻地，又是抗日模范县，所以便成了敌人"扫荡"的重点。1941年8月23日，侵华日军调集1.7万余兵力，对晋察冀四分区开始了为期两个月的"大扫荡"。平山县500多个行政村和散布山区的几百个自然村，除了一个村庄外，所有村庄敌人都到过，房屋被烧毁，到处是残垣断壁，粮食被抢光，人民缺衣少食；村村有被杀死的同胞，血迹斑斑尸横遍地。

北庄村也未能幸免。1941年9月14日（农历七月二十三日），日军在村东北方向一个叫"木虎峪"的地方残杀了北庄无辜村民53人，制造了震动全县的"木虎峪惨案"。后来在村西建起的惨案纪念碑所刻碑文上写道："我村死难群众虽与日寇进行赤手顽抗，但因寡不敌众，英勇牺牲。血流成河，哀声遍野。造成有名的木虎峪惨案。遇难群众遭受了刀刺、枪杀，日寇之残忍，莫可言状。我死难同胞死后犹紧握双拳，怒目圆睁。更有两名光荣烈士荷枪卫国，牺牲疆场。我村全体群众永怀不忘。愿团结一心，踏着先烈血迹，向着'和平民主、团结统一'的新中国前进。"一部北庄史，就是一部革命史。在苦难中，人民只有团结起来，才能渡过难关，只有团结起来，才能走向胜利。

当中国共产党领导的敌后抗日根据地面对最严酷形势之时，西北战地服务团来平山县参加革命斗争。史进平特别谈到，西北战地服务团（简称西战团）是抗日战争全面爆发后，在中共中央和毛泽东同志指示下成立的。第一批是 1937 年 9 月在丁玲的带领下从延安出发开赴山西前线，进行文艺宣传工作及战地采访工作。1938 年 8 月返回延安。1938 年 11 月，西战团再次在周巍峙的率领下到达敌后抗日民主根据地晋察冀边区，工作时间长达五年半，隶属于晋察冀军区政治部、北方局直接领导，依然在地方做文化工作，创作了大量文学、戏剧、音乐、美术、曲艺作品。同时，还对兄弟团的文艺工作者进行辅导，开村剧团活动，办乡艺干部训练班。这对于普及抗战文艺宣传，提高广大农民的文化修养和文艺工作水平，都起了很好的作用。1940 年 6 月建立的北庄村剧团，是平山县成立的早期 42 个抗战剧团之一，所演出的《恩仇记》《锁不住的人》等抗战剧目深受欢迎，为宣传党的抗战政策、发动广大群众参军参战作出了重要贡献。

1943 年春天，西北战地服务团分成几个小分队，深入敌后去做宣传工作，一部分到了晋察冀边区平山县滹沱河边的北庄村开展群众工作，创作，演出。他们落实《在延安文艺座谈会上的讲话》精神，本着作品服务于人民的精神，深入乡村，参加到实际工作中去，体验生活，创作文艺作品。当时这些文艺工作者不仅当文艺专业干部，还到基层兼职，肩负起实际的战争、生产、群众工作的责任。

当时西战团到达平山县后，自然首先要找县政府机关，而此时政府机关即设在北庄村。史料记载，1943 年 4 月至 9 月，平山县政府机关迁至北庄村。8 月 10 日至 15 日，平山县第二届参议会在北庄村举行。西战团在北庄村参加农民的减租减息运动，抢收抢种，参加县议会的选举，掩护群众反"扫荡"。自始至终参与和亲眼见证，让这些艺术家们更加深切地感受到人民要求民主，渴望生存，团结抗战的力量，内心发出"不靠救世主、自己团结就是力量"的呐喊。艺术家们敏感地感受到了广大农民为了争取自己的合法权利、团结斗争的巨大力量；切实感受到一致抗日下深层的历史脉搏。这些群众的团结之心、团结之力给了他们极大鼓舞，也给了他们创作灵感。

西战团的牧虹、卢肃就是在北庄、在参与斗争、在体验群众生活中创作出的《团结就是力量》。延安鲁迅艺术学院让作曲家卢肃走上了专业音乐道路，在那里他师从冼星海，学习作曲和指挥，成为鲁艺的一名音乐教员。1939 年，他从延安深入敌后方晋察冀根据地边区办学，任华北联合大学文艺学院音乐系主任。从延安到河北平山，行军 2500 里，山高路险，闯过敌人的枪林弹雨和道路封锁，途中也曾遭到日军袭击，子弹打穿了他的军用水壶，他幸免于难。长途跋涉中，他曾写下自己的处女作《古道行军》。在晋察冀根据地期间，他一边从事教学，一边谱写了大量抗战作品，有大合唱、歌剧和许多群众歌曲。卢肃和词作者牧虹曾回忆道："1943 年春天，西战团分成几个小分队，深入各地去做宣传工作，当时我们 16 个人来到了平山县委所在地。""《团结就是力量》创作和初演于 1943 年夏天，由西战团首演于晋察冀边区平山县滹沱河边的北庄。""我和牧虹就在老乡屋后的山坡上，赶写一部有关庆祝胜利、加强抗日力量团结的小歌剧，名字就叫《团结就是力量》。"

他们利用一星期时间在北庄村一户屋后山坡上创作了《团结就是力量》，并在北庄村进行了首场公演。在这个剧的排练过程中，大家觉得总体效果还不错，就是感到结尾缺了点什么，结束得有些突然。综合大家建议，牧虹写词，卢肃谱曲，为该剧增加一个幕终曲《团结就是力量》，也就是后来这首广为留传的经典歌曲。

"据我们村里人回忆，抗战时期，全北庄村的成员是生活在各自的团体里的，在共产党领导下，成立了工救会、妇救会、青救会、抗援会等。另外，为了各种政治、经济、文化、军事的任务，还有横向展开的组织与小型组织的建立，比如，武委会底下，有老头队、抱娃娃队，此外还有为了战时、平时的运输而建立的运输队，为战时鼓动工作而建立的各种宣传队（干部慰问队、妇女宣传队等）。为使抗日军人家属特别得到尊重并保障其生活，而组织的抗联会及武委会。其他如锄奸组、促宪委员会等，都是民众本身所要求而组织起来的。"在了解《团结就是力量》的产生背景时，史进平特别谈到当年北庄村全民抗战的景象。《团结就是力量》当年演出时，北庄村没有舞台，演到结尾，演职人员都跑到场地中间，大家互相挽着臂膀共同唱着这首歌，周围的老百姓马上被眼前的气氛感染，纷纷站起来与他们互动，这首歌很快就传开了，就像长了翅膀一样，飞到各个抗日根据地。《团结就是力量》这首经典歌曲，就这样诞生了。

除了《团结就是力量》，另一首同样诞生于1943年的革命歌曲《没有共产党就没有新中国》的创作者曹火星也是平山人，他的家岗南村距离北庄村只20公里左右远。1943年，曹火星光荣地加入了中国共产党。当时只有19岁的他目睹了在中华民族生死存亡的关键时刻，挽救苦难中国的只有共产党。所以一个鲜明的主题，在他脑海中升起。他把自己对党的热爱和对历史实践的亲身感受，化作无穷的力量，谱写出反映人民心声和时代真理的最强音。他借用当地民间流行的《霸王鞭》民歌形式，满怀激情地创作了代表作《没有共产党就没有新中国》。此歌曲原名《没有共产党就没有中国》，毛泽东看后建议添加上"新"字，这首歌和《团结就是力量》一样坚定了人民群众跟党走的信念，成为鼓舞人民走向胜利的昂扬之歌。

如今，这首《团结就是力量》从农村到城市，从学校到部队，无论是歌咏比赛，还是训练场上，只要是加油鼓劲的场合，都会自然而然地唱响，穿越历史，跨过时代，久唱不衰。在史进平看来，《团结就是力量》这首歌能够穿越时代，经久不衰，是因为歌曲本身就是有真理的力量，"兄弟同心，其利断金""众人拾柴火焰高"说的就是这个道理。纵观中国共产党百年史，更是一部中国共产党团结带领人民为美好生活共同奋斗的历史。在革命战争年代、社会主义建设时期、改革开放中，每一个阶段都曾面临着巨大的挑战和压力，但中国人民始终能够团结起来，众志成城，奋勇向前，走向胜利。

作为《团结就是力量》的演绎者，著名歌唱家霍勇颇为感慨地谈道，这首歌曲是进行曲，要唱得铿锵有力，吐字要清晰。他表示，"今天再次唱起《团结就是力量》这首歌曲的时候，脑海里会浮现很多画面，想到无数为抗疫辛苦工作的医务人员和志愿者；为脱贫攻坚工作付出不懈努力的驻村干部和扶贫楷模们，舍小家顾大家、为国家无私奉献的人们团结一心努力奋斗的画面，使我的歌唱充满了力量！在今天我们更加感受到团结的力量，无论是抗洪抢险、抗击疫情，还是脱贫攻坚，都要永远跟党走，全国各族人民团结一致，一定能实现中华民族伟大复兴的梦想。在建党一百周年之际，用嘹亮的歌声，再次唱响《团结就是力量》，振奋精神，鼓舞斗志！"

人民是艺术的创造者。正是广阔的土地和纯朴的人民给了艺术家灵感，创作出人民的作品。在建党百年的伟大日子里，习近平总书记给北庄村的回信，其实也是向全体艺术工作者发出了一个号召，到人民中去，把脚扎进泥土里，写出人民的心声，鼓舞人民。就像《团结就是力量》激励着一代又一代中国人民不懈奋斗。岁月不曾被忘记，78年后的今天，在中华民族伟大复兴的道路上，《团结就是力量》这首歌曲的精神内核始终没有改变，在新时代的背景下被赋予更深层的含义。理想之光依然闪烁，永远是中国人民前行的精神力量。

（作者系《中国艺术报》记者）

《豆选》：见证人民当家做主

宫剑南

　　"金豆豆呀银豆豆，比不上咱的土豆豆。一张选票一颗豆，小心投在碗里头。"在全国政协收藏的一幅油画里，一个农民正小心翼翼地将掉落的豆子捡起，神态专注而认真；临近的拄拐老者，边走边瞧着手中举起的豆子，颤巍巍地走向选举的地方……这些根据彦涵经典木刻版画《豆选》重画再现的场景，讲述了新中国成立前夕，解放区农村豆选时的场面。

　　木刻《豆选》创作于1948年，取材自河北省获鹿县大河村土改运动中的场景。当年彦涵带领华北大学师生在石家庄郊区参加土改，在担任土改工作组组长时亲眼目睹了不识字的农民用投豆子的方式进行民主选举，从中体会到了中国农村从前不曾有过的民主萌芽，回校后随即创作了这幅版画，这是彦涵木刻版画中经典的一幅。"《豆选》是一幅影响很大的现实主义作品，也是他木刻生涯中的经典。"彦涵之子彦东说："当年土改运动时，父亲担任土改工作组组长，土改开始后就组织当地农民选村长，当时很多农民都是文盲，并不识字，就采取投豆子这种非常原始的方法进行选举。在一个很大的院子里摆了很多桌子，上面放很多碗，老百姓依次通过。在选举之前，他们的村干部找到我父亲，说：'走个过场得了，就别选了吧。'父亲说：'这是不可以的，这是给你们的权利，你们必须自己选，因为这是一个民主制度的开始。'所以这次选举很有秩序地进行了。之后他创作了这幅版画，因为他非常敏锐地意识到了豆选的形式非比寻常，它预示着中国几千年来封建制度之后一个民主制度的开端。用他的话说：'那最初的民主意义非比寻常。'"

"选举的时候，大河村的农民非常认真，他们很注重选出代表他们利益的村长，这出乎我父亲意料。有的老人投豆子时怕投错了人，还专门转到这个人前面，看准了之后才投下这粒豆子，他们还是真正想选出自己的代表人。所以父亲在这幅画里，不仅刻出了选举的场面，还在背景加了一条标语'中国共产党万岁'。"彦东说。

"用豆子来选举"并不只发生在彦涵参加土改的大河村，其在苏区的农村广为普及。从老记者茹遂初拍摄于宁夏甘肃一带农村的摄影作品《豆选》中就可以看到豆选发生的真实场景，与彦涵画中的情形十分相似。新中国成立前，中国共产党要推翻国民党的独裁统治，建立一个真正民主的国家，让人民当家做主。那时候还没有全国解放，党员干部们就从苏区开始，让当地的老百姓行使民主权利。但20世纪三四十年代的广大农村地区，识字的人极为个别，如何进行选举，当时的共产党人就想出了用豆选举的方法。

豆选的力量来自它在选举中承载的选举人意愿，使得多数人的主张得以形成、民主得以实现。由于豆子在北方盛产，在农村普遍易获，所以用豆子做选举投票的工具。除黄豆外，黑豆、绿豆、红豆、豌豆、玉米豆等也都用于豆选过。豆选的方式大致为给每个选举人发几粒豆子，让被选举人背对着一张桌子站成一排，在他们身后各放一只碗，选谁就在谁身后的碗里丢一粒豆子，谁碗里的豆子多，谁就被选中。豆选这种最早的"无记名投票"的方式有别于"举手"或"公开表决"，从整个流程设定上，外人很难判断选举人到底将票投给了谁，这样选举人才能自由地表达内心意愿，在公平、公正的选举下促成民主。

在《豆选》画面的主要位置，彦涵刻有两个包着头巾的女性形象，一个在选举桌前小心翼翼地跪地弯腰拾起掉落在地上的豆子；另一个左手紧握着（手里大概是豆子），右手关切地伸向弯腰的同伴。彦东表示：

"这是为了强调农民选举的特殊意义,特别增加的一个情节,弯腰去捡豆子好像是捡起了自己的权利的象征,表现出这名妇女对民主权利的珍视。"这两名女性的认真态度,也是作者为了突出女性在选举权中具有的同等地位。艺术理论家王朝闻曾提到过这个拾豆的细节,认为那个妇女不愿牺牲这一票的权利,显示了选民热情严肃地对待民主权利。

豆选方法简便,使占人口多数的弱势群体参选,得到人们的支持。特别是中国历史中长期处于弱势地位的女性,她们被包括进来,更显难能可贵。在豆选中,女性不仅可以选自己满意的候选人,也可以选女候选人,让她们代表自己的利益。因此,我们在彦涵的画中看到了相似的情景,在近景桌子旁,背对站着的一排被选举人里就有一位女性形象,在她身后前来投票的群众里,就有一位老妇人。这种做法不仅是人道主义的进步,也是中国共产党获得广大妇女的理解和支持、扩大其力量、贯彻其政策的途径。

《豆选》基本延续了彦涵解放区版画风格,采取了单线的中国民间传统造型方式。"过去父亲他们按照西洋版画的方式强调素描和光线,老百姓看不懂,说这画上的人都是'阴阳脸'。而《豆选》这种形式不仅老百姓喜闻乐见,也具有中国民间味道的木版年画风格。也正是由于这幅画风格特殊,加上表现内容的时代性,所以国际版画界非常重视它,古根海姆博物馆、大都会博物馆都收藏有这幅《豆选》,西方也有很多文章介绍这幅作品,他们认为这种风格是一种特殊的艺术流派,同时表现的是中国社会带有深层次社会意义、历史意义的作品。"彦东说。

"学古人投豆之法,以黑白二豆分善恶",在中国共产党领导下的苏维埃革命根据地、敌后抗日根据地和解放区,豆选的作用被发扬光大。中国共产党用豆选的举措让占人口大多数的人民参与民主选举、表达意愿。这颗民主的豆子一旦被种下,就会自己生根发芽。据彦东回忆:"20世纪80年代末,美国波士顿美术馆的女馆长到我们家说希望收藏《豆选》的木刻原版,父亲就问:'你为什么对这张画这么感兴趣?'她指着《豆选》说:'普遍选举是我们西方的,为什么中国也会有这个?'父亲回答：'这幅画就是在现场证明了，我们中国也是讲究民主的。'最后这幅木刻原版没有卖给她，因为这是中国历史的一部分。"诚如中国美协副主席、中国美术馆馆长吴为山所说："彦涵的艺术创作不仅是其个人艺术理念的抒发，更是对时代的生动记录。在《豆选》这样的'小场景''小事件'里，我们看到了那段烽火岁月里洋溢着的革命乐观主义大情怀。""如果把彦涵的作品连接起来，将会是一幅壮丽的历史画卷。"版画家江丰曾这样评价。

（作者系《中国艺术报》记者）

鸿篇巨制中的历史真实与信仰力量

——电影《开国大典》里的开国大典

李 博

1988 年 7 月，在距离新中国成立 40 周年还有 1 年多的时候，导演李前宽和肖桂云第一次看到了电影《开国大典》的剧本。本子有 7 万多字，夫妻俩连夜读完，直到今天，他们还清晰地记得自己当时的心情——"十分激动，又有些紧张。"激动的是，拍摄一部纪念新中国成立 40 周年的史诗级电影，是夫妻俩的夙愿；紧张的是，要在大约 1 年的时间里完成一部上下两集鸿篇巨制的摄制，难度之大可想而知。

如何通过艺术的手法，将中国共产党从取得"三大战役"的伟大胜利直至 1949 年 10 月 1 日在北京举行开国大典的历史进程真实地展现在大银幕上，是李前宽和肖桂云在创作中要解决的首要难题。《开国大典》的文学剧本里一共有 138 位真实历史人物出场，以全景画卷式的视角再现了辽沈战役、淮海战役、平津战役、渡江战役、中共七届二中全会、第一届中国人民政治协商会议等重大历史事件，更浓墨重彩地表现了天安门广场上开国大典的庄严仪式——如此宏大、复杂而厚重的文学剧本，对影片的导演创作提出了极高的要求。

让真实性与表现性碰撞出 "火花"

"面对这样一部革命史诗大片，我们首先要确定的是，以什么样的艺术风格去把握和驾驭它。"从影多年的李前宽和肖桂云导演经验十分丰富，却从未面对过如此波澜壮阔的题材。经过一番冥思苦想，夫妻两人决定，大胆地在影片中使用一种真实性与表现性相结合的艺术手段，即把老一辈电影人在战场上拍摄的那些珍贵纪录片镜头，与自己拍摄的故事片镜头巧妙地融合起来，形成全新的电影语言。他们表示："我们试图让纪录片的真实性镜头和自己拍摄的表现性镜头碰撞出'火花'，帮助观众在真实性的画面中重温历史，在表现性的画面里感受信仰的力量。"

在文学剧本创作阶段，张天民、张笑天等编剧在协调宏观与微观的关系方面做出了很多努力，尽可能不把剧本写成"编年史"。在剧本中，所有重大历史事件基本都被推至后景，作为片中人物活动的舞台，宏观上采用写意的手法，而在描写人物和细节时，则采取工笔细描的手法。

李前宽和肖桂云很清楚，尽管《开国大典》中出场的历史人物众多，但塑造的重中之重是共产党和国民党的两位代表人物——毛泽东与蒋介石。李前宽表示，自己和肖桂云一致认为，国共双方的领袖应该是活生生的真实历史人物，一定要突破以往模式化的表现手法。"既然是真实的人，就应该用艺术手段去表现真实、历史的毛泽东和真实、历史的蒋介石，这样才能服人。"

艺术化呈现中国共产党必将取得伟大胜利

在影片中，共产党与国民党仿佛两棵大树，一棵顺应历史潮流，蒸蒸日上；一棵违背历史潮流，不断枯萎。这种意象并不是抽象的，而是通过各种艺术手段、戏剧冲突和人物个性塑造体现出来的。李前宽以几场重头戏为例，讲述了自己的创作理念。原剧本中，对毛泽东从西柏坡进北平这场戏的描写是：车停下来，毛泽东下车问叶子龙为何停车，叶子龙说车坏了。这时李讷从车上跳下来，问毛泽东："爸爸，咱们这是去哪儿啊？"毛泽东说："进城。"李讷问："进城干吗？"毛泽东说："因为我们胜利了。"李讷问："你不是说胜利了去延安吗？为什么不去延安去北平？"毛泽东说："因为北平比延安大。"李前宽和肖桂云没有按照常规的方法拍摄这一场景，而是凸显了人物的画外音。李前宽和肖桂云回忆道："我们在长春机场，调动了一个团的战士，乘坐120辆卡车，让车队从两公里外并排朝着镜头开来，用长焦镜头低角度拍摄，并在车队后面放了50个烟点。"镜头里，车群由远而近开来，发出的声响犹如千军万马，势不可当；毛泽东和李讷的对话则从画外传来，在天空中回响，形成一种空灵感。

"这个一分半钟的长镜头的灵感，来源于我童年在家乡躺在沙滩上，看着不断奔涌而来的巨大海浪时的感受。"年少时的李前宽发现，没有什么力量能够阻挡巨大海浪的奔涌，而此刻蓝天上海鸥的鸣叫声，在海涛声的衬托下，犹如在宏大的交响乐声中一道小提琴音清脆响起，显得格外悦耳动听。在这充满表现力的一静一响之间，中国共产党必将取得伟大胜利，并带领中华民族站起来、强起来的理念，被艺术化地传达出来。

剧本中还有一场戏，是描写毛泽东接到前方战报，得知解放军已攻过长江、打到总统府时，豪情满怀地写下了"钟山风雨起苍黄，百万雄师过大江"的诗句。在拍摄现场，李前宽和肖桂云改变了这场戏的表现方式——由古月饰演的毛泽东深知已经胜券在握，十分疲惫的他在作战地图前的椅子上打起盹来。这时手里拿着战报的叶子龙兴奋地冲进来，发现主席睡得这么香，舍不得打扰，就轻轻地把战报放下。接下来，一边是解放军千军万马渡过长江的镜头，一边是毛泽东睡得正香的镜头。这样的对比，产生了一种此处无声胜有声的艺术效果，彰显出了强烈的视觉张力和意味深长的艺术震撼力。

在电影《开国大典》开篇，在一个推进镜头中，一名战士站起来迎向太阳，这也是李前宽和肖桂云有意使用的一种表现性艺术表达："主旋律电影要有思想性，但艺术性和观赏性不能忽视。"在影片高潮处，毛泽东在天安门城楼上高喊"人民万岁",当银幕上出现礼花齐放的镜头时,李前宽和肖桂云同时叠化了许多在战场上冲锋的战士缓缓倒下的镜头,用每秒96格的高速镜头拍摄战士倒下时的场景,借此拉长了他们牺牲的瞬间,借此升华了美丽与崇高,更让观众形象地感受到:新中国是无数先烈用生命换来的。

将大刀阔斧的泼墨与精雕细刻的工笔相结合

电影《开国大典》在拍摄过程中,横跨12个省市,并动用15万人次的群众演员,影片中中南海颐年堂、天安门广场、西柏坡、双清寺、总统府等多个场景都采取实景拍摄,如此宏大的制作规模,时至今日仍属罕见。"把这么多人物、事件放在一部电影里,该怎么拍?说多了,絮叨;说少了,不够。"李前宽和肖桂云认为,这要求导演必须把真实性和表现性结合得恰到好处,该简练的地方一定简,该细致的地方一定细,把握好节奏、处理好典型环境。"用美术术语来说,就是将大刀阔斧的泼墨与精雕细刻的工笔相结合。"李前宽和肖桂云尽可能将每一场戏都处理得有所不同:比如表现东北战场时,他们参考19世纪俄罗斯古典油画中的战场风格,用一个固定画面营造出战斗结束时的场景——死尸遍野、战马哀鸣,国民党军旗熊熊燃烧;表现平津战役,展示了北平城门前,解放军与傅作义的起义部队换防的情景;表现淮海战役时,则重点表现了华野司令陈毅与独腿小战士和自杀未遂的杜聿明之间的两场对手戏。

因在电影《百色起义》中成功塑造邓小平形象而获得第十届中国电影金鸡奖最佳男主角奖的著名演员卢奇,在《开国大典》里再次饰演邓小平。尽管在《开国大典》中,邓小平并不是最主要的角色,但卢奇至今仍对当年的表演记忆犹新。"小平同志的行动并不是《开国大典》故事的主线,但是,剧本给我多大的舞台,我就会尽力在那一方舞台上展现小平同志的风采。小平同志作为一位杰出的马克思主义者,始终坚持实事求是的工作作风,不管是在战争时期、新中国成立初期还是在改革开放的年代，他的唯物主义世界观从未发生过改变。"在吃透这一点的基础上，卢奇通过研究不同历史时期邓小平的思维状况和生活状态，来诠释那时的小平同志。

"每个伟人都有自己独特的风采，对于演员而言，与伟人形似易，神似难。扮演伟人，除了外形接近，更重要的还是要把握他们的精、气、神，也就是要研究伟人的出身、学识、经历、思想、风度等各个方面。"为了在《开国大典》中将中年邓小平塑造得形神兼备，卢奇搜集了很多邓小平在新中国成立前后的录像资料片和摄影图片，并且走访了许多与小平同志一起生活、工作过的亲友、同事。"对小平同志的神情、姿态、语言方式等进行反复的揣摩和模仿，成为拍摄《开国大典》期间我生活的一部分。"

中国电影评论学会会长饶曙光至今仍清晰地记得自己在 1989 年看完《开国大典》后感受到的震撼。"影片既能够以具备史诗风格的宏大叙事震撼观众，同时也会通过细腻的场景和生动的细节打动观众，整部影片具备浓郁的艺术质感和丰富的艺术表现力。"饶曙光认为，在中国主旋律电影的发展史上，《开国大典》是一部具有标志性和高峰品格的作品，尤其是在宏观叙事层面几乎已经登峰造极，日后的其他主旋律作品，大多只能在其他方面寻求突破。"这部影片放到今天仍不会过时，当代的年轻观众依旧可以通过观看影片，深刻理解历史发展的客观规律，并被影片中所展示的人民群众的伟大力量和领袖的智慧感染。"

《开国大典》上映后引发轰动，在收获上佳票房与良好口碑的同时，更在第十届中国电影金鸡奖、第十三届大众电影百花奖上获得包括最佳故事片、最佳导演、最佳编剧、最佳男主角、最佳男配角在内的多项大奖，同时斩获 1989—1990 年中国广播电影电视部优秀影片奖、第十二届长影"小百花"奖等诸多奖项，并代表中国参加了第六十二届奥斯卡外语片展映。

2019 年，时值新中国成立 70 周年之际，4K 新版《开国大典》在全国公映。修复团队利用现代高科技修复技术，通过 4K 分辨率重现胶片原生态，以 HFR60 格／秒高帧率让画面更流畅、HDR 高动态范围让光影层次更细致、4KDCI 调色让镜头语言更流畅、5.1 环绕声让声音更立体。时隔多年后重看《开国大典》，观众依旧能够从中感受到强烈的震撼与信仰的力量。

对于这部中国主旋律电影的里程碑之作，电影业界给予了很高的评价。中国影协分党组书记、驻会副主席张宏在电影《开国大典》4K 新版首映礼上的致辞中表示："《开国大典》创造了主旋律电影的天地，开创了该类型电影的先河，从过去到现在，这部影片将永远记录在中国电影的光辉史册上。"

在电影《开国大典》4K 新版研讨会上，著名文艺评论家李准称赞，《开国大典》展示了创作者对革命历史的敬畏，影片的基本历史观经得起历史的检验。北京电影学院教授钟大丰认为，《开国大典》对纪录片和故事片进行巧妙结合，给珍贵的历史影像赋予了新的意义。中国传媒大学教授索亚斌则评价，《开国大典》将对历史的敬畏与趣味性相融合，具有很强的历史意义和史料价值，为后续的主旋律电影提供了极好的创作经验。

新中国成立这一伟大时刻将永远铭刻在中华民族的集体记忆里。《开国大典》以电影艺术的独特魅力和自身的艺术创造，成为这一集体记忆的一部分。

（作者系《中国艺术报》记者）

《中国人民志愿军战歌》诞生记

张　璐

"雄赳赳，气昂昂，跨过鸭绿江，保和平，卫祖国，就是保家乡！中国好儿女，齐心团结紧，抗美援朝打败美帝野心狼！"70多年前，这首麻扶摇作词、周巍峙作曲的《中国人民志愿军战歌》曾激励了无数中国人民志愿军将士奋勇杀敌、打击美帝侵略者。中国人民志愿军不畏强敌、不怕牺牲的英勇斗争，为新中国的和平与发展奠定了坚实的历史基础。

2020年10月23日，习近平总书记在"纪念中国人民志愿军抗美援朝出国作战70周年大会"上发表重要讲话时指出："伟大的抗美援朝战争，抵御了帝国主义侵略扩张，捍卫了新中国安全，保卫了中国人民和平生活，稳定了朝鲜半岛局势，维护了亚洲和世界和平。抗美援朝战争伟大胜利，将永远铭刻在中华民族的史册上！永远铭刻在人类和平、发展、进步的史册上！"[1]在向着第二个百年奋斗目标迈进的新征程上，回望党的百年历史，回望抗美援朝战争，这首承载着中华民族顽强不屈精神的《中国人民志愿军战歌》传唱至今，依然激励着无数中华儿女砥砺奋进，为实现中华民族伟大复兴而不懈奋斗。

---

[1]　习近平:《在纪念中国人民志愿军抗美援朝出国作战70周年大会上的讲话》，北京：人民出版社，2020年10月，第2页。

原歌词以一首诗的形式诞生

1950年6月25日，朝鲜战争爆发。1950年10月，朝鲜劳动党和朝鲜政府向中共中央和中国政府发出了请求，急盼中国予以特别的援助，出兵朝鲜。中共中央作出抗美援朝保家卫国的决策，毛泽东主席说，打得一拳开，免得百拳来，我们抗美援朝就是保家卫国。

《中国人民志愿军战歌》的词作者麻扶摇来自炮1师，该师于1950年3月初由湖南出发，班师东北，到了北大荒垦荒戍边。因为朝鲜战争爆发，炮1师作为中国人民志愿军的一支预备炮兵部队，奉命第一批入朝参战，麻扶摇就是其中的一员。据麻扶摇的战友、志愿军老战士王荫德回忆，当时，迅速集结的炮1师抓紧进行临战准备，一面开展敌前练兵，一面进行政治动员。时任志愿军炮兵第1师第26团5连副政治指导员的麻扶摇根据上级的部署，对战士们进行爱国主义、国际主义和革命英雄主义教育。他通过宣讲政治机关编印的《美帝侵华简史》，使战士们认清了美帝国主义是以侵略朝鲜为跳板，妄图把新生的中华人民共和国扼杀在摇篮里的狼子野心。为了配合教育，连队还请来老工人、老贫农作忆苦报告，揭露日本帝国主义侵略中国的暴行，控诉14年亡国奴的悲惨经历。亲人们的血泪控诉，使战士们义愤填膺，高呼"打倒帝国主义"口号，从内心深处迸发出"制止侵略，保卫和平""抗美援朝，保家卫国"的战斗豪情。

一时间，面对侵略者的狂妄野心，炮1师的将士们义愤填膺，纷纷写下请战书，有的甚至用血书来表达求战决心与"抗美援朝，保家卫国"的坚定信念。"保卫和平，保卫祖国，就是保卫家乡"成了热词，战士们在发言中说，要"雄赳赳，气昂昂，横渡鸭绿江"。

"战士们激昂的求战情绪时刻萦绕于我的脑际，使我食不甘味，寝不安席，总感到还应写点什么。在十月中旬连队誓师大会前的一个夜晚，我辗转反侧，浮想联翩，昔日'黄河之滨，集合着一群中华民族优秀的子孙'和'百万雄师过大江'的历史画卷浮现在眼前，使我的视角落在了'中华儿女'的群体形象上。"生前，麻扶摇曾在一篇回忆《中国人民志愿军战歌》诞生过程的文章《〈中国人民志愿军战歌〉的诞生：先有诗后有歌》中如是写道。

当时的麻扶摇想，集结在鸭绿江畔的志愿军，不正是中华民族长期经历内忧外患逐渐培育起来的浩然正气，又在新中国人民身上得到升华的历史延续吗？于是"雄赳赳，气昂昂，横渡鸭绿江"的词句涌上他的心头，接着，他又写下了"保和平，卫祖国，就是保家乡"，写完后，他的思路更加开阔了，并对战争前途进行思考，比如下一步，装备极差的中国人民志愿军将与武装到牙齿的美军交战，战争将是十分残酷的，但是，战争的胜利归根结底不是由装备的优劣来决定的。我军广大指战员抱着"抗美援朝、保家卫国"的崇高理想，这种同仇敌忾、万众一心的精神力量完全可以转化为巨大的物质力量，能在相当大的程度上弥补我军武器装备的劣势，赢得战争的胜利。于是，麻扶摇又写下了："中华的好儿女，齐心团结紧，抗美援朝鲜，打败美帝野心狼！"

麻扶摇后来曾表示，当时在写这首作品的时候并未意识到自己是在创作，只是有一种不吐不快的激情。于是，在部队出征前的一天晚上，他趴在煤油灯下连夜写出这首出征诗：

> 雄赳赳，气昂昂，横渡鸭绿江。
> 保和平，卫祖国，
> 就是保家乡。
> 中华的好儿女，齐心团结紧，
> 抗美援朝鲜，打败美帝野心狼。

这就是后来定名为《中国人民志愿军战歌》的原歌词，即以一首诗的形式诞生了。

定名为《中国人民志愿军战歌》

关于歌词为什么最后用"打败美帝野心狼",麻扶摇生前在接受央视采访时曾说:"敌人是亡我之心不死,比狼还残忍,所以最后用'打败美帝野心狼'。连夜写完这首出征诗的第二天,在全国誓师大会上,我代表全连进行宣誓的时候念的就是这个出征诗,大家一致认为这首诗表达了全连指战员的共同心声。在全团动员誓师大会上,团首长宣读了师党委的战斗动员令后,各连纷纷上台表决心,我也代表 5 连登台宣读了出征誓词。大会之后,团政治处编印的《群力报》和师政治部办的《骨干报》都先后在显著位置刊登了这首诗。"麻扶摇说,当时,他们连一位粗通简谱的文化教员为它配了曲,并在全连教唱。10 月 23 日部队入朝时,他所在的连就是唱着"雄赳赳,气昂昂"这首歌跨过鸭绿江的。

后来,麻扶摇惊奇地发现,后续入朝的一支支部队都唱着一首曲调乐观、雄壮而坚定有力的歌曲,歌词与他写的这首诗基本相同。当时由于战斗频繁、消息闭塞,他也不知道这首歌词、曲结合的原委。直到1953 年,他才知道《中国人民志愿军战歌》形成的来龙去脉。

原来志愿军入朝前,新华社随军记者陈伯坚到麻扶摇所在部队进行采访时发现了这首诗,认为它主题思想明确,战斗性强,很适合当时形势所需。于是,就在第一次战役之后他写的一篇战地通讯《记中国人民志愿军部队几个战士的谈话》中,把这首诗放在文章的开头部分,并作了个别字的改动,把"横渡鸭绿江"改为"跨过鸭绿江","中华的好儿女"改为"中国好儿女"。1950 年 11 月 26 日,《人民日报》在第一版发表了这篇通讯,并把这首诗以大 1 号的字体排在标题下面,以突出的位置介绍给读者。就这样,这首诗又从朝鲜前线传回国内。

时任文化部艺术局副局长的著名音乐家周巍峙生前曾回忆说,当时,他看到《人民日报》刊登的这首诗以后,一下就被震撼了。诗的内容没有几句,但字字分量都很重,这让他感到非常激动,浑身热血沸腾,好像自己就是一位即将"雄赳赳,气昂昂,跨过鸭绿江"的中国人民志愿军战士。看着看着，他便产生了一种强烈的冲动。周巍峙表示，那时整个国家刚刚从战争中走出来，人们对战争的体验仍没有淡忘，对解放军的战斗生活很熟悉。党中央决策英明，决定抗美援朝、保家卫国。文艺工作者该做的，就是将文艺作为武器，把官兵气势焕发出来、调动起来，凝聚起人心和力量。这一切为这首歌的创作提供了大的背景。

周巍峙仅用了半小时就在一张草稿纸上为这首诗谱出了曲，他还接受了时任中国音协主席吕骥的建议，把"抗美援朝鲜"改为"抗美援朝"，把"打败美帝野心狼"改为"打败美国野心狼"，并用最后一句当题目，就是"打败美国野心狼"。由于当时不知道原作者是谁，署名就写成了：志愿军战士词。这首歌先后发表在11月30日的《人民日报》和12月初的《时事手册》上，不久又定名为《中国人民志愿军战歌》。由于这首歌的曲调强烈地表现了抗美援朝英雄岁月的主旋律，充分体现了志愿军和全国人民的钢铁意志和坚强信念，它一经问世，便迅速在全军、全国广为传唱。

作为一个经历过战争年代的音乐家，周巍峙的创作生涯自始至终都和中华民族的解放紧密联系在一起。原文化部民族民间文艺发展中心主任李松曾为周巍峙的秘书，他在《雄赳赳气昂昂跨过鸭绿江——〈中国人民志愿军战歌〉曲作者周巍峙》一文中表示，1950年10月，中国人民志愿军开赴朝鲜，11月底周巍峙以无比激动的心情创作的《中国人民志愿军战歌》是他歌曲创作的代表之作。后续的志愿军指战员迈着雄赳赳的步伐，高唱着这首战歌，"雄赳赳，气昂昂，跨过鸭绿江！"全中国以及朝鲜民主主义人民共和国都响遍了这雄壮的歌声，这首歌不仅在抗美援朝中起到了很大的作用，而且一直到现在，一听到那坚定有力的旋律，就会使人想起那段难忘的历史。

那个时代中国人民最坚定、最有力的声音

1951年4月1日，《人民日报》以《中国人民志愿军战歌》的歌名，

再次向全国推荐。4月21日，中国人民抗美援朝总会通知规定，以国歌和《中国人民志愿军战歌》两首歌曲作为全国人民五一劳动节游行的基本歌曲。1953年，政务院文化部和全国文联共同开展对1949年至1953年间的群众歌曲评奖活动，经过由下而上的推荐，从4年间全国发表的万余首歌曲中，评选《中国人民志愿军战歌》为一等奖。麻扶摇在生前回忆道，为了给作者发奖，有关部门辗转查找，才在炮1师找到了他。这时他才在《解放军文艺》上首次被披露，《中国人民志愿军战歌》歌词原是他写的一首出征诗。从那以后，所有刊物再发表这首歌曲时，词作者都改署为：麻扶摇。

"'雄赳赳，气昂昂，跨过鸭绿江。保和平，卫祖国，就是保家乡……'这么一唱，战士们的劲都鼓起来了，你一唱他就跟着你一块唱，这个气氛非常热烈，战士意志很强，打倒一切敌人。"再次唱起这首歌时，时任志愿军第23军文工团演员队队长的邬戈仍然感慨万千，因为从那个时候起，一代又一代的中国人，都从这首激昂向上的战歌中获得了震动和感动，它凝结了中华民族自强不息的信心和勇气，永久地萦绕在每一位志愿军战士的心头。

《中国人民志愿军战歌》这首歌曲简短有力，气宇轩昂。开始两乐句，一字一音，铿锵有力，使人联想到中国人民志愿军跨过鸭绿江、入朝作战的坚定步伐。接着两个乐句，节奏变得稍微舒展，抒发了中国人民志愿军从容不迫、无所畏惧的革命精神；末句'抗美援朝，打败美国野心狼'更精彩：'抗美援朝'4字用了4个持续音，强调了志愿军入朝作战的光荣使命；'打败美国野心狼'的'打'字用了全曲的最高音、最强音，将这个象征战斗精神的字眼凸显出来，顿时给人一种威风八面、正义凛然的艺术效果，表达出中国人民志愿军抗美援朝、保家卫国的坚定信心和英雄气概。全曲短小精悍，极富艺术魅力。"在上海音乐学院贺绿汀中国音乐高等研究院高级研究员李诗原看来，《中国人民志愿军战歌》像同时期的《我是一个兵》等许许多多的抗美援朝歌曲一样，极大地鼓舞了中国人民志愿军的斗志，也激发了中国人民保卫和建设新中国的热情。它既是中国人民志愿军的文化形象标识，又是那个时代中国人民最坚定、最有力的声音，那就是"谁敢发动战争，我们坚决把它消灭干净"的誓言和"我们热爱和平，但也不怕战争"的思想主题。70年过去了，这一歌曲仍鼓舞着中国人民的斗志，成为中国特色社会主义新时代鼓舞全体中国人民实现中华民族伟大复兴中国梦的一股力量。

（作者系《中国艺术报》记者）

油画《遵义会议》：历史的细节含糊不得

张瀚允

1935 年，红军在经历第五次反"围剿"失败，历尽艰难险阻后踏上贵州遵义的土地时，人数已经由长征开始之初的 8 万余锐减至不足 4 万。在紧急的战争形势下，中共中央政治局在遵义召开扩大会议，总结了第五次反"围剿"失败和长征初期失利的教训，史称遵义会议。习近平总书记在纪念红军长征胜利 80 周年大会上的讲话中指出，"长征途中，党中央召开的遵义会议，是我们党历史上一个生死攸关的转折点"。这次会议确立了毛泽东同志在红军和党中央的领导地位，开始确立了以毛泽东同志为主要代表的马克思主义正确路线在党中央的领导地位，开始形成以毛泽东同志为核心的党的第一代中央领导集体，"这是我们党和革命事业转危为安、不断打开新局面最重要的保证"。而这次在危急时刻挽救了党，挽救了红军，挽救了中国革命的会议，却没有在历史上留下照片，中国美协连环画艺术委员会名誉主任、画家沈尧伊创作《遵义会议》的动机正是如此："历史照片资料的空白是无法弥补的，但好的历史画能达到比照片更可信更真实的水平。这很难，不过值得试试，为什么不呢？"

油画《遵义会议》脱胎于沈尧伊 1988 年至 1993 年创作的连环画《地球的红飘带》。这套连环画共有 926 幅，有关遵义会议情节的 26 幅。其中，需要画一幅形象相对完整的全体与会者 20 人在会场的画面。长征留下的照片资料稀缺，共产党人为什么没有在遵义留下照片？沈尧伊思来想去，只能得到一个结论：当时形势过于严峻，谁还会想到拍照片呢？他犹记几十年前第一次去遵义时，对会场旧址的解说词的一段话深为震动："党的路线转到马克思列宁主义的正确轨道上，这是流了多少鲜血，付出何等大的代价才得到的啊！"沈尧伊在创作后记中写道，历史是不能忘记的，忘记历史，就会得到惩罚。为了新长征路上的胜利前进，我们应当告诉后人真实的历史，尤其像遵义会议这样充满了深刻的思想意义的历史。因此，创作《遵义会议》也是沈尧伊的一个夙愿——一种对重大历史事件的透明度的追求。

连环画的基调来自小说《地球的红飘带》中的描写："那些椅子，警卫员本来摆得很整齐，这些过惯战争生活和游击生活的人，却把它拉开来，坐得松松散散，好像过于拘谨正规，已经不再适合他们的性格。"他将情节定在开会场景之前，并确定了"肖像群"这一创作核心：不是"排排坐""排排站"，而是有情节限定，又非情节化；有环境容纳，又非场面化。"开会"给予了画面身临其境和自然的条件，而遵义会议的参加者中，大部分人对中国 20 世纪的社会进程起过至关重要的作用，所以表现"开会的人"是根本的任务。围绕"肖像群"创作核心，他在原稿基础上淡化情节，在人物关系上兼顾画面中人物位置的合理性与主次关系，以及人物间的对比、衬托，"比如毛泽东与周恩来，这是画面的中心，我把所有的强烈对比关系都集中于此：动态上一坐一站，色彩上一白一黑，神情上一个深邃一个坦荡，造型上一个开放一个严谨。在这种对比关系中，两个伟人的个性得到了强化"，沈尧伊说。

在连环画转为油画创作过程中，为了尽可能贴近当年真实的场景，沈尧伊从多方面入手参考材料、征求意见。作为一位坚定的红色革命题材主旋律画家，曾有人问他："你太熟悉他们了，背着都能画了吧？"对此沈尧伊的态度是："越是熟悉，就越不能背着画。"为了不使笔下的人物形象程式化，他"老老实实钻到历史中去"，不断挖掘对象的精神气质，再以动作、表情、服装、道具等表现在纸上。定稿过程中，沈尧伊始终抱着一股"较真儿"的精神，得到了不少老红军与专家的帮助，王朝闻老先生曾就草图写了3页纸意见。沈尧伊又画出各种图,拿去询问亲历长征的老人,因为对亲身经历的认识和概括才是最客观且有价值的,得到他们的认同才算"考试"通过。对于画面细节的还原程度,他甚至考据到一盒烟:"油画《遵义会议》中毛泽东的动作是从烟盒中拿一支烟,这是个引而待发的动作。烟盒的形象,这个在连环画中可以忽视的细节,在油画中就要较真儿了。几经周折,我才查明红军在遵义缴获了贵州军阀王家烈新买的数箱上海南洋公司出的'白金龙'香烟,又经友人帮助,找到了20世纪30年代'白金龙'烟的样品。我才发现其形甚有特点:硬纸盒,可抽拉,锡箔,十支装。查究烟盒的细节,是油画《遵义会议》在艺术追求方面的缩影。"

细节尚如此,作为画面主体,20个人物的动作更含糊不得。沈尧伊基本上都找到历史照片的依据,但没有一个是原封不动地照搬,而是在参照大量史料、回忆录、采访和读解历史照片后找到的符合人物性格的习惯动作。画面中,从左到右依次为李富春、王稼祥、张闻天、毛泽东、周恩来、博古、凯丰、朱德、陈云、彭德怀、聂荣臻、刘少奇、邓小平、李卓然、林彪、杨尚昆、刘伯承、伍修权、李德、邓发。他们正以不同姿态,围绕着画面中一张圆桌或坐或站,出现在灯光明亮的会议室里。

根据史实,毛泽东当时已经被排除出党中央领导核心,却通过反复的细致沟通与对形势的准确分析,得到了周恩来、张闻天与王稼祥的支持。作者打破常规视角,创造多角度表现。画中的毛泽东虽然没有位于人物群像正中,却表情坦荡磊落,仿佛对即将发生的结果成竹在胸。周恩来身着深色军装,腰背挺直地站在毛泽东身边,目光深邃而坚毅。王稼祥不顾身体伤痛,坐在一张躺椅上,身体向毛泽东与张闻天的方向前倾,投去的目光流露出对局面的关注。处于画面右侧角落的李德远坐在门口,将头扭向一边,似是在生气与不满。敞开的窗户昭示着会议在深夜召开,也寓意着此时此刻是革命的深夜。

接下来发生的事情,为人们所熟知。会后,由张闻天根据与会多数人发言内容,起草《中央关于反对敌人五次"围剿"的总结的决议》。

会议上是何等激烈的讨论场景，如今已不得见，沈尧伊在创作油画《遵义会议》时，刻意将谈话、动作等情节性内容淡化，呈现在观众面前的，更多是党和红军领导人在危难中所表现出的革命乐观主义精神以及对胜利坚定的决心。油画内容虽然发生在会议开始之前，却已经将结果一一展现给观众。沈尧伊将版画技法融入油画之中，具有硬度的版画线与体积结构、明暗的结合，勾勒出一场即将发生的思想交锋，同时又在色阶上压缩色彩区域，运用有变化的暖灰色调，使得共产党人在平淡、真实、朴素的场景中焕发出另一层光彩。

"《遵义会议》这件作品是革命美术题材美术创作经典中的经典，这幅画看似是一个会场，实际上通过对空间的营造、人物形象的塑造与安排，很好地表达了遵义会议中最深刻的一个场景。"美术杂志社社长兼主编尚辉说。姜维朴则在文章《喜见沈尧伊油画新作〈遵义会议〉》中评论道：以美术形式来表现会议场景是一大难题，独幅画较之连环画更难，而表现遵义会议这样政治性强、历史意义重大的会议，其难度可想而知。也许正是由于这些原因，在我国长期以来的美术作品中，虽然陆续出现了不少歌颂革命历史的传世之作，但表现遵义会议的独幅作品，还很少见。沈尧伊这幅油画的问世，可以说以其艺术上的成绩填补了中国革命历史画的一项空白。而对于夙愿得以实现的沈尧伊而言，长征是对中国社会发展永远起着重大推动作用的伟大历史事件，它在中国永远以新的形式继续着，长征是永恒的。"历史画不仅表现历史，也表现了作者与社会的关系和现实社会的进程。从这个意义上说，好的历史画也是当代史的折射。"沈尧伊说。

（作者系《中国艺术报》记者）

小说《红岩》是这样写成的

王　琼

革命历史题材长篇小说《红岩》讲述了 1948 年至 1949 年全国解放前夕，在重庆"中美合作所"白公馆、渣滓洞集中营里，身陷囹圄的中国共产党人、革命志士与国民党反动派英勇斗争的故事，揭露了国民党反动派对共产党人和进步人士的残酷迫害，塑造了许云峰、江姐、成岗、刘思扬、华子良、小萝卜头等可歌可泣、令人难忘的革命英雄形象，展现了革命者的崇高思想境界和光辉形象。小说自 1961 年出版以来共出版 3 个版次，发行量逾 1000 万册，雄踞我国红色经典高峰数十载，并被改编成电影《烈火中永生》、歌剧《江姐》等艺术作品，激励了一代又一代青年的爱国情怀和奋斗热情。

《红岩》的雏形

《红岩》的作者罗广斌、杨益言，曾于 1948 年先后被国民党反动派逮捕，囚禁在重庆"中美合作所"集中营里，与小说中的英雄人物一起经历了那段惊心动魄的斗争生活。新中国成立后，作为幸存者，他们立志要"把这里的斗争告诉后代"，红岩故事的写作也由此拉开序幕。

罗广斌、杨益言本不是专业作家，因此他们最初并没有选择小说文体，而是将亲身见闻著成报告文章、宣讲提纲、个人回忆录。其中较有代表性的有罗广斌 1949 年撰写的《重庆党组织破坏经过和狱中情形的报告》，杨益言（发表时署名"杨祖之"）1949 年撰写的《我从集中营出来——瓷器口集中营生活回忆》，罗广斌、刘德彬等在 1950 年编印的《如此中美特种技术合作所——蒋美特务重庆大屠杀之血录》以及罗广斌、刘德彬、杨益言三人合写的纪实文学《圣洁的血花——献给九十七个永生的共产党员》等。

这些记录真人真事的报告文章，在人民群众中引起了一定反响。据《红岩》责任编辑叶施水介绍，1957 年 4 月，中国青年出版社收到了一封来自四川省长寿县一名叫赵山林的读者的来信。信中写道，当地人听了罗广斌演讲新中国成立前重庆"中美合作所"集中营的故事，深受教育，希望中国青年出版社搜集资料，通过小说的形式出版发行。其实，此前中国青年出版社便有选题计划，即邀请罗广斌写《江竹筠传》，而这封来信中所讲述的内容与原拟的选题相比，涉及的场面、人物更加丰富。正是这封读者来信，促成中国青年出版社向罗广斌约稿，请他写一篇"中美合作所血录"回忆录。半年后，中国青年出版社便收到作者根据报告整理而成的革命回忆录《在烈火中得到永生》。

当时的编辑向作者提出"希望他们以《在烈火中得到永生》为基础，加以扩充，撰写成中篇回忆录，出版单行本"。作者及时响应，同年将稿件寄来，原名《圣洁的光辉》，定稿出版时改为《在烈火中永生》。1959年 2 月，《在烈火中永生》正式出版，同时由《北京晚报》全文转载。此书一出，立刻在全国范围内引起强烈反响，并迅速被改编成电影，为成就红色经典作品奠定了基础。

从回忆录到长篇小说

为了更好地传播红岩故事，经中国青年出版社、中共重庆市委、作者与读者的多方研讨，罗广斌、杨益言决定进一步挖掘素材，将回忆录改写成长篇小说。对于并无小说创作经验的二人来说，这次写作无疑是一次"跋涉"。正如叶施水所说,"由于此前作者没有从事写作的准备和精力,对这样的长篇巨著还缺乏驾驭能力,因此结构布局有些零碎、松散。更为重要的是,最初作者完全是出于对英勇牺牲的先烈和故友们的悼念而写作,作品某种意义上只属于'个人记忆'和'私人写作'"。那么,究竟如何突破"真人真事"的束缚,站在更高的角度反映"中美合作所"渣滓洞、白公馆监狱里的斗争?如何调整作品架构,塑造典型人物形象,提升小说的艺术性?是迫切需要解决的课题。

据重庆红岩革命历史博物馆文博副研究馆员王浩介绍,中共重庆市委为二人的创作提供了很大的帮助。时任重庆市委常委、组织部部长的肖泽宽在指导《红岩》创作的过程中发现,罗广斌、杨益言对狱中共产党人和革命人士的思想事迹比较熟悉,对国民党的敌特人员则了解不多。在他的建议下,经市委批准,罗、杨二人到公安部门查看了相关的敌特档案,提审了在押的敌特分子。在众多敌特档案中,他们发现了一整套跨度长达15年之久的特务日记,从而对特务内部的种种矛盾变化以及不同人物的面貌、心理特点有了透彻而具体的了解。这份档案极大地丰富了罗、杨二人手中的素材,为他们后来成功塑造徐鹏飞、毛人凤、严醉等高层军统特务形象奠定了基础。

为了更好地塑造正面人物形象,罗广斌、杨益言下足了功夫。以经典人物形象江姐为例,她的原型是江竹筠烈士,此前罗、杨写过多篇关于江竹筠的纪实文章,主要把精力放在严格把握、剪裁史实上。在《红岩》的写作中,罗、杨不再拘泥于史实,而是大胆地运用艺术想象力,采用集中概括、综合借鉴的艺术手法,移植并构思了许多非原型所有的情节、细节,将江姐塑造成了一个血肉更加丰满、个性更加鲜明的艺术形象。

在小说整体架构和格局方面,罗、杨二人听取了不少专家意见。担任过《红岩》初版编辑工作的王维玲曾经撰文回忆,著名作家沙汀读过作品的"征求意见本"后,给出了非常关键的建议:"你们现在还是关在牢房里,戴着手铐脚镣写这场斗争。要从牢房里走出来,把手铐脚镣全丢掉，以胜利者的姿态，眉飞色舞地写这场斗争。"一席话令罗、杨豁然开朗，他们意识到此前的创作基调过于低沉黯淡，应当昂扬起来、"眉飞色舞"起来。与此同时，为了开阔二人的思想和视野，肖泽宽批准他们到北京参观学习。当时北京刚刚建成的革命历史博物馆和军事博物馆中正在展出1947年至1949年间中央军委指挥解放战争的电报、指示、文件、社论等历史档案的原件。北京之行，使罗、杨对解放战争的全局有了更清晰的认识，让他们的思想从局部的集中营生活中跳脱了出来，促使他们将这场斗争与整个时代背景联结呼应起来，最终实现了小说整体格局的提升。

永远的《红岩》

1961年12月，数易其稿、经过反复加工整理后的小说《红岩》正式出版。与此前作者一直使用的题目《禁锢的世界》不同，小说最终定名"红岩"，作品的格调瞬间昂扬起来，它意味着一个禁锢的旧世界的终结，是一个热情洋溢、充满激情、勇于斗争的新世界的起点，也是作者历经多年沉淀，从陈旧的创作窠臼中走出来，实现飞跃的象征。

同样经典的，还有《红岩》的封面：标题"红岩"二字是从魏碑中选取的；画面中，夕阳下的红色山岩上，一株苍松傲然挺立。几十年来，虽多次再版，但《红岩》一直沿用这一封面，正如叶施水所说，"魏碑的端庄浑厚与《红岩》风格相辅相成，红色岩石上的挺拔松树，鲜明而深刻、形象而具体地象征着共产党人的高尚情操与崇高气节。和小说一样，这个经典封面也是几代读者的共同回忆，我们觉得，这就是最契合《红岩》内核、最能生动反映红岩精神的封面"。

今年是建党100周年，站在这个历史节点，我们重温红色经典，更能充分领略《红岩》不朽的艺术魅力。正如当代文学评论家白烨所说，在"十七年"时期，革命历史题材小说比较多，大都是如《林海雪原》《红日》这样正面反映革命战争的作品，而《红岩》表现了革命斗争的另一个重要方面——地下工作和狱中斗争。作品精心塑造了许云峰、江姐等一大批革命知识分子的光辉形象，他们身上高扬着革命者的理想主义、牺牲精神和高风亮节，铸造了"红岩"的革命精神，这已经成为一个时代道德理想的重要组成部分。"这部长篇小说，不是'党史'，又胜似'党史'，完全可以当成党史学习教育的文学读本来读，对于不同代际的读者来说，阅读这部作品，会有不同的感受，也都会有一定的教益。"白烨如是说。

从 1949 年开始的回忆录写作，到 1961 年《红岩》正式出版并引起巨大反响，红岩故事写作经历了十几载光阴，终于沉淀出一部在历史长河中熠熠生辉的红色经典。直到今天，捧起这本书，那一个个跃然纸上的革命英雄形象，那一句句坚定不移、充满信念的革命话语，依然使我们热泪盈眶。

（作者系《中国艺术报》记者）

《游击队歌》：“人民批准的作品”

王　钰

1964 年，在为新中国成立 15 周年排演大型音乐舞蹈史诗《东方红》时，曾有人对一首歌的入选提出异议，认为这首诞生于抗日战争时期的歌曲有些过于轻松。当时周恩来总理力主保留这首歌，认为它洋溢着革命乐观主义精神，对当时动员年轻人参加革命起到了很好的作用，许多青年人唱着这首歌奔赴延安，是“人民批准的作品”。在周总理的坚持下，这首歌在《东方红》里保留了应有的位置……

这段历史往事中所说的歌曲就是 1937 年由贺绿汀作词作曲的《游击队歌》。

半个多世纪后的今天，《游击队歌》无可争议地在诸多纪念中国共产党成立 100 周年活动中成为经典保留节目。当人们再次高唱这首明快、活泼、激昂的歌曲时，就会联想起当年八路军战士在高山密林中与日本侵略者斗智斗勇、英勇奋战的景象。

诞生于抗战一线，揭示游击战真谛

1937 年八一三事变后，日本侵略者占领上海，中国共产党领导上海民众掀起了抗日救国运动的新高潮。当时正在学习、三年前因《牧童短笛》一举成名的贺绿汀，没有躲避现实。曾在 1927 年参加过广州起义的贺绿汀，再一次背上小提琴，加入上海文化界抗日救亡演剧队一队，成为抗日大军中的一名文艺战士。8 月 21 日，抗日救亡演剧队从徐家汇南站出发，一路奔赴前线。由于途中遭遇大轰炸，铁路和桥梁被炸断，贺绿汀和同行的宋之的、王苹、欧阳山尊、崔嵬、塞克等人又坐船到武汉，在船上紧张地排演抗日戏剧。这支抗日演剧队一路跋涉，一路宣传革命，途经开封、郑州、洛阳、西安，并于 1937 年年底辗转到达山西临汾。沿途经历血与火、生与死的种种考验，使贺绿汀难以平静。

抗战演剧队到达山西临汾八路军办事处后，受到了办事处主任彭雪枫的亲自接待。彭雪枫向他们介绍了许多八路军开展游击战的情况，还给他们送来一批有关开展游击战的文件资料。贺绿汀第一次听到游击战的故事，觉得十分新鲜生动。他去八路军总部新成立的炮兵团访问，战士们告诉他，部队从陕西出发时还没有炮兵，是通过缴获日军的炮和收集阎锡山部队南逃时丢弃的大炮成立的。贺绿汀脑中犹如电光石火，一串串音乐旋律闪现出来："没有枪，没有炮，敌人给我们造！"在防空洞里听到敌机的扫射，"嗒嗒嗒"激烈的机关枪声，突然化作小鼓的节奏，又一串串音乐旋律在他脑海中浮现出来："我们都是神枪手，每一颗子弹消灭一个敌人。"这首脍炙人口的《游击队歌》连词带曲在一夜之间一气呵成。

贺绿汀的女儿贺元元谈到父亲曾经和她谈起这首歌的创作情境，非常有画面感，她说："父亲说当初写《游击队歌》是想象有一队游击队员踏着进行曲的步伐从远处走来，战士们个个斗志昂扬，英勇、机智、乐观。队伍渐渐走近，歌声也嘹亮起来。除了进行曲的旋律还有个副旋律在唱，表现出游击队员无畏的革命乐观主义精神。随着队伍一点点走远，歌声也渐渐轻下来了。"

民族精神与音乐技巧高度结合，
跳荡着革命浪漫主义精神

战争是残酷的，是有流血和牺牲的，但从贺绿汀笔下写出的音符却跳跃出英勇、顽强、机智、乐观的情感。他认为在日军大肆进攻、中华民族生死存亡的关头，更需要用热烈的音乐来感染和激励抗日将士，使大家能树立起大无畏的乐观主义战斗精神。贺绿汀生前在回忆自己当年创作这首《游击队歌》的情景时曾表示："我自一开始就定下了明确的创作意图：要通过音乐的刻画，反映出在敌后艰苦环境中的游击战士乐观的情绪、昂扬的斗志和革命的自豪感。"

贺元元回忆起第一次听到这首歌的情景感慨万千。当时她还是上海音乐学院附中的一名学生，有一天她听学校广播里一直放《游击队歌》，她听了两遍就记住了旋律，后来才知道是父亲写的。"那些语调、韵律、音调是结合在一起的，既要把八路军战略战术的东西表现出来，又要塑造游击队队员鲜活的形象，还要考虑到语句的通俗、简洁、严整。所以我父亲写这首歌是很严谨的，有充分的调查研究，沿途几个月在抗战一线宣传演出，这些都是他生活的积累。另外他是农民出身，民间音乐的调式深深地印在他的脑子里，所以他创作出来的作品非常符合老百姓的歌唱习惯。"贺元元称。

在上海音乐学院贺绿汀中国音乐高等研究院高级研究员李诗原看来，这首歌曲揭示了游击战的真谛，阐述了游击战的战略地位和战略意义，在中国共产党关于游击战的宣传中发挥了不可替代的作用，"《游击队歌》的旋律十分流畅，很好听，尤其是它刻画出了游击队员的形象，很明快，不晦涩，有趣味性，甚至还有几分幽默感。全曲几乎是一字一音，所以也相对易唱易学"。

这首歌经久不衰的生命力，源于将民族精神和音乐技巧的巧妙结合。关于这首歌的创作心得，贺绿汀生前曾在一次采访中自述："从《游击队歌》本身就可以看到，歌词与音乐结合得很密切，把许多政治内容变成艺术形象，是经过很实际的考虑的。节奏、词与曲的关系、曲的组织也都是经过比较详细的考虑的。《游击队歌》的词、曲几乎是同时写的。但我总是先有音乐，根据音乐再写歌词。写歌词时也和演剧队的队员商量过的。这个曲子的结构是AABA，很方整，同时又有变化。"

《游击队歌》第一次公演是1938年新年，上海文化界抗日救亡演剧队在八路军高级干部会议的晚会上首次为八路军将士演唱这首歌。当时没有乐器伴奏，也不是后来的四声部混合大合唱，只有欧阳山尊的口哨充当伴奏。贺绿汀有力地挥动双臂打着拍子，全体演剧队成员齐声高唱，大家都被这首歌愉快、活泼的旋律和歌词深深打动。一曲终了，全场响起雷鸣般的掌声。晚会后，朱德、任弼时、刘伯承等八路军高级将领与演剧队成员亲切握手，称赞这首歌"写得好"，说战士们需要这样的歌，希望抗日演剧队抓紧到部队去教唱这首歌。当时从平型关战役来此休整的六八五团团长杨得志，即将向前线开拔。他急切地邀请贺绿汀和演剧队到部队去教唱这首歌，并且告诉战士们："唱会了这首歌，就出发！"

接下来，贺绿汀和抗日演剧队去前线部队专门普及这首歌，但是发现在他们到来之前很多战士已经会唱了。为了学习这首歌，战士们跑十几里路来抄歌谱。仅仅半年时间，这首歌便风靡全国，很多年轻人唱着这首歌参加了八路军，战士们唱着这首歌奔赴艰苦的战场。"当时的战士们就是唱着《游击队歌》上战场杀敌的，音乐是一种特殊的武器，好的音乐和艺术作品对传承国家意志起到很大的作用。"贺元元说。1943年，贺绿汀随身携带《游击队歌》原稿到达革命圣地延安，被分配到鲁迅艺术文学院当教师。在王家坪八路军总部礼堂举行的文艺晚会上，毛泽东接见贺绿汀时说："你的《游击队歌》写得很好啊，你为人民做了好事，人民是不会忘记你的。"

真正的经典经得起时间的考验

1949年全国解放前夕，贺绿汀坐火车从北平前往上海履职上海音乐学院院长，中途遇到国民党飞机的轰炸，随身衣物和乐谱都失散了，只有《游击队歌》的原稿被他贴身珍藏而幸运地躲过了劫难，可以看出《游击队歌》在贺绿汀心目中有着不寻常的位置。"我父亲多次给我讲，《游击队歌》承载了中华民族抗击外来侵略的精神，对我国抗日战争起到很大的作用。同时它洋溢着一种革命浪漫主义精神，它是充满信心的、特别乐观的。而且这首歌在今天新的历史条件下有了新的意义，今天我们的国家面对复杂的国际形势，同样需要树立信心应对各种挑战。"贺元元说。贺绿汀生前也曾表示："《游击队歌》是我一生中最有价值的创作之一。这首歌对我自己的教育也非常之大，它使我深刻认识到，一个音乐工作者的神圣责任和一部音乐作品的崇高价值究竟在哪里。"

应该看到，《游击队歌》中蕴含的革命乐观主义精神与创作者贺绿汀的人生态度密不可分。贺元元回忆起父亲生前对自己的教诲，"我父亲从1926年加入中国共产党一直到去世，在任何困难下，他都告诉我们要'相信共产党，相信毛主席'，他一辈子的信念就是6个字'讲真话、办实事'。中国共产党也正是有这样一批优秀的全身心奉献的党员，才取得了胜利"。

如今在上海市黄浦区兴业路76号的上海一大会址纪念馆，《游击队歌》的手稿作为国家一级文物静静地陈列在展柜里，成为中国共产党伟大革命历程的重要见证。手稿由贺绿汀于1961年捐赠给该馆，使得今天的人们有幸可以通过这份泛黄的手稿，体会到在抗日战争这样艰苦卓绝的战斗中，人民不甘做亡国奴的反抗精神，以及音乐如何积极地鼓舞着人民的斗志取得来之不易的胜利，同时激励着年青一代无论面对任何困难都要坚定信念、保有革命乐观主义精神。"我们都是神枪手，每一颗子弹消灭一个敌人，我们都是飞行军，哪怕那山高水又深……没有吃，没有穿，自有那敌人送上前，没有枪，没有炮，敌人给我们造……"仿佛回荡在展厅。

（作者系《中国艺术报》记者）

永远激励我们"向前进"！

——革命现代芭蕾舞剧《红色娘子军》创作回眸

乔燕冰

"向前进，向前进，战士的责任重，妇女的冤仇深，古有花木兰替父去从军，今有娘子军扛枪为人民……"旋律铿锵，斗志昂扬，当这首家喻户晓的《娘子军军歌》响起，腾空飞跃挥刀瞄准、英姿飒爽刚柔并济的红色娘子军形象仿佛复现，而这经典的民族芭蕾舞形象背后，指向的是琼州大地与国民党反动派艰苦斗争的那个巾帼连队，以及薪火相传永远"向前进"的娘子军精神。

1931 年 5 月 1 日，中国第一支妇女革命武装——中国工农红军第二独立师第三团女子军特务连（特别任务连）在海南省琼海市成立。从此，百余名女战士在战火烽烟中书写了中国革命史上的一段红色传奇。继 20 世纪 60 年代谢晋执导拍摄的电影《红色娘子军》让这支英勇顽强的女子部队闻名天下，革命现代芭蕾舞剧《红色娘子军》让柔姿铁骨不让须眉的"娘子军"形象深入人心。

"老赤卫队队长告诉我说：这是木棉树。那时琼崖纵队的战士，个个英勇无比，人们崇敬、纪念他们，就把这树改叫'英雄树'了。后来舞台上耸立的正是三棵'英雄树'。"

如许多人所知，芭蕾舞剧《红色娘子军》是 20 世纪 60 年代在周恩来总理的直接关怀下创作演出的，是我国芭蕾舞按照周恩来总理指示"革命化、民族化、群众化"进行改革的首次尝试。回忆起当时编创的情形，该剧编导之一、中国舞蹈"荷花奖"终身成就奖获得者、中央芭蕾舞团原副团长、国家一级编导、如今87岁高龄的蒋祖慧如数家珍。她回忆，1963年9月下旬，由她编导的芭蕾舞剧《巴黎圣母院》上演后，周恩来总理来看了两次。"第二次来看，幕间休息时，他在休息室对我们说：'以后还要学习排演外国舞剧，要洋就洋到家……'又说，'你们现在可以创作革命题材的芭蕾舞剧，比如表现法国巴黎公社的、俄国十月革命的'。"

蒋祖慧介绍，在后来的选题会上，时任文化部副部长的林默涵传达了周总理的提议，并提出了自己的想法，即外国的生活我们不熟悉，不如胆大一些，创作一个中国现代题材的剧目。对于做什么剧目，他提出改编电影《达吉和她的父亲》，吴晓邦先生提议改编《红岩》，大家各抒己见，悬而未定。在几天后的会上，李承祥提出他和王希贤的想法是把电影《红色娘子军》改编成舞剧，得到了时任中央歌舞剧院院长赵沨的赞同支持。接着有了由李承祥、蒋祖慧、王希贤三人担任编导，吴祖强、杜鸣心、戴宏威、施万春、王燕樵担任作曲，马运洪担任舞美设计，梁红洲担任灯光设计等的集体创作班子的形成。

创作任务和主创确定之后，正与团里人员在外地巡演的蒋祖慧被召回京，马不停蹄遵照团领导安排，集体去海南岛深入生活，"我们三个编导，加上作曲吴祖强，舞美设计马运洪，绘景梁晔，演员白淑湘、钟润良、王国华、刘庆棠、李新盈共11人，由李承祥总负责，带着文化部给地方上的介绍信，1964年2月初就出发了"，蒋祖慧说，领导要求在当地结构出舞剧的脚本再回来。

"就是这个决定，对我们后来的舞剧创作，起到了至关重要的作用。"蒋祖慧感叹，海南岛深入生活之行，从当地妇女头戴的斗笠，到身穿像扇面般的喇叭裤；从用色大胆的鲜艳服装，到力与柔结合的健美动态形象；从夜色下的椰林寨，到老乡舞动的"跑跳步"；等等，启发了主创们的诸多思路，为创作积累了很多宝贵素材。

例如，在第二场"琼花控诉，参加红军"舞台上，耸立着三棵繁花盛开的参天大树，一面红旗挂在树间，掩映着军民欢庆"红色娘子军"的诞生，也衬托着娘子军操练舞、赤卫队员五寸刀舞、军民联欢大群舞等经典舞段轮番呈现，一幅幅精彩画面永远定格在人们脑海中和艺术史长廊里。而这些出色的演绎，都得益于创作者深入实地生活的诸多收获。

"我们走过了很多地方，见到了当年的赤卫队队长，他带我们走到了苏区的列宁广场。他介绍说：在这儿开群众大会，搞活动，都特别热闹，人很多：红军、赤卫队员、儿童团员、男女老少的群众……我们还看到，就在不远处，有几棵不知名的树，高大挺拔，树干灰白醒目，没有叶子，树枝上开着大大的红花，很像是新战士入伍时戴在胸前的大红花，实在是耀眼好看。我好奇地问这是什么树？老赤卫队队长告诉我说：这是木棉树。那时琼崖纵队的战士，个个英勇无比，人们崇敬、纪念他们，就把这树改叫英雄树了。"蒋祖慧介绍，正是受到列宁广场的启发，马运洪设计了第二场的精彩布景——大幕拉开，苏区特别明亮，热烈的气氛与第一场的夜色形成强烈对比，马上赢得观众热烈的掌声，而一个个经典舞段设计与舞美交相辉映，展现了苏区阳光温暖齐心向上的精神面貌，也为琼花的到来和参军做好了铺垫。"因为是我负责编导的段落，因此对这几场也记忆深刻。其中无论是舞美设计，还是编导构思，都是在深入生活之后，才丰富了我的想象，启发了我的灵感。"蒋祖慧介绍，当时她负责序、第一、二场，王希贤负责第三、五场，李承祥负责第四、六场。

虽然《红色娘子军》主角琼花是集合了当年多个娘子军连女战士形象而塑造的典型形象，但琼崖革命时期女子特务连第二任连长冯增敏是主要原型之一。探访到当年娘子军连的老战士，见到了冯增敏本人是主创们的重要收获。"听她们讲述当年的战斗生活。她们打的仗很多，大约平均十天就能打一仗。她们自豪地说：有一次伏击战，还活捉了乐会县"剿共"总指挥陈贵苑，还曾火烧炮楼、活捉民间大队长冯朝天。她们打起仗来特别勇猛，没有一个怕死的。连14岁的小战士小娥受了伤也不肯下火线。后来，我们才知道小娥11岁时，父亲亡故，她顶债到地主家，碰到了一个小姐姐，两人一起找到部队并参军。她勇敢、灵活的形象深印在我们的脑海里，在编舞时，就增加了小娥这个小战士的形象，她出现在第二场练兵、第五场的战斗中。"蒋祖慧说。

主创们还见到了当时的公社妇女主任黄玉金，也是一位老战士。蒋祖慧回忆："她曾是地主家的丫头，因受不了地主的折磨而逃跑，地主放恶狗将她追回，地主婆将滚烫的粥泼在她的身上，还叫她头顶一大盆水跪在地上。另外，我还生平第一次见到了恶霸地主家的水牢。那是一个阴暗的小房子，池子里面是水，水中立一根柱子，受罚的人站在水里，手被捆在柱子上。还看到展出的各种刑具……这一切都让我毛骨悚然。接着，我们在参加的诉苦大会上，听着老大娘泣不成声地哭诉、群众激动地喊口号……这一切都感动着我，这些活生生的人物和场面都印在脑海里，各种感情的积淀对我后来编舞起到了重要作用。如第一场琼花的舞蹈形象、第二场琼花参军时加进了诉苦的舞蹈场景，使舞剧更加感人。听李承祥说，给上海的纺织女工演这场时，很多的女工都哭了，乐池里的演奏员受女工们的感染，也哭起来了。"

"终于有一个我们中国人的芭蕾舞剧，就想怎么样能把人物演得有血有肉，让大家相信并看明白，也能让大家看清楚芭蕾也并不是什么特别神秘的东西。"

任何久演不衰的经典都不是一蹴而就的，《红色娘子军》几经打磨，甚至在初成时被指存在"只见'娘子'不见'军'"的创作缺陷，也成为伴随着该剧流传而被很多人熟知的著名的"梗"。

第一代吴琼花的扮演者、中国舞协名誉主席、中国文联终身成就舞蹈家、著名舞蹈艺术家、中央芭蕾舞团原副团长，如今82岁高龄的白淑湘对这一曲折的创作过程记忆犹新："当时2月去采风，4月就进排练厅，6月排出来的6幕加2个过场，加序幕和尾声，两个月排出来，量很大。排出来后请了些北京军区的领导，林默涵部长、赵沨院长等有关领导也来看，看完后，军区领导说只见'娘子'不见'军'，手里拿着'烧火棍'。"

针对批评意见，为改变女子芭蕾演员没有脱开柔美特性的表演问题立即采取的改进手段是，全体演员，包括乐团成员全部去山西大同某部队体验生活。白淑湘说："在部队我们学走步、正步、站队、看齐、报数，还学刺杀、学打枪，一天三次，站着、卧着、跪着，各种姿势的射击都练，早上起来就瞄准，晚上跟着战士们一块去夜行军，看夜间战士们打靶，白天大太阳晒着，人趴在地上热得汗流满面，很累很累，但收获很大！"

白淑湘用"脱胎换骨"来形容经过这次部队训练后的创作感受。"我们去山西大同不仅是体验部队生活，还探访白骨无数的'万人坑'，接受深刻的历史教育、革命教育，让我们从身到心受到锤炼，再回到创作中就有了完全不同的理解和全新的面貌。所以说，我们只有把'娘子'的特点和军人的气质充分展现出来，这样一个红色经典的美学才能完整体现出来。"

从在新中国排演的第一部世界经典芭蕾舞剧《天鹅湖》饰演奥杰塔而成为中国芭蕾舞坛起飞的第一只"白天鹅"，白淑湘一直在塑造西方古典芭蕾中的经典形象。让习惯了优美足尖舞的芭蕾舞演员第一次在舞蹈中举起大刀钢枪，这不仅是对西方芭蕾舞的彻底颠覆，更是舞蹈和舞剧创作的彻底革命，这对于主演白淑湘和全体演员来说无疑是前所未有的挑战。

白淑湘直言，当时他们没想这么多，就是想扎扎实实把人物塑造好。"像《天鹅湖》等古典芭蕾舞都是在塑造王子、公主、仙女，我们想现在终于有一个我们中国人的芭蕾舞剧，就想怎么样能把人物演得有血有肉，把人物演活了，让大家相信，让大家看得明白，也能让大家看清楚芭蕾并不是什么特别神秘的东西，它只是一个艺术创作形式，我们尽力做的就是怎样为塑造人物而去服务，因为我们创作的最高任务就是塑造人物。"

事实上，白淑湘说当时不仅想把动作做好，更是时时告诉自己千万别摔跟头，因为该剧的动作与传统芭蕾很不一样。"又是串翻身，从角六到角二，连着一大排，又是连着两个吸腿跳，再一个吸腿跳，徒步，一个阿拉贝斯起来，这些动作对我们来说幅度很大，量也很大，蒋祖慧导演给我们的任务也很重。原来《天鹅湖》4幕，这个剧6幕，把我们累得够呛，当时跳完后整个人瘦下去一大圈。"白淑湘回忆说。

作为中国第一部民族芭蕾舞剧，"破天荒"将西方芭蕾与中国革命历史相互融合，不仅需要把历史真实、战斗实践等融入剧情，更需要结合实际创作对芭蕾舞蹈语汇进行本土化创新实践来实现中国芭蕾的革命书写，而《红色娘子军》大胆将中国古典舞、民间舞乃至中国戏曲、武术等动作语汇融入西方芭蕾技巧，这种史无前例的探索，也正是主创们最不易攻克的难关。

白淑湘回忆，"在联排时有一场和老四对打，林默涵部长看了说："老四是一个狗腿子，你是个穷女奴，你要跑他要拽你，你们要撕打，可你们这样扭来扭去的像谈恋爱似的。"针对这一意见，我们就把古典舞的过包、鹞子翻身、串翻身等动作都用上来了，和古典芭蕾很好地融合，修改之后效果很好！"白淑湘说，"蒋祖慧想出很多这样的融合中国传统文化的手段，我们就做实验，往往都会得到肯定。中国的传统文化，很多都是可以互相包容、吸收、借鉴的，我们把古典舞、戏曲和武术中的很多东西都用进来，尤其是武术的精气神，让我们表演的气就上来了"。白淑湘感叹，"习近平总书记指出，前进道路上，我们要大力发扬孺子牛、拓荒牛、老黄牛精神，《红色娘子军》的创作是开创性的、拓荒性的。我们认认真真地做这件事，就是在拓荒"。

"洪常青、吴琼花等艺术形象就是这百年奋斗的一个艺术缩影，剧中那段百看不厌的'常青指路'三人舞，蕴藏着党指引中国人民谋求翻身解放、追求幸福生活的历史本质力量。"

1964年9月23日，《红色娘子军》在天桥剧场彩排演出，邀请周恩来总理观看。周恩来总理在演出结束后上台看望演员，第一句话就说："我的思想比你们保守了，我原来想，芭蕾舞要马上表现中国的现代生活恐怕有困难，需要过渡一下，先演外国革命题材的剧目，没想到你们的演出这样成功。"1964年10月8日，毛泽东主席观看《红色娘子军》，称赞其"革命是成功的，方向是对头的，艺术上也是好的"。这些肯定和赞扬让蒋祖慧和白淑湘都记忆深刻。

1978年，中国艺术团赴美国演出，亮相国际舞台的《红色娘子军》备受瞩目，甚至获得美国现代舞一代宗师、世界著名舞蹈艺术家玛沙·格雷姆的盛赞。"她从现代舞的角度看我们的《红色娘子军》，觉得非常有张力，说这样表演性戏剧性非常强，给出了很高的评价。"白淑湘回忆说。

那之后，半个世纪以来，这部代表中国芭蕾舞艺术的经典之作走遍世界、巡演无数、声名远播……

半个世纪前，当人们习惯了仰望俄罗斯的《天鹅湖》、德国的《吉赛尔》等世界经典芭蕾舞剧，中国人以自己的创新精神和艺术智慧开创了属于自己民族的芭蕾舞剧；当人们看惯了身着优雅柔美的白纱裙的公主、仙女，中国人以硬朗飒爽的灰色军装、短裤、八角帽的革命英姿刷新了芭蕾舞蹈亘古未变的足尖形象序列。由此，《红色娘子军》铸就了中国芭蕾史上的一座里程碑。无论是用西方芭蕾表现中国革命史，还是用芭蕾的本土化实现西方芭蕾史的革命，都无疑成就了芭蕾史上的革命性的壮举，也赋予了这部红色经典"革命的艺术"和"艺术的革命"双重历史内涵。

党史专家、《红色娘子军史》主编陈锦爱曾表示，红色娘子军的诞生深刻反映了在党中央领导下琼崖革命动员群众、组织群众的广度和深度，在琼崖革命史上写下了光辉的一页。它是中国人民革命斗争史上的一个创举，也是世界妇女掀起解放斗争的光辉典范。

"《红色娘子军》的底色是红色，是建党百年非凡历史的一个艺术缩影。"曾在其著作《新中国舞蹈史（1949—2000）》中对《红色娘子军》有过深入分析的中国舞协主席冯双白再谈该剧亦深深感叹："《红色娘子军》是中国芭蕾艺术的巅峰之作，也是世界芭蕾艺苑中的璀璨明珠。一种古老的、宫廷的外来艺术，在中国芭蕾艺术家的手中，完成了与中华民族解放伟大斗争生活的完美结合，创造出独一无二的芭蕾艺术形象，非常了不起！《红色娘子军》的成功，说明了中华文化包容开放的珍贵品格，更说明了中国共产党所领导的百年斗争历程，是中国文艺创作内容出彩、形象出色、艺术出众的巨大资源；或者说，中国舞蹈艺术在近百年来所取得的历史进步，本质上就是一场革命，与党所领导的文化突破、救亡图存、民族复兴、现代化建设脚步紧紧相随，与百年风云环环相扣。洪常青、吴琼花等艺术形象就是这百年奋斗的一个艺术缩影，剧中那段百看不厌的'常青指路'三人舞，蕴藏着中国共产党指引中国人民谋求翻身解放、追求幸福生活的历史本质力量！"

诚如斯言。至今已经走过 7 代的"琼花"，演绎都有着自己的领悟和诠释，但她们传递的是脉动不息的永恒精神，无论是红色娘子军永不磨灭的革命精神，还是红色经典永远留传的艺术精神，都折射和彰显着中国共产党波澜壮阔的百年征程和历久弥坚的百年初心。

（作者系《中国艺术报》记者）

吴印咸《延安文艺座谈会代表合影》：
记录新文艺道路的起点

郑荣健　范雪娇

这是一幅拍摄于 79 年前的摄影作品，地点在延安杨家岭，背景是中共中央办公楼。在这幅作品中，众人面容朴素但精神振奋，当年现场热烈的氛围扑面而来。这就是老一辈著名摄影家吴印咸拍摄的经典摄影作品《延安文艺座谈会代表合影》。

影像记录历史，经典在这里定格。回眸百年党史，这幅作品也把我们带回到了 79 年前那次重要会议的现场。1942 年 4 月底，许多在延安的作家艺术家相继收到请柬，上面写道："为着交换对于目前文艺运动各方面问题的意见起见，特定于五月二日下午一时半在杨家岭办公厅楼下会议室内开座谈会，敬希届时出席为盼。"署名为毛泽东和时任中共中央宣传部代部长的凯丰。5 月 2 日下午，他们如约来到杨家岭中央办公楼，会议开始。

这就是在中国文艺史上具有划时代意义、产生重大而深远影响的延安文艺座谈会。会议从 5 月 2 日开到 5 月 23 日，毛泽东同志在座谈会上发表重要讲话，几十位党内外作家艺术家发言。毛泽东同志的重要讲话后来以"引言""结论"形式与座谈会结束后一周内发表的两次关于文艺问题的重要讲话一起，整理成了著名的《在延安文艺座谈会上的讲话》

（以下简称《讲话》）。《讲话》将马克思主义原理同中国革命实际相结合，第一次全面阐述了党对文艺工作的基本方针，全面论述了包括党的文艺工作和党的整个工作的关系、文艺为什么人、普及与提高、内容和形式、歌颂和暴露等一系列重大问题，是我国第一部系统化、纲领化的马列主义文艺理论，确立了毛泽东文艺思想在党的文艺工作中的指导地位。《讲话》明确提出了文艺要为人民大众服务，首先是为工农兵服务的方向，也成为后来党领导文艺工作和新中国文艺的"大地原点"。

用接片的方式留下珍贵的延安影像

北京大学中文系教授、全国毛泽东文艺思想研究会名誉会长董学文介绍，延安文艺座谈会召开时，正是世界反法西斯战争最残酷、最激烈的时候，日本帝国主义很猖狂。在国内，情况非常艰难困苦，1942 年解放区的人口已经从 1 亿减少到 5000 万。在这样的国内外形势下，为进一步统一思想、团结和动员广大文艺工作者组成最广泛的抗日民族统一战线，毛泽东主持召开了延安文艺座谈会。

座谈会代表合影的背景延安杨家岭中共中央办公厅大楼，1941 年建成，主楼 3 层，延安文艺座谈会的主会场就设在一楼平时兼作中办餐厅的不足 120 平方米的会议室。开座谈会时，室内坐得满满当当，还有人坐在窗台上，或站在门口听。吴印咸拍摄的座谈会代表合影，就拍摄于这座楼外的空场。

作为很早就开始摄影创作实践的摄影家，吴印咸一生拍摄过数万张珍贵的历史照片、影像资料和多部影视作品，包括毛泽东赴重庆谈判登机告别照片、白求恩战地手术照片、七大会场照片和电影《马路天使》《都市风光》《风云儿女》《白求恩》《红旗谱》剧照等。1942 年 5 月，吴印咸作为电影界的代表参加了延安文艺座谈会，由于专业特长，同时负责为会议拍照。

吴印咸的女儿吴筑清介绍，参加大会的过程中，她的父亲吴印咸就一直思考着要把这个有关文艺的重要事件拍摄好。1942 年 5 月 23 日是大会的最后一天，他一面聆听毛泽东同志的讲话，一面琢磨着如何拍摄。会场屋小人多，光线暗，场内实难拍摄。于是，他抱着试试看的心态去找毛泽东，提出到室外合影的想法，毛泽东欣然同意。后来吴印咸回忆："这是原先没有想到的，毛主席亲自招呼大家到外面，自己先坐下，大家很快围了上去，站好坐定。主席如此重视，亲切融洽，使全体与会者激动不已。"可是吴印咸的相机镜头小，拍那么多人，效果很难保证，况且胶卷已过期多年了。于是他就先从前侧方向拍了一张，后又从正面用 3 张底片拍了接片，总算留下了这张珍贵的照片，成为文艺史上具有重大意义的珍贵史料。

在《延安文艺座谈会的细节与花絮》一文中，学者孙国林描述了拍照当时的情形。照相时，毛泽东和朱德坐在第一排，其他人则是自由坐，没有什么职务、地位的区分。钟敬之等人到前边正在施工的中央大礼堂工地上观看。刚一走到，回头一看照相队伍已排好，急忙回跑，同时喊着"等等我们"，总算挤在第三排边上。由于种种原因，有些人照相时没有赶上，这也为后来统计参加座谈会的具体人数带来了难题。在拍照过程中，发生了一件趣事，正在拍侧面照时，坐在第一排的刘白羽的破马扎"咔嚓"一声坏了，这意外的声音引得大部分人的目光投向了他，吴印咸按动快门的手来不及停下，刘白羽低头看马扎的狼狈形象也被定格了。这张照片不太常见，但作为完成拍摄接片的一部分，生动地记录了当时的融洽氛围。

深入的调研、亲切的请柬和应时而为的会议

"延安文艺座谈会，是'应时而为'的产物。延安文艺座谈会之前，广大文艺工作者的心还没有真正扑到工农兵那里，还没有形成有效的文化合力，还没有真正为工农兵服务。"陕西省作协副主席、延安大学文学院院长梁向阳介绍，当时延安文艺界的总体情况，可以用"两个阵营、

三大系统、四个山头"来概括。董学文介绍，当时延安文艺界总体来看是进步的文艺、解放区的文艺，但是文艺家还是有很多不同的看法，有很多分歧。当时有一种关门提高的倾向，有一种脱离群众的倾向。还有一个很重要的问题是，当时的延安文艺界有宗派情绪，这也很影响工作。如何统一思想，充分调动大家的积极性，变得十分紧迫。

据梁向阳研究，1942 年春，毛泽东做了大量的调查研究工作。他给许多作家写信，找许多作家谈话。毛泽东个别约见谈话与写信征求意见的延安文化人士有李伯钊、丁玲、艾青、萧军、萧三、罗烽、舒群、刘白羽、欧阳山、周文、草明、塞克、于黑丁等人。毛泽东以"集体谈话"的方式与"鲁艺"的部分党员文艺家进行交流的人员有周扬、何其芳、严文井、周立波、曹葆华、姚时晓等。毛泽东还多次以约见谈话与写信征求意见的方式，让萧军、欧阳山、草明、艾青等人帮助搜集材料，提供有关文艺的意见。

据董学文研究，1942 年 4 月，毛主席给艾青写了一封信，信中说："艾青同志，有事商量，如你有暇，敬请惠临一叙，此致敬礼。"艾青就去了，毛泽东就跟他说："现在延安文艺界有问题，很多文章大家看了有意见，你看这件事怎么办？"艾青说："那就开个会，你来讲一讲。"毛泽东也特别风趣地说："我讲你们能听我的吗？"艾青说："至少我是爱听你讲的。"过了两天，毛泽东又给艾青写了一封信，再一次想跟他交谈。他说："前天所谈的关于文艺方面的问题请你代我收集反面的意见。"他在"反面的"三个字下面画了一个圈，表示特别希望听到不同的意见。又过几天，毛泽东给艾青写了第三封信。因为艾青在上一封回信中写了自己的一些意见，毛主席收到说"大作和来函收到，读兮，愿深谈，因为河水很大，派马来接你"。董学文说："可见毛泽东是非常认真的。"

1942 年 4 月 10 日，中央书记处工作会议上，毛泽东正式提议并获准通过关于召开文艺座谈会的决定，确定"拟就作家立场、文艺政策、文体与作风、文艺对象、文艺题材等问题交换意见"。在经过充分的准备后，1942 年 4 月 27 日，毛泽东与凯丰发出请柬，邀请 100 多位延安文艺工作者参加文艺座谈。梁向阳介绍，延安当时物质条件极其匮乏，一般印刷品都用自制的马兰纸，但这个"请柬"却是用粉红色的"油光纸"印制的，应该算是当时延安"最豪华"的请柬了。孙国林表示，它不是通知，而是请柬；请柬说是交换意见，不是听报告，一下子拉近了领袖与文艺家们的距离，让人倍感亲切。

煤气灯下的答卷，成为文艺史上的生动画面

1942年5月2日，星期六，延安阳光明媚，与会人员手持请柬，出席了这次具有伟大历史意义的会议。学者高慧琳编著的图书《群星闪耀延河边：延安文艺座谈会参加者》中介绍，延安文艺座谈会大会开了三次。当时会议的参加者并无严格限制，据多种不同记载，三次会议参加者有所不同，从七八十人到150人不等，在吴印咸的《延安文艺座谈会代表合影》中留影的，则共有106人。

1942年5月2日，第一次会议由凯丰主持，毛泽东作讲话。他着重讲了立场、态度、对象、材料、如何搜集材料、学习六个问题，也就是《讲话》中的"引言"部分，后来发表时经过修改，其中毛泽东一开始说的我们有两支军队，一支是朱总司令带领的，一支是鲁总司令带领的，后来发表时改为"手里拿枪的军队"和"文化的军队"，毛泽东讲完后，会议休息，接着开始讨论，会议开到晚上约十点半结束。

5月16日，举行第二次会议，毛泽东、朱德等中央领导同志认真听取了大家的发言，毛泽东还不断做记录。5月23日上午十时，举行最后一次会议，朱德讲话，谈了文艺工作的立场、态度、对象问题，并联系自己谈了世界观的转变问题。朱德讲话结束后，大家到室外拍摄合影。照完相后，大家先吃晚饭。饭后，会场移到中办大楼前的空地上进行。人们围坐成一个椭圆形的大圈，听毛泽东作"结论"讲话。在煤气灯下，毛泽东手拿一叠写有毛笔字提纲的白纸，开始用他那柔绵细长的湖南腔抑扬顿挫地说："同志们，座谈会开了三次，开得很好，可惜座位太少了，

下次多做几把椅子，请你们来坐。我对文艺是小学生，是门外汉，向同志们学习了很多。前两次是我出题目，大家做文章。今天是考我一考，大家出题目，要我做文章。我就答一下，看能不能及格？我答卷的题目就叫'结论'。"那时延安没有录音设备，会议设立了速记组，详细地记录下了毛泽东的讲话全文和每个人的发言。

梁向阳介绍，毛泽东把问题归结为一个"为什么人"和"如何为"的问题，即是"一个为群众的问题和一个如何为群众的问题"。毛泽东指出："我们的文学艺术都是为人民大众的，首先是为工农兵的，为工农兵而创作，为工农兵所利用的。"他说这是个原则问题、根本问题。围绕这个问题，他还阐述了文艺的源与流的关系、普及与提高的关系、文艺与政治的关系、文艺批评的政治标准与艺术标准的关系。在"结论"中，毛泽东还根据他先前调查了解到的情况和三次会议与会者的发言，分析批评了当时延安文艺界存在的一些问题。

划时代的光辉文献，开启了新文艺道路的史诗篇章

延安文艺座谈会的召开，是中国现代思想文化史上划时代的事件，作为延安整风运动的一个重要组成部分，提出并解决了对于中国革命文艺发展道路上遇到的一系列带有根本性的理论问题、政策问题和实践问题。1943年10月19日，《讲话》在《解放日报》上正式发表。10月20日，中央总学委发出学习《讲话》的《通知》。半个月后，中共中央宣传部又发出《关于执行党的文艺政策的决定》。这两个文件，确立了《讲话》作为党领导文艺工作的根本性指导文件的地位。

延安文艺座谈会后，广大文艺工作者纷纷投身火热生活，深入工农兵，创作出一大批反映现实、反映新生活的作品，新的文学、木刻、美术、戏剧、音乐作品不断涌现，延安和各根据地的文艺面貌焕然一新，产生了一大批优秀的文艺作品，如长篇小说《高干大》《种谷记》《李家庄变迁》《吕梁英雄传》《太阳照在桑干河上》《暴风骤雨》等，短篇小说

《小二黑结婚》《李有才板话》《荷花淀》等，戏曲作品《逼上梁山》《三打祝家庄》《血泪仇》《穷人恨》等，以及民族新歌剧《白毛女》、新民歌体叙事诗《王贵与李香香》、新民歌《东方红》《翻身道情》《高楼万丈平地起》和大量表现工农兵的文艺特写、报告文学、新木刻画等。这些具有典型的解放区文艺标高的文艺作品，受到了人民群众的广泛喜爱，即使到今天也成为人们记忆中的"红色经典"，成为一个时代文艺成就的重要标志与象征。

延安文艺座谈会开启了党领导的新文艺道路的史诗篇章——

1949年，中华全国文学艺术工作者代表大会在北平召开，中华全国文学艺术界联合会宣告成立。大会总结了"五四"以来文艺工作的成绩与经验，确定了以《在延安文艺座谈会上的讲话》为新中国文艺事业的总方针，明确了新中国成立以后文艺必须为人民服务，首先为工农兵服务的总方向，提出了社会主义时期文艺的新任务。

1979年，中国文学艺术工作者第四次代表大会在北京召开，邓小平同志代表党中央、国务院致祝词。大会全面总结了30年来文艺发展的经验与教训，重申了"双百"方针，基本确立了新的"二为"方向。1980年7月26日，《人民日报》发表题为《文艺为人民服务，为社会主义服务》的社论，正式提出新的"二为"方向。这是中国文艺发展历程中一个极为重要的里程碑，新时期文艺迎来了春天。在社会迅猛发展、多元文化激烈碰撞和时代变革大潮中，我们党领导着广大文艺工作者再度出发，始终坚持"二为"方向、"双百"方针，始终与时俱进，积极建设社会主义先进文化，推进科学发展，建设和谐文化，不断推进社会主义文艺事业繁荣发展。一条从延安出发而贯穿整个新中国文艺史的基因线索、精神脉络，始终发挥着火炬引领的重要作用，激励着时代奋进的步伐。

2014年10月15日，习近平总书记主持召开文艺工作座谈会。座谈会上，习近平总书记与文艺界人士亲切交谈，听取意见，并发表重要讲话。习近平总书记在座谈会上的重要讲话，科学分析了文艺领域面临的新形势、新情况、新问题，创造性地回答了事关文艺繁荣发展的一系列

063

带有根本性、方向性的重大问题，体现了党对文艺工作的新思想、新判断、新要求，对在新的历史条件下开创文艺工作新局面作出了全面部署。这是继延安文艺座谈会以来，党中央召开的又一次关于文艺工作的重要会议，具有重大的里程碑意义。

如今，这张合影的一张珍贵原版照片收藏于谢子龙影像艺术馆。回忆起收藏该作品的初衷，湖南省摄影家协会主席、谢子龙影像艺术馆馆长谢子龙表示："作为新时代的摄影人，我一直非常关注老一辈摄影家的作品，特别是吴印咸老先生对中国红色题材摄影作品的创作记录了一段重要历史。据我所知，这幅《延安文艺座谈会代表合影》现有 2 张原作。2015 年，其中一件原作被拍卖，我当时就是冲着这张作品去的，志在必得。因为这张作品具有特殊的重要意义，它体现的是以毛泽东同志为核心的党的第一代中央领导集体对文艺工作的重视和对文艺工作者的尊重。当我看到这张作品时，我感到，作为一名摄影人、一名文艺工作者，我有责任也有强烈的意愿要把这段历史保存下来，也希望能够用影像佐证这段历史，传承红色基因。"

（作者系《中国艺术报》记者）

油画《南昌起义》：
画布上"划破夜空的一道闪电"

尹德容

"砰"——伴随着一声枪响，1927 年 8 月 1 日，以周恩来为书记的中共前敌委员会及贺龙、朱德、叶挺、刘伯承等人，率领中国共产党掌握或影响下的北伐军两万多人在南昌举行起义。起义的枪声虽已远去，但"坚定信念、听党指挥、为民奋斗、百折不挠、敢为人先、勇于创新"的革命精神却在不断的传承与发展中激励了一代又一代人。在庆祝中国人民解放军建军 90 周年大会上，习近平总书记指出："1927 年 8 月 1 日，南昌城头一声枪响，拉开了我们党武装反抗国民党反动派的大幕。这是中国共产党历史上的一个伟大事件，是中国革命史上的一个伟大事件，也是中华民族发展史上的一个伟大事件。"

南昌起义这个伟大事件是黎冰鸿创作的源泉，在 1959 年至 1977 年，他曾多次创作油画《南昌起义》，广为人知的有三。1959 年，黎冰鸿为当时正在筹备中的中国革命博物馆（2003 年，在中国历史博物馆和中国革命博物馆两馆基础上正式组建中国国家博物馆）创作了《南昌起义》（200 厘米 ×260 厘米）；1960 年，他又为中国人民革命军事博物馆创作完成另一幅《南昌起义》（200 厘米 ×259 厘米）。两幅作品大小接近，在内容上相差无几，只是局部细节有所差异，艺术特征略有不同。1977 年，

065

为纪念南昌起义爆发暨建军50周年，南昌八一起义纪念馆计划于8月1日正式对外开放并开始重新筹备陈列。为此，黎冰鸿应邀为该馆重新创作了一幅《南昌起义》（125厘米×160厘米）。相对于前两幅作品，该作品尺幅较小；因表现的是黎明之后，所以色调较为明快；人物形象饱满，形体较为健壮，脸上洋溢着胜利的喜悦情绪，故该作品又名《欢呼胜利》，它在一定程度上受到当时"红、光、亮""高、大、全"美术特征的影响，与前两幅作品的最大差异在于画中主要领导人的位置、动作都有所不同，群众中还出现了工人纠察队队员的形象。本文中的《南昌起义》主要指黎冰鸿在1959年完成创作、现藏于中国国家博物馆的画作。

一、"点燃"画布上的黎明烽火

"黎冰鸿是那一代在救亡战火中成长起来的艺者。社会是他们生命的周遭，硝烟是他们成长的风云。他们的人生与学习裹挟在时代的洪流中，远离课堂的安逸，充溢着战斗的激情与张力。大时代的烽火染红了生命的底色，他们的艺术在革命的熔炉中不断地淬火熔炼，始终怀着一种对劳苦大众的亲情，对质朴人性的关怀，对火红岁月的讴歌，对壮美刚烈的崇敬。这种亲情与朴质、讴歌与崇敬，也铸炼了他们的生命气质。"这是中国文联副主席、中国美协副主席、浙江省文联主席许江对他的老师黎冰鸿及其艺术品质的评价。

什么是"在救亡战火中成长起来的艺者"？1913年，黎冰鸿出生在越南，家徒四壁的他喂过鸡、赶过鸭、放过牛，当过学徒、做过裁缝等等，在给来越南的中国水手做向导时，水手们送他的香烟盒子让他爱不释手，上面有各种各样的历史故事和戏曲人物画片，临摹画片是他最初接触并学习美术的手段。在他16岁时，因贫困不得不辍学，白天在照相馆工作，晚上给人画肖像画。不久后，他回国并认识了画家李铁夫，李铁夫的指导对他油画技法、风格的形成，产生了重要的影响。黎冰鸿在自传中写道：在文艺思想上，当时由于受普列汉诺夫文艺理论、鲁迅作品、米勒和杜米埃等现实主义画家作品的影响以及李芝清先生的帮助，我逐步形成了艺术要反映社会现实生活，要有利于民众和社会的发展，否则就是苍白的、没有生命的这样一些观念。特别是抗日战争爆发后，我更觉得在国难当头的时候，搞艺术的不能只追求唯美主义，为艺术而艺术，像李商隐的诗中写的"商女不知亡国恨，隔江犹唱后庭花"，必须投入人民大众的生活中去，投入抗日的洪流。于是，黎冰鸿就对壁画、战地写生、连环画等抗日宣传作品的创作一发不可收拾，为日后创作革命历史题材作品埋下伏笔。

1953 年，对黎冰鸿来说是个重大的转折。这年，他被调往杭州美院（即中央美术学院华东分院，现中国美术学院）任油画系主任。从此，他转向以美术教学为主的学校工作中去，他的学生中，也涌现出如方增先、周昌谷、周诗诚、姚巧云、曹剑峰等一大批后来成为画坛中坚的艺术家。据中国国家博物馆副研究馆员李冠燕介绍，1958 年建立中国革命博物馆新的场馆时，启动了中国国家博物馆历史上第二次大规模革命历史题材美术创作，创作项目中就包括《南昌起义》。当时，由于博物馆在文物征集、美术创作等方面任务很重，在中宣部等有关部门支持下，计划从全国抽调党史和美术工作者参与新馆筹建，黎冰鸿就是其中之一。从此，又一幅关于南昌起义革命历史题材美术创作的经典之作有了苗头，一代代的中国人从这里认识这些历史的伟人，窥见最初燃烧的革命烽火。

二、壮阔的场面　撼人的气息

南昌起义从筹备到爆发，前后历时长、事物多，如何在这段历史中选取最有意义的历史瞬间？这是黎冰鸿遇到的第一个难题，解此题还要从南昌起义本身的历史意义出发。南昌起义打响了武装反抗国民党反动统治的第一枪，这石破天惊的第一枪，是中国共产党独立领导中国革命的伟大壮举，是中国共产党武装夺取政权的伟大开端，也是中国共产党创建人民军队的伟大起点，正如周恩来所指出的，"八一功在第一枪"。

李冠燕说，对于南昌起义这一历史事件的展现，最具典型性意义的并非战争场面的直接描绘或者胜利之后的欢庆，而是在革命前途最艰难时刻起义的酝酿，是革命力量爆发前的涌动和积聚，是暗夜里迎接光明的准备和探索。因此，黎冰鸿选取了起义爆发前在起义总指挥部前作最后部署这一极具代表性的场景，画面中虽无人开枪，但这一枪实际已在每个人心中打响，这正体现了作品的精彩之处。

《南昌起义》主要描绘了起义的主要领导人在总指挥部江西大旅社前作战前部署的场景，内容确定后，画面如何构图是黎冰鸿创作的第二个难题。文献表明，周恩来等起义将领在宣布起义时，是站在江西大旅社的中央平地，但黎冰鸿却将他们设计在台阶之上，这样处理形成了人物高低的落差，也便于突出主要人物。背景选择了一个黎明时分的景象，利用冷暖对比来烘托气氛。

油画表现人物形象有特别的优越性，不仅可以把人的外形模拟得惟妙惟肖，而且好的作品在人物情感、个性特点的方面都可以得到充分的表现。周恩来等中心人物神态安详自若，而战士们凝重的表情分明暗示出这将是一次不寻常的战斗。在人物的动作和表情上，黎冰鸿作了细致的设计——周恩来站立在总指挥部的门前，举起右手，眼神中透露出必胜的信念；周恩来左侧是贺龙，他左脚站在第二节台阶，右脚搭在第三节台阶，右手轻抚腰带，眼睛正视前方，既流露着对同志们的无限期望，也展现了大战前临危不惧的气节；朱德站姿端正，后背双手，表情坚定而肃穆；刘伯承坐在木箱上，面朝周恩来，嘴角微微翘起，预示着对起义胜利的信心。"这种壮阔的场面，这种逼真的尺度，这种撼人的气息，向世界还原了那段可歌可泣的历史，再现了那个动人心魄的瞬间。一代代中国人从画里认识这些历史的伟人，窥见革命的战斗烽火，并充满感情地将所见引为这个伟大事件的历史真实。"许江说。

在主要领导人身后和画面左侧还有几位将士，这样在构图上就与画面右侧的广大士兵形成较为平衡的视觉效果。尤其是画面左下角那位背着草帽、右手执枪的战士，其高大英武的形象既增加了画面的稳定感，又加大了纵深的视觉距离。李冠燕认为黎冰鸿这样的设计使得画面布局张弛有度，人物位置松紧相宜，构图重点突出而充满动势。同时，画作总体处理较为自然，一方面，主要人物的形象塑造细致精准，贴近人物真实面貌，神情和动作设计符合人物身份气质，且注重心理把握和情绪渲染；另一方面，旅社外观、背景环境、武器及马匹等道具也都表现得较为恰当，对于战前氛围的烘托也相当到位，更能够对创作主题切中要害。

三、"划破夜空的一道闪电"

"南昌城头的枪声，像划破夜空的一道闪电，使中国人民在黑暗中看到了革命的希望，在逆境中看到了奋起的力量。南昌起义连同秋收起义、广州起义以及其他许多地区的武装起义，标志着中国共产党独立领导革命战争、创建人民军队的开端，开启了中国革命新纪元。"习近平总书记在庆祝中国人民解放军建军90周年大会上，将南昌城头的枪声比作划破夜空的一道闪电，高度肯定了南昌起义的历史功绩和伟大意义。作为革命历史题材的油画《南昌起义》，同样也要肩负起它的使命，不仅是记录历史，更是讴歌英雄先烈、传递革命精神。

凝结于作品中的精神力量是革命历史题材美术创作的灵魂，"划破夜空的一道闪电"。李冠燕说："绘画内容是精神方面内在的东西，只有脱离外在事物而回到精神本身之中才能通过外在的事物，作为精神的反映，而把精神表现出来。所以绘画虽然是为观照而进行它的工作，在它的工作方式中却使它所表现的客观事物不再保存实际的完整的占空间的自然存在的状态，而变成精神的一种反映。"革命历史题材美术以凸显内在精神性作为艺术创造的主旨目标，它的一个重要方向即以艺术的形式塑造革命和时代的崇高精神，通过作品的价值激发一种更纯粹的情感、更崇高的精神，从而传播振奋人心的力量。

为了创作《南昌起义》，黎冰鸿亲身来到井冈山上，从革命的圣山遥望这千古一枪的发生地；他又直接在起义旧址上打地铺工作，真切感受历史的现场。许江说："他将自己融入这历史的瞬间，贴近往昔的声息去感受，去与每一位领袖对话，并将这一切变为中国革命历史绘画的经典之作。"

黎冰鸿进行创作时，常常根据主题需要不断反复地进行推敲，认真研究。中国美术学院教授全山石回忆道："记得他在画《南昌起义》时，对历史人物的造型、服装、道具都作了深入细致的研究，画了大量的素描和油画写生，甚至对特定的起义时的夜色灯光的色彩和光影效果也作了分析研究。"《南昌起义》中对于光源的巧妙处理体现了黎冰鸿高超的油画技巧以及对画面节奏的把握能力。画面中最主要的光源是起义总指挥部门口两边的壁灯，照亮了围绕在周恩来身边的人们，红红的脸庞，炯炯有神的眼睛，充满了对革命的追求，这与远处微亮的天空形成和谐的对比，远处正微微亮起的天空，预示着起义将给中国带来一片光明。黎冰鸿在画面最右面有马匹的地方塑造了一抹暖暖的篝火发出来的光，以及在远景的建筑里透出来暖红的光，光线之间产生了交相呼应的效果，更加烘托了起义前的紧迫气氛和同志们的革命情怀。

画中的周恩来处于环状构图的中心位置，绝大多数人物都围绕他布置展开，而且其他人物的朝向、神情也大都与这位主要人物密切相关。这既反映了将士们受到感召而内心激荡，又折射出大家对于周恩来作为核心领导及精神中心的信服和拥护。由此，黎冰鸿或许想表达南昌起义的筹划、发动、南下和奔赴井冈山，所有的军事行动都是按照党中央的部署和指示进行的，起义部队中建立了党的组织，确立了党对部队的政治领导，创建了一支党领导的新型人民军队。

黎冰鸿在画面中的不同位置构思、塑造了两位受伤的战士。一位是坐在最前面的左手吊着绷带的战士，正在认真听取动员。另一位是该形象的上方头部缠绷带的战士，眼睛正对着画外的观众，左手紧紧握拳。这都体现了战士们对武装起义的热情和大无畏的牺牲精神，充分彰显了中国共产党人对马克思主义的忠贞信仰和对共产主义的炽热追求，集中体现了人民军队坚决听党指挥、忠诚履行使命的政治本色，生动展现了为人民利益一往无前和敢闯新路的英雄气概和无畏血性。

（作者系《中国艺术报》记者）

书法《西江月·井冈山》：
诗词与革命的传奇

何瑞涓

巍巍井冈山，自古有"郴衡湘赣之交，千里罗霄之腹"之称，是众所周知的"天下第一山"。

此"天下第一山"，乃朱德于 1962 年挥毫题写，名不虚传。作为中国革命的摇篮，这里曾创建中国第一个农村革命根据地、第一个苏维埃政权，探索出了一条农村包围城市、武装夺取政权的道路，点燃了"工农武装割据"的星星之火，孕育了伟大的薪火相传的井冈山精神，实现了马克思主义中国化的伟大开篇。

"井冈山是革命的山、战斗的山，也是英雄的山、光荣的山。"2016年，习近平总书记第三次赴井冈山，指出"井冈山是中国革命的摇篮。井冈山时期留给我们最为宝贵的财富，就是跨越时空的井冈山精神"，[1] 将井冈山精神概括为"坚定执着追理想、实事求是闯新路、艰苦奋斗攻难关、依靠群众求胜利"，强调今天我们要结合新的时代条件，"让井冈山精神放射出新的时代光芒"。

在井冈山黄洋界哨口，有两块纪念碑，其中横碑正面镌刻毛泽东手书《西江月·井冈山》："山下旌旗在望，山头鼓角相闻。敌军围困万千

---

① 习近平：《论中国共产党历史》，北京：中央文献出版社，2021 年 2 月，第 112 页。

重，我自岿然不动。早已森严壁垒，更加众志成城。黄洋界上炮声隆，报道敌军宵遁。"这首词创作于1928年秋，名为"井冈山"，实写黄洋界；写黄洋界，更高着眼于革命发展的全局，意义深远。而今，它被无数人口口传颂，镌刻在井冈山巅，镌刻在无尽的历史洪流之中。

诗词由来："黄洋界上炮声隆"

黄洋界云雾缭绕似海，又称汪洋界，位于井冈山西北角，是当年井冈山五大哨口之一、井冈山的北大门。读《西江月·井冈山》，带我们走进93年前战火纷飞的战场——黄洋界保卫战。这场战斗在无数次革命斗争中看似并不起眼，实则影响深远，甚至毛泽东并未直接参与斗争，却被他一而再再而三写进诗词之中，以文字铸就永恒。

1927年10月，秋收起义攻打长沙受挫后，毛泽东率领工农革命军转移至井冈山，创建了第一个农村革命根据地——井冈山革命根据地，进攻方向由城市转为敌人统治力量较为薄弱的农村。1928年4月，朱德、陈毅领导的湘南起义和南昌起义部分部队向井冈山转移，与毛泽东率领的秋收起义部队在井冈山胜利会师，两军合编，诞生了我党第一支工农武装——工农革命军第四军，即红军第四军。井冈山革命根据地也成为敌人的眼中钉、肉中刺，湘赣两省敌军虎视眈眈频频进犯。

7月，湘赣敌军向井冈山发动"会剿"，红四军分两路反击。在敌军逼近永新时，毛泽东率31团在永新附近迎敌作战，而朱德、陈毅率领红军主力28团、29团向敌军区茶陵、酃县进攻，击破敌人首次"会剿"。但这时湖南省委代表杜修经等人错误决定执行湖南省委不顾实际要求红军向湘南发展的主张，利用以湘南农军为主的第29团想要打回老家去的思想，命令28团、29团向湘南冒进，结果在郴州先胜后败，导致"八月失败"，29团几乎全军覆没，剩余部队和28团向桂东转移。毛泽东闻讯后，亲自率31团三营前往桂东接应红军主力。七八月间，趁井冈山兵力空虚之际，敌军发动第二次"会剿"，进犯井冈山，根据地各县平原和大部分山区被敌人占领，并向黄洋界哨口猖狂进攻。

此时的黄洋界，危在旦夕。作为井冈山的北大门，这里距当年红军总部机关茨坪约25华里。红军的后方医院、留守处、军械处、被服厂等都在五井和茨坪，是革命根据地的中心，黄洋界一旦失守，意味着井冈山革命根据地的沦陷，远在湘南的红军将无家可归。在"井冈山讲史第一人"、井冈山革命博物馆原馆长毛秉华所著的《天下第一山》中详细描述了这场斗争：当时，留守黄洋界的仅剩31团一营的两个连，每支枪只有三至五发子弹，敌军使用的则是步枪、机枪和迫击炮，力量对比悬殊。"守得住吗？"是留守红军的难题，也是萦绕心头的疑问。年仅21岁的31团团长朱云卿、23岁的党代表何挺颖有丰富的战斗经验，获悉敌军将在近期"会剿"井冈山的情报后，立即同边界特委负责人在大井召开了红军机关、医院负责人及伤病人员代表联席会议，讨论作战方案。

黄洋界周围十几个乡的群众及赤卫队迅速集结，捍卫革命根据地。当年曾有歌谣道：女拿刀来男拿枪，男女老少上战场；红旗招展军号响，军民齐心保黄洋。在战斗部署上，一连打前卫，三个排分别埋伏在哨口的三个工事里；三连做预备队，埋伏在黄洋界主峰两侧；来自安源爆破队的红军战士负责制造松树炮；五井赤卫队沿山路布满竹钉阵。全体军民团结起来，慨然迎战。毛秉华描述道，当各连连长报告"全连集结待命"时，呈现在团长望远镜里的是一片宁静，整个黄洋界不见一兵一卒，更无一马一炮，朱云卿说，隐蔽是取胜的一个重要条件，我们要搞得敌人真假不清、虚实不明。

8月30日，寂静的山野沸腾了。据毛秉华讲述，敌军连续4次对黄洋界发起进攻。黄洋界居高临下，地形险要，只有一条崎岖险峻的羊肠小道蜿蜒上山，敌军2000多人只能鱼贯而行，一个一个往上爬，步履维艰。当敌人快要接近哨口工事时，红军集中火力给予敌人迎头痛击，又以松树炮、煤油桶里的"连珠炮"、滚木、乱石等齐下，打得敌军人仰马翻，乱作一团。就这样，留守红军借助地势打退了敌军的多次进攻。傍晚时分，战士们将从南昌起义后带到井冈山的仅有的一门迫击炮抬出，

073

炮弹只有三枚，连发两弹，却都是哑炮，最后一枚不负众望，正中敌军前沿指挥所。敌军以为红军主力部队回师，顿时大乱，趁夜幕落荒而逃。

散文家杨朔20世纪60年代游览井冈山时，以生动精彩的笔墨记录下了井冈山管理局一位老同志讲解的这场战役——"现在让我领你们回到1928年间去……兵少，老百姓不有的是？于是乎许多老百姓都上了山，分散在各个山头上，这个山头敲锣，那个山头打鼓，另一个山头又吹号。只见满山都是红旗，搅得敌人也摸不清虚实。这不能不让人想到《西江月·井冈山》的起首两句：'山下旌旗在望，山头鼓角相闻。'"

好一出"空山计"！在赤卫队和人民群众的支援下，井冈山上军民齐心，以少胜多，出奇制胜，吓退敌军，取得了黄洋界保卫战的伟大胜利。

战斗打响时，毛泽东正在率军返回井冈山途中。9月，获悉黄洋界保卫战获胜消息时，毛泽东提笔挥毫写下《西江月·井冈山》。比率军打胜仗更令人振奋的是，未在战场而取胜，以不变应万变、决胜千里之外，这意味着革命队伍与革命根据地的日益成熟，也意味着革命道路的未来可期，其喜悦心情可想而知。

至今黄洋界哨口还陈列着一门与保卫战同型号的迫击炮，炮台基座上是红通通的几个大字"黄洋界上炮声隆"，带观者回到历史现场，耳畔炮声隆隆。

诗词赏析：此役扭转战局、捍卫了革命道路

《西江月·井冈山》的正式面世，是在近30年之后了。较为普遍的一种意见认为，该词最早见于刊物《中学生》1956年8月号，是在谢觉哉题为《关于红军的几首词和歌》的文章中提供的。同年《诗刊》筹备创刊，希望能把社会上流传甚广的八首毛泽东诗词收集整理，请毛泽东亲自订正，并将外面还没有流传的旧作和新诗一并授权在《诗刊》创刊号上发表。翘首以盼，至新年元旦后，中国文联总收发室收到毛泽东的

一封亲笔信和十八首诗词,《诗刊》编辑部如获至宝,刊发于 1957 年 1 月《诗刊》创刊号。其中,就有《西江月·井冈山》。从此这首词广为流传。

关于这首词的写作时间、地点、词句含义等,都曾存在过争议。目前较为统一的观点为写作时间是 1928 年 9 月。中国井冈山干部学院副院长汪建新认为,该词写于 9 月 26 日,毛泽东与朱德率领红四军主力回到井冈山了解了黄洋界保卫战详情之后,地点为井冈山。此外,还有一种观点则推测认为该词作于 9 月 5 日前后,地点为遂川大汾,毛泽东率军回师井冈山途中,在大汾研究决定攻打遂川,指挥黄洋界保卫战的 31 团团长朱云卿赴遂川大汾向毛泽东汇报工作并接受攻打遂川的任务。

对于该词开头两句"山下旌旗在望,山头鼓角相闻",一种意见认为"山下""山头"和"旌旗""鼓角"为互文,两句都是指井冈山军民,当时山下还有部分红军即 32 团及赤卫队等地方武装;一种意见认为"山下"为敌方,"山头"是红军,这两句是描写两军对峙。中国井冈山干部学院教授文尚卿等人指出,郭沫若曾在给井冈山革命博物馆的一封信函中解释为,"山下旌旗在望是指敌人,山头鼓角相闻是指我们",此说法一度流传。汪建新谈道,对此词作者曾给出过解释,1964 年 1 月 27 日,毛泽东口头答复外文出版社《毛主席诗词》英译者说:"'旌旗'和'鼓角'都是指我军。黄洋界很陡,阵地在山腰,指挥在山头,敌人仰攻。山下并没有都被敌人占领,没有严重到这个程度。'旌旗在望',其实没有飘扬的旗子,都是卷起的。"

汪建新对《西江月·井冈山》的诗词艺术作了详细解析,指出词的上阕描写了黄洋界保卫战敌我双方态势。开头两句单刀直入展现战火纷飞的现场,"山下""山头"点明这是一场山地保卫战,"旌旗"与"鼓角"都是古代勇于指挥战斗、激扬军威的器具,"在望""相闻"带读者回到现场,耳闻厮杀声。"敌军围困万千重,我自岿然不动"笔力千钧,刻画了敌强我弱的严峻形势下,井冈山军民临危不惧、从容应敌。下阕分析了黄洋界保卫战取得胜利的原因。"壁垒"指严密牢固的工事。"早已森严壁垒"是黄洋界保卫战取胜的重要前提，毛泽东在《中国的红色政权为什么能够存在？》中指出巩固根据地三条方法中的头一条就是"修筑完备的工事"，在《井冈山的斗争》中也说井冈山根据地"山上要隘，都筑了工事"。而"更加众志成城"则是黄洋界保卫战的制胜法宝，军民一心抗敌，同仇敌忾，正如《井冈山的斗争》中所说："边界的斗争，完全是军事的斗争，党和群众不得不一齐军事化。怎样对付敌人，怎样作战，成了日常生活的中心问题。"正因"森严壁垒""众志成城"，方可"岿然不动"。"黄洋界上炮声隆，报道敌军宵遁"，描写了以一门迫击炮机智退敌的场景，"报道"二字辛辣幽默，向世界宣告中国红色政权一定能够存在并终将取得中国革命的彻底胜利，敌军由"围困万千重"气焰嚣张，到"宵遁"连夜狼狈逃跑，形成鲜明对照。全词以战斗的结局收尾，举重若轻，力透纸背，充满乐观主义精神。"《西江月·井冈山》全词紧扣'井冈山'，先描写'山下''山头'的广阔战场，然后概括敌我对峙、激战的情景，再分析全山战备情况和军民战斗姿态，最后突出黄洋界一战的胜利，逻辑自然，层次分明。"汪建新谈道。

毛泽东率军在井冈山革命根据地仅两年四个月，一生专门创作了三首以井冈山为题的诗词，《西江月·井冈山》《水调歌头·重上井冈山》和《念奴娇·井冈山》，每一首都提到了黄洋界。汪建新认为，这一现象在毛泽东诗词中绝无仅有，可见黄洋界保卫战分量之重。"毛泽东一生戎马倥偬，历经战争无数，为何对黄洋界保卫战念念不忘，况且当时他并不在场？为什么写黄洋界保卫战，诗词却不以《西江月·黄洋界》为题？"他指出，毛泽东在《井冈山的斗争》中写道，"八月三十日敌湘赣两军各一部趁我军欲归未归之际，攻击井冈山。我守军不足一营，凭险抵抗，将敌击溃，保存了这个根据地……"当时对于中国革命走农村包围城市、武装夺取政权的道路，还是走以城市为中心的暴动道路，或是搞流动游击不要根据地，尚存在争议，这是关系到中国革命成败的重要问题。因而，黄洋界保卫战不是一次简单的以少胜多的战役，而是保卫了井冈山革命根据地，这是在革命衰微之际，毛泽东将马克思主义基本原理结合中国国情探索出的一条革命道路，"农村包围城市""工农武装割据"，此次战役印证了这条道路的可行性，捍卫了革命实践与革命方向，意义重大。1960 年陈毅跋《西江月·井冈山》写道，"是役，井冈山根据地赖以保全，有扭转战局的作用"。正如毛泽东在《井冈山的斗争》中所说："边界红旗子始终不倒，不但表示了共产党的力量，而且表示了统治阶级的破产，在全国政治上有重大的意义。""星星之火，可以燎原"，黄洋界保卫战保卫了红色的革命火种，使其燎遍神州大地，这大概也是毛泽东着眼全局以"井冈山"为题的原因。

书法赏析：英雄气概与坚持人民性的结合

耸立于黄洋界哨口的碑文《西江月·井冈山》，是毛泽东亲笔手书，但并非 1928 年所写。

据井冈山革命博物馆研究员汤根姬根据史料撰文分析了纪念碑的历史变迁，指出毛泽东手迹的获得得益于时任全国人大常委会副委员长的郭沫若。1960 年，黄洋界公路旁兴建了一座 5 米高的木质"黄洋界保卫战胜利纪念碑"。1965 年，毛泽东重上井冈山，曾与此碑合影。随后，郭沫若与夫人在毛泽东的动员下访问井冈山，7 月 1 日登上黄洋界。这时，井冈山管理局正组织工人建筑新的纪念碑——一座高 12 米的立式钢筋水泥结构的"黄洋界保卫战胜利纪念碑"，负责同志向郭沫若汇报说，打算等碑建好后，镌刻上毛泽东手书的《西江月·井冈山》诗词，但找不到这首词的手迹。郭沫若当即答应，回京后请示毛主席重书一遍。第二年，井冈山管理局又派人去北京向郭沫若汇报此事。郭沫若专门向毛泽东作了请示，毛泽东挥毫重新书写了这首词，后郭沫若请人摄影后寄给井冈山管理局。井冈山革命博物馆黄洋界管理部主任李骏为本报提供了当年毛泽东《西江月·井冈山》手书的摄影作品的相关资料，指出当时手书作品在两页纸上，后翻拍处理合成一张。

据悉，郭沫若写给井冈山负责同志的信存于井冈山革命博物馆，信中谈道："最近蒙主席写就，并摄影寄上。请照碑式勾勒，并且适当放大为荷。如以主席原式，则当成横披形，已建立碑又须改建。如何之处，请酌量处理……"井冈山的同志收到毛泽东手迹摄影后，遵嘱将诗词手迹放大，"照碑式勾勒"，精心改为竖排，镌刻在纪念碑上，另一面镌刻朱德题字"黄洋界保卫战胜利纪念碑"。

然而，这块碑与诗文并未能留存下来，1969 年 4 月被炸毁，8 月改建"火炬亭"。1977 年在原址上复原重建了竖立纪念碑，并对碑文进行了调整，镌刻朱德题写碑名和毛泽东手迹"星星之火，可以燎原"。毛泽东当时所书《西江月·井冈山》为横披形，因而此次增建了横碑，镌刻该词手迹，另一面是朱德手书黄洋界三个大字。据江西省建筑设计院刊发于 1979 年谈该纪念碑设计思路的文章写道，该纪念碑重建落成于 1977 年 10 月纪念井冈山革命根据地创建 50 周年时，"横竖二碑以其各自不同的特点表现的是同一纪念主题。竖碑刊刻碑名和'星星之火，可以燎原'八个点题的大字，其特点是集中、概括地反映了黄洋界保卫战伟大胜利的深远政治意义。横碑铭记毛泽东咏赞黄洋界保卫战的诗词，则使纪念内容更加深刻、丰富"。

几十年来，这块纪念碑经过无数人的瞻仰，其书法成就也备受赞叹。众所周知，毛泽东对诗词与书法格外热爱，行军路上披览碑帖，挥毫习书，将法帖带在身边时时研习，对钟王、汉魏、隋碑、章草、晋唐楷书等多有琢磨，融众家所长。他曾说，"学字要有帖，学好后要发挥。习字要有体，但不一定受一种体的限制，要兼学并蓄，广采博取，有自己的创新，自己的风格，才能引人入胜"。其书法独树一帜，吸纳百家而自成体系，气势如虹，汪洋恣肆，笔走龙蛇，纵横捭阖，从"有法"到"无法"，极具创新意识和鲜明的个性特征，被称为"毛体"。

中国书协理事、中国艺术研究院研究员李一指出，毛泽东学书是由楷书到行书再到草书，早年楷书追求阳刚之气，行书如长枪大戟，笔力雄浑，其在书法史上成就最大的是草书，"草书在诸种书体中，最富表现力也最难掌握。除了草法难掌握外，更难的是通篇布局。毛泽东草书的可贵之处是对通篇气势的驾驭能力。书法与兵法有相通之处，其笔下显示出‘兵无常阵，字无定形’的谋篇布局特征。笔阵等于军阵，着眼于总体战略而不拘泥于一城一池之得失，自由烂漫而毫不顾忌胶柱鼓瑟之成规，是一般书法家想不到也做不到的”。李一还指出，欹斜取势是其结体的一个特点，其字形多左放右敛，取欹斜之势。欹斜产生不稳之感，造成险势，再用某些笔画去救，使之保持本身结构的重力平衡。可贵的是其全局控制能力，使笔下狂澜四起、惊心动魄，又从容不迫、游刃有余。也有书画家柳栋等论者指出，毛泽东书法纠正了草书过于浪漫包括改变字形所带来的负面影响，坚持民众的审美倾向和应用需求的“人民性”特征，为民众所喜闻乐见，不生僻怪异、不矫揉造作、不故弄玄虚。

《西江月·井冈山》也体现了这种特点，写法上欹斜取势，似巍峨高山，挥洒自如，气势恢宏，既充满是真英雄自风流的英雄气概，又兼具人民性，是人人可赏的妙作。《中华书画家》副主编孟云飞认为，该词书法欹侧，字大都向右或向左倾斜，但每个字又都保持了它本身结构的重力平衡，似欹反正，险中求稳，如开篇的“山”，还有“敌”等；字形较长，呈长方形，如“军”“城”等；横画向右上方斜度较大，如“围”“岩”等，章法浑然一体，书作气贯长虹。

“我很喜欢这首词，它兼诗兼词，余味旋绕。”中国书协理事、解放军总参谋部书法创作院院长王学岭表示。他强调，这首词描写了1928年红军打破第二次“会剿”的黄洋界保卫战，开阔从容，气度非凡，呈现了伟人诗文固有的壮美宏大之境。有趣的是，这首词“成文”和“成书”之间相距了将近40年，词作产生于1928年秋天，书法作品则书写于1966年前后，后又镌刻于黄洋界纪念碑旁。“这幅书作浓墨如坠石，飞白若崩云，似无暇却有成，将万千动静不同的事物集合在笔端，每一划都是一个世界。大象大美之意趣，尽在其中。自然自若之山河，也皆在此中。我们总说学习知识要兼顾宽度与广度，书法也是一样，既要充实笔墨的内在和外在，更要锤炼线条的深意与张力。如今的时代是幸福的时代，我们大家在仰望伟人种种事迹和作品的同时，一定要多多读书、写字，走入生活，提升自己的修养，并且尽量从内心精神和追求方向中，去选择真正大气恢宏的那一宗。就像毛主席这幅书作，一直熠熠生辉；览之令人感动，读之令人沉醉。有一种中华民族特有的自强、乐观、博爱和大度雍容。"

结　语

昔日黄洋界炮火隆隆，震撼山河，而今黄洋界日新月异，风景独好，迈上新征程。《西江月·井冈山》使黄洋界永载史册，以其独具的诗词艺术价值、历史价值、书法艺术价值等深入人心，广为传颂。站在新时代，再回首吟诵，仿佛回到那个战火纷飞的年代，回到革命道路的出发之处，一路走来，百年风雨兼程，我辈当不忘初心，奋斗不息。

（作者系《中国艺术报》记者）

《义勇军进行曲》：
历史的见证　最好的国歌

张　成

一、红色基因的《义勇军进行曲》

1949 年 10 月 1 日下午，30 万军民在北京天安门广场共襄开国大典。下午 3 时整，代国歌《义勇军进行曲》在天安门广场响起。在《义勇军进行曲》激越的旋律中，五星红旗在新中国冉冉升起。毛泽东庄严地宣布："中华人民共和国中央人民政府今天成立了！"

在中国共产党成立 100 年之际，回首《义勇军进行曲》这首浓缩了民族魂、象征着国家精神的乐曲，从诞生至今天，它都与中国共产党的组织和领导息息相关，彰显党的初心和使命。

1931 年，九一八事变后，国民政府采取了不抵抗政策，导致东北三省一百多万平方公里的大好河山沦丧，3000 多万同胞被蹂躏。而中国共产党采取了与国民政府截然不同的政策，事变的第二天中共满洲省委就发布了《中共满洲省委为日本帝国主义武装占领满洲宣言》，这是二战史上第一个反法西斯的正义宣言；第三天，中共中央发表《中国共产党为日本帝国主义强暴占领东三省事件宣言》，号召全国人民一致动员起来，"反对日本帝国主义强占东三省"。当日本帝国主义侵略者的枪炮声穿过

081

东北三省，穿过上海、南京时，任何一个个体都无法承担这种深重的民族苦难，任何一种单一的文艺形式也已经无法充分表达仇恨和唤醒民众时，"不作亡国奴"的吼声唤起了全国人民高昂的爱国情怀。先后于1932年和1933年加入中国共产党的田汉、聂耳，全身心地投入中国共产党领导的抗日救亡运动中。

《义勇军进行曲》由音乐家聂耳作曲，田汉作词，聂耳、孙师毅修改润色歌词，从诞生那一刻就承担了伟大的使命。在革命烽火与时代风云的激荡中，《义勇军进行曲》以其慷慨激越、铿锵有力的旋律和催人奋进、鼓舞人心的歌词，表达了中国人民反抗日本帝国主义侵略的坚强决心，体现了中华民族在外侮面前英勇顽强、团结一心共赴国难的英雄气概。它诞生于中华民族生死存亡之刻，在重大节点屡次吹响救亡图存的号角，成为凝神聚气的时代强音，激发了中国人民的爱国主义热情。它见证了中国抗日战争的伟大胜利，见证了中华民族的解放，见证了新中国的成立。

《义勇军进行曲》原是电通公司摄制的《风云儿女》的主题歌，该片讲述了九一八事变后，知识分子抗日救国的故事。1935年，田汉为电影《风云儿女》写了一段歌词后，就被国民党当局逮捕。聂耳主动向《风云儿女》的编剧夏衍请缨为该片的主题歌谱曲，并于同年4月15日前完成了曲子的初稿。在得知国民党当局要逮捕自己的消息后，聂耳受党组织批准去日本避难，并委托贺绿汀完成曲子的配乐，聂耳后来在日本完成曲谱的定稿。1935年5月8日，《申报》上刊发了《义勇军进行曲》的歌谱。5月9日，由袁牧之、顾梦鹤领衔的电通公司歌唱队在百代唱片公司的录音棚里录制了《义勇军进行曲》。5月24日，电影《风云儿女》上映，《义勇军进行曲》作为主题歌正式呈现在世人面前，立刻在各界引发强烈反响，成为广为流行的抗战歌曲，对于团结各界一致抗战，起到了巨大的鼓舞作用。在一二·九运动中，全国各地的学生、工人、爱国人士都演唱了该曲；1936年10月21日，在鲁迅的追悼会上，上演了千人齐唱该曲振奋人心的场面；1937年7月，任光在法国组织华侨合唱团演唱《义勇军进行曲》，为中国抗日战争募捐；抗战期间，国民党中央广播电台定期安排播放该曲，国民党的军校把《义勇军进行曲》定为军歌，该曲成为傅作义军团的15首抗战歌之一；1937年，因主张抗日救亡而被捕的沈钧儒、邹韬奋、李公朴等救国会七君子获释时，他们和数百名前来迎接的群众一起高唱了《义勇军进行曲》；1938年，台儿庄战役中，中国官兵在观战的美国驻华海军副武官卡尔逊的带领下高唱了《义勇军进行曲》；1938年4月8日，田汉主持了在武汉汉口北郊跑马场举行的歌咏大会，冼星海指挥了十多万群众合唱《义勇军进行曲》，这是抗战时期演唱《义勇军进行曲》的最大阵容；国民革命军第200师也曾将该曲定为该师军歌；1940年，上海各界救国联合会执委刘良模流亡美国，他把《义勇军进行曲》带到了美国，1940年夏天，美国黑人演员、歌唱家保罗·罗伯逊在纽约七千人露天音乐会上演唱了该曲，并在1941年灌制了唱片《起来》，宋庆龄亲自为其撰写了序言……保罗·罗伯逊说："我知道数以百万计的中国人都在唱这首歌（指《义勇军进行曲》），彰显着中华民族不可战胜的精神，我能演唱是一种殊荣。"1941年，太平洋战争爆发，《义勇军进行曲》在东南亚地区被广为传唱，1944年，马来亚一支由青年组织起来的抗日队伍将《义勇军进行曲》作为抗日游击队队歌传唱；1945年，联合国成立时，《义勇军进行曲》作为代表中国的歌曲演奏；1949年9月27日，中国人民政治协商会议第一届全体会议确定在国歌正式制定之前，暂以《义勇军进行曲》为国歌；2004年3月14日，第十届二次全国人民代表大会正式确认《义勇军进行曲》为中华人民共和国国歌；2017年9月1日第十二届全国人民代表大会常务委员会第二十九次会议通过《中华人民共和国国歌法》，《中华人民共和国国歌法》自2017年10月1日起施行……

二、《义勇军进行曲》的革命性与战斗性

2020年1月19日至21日，习近平总书记在聂耳的家乡云南考察期

间强调指出，云南有光荣的革命传统，有许多感人肺腑的动人故事。如，聂耳和国歌的故事……中国人民解放军军乐团原团长、著名指挥家于海说，聂耳的生命永远地定格在 23 岁，但是在 86 年后的今天，他创作的音乐依然在人民中流传。聂耳多才多艺，擅长绘画、表演等。聂耳学名叫聂守信，因为他乐感特别好，听过的旋律过耳不忘，耳朵又会动，朋友跟他开玩笑说，干脆将"聂守信"改成"聂耳"算了。聂耳对劳苦大众充满了同情，《卖报歌》就是聂耳的有感之作。当年聂耳在上海的大街上看到一个叫"小毛头"的女报童边卖报边哭，就问她为什么哭。"小毛头"说，每天卖报纸的钱要给妈妈，让妈妈养家。聂耳非常感动，便买光了她当天的报纸，第二天又买光了她的报纸。1933 年聂耳谱曲、安娥填词了《卖报歌》，他对"小毛头"说："你唱着这首歌曲卖报，报纸一定卖得好。"后来，"小毛头"到 96 岁高寿去世。

据于海介绍，聂耳在创作《义勇军进行曲》的时候非常苦恼，他找不到想要表达的那种感觉，聂耳非常希望在乐曲中激发人民抗击日本侵略者的斗志。在这一过程中，聂耳希望能写出法国国歌《马赛曲》的那种战斗性。一位法国的老师告诉聂耳，"你要到码头上去，到抗战的队伍中去找感觉"，聂耳照做了，随后他有了很多思考、磨炼，后来写起来就文思泉涌了。《聂耳全集》（1985 年版）执行编辑委员、《聂耳全集》（2012 年增订版）常务副主编、中国艺术研究院音乐研究所研究员向延生通过考证得出结论，聂耳在创作《义勇军进行曲》时受到了《马赛曲》的影响。聂耳曾对《风云儿女》的导演许幸之说，自己受到了《马赛曲》的影响，却比《马赛曲》更明快、更激昂。

2019 年中央电视台的《国家宝藏》节目将一把 20 世纪初产于德国的小提琴定为国宝，受到了一些质疑，有人觉得这把小提琴的年头不长，与动辄千年的文物比起来太过"年轻"，而且是产于外国的。但在节目的"守宝人"于海看来，"国宝"二字对它来说是实至名归。这把琴曾经的主人就是聂耳，聂耳在 1931 年 2 月得到了这把琴，并曾用它演奏过《义勇军进行曲》。

三、《义勇军进行曲》是最好的国歌

新中国成立前夕，在北京召开的中国人民政治协商会议上，田汉、沈雁冰、钱三强、欧阳予倩、郭沫若组成国歌初选委员会，委员会还聘请了吕骥、贺绿汀等 4 位专家为顾问。在中南海丰泽园开会讨论国歌的问题时，毛泽东、周恩来都出席了会议。大家认为在这么短的时间内创作一首为人认可的国歌实在是难事，不如从现有的歌曲中选，当时的备选项有冼星海的《救国军歌》《在太行山上》，郑律成的《延安颂》《延水谣》，张寒晖的《松花江上》，任光的《渔光曲》，麦新的《大刀进行曲》，孙慎的《救亡进行曲》和聂耳的《义勇军进行曲》。周恩来提议用《义勇军进行曲》暂代国歌。有人提出《义勇军进行曲》的曲子很好，但是歌词的内容已经过时，应该修改一下。

据向延生考证，大多数代表认为该曲是历史性的产物，应该保持它的完整性，词曲都不要改。周恩来主张就用旧的歌词，认为这样才能鼓动起人们的感情，修改后唱起来就不会有那种情感了。2019 年，在庆祝中华人民共和国成立 70 周年大型音乐舞蹈史诗《奋斗吧　中华儿女》上，在《开国领袖毛泽东》《长征》《延安颂》等影视作品中多次饰演过毛泽东的唐国强，与一众老搭档出演五大书记围绕国歌"复现"了一场对话。唐国强说，当时有代表提出《义勇军进行曲》中的歌词"中华民族到了最危险的时候"过时了，毛泽东则认为，这首歌没有过时，我们要永远居安思危，"今天看来，这首歌依然没有过时"，唐国强说。事实上，当时正是毛泽东认真听取了大家的意见后，拍板决定不必修改歌词："改还是要改，但旧的还是要。我国人民经过艰苦斗争虽然全国快解放了，但还是受帝国主义的包围，不能忘记帝国主义对我国的压迫。我们要争取中国完全独立、解放，还要进行艰苦卓绝的斗争，还要居安思危，所以还是保持原有歌词好。大家认为以《义勇军进行曲》做国歌最好，意见比较一致，我看就这样定下来吧！"最后大家一致赞成用《义勇军进行曲》暂代国歌，并于全体合唱《义勇军进行曲》后散会。

于海自称是指挥演奏国歌次数最多的人，他也曾在多种重大场合和活动中指挥演奏过外国的国歌，于海认为，《义勇军进行曲》是最好的国歌。在担任两届全国政协委员的十年中，于海每年的提案都是"国歌立法"，其《关于尽快为国歌立法的提案》在2017年9月被评为"政协第十二届全国委员会优秀提案"，《中华人民共和国国歌法》亦于当年施行。于海说，之所以会十年如一日地关注国歌立法，是因为国歌是表现一个国家民族精神、是被政府和人民认为能代表该国国家政府和人民的意志、是用来歌颂与鼓励一个民族的信心与凝聚力的歌曲。国歌是主权国家声音的标志，是民族精神的集中体现，是国家文化的结晶和历史见证，是公民爱国主义的载体。《义勇军进行曲》体现了中华民族的光荣传统，产生了推动中国社会前进的巨大力量，它是各族人民共同的精神支柱，是社会主义精神文明建设主旋律的重要组成部分。爱国主义应从日常的小事做起，从唱响国歌开始，从我们自己开始。让我们放开自己的歌喉，大声地唱出我们的赤子之心和爱党情感、爱国热忱，让中华民族的坚强斗志和不屈精神伴着《义勇军进行曲》的歌声代代相传。

在2009年之前，我国举行重大活动，或者一些单位举办活动，现场奏国歌，在场人员全都是听众，但是2009年全国"两会"上，有代表、委员强烈呼吁在重大场合应该唱国歌，"奏"国歌和"唱"国歌，一字之差，但是"奏"国歌是被动地听一遍国歌，而"唱"国歌则是主动唱一遍国歌，我们每次唱响国歌旋律，唱出每一句歌词，都无形中增加了我们的爱国热情。

于海认为，《义勇军进行曲》是一首极富创造性的歌曲，聂耳以巨大的激情投入此歌的创作。他成功地把田汉散文诗般的歌词，按照音乐的规律，处理得异常生动、有力和口语化；在旋律创作上，他既吸收了国际上革命歌曲的优秀成果和进行曲的风格特点，又使之具有浓郁的民族特色。根据2018年联合国的统计，全世界共有197个国家、36个地区有自己的国歌。《义勇军进行曲》有84个字，37小节，奏唱只要46秒，"《义勇军进行曲》中用的都是五声音阶do、re、mi、sol、la，只用了一个 si 来过渡。我们的国歌是最好的，也是非常经典、优秀的音乐作品。国歌作为一个国家的形象，是一个国家精神文明的体现。我们的国歌46秒、84个字，字字铿锵、句句雄壮"，于海说。聂耳根据歌词分句的特点，把这首歌曲处理成由六个长短不等的乐句所形成的自由体结构。虽然每个乐句的旋律、结构都各不相同，但乐句与乐句之间衔接紧密，发展自然，唱起来起伏跌宕、浑然一体。歌曲以进军号般的前奏开始，铿锵的节奏、雄伟的气势，充满着战斗号角的旋律。特别是"中华民族到了最危险的时候"这句全词中最重要的警句，聂耳在这里不仅运用了全曲中的最高音，而且创造性地在"中华民族到了"之后，突然休止半拍，从而使"最危险的时候"产生了振聋发聩的效果。田汉为《义勇军进行曲》作的歌词是"冒着敌人的飞机大炮"，最后的"前进"只有一次，后由聂耳和孙师毅商量把歌词改成"前进！前进！前进！进！"这样的非常规语句，使其更有呼号感，更坚定，更符合汉语的词腔。正是由于艺术上的大音希声、大道至简、朗朗上口，从而使其能为广大群众所掌握，为充分发挥歌曲激励人心的战斗作用打下了广泛而坚实的基础。

让于海难忘的是，2011年2月利比亚撤侨，12天内，35860名中国公民安全撤离，这一新中国成立以来最大规模的有组织撤离海外公民行动，彰显了祖国的强大，《义勇军进行曲》再次见证了历史，当时不少同胞在混乱中遗失了护照，在这一关键时刻，国歌就成为登机的"客票"——会唱《义勇军进行曲》的人就能证明自己是中国人。中国水电二局工人王克荣在乘包机安全抵达北京南苑机场后，激动地跪地亲吻祖国大地。这正如于海所说，我们的国歌是最好的国歌。

（作者系《中国艺术报》记者）

《八女投江》：让英雄的精神薪火相传

宫剑南

"姐妹们，我们宁死，宁死也不当俘虏。"这是电影《八女投江》中的经典语句，这部影片记录了抗日战争时期东北抗日联军八名女战士投江壮烈牺牲的故事，也记录了中国人民心中那抹永不褪色的红色记忆——1931 年，震惊中外的九一八事变爆发，东北抗日联军在中国共产党的领导下与日本侵略者展开了艰苦卓绝的斗争。由于日军的扫荡，东北抗日联军的斗争进入极为艰苦的阶段，1938 年 10 月，东北抗日联军的八名女战士在黑龙江省牡丹江市乌斯浑河畔与日军交战中陷入绝境，集体投江，壮烈牺牲，她们中最大的 25 岁，最小的只有 13 岁。这个感动了无数人的"八女投江"事迹以电影、舞台剧、舞蹈、诗歌、连环画等多种艺术形式歌颂传唱，其中就包括一幅 20 世纪中国美术史上的经典作品，它就是由画家王盛烈创作、现收藏于中国人民革命军事博物馆的中国画《八女投江》。

1957 年，在中国人民解放军建军 30 周年纪念美术展览会上，许多观众驻足在中国画《八女投江》前，滚滚的乌斯浑河、持枪反击的奋力身影、相互携手走向河中的决然，王盛烈集合种种人物动态形象，将历史的瞬间凝固在画面中，观众纷纷流下了感动的泪水。

王盛烈在 1990 年重新绘制的《八女投江》正在中国美术馆"耕者——王盛烈艺术展"中展出。与它共同亮相的还有 160 余件以时间为序、贯穿了王盛烈不同时期创作面貌的作品，包括《海风》《耕者》《不爱红装爱武装》《家乡的孩子》等大家耳熟能详的经典之作，突出反映了艺术家的人文主义情怀与深邃悠远的艺术境界。中国美协副主席、中国美术馆馆长吴为山说："王盛烈是20世纪中国现实主义绘画代表画家之一，他以'耕者'自称，一生在现实主义道路上勤力耕耘，自觉并自信地践行着时代赋于他的艺术使命，在中国现实主义美术进程中留下了浓墨重彩的一笔。"

关于王盛烈代表作品《八女投江》的创作源起，据王盛烈之子王铁牛回忆："1949年在东北鲁艺，东北抗日联军将领冯仲云作了关于东北抗日联军斗争史的报告，报告里第一次向世人披露了八女投江的英雄事迹。我父亲听到这个故事非常激动，萌发了要创作一件反映八女投江英雄事迹的美术作品的想法。但是当时父亲并没有急于去画，直到1957年，中国人民解放军建军30周年，原解放军总政治部组织画家创作一批反映建军题材的历史画作品，当时就联系到我父亲，于是他在这样的契机下征求总政治部的意见，提出用美术创作来表现八女投江的历史事件。"从酝酿到创作完成，王盛烈准备了8年。1931年发生九一八事变时，王盛烈也才8岁，"后来父亲在谈到这幅作品时也和我讲过从情感到心理上的酝酿和准备。因为他从小在东北农村长大，经历了九一八事变，所以在他的心里从小就埋下了爱国主义情怀和民族忧患意识，还有对日本帝国主义、法西斯的仇恨，这些实际上都是他创作《八女投江》的情感基础和生活基础"，王铁牛说。成长的经历让王盛烈的民族情怀在他此后的创作中有所体现：1945年8月15日，抗日战争胜利，他通宵制作庆祝东北光复宣传画并到街上张贴；1946年2月，为要求苏联从东北撤军，他随东北大学生请愿团前往北京，在北京中山公园举办画展，并与徐悲鸿相识。具体到创作《八女投江》，王盛烈想通过表现八女投江来表达自己对抗战的一种情感和记忆。

投江的八名女战士分别是东北抗日联军第二路军第五军妇女团的政治指导员冷云、班长胡秀芝、杨贵珍、战士郭桂琴、黄桂清、王慧民、李凤善以及被服厂厂长安顺福。她们是如何陷入绝境的？据中共党史专家江英介绍："当时的东北抗日联军第四军、第五军为了对抗日军扫荡，转移到乌斯浑河。第五军第一师有个妇女团，指导员叫冷云，第一师宿营时被一个路过的特务发现，日军的司令马上就率领日伪军部队来袭击，双方就交火打起来了。"没有陷入包围圈的八名女战士为了吸引日军火力，掩护大部队撤离，从背后向追击大部队的日军开火，日军立即掉头围攻她们，东北抗日联军主力部队趁势冲进密林，摆脱了日军的夹击，顺利转移。而边打边撤的八名女战士，最后被逼到了乌斯浑河河畔。"后面就是河，没有退路，抵抗到子弹也全部打光了，日伪军朝这个方向冲来，在这样的情况之下，她们就互相搀扶着投江了。"江英说。

在美术界，不仅仅是王盛烈创作过《八女投江》，包括邓澍、全山石在内的不少画家也都画过该题材，但王盛烈的这一幅却是最经典的。在中国美协美术理论委员会主任尚辉看来，其中很重要的原因是 20 世纪50 年代，中国画处在变革的阶段，大家致力于由徐悲鸿倡导的引进西方写实绘画和传统的笔墨进行有机结合。传统人物画缺少立体感和塑造性，但王盛烈的这幅画在人物绘画的语言上是有突破的。我们可以看到八位女战士的人物形象如同雕塑一般，也只能用雕塑式的语言，才能把八女投江的壮烈表达出来。

王盛烈又是如何表现她们英勇无畏的精神的？为了创作这幅画，王盛烈遇到了很大挑战，尽管他画了无数的人物草图，但是却发现无论从姿态到神情，都太过平淡。于是王盛烈开始不停地翻阅历史资料，采访大量有过类似经历的人，根据得到的素材和信息构思草图，也画了大量人物素描。"在他画的这些人物写生里，有学生，也有学院的模特，冷云的人物形象就是以父亲的一名学生为模特的。他也在一次次写生中，在人物的形象、衣着、关系上进行深化，这些成为后来成功创作《八女投江》的基础。"王铁牛说。王盛烈一遍遍起稿，又一遍遍推翻，终于构思出以政治指导员冷云一边镇定地用枪射击日军，同时掩护战友们后撤的情景。

"我也见过他勾的这些小稿，它们都是父亲后来创作的依据，他根据这些素描画了这幅画。"王铁牛表示，因为在20世纪50年代，用传统中国画表现现实题材确实没有优势，包括设计构图、人物情节以及刻画人物形象。在《八女投江》创作出来前，这个领域都还相当薄弱。"在当时，用中国画的形式去表现重大历史题材并没有先例。我父亲早年学习油画，因此他有非常好的西画造型基础。1955年以后，在东北鲁艺学校领导的安排委托下，父亲参与组建东北鲁艺中国画专业，也就是这时，父亲从油画专业转行入中国画专业，转行2年，就完成了历史巨作《八女投江》，这也是他第一次尝试用人体解剖、明暗关系等西画表现手法来表现人物。"

就像王盛烈曾经说过的："笔墨具有特殊的生命力，可以看出一个民族的精神。"王盛烈在中国画的基础上借鉴西洋绘画的方法，画人物形象时融合进结构和光影，既保留了西画的元素，也运用了中国画流畅的笔墨趣味。画面呈现的是女战士边打边走的状态，八名女战士分成两组，第一组是进入江中的三人，第二组是礁石上的五人，礁石上以至高点的冷云为代表，她头发凌乱，仇恨的目光望向后方的敌人，同时还用肩托着一位受伤的女战士，突出她的坚毅和大义凛然。江水中走在最前方的女战士身体前倾，表情义无反顾，她拉着另一名较为年幼的女战士，朝着茫茫的江心走去。她们与礁石上的人物形成三角构图，凸显出人物结构的稳定感和崇高感。"据说，她们把枪支都毁坏了，不仅仅是不想留给敌人，最重要的是表现战斗到最后一刻。八名女战士的头发都是凌乱的，为了掩护部队撤退，才到达了最后只能跳江的绝境，但怎么去跳实际上是一个过程。前面的人在跳，后面的人在阻击敌人，就是这幅画在情节上的表达。"尚辉表示。

漆黑的礁石、巨大的山体、波涛汹涌的流水、头顶苍茫的云天……画家营造出的是一种悲壮气氛。在如此环境下，人物线条厚重有力，面部带有明暗关系，使得面部雕塑感更加强烈。而接近三分之一面积的江水，借鉴了南宋画家马远《十二水图》中的层叠波荡，因此《八女投江》

里既保留传统的中国画用笔，也融入西画的明暗关系，产生了撼动人心的视觉审美感受，以史诗般苍凉悲壮的精神力量，实现了以水墨绘画语言描绘革命战争题材的历史性突破，成为新中国成立初期中国画变革中的代表作。

将西方写实素描造型引入画面，《八女投江》恢复了中国人物画中"形"应有的作用——削弱情节，加强形象本身的表现力来呈现人的精神品格，使英雄人物具有一种质朴真实的人性之美。同时，将传统美学观念和传统笔墨修养相融合，作品具有民族审美，投射出一股雄健的力量。此外，王盛烈的《八女投江》不仅大众容易看得懂，同时保留了绘画的情趣和格调，这都是王盛烈创作中很注意的。"需要打动千千万万人，就要唤醒千千万万人民心灵的共鸣，王盛烈非常出色地做到了这一点。"美术评论家王镛说。王盛烈作为"关东画派"的创始人，在创作理念上坚持民族性、地域性和时代性，并把这些特点贯穿在他的其他作品中，例如鞍山火热的炼钢场景、悠悠的长白山天池水、黑土地上的农耕、乡娃们的纯朴，还有那些造船码头、水库工地、村落仓舍、林海雪原，生活中的点点滴滴尽在他画笔下得以展现。也正是由于王盛烈作品中的真实、质朴、生动和鲜活，加上他艺术人生充满的人道主义情怀和对真善美的坚定追求，打动了无数的观众。

"用传统中国画的笔墨和形式来适应新中国的时代要求，父亲不仅作了成功的尝试，也在中国画领域开创了新的局面。父亲的《八女投江》曾收录在小学课本里，影响了一代人，也是一代人的记忆。"王铁牛说。王盛烈不仅赋予了自己的作品以现实主义新的艺术内涵和表达方式，他还把这种精神贯穿在自己的教学实践中。作为鲁艺中国画系创建者，王盛烈在原来墨彩画教学基础上制定新的教学指导思想与原则，确立了中西互鉴、兼融并蓄、面向生活与精研传统并进的教学理念，制定了苏式教学与中国传统教学互补的教学体系，并在鲁艺的传统影响下继承和发展传统，结合生活实践，创造性教学。王盛烈带领大家审视中西绘画的互补、互鉴，传统与生活、传统与创新，不仅强调学生们要走入生活去写生，还主张以素描教学为绘画基础，把白描和重彩并置在专业基础教学之中，使教学内涵更加宽厚。进入改革开放时期，王盛烈开始关注并重拾中国传统文化问题，挖掘中国传统绘画当代价值。他提倡开放性启悟式教学，传授义理与技艺表达和艺术创作规律，创立的现代美术教育理念、教学方法泽被深远，至今仍在影响中国的美术教育。

王盛烈追求艺品与人品的高度统一，他常说："伏久者，飞必高。"修养人品为首，久伏耕耘，才是登高之径。"'为人生而艺术'是王盛烈毕生的境界追求与实现理想的目标。他主张艺术教育与教学不仅仅传授技艺，重要的是心灵的启迪与审美能力、艺术创造力的提升。王盛烈留下的丰厚而珍贵的艺术遗产，需要我们晚辈后学们不断地深入挖掘与研究，这也是我们面对历史、行于当下、走向未来的一种责任与担当。"鲁迅美院教授赵宝平说。强调艺术要以生活为源泉，贴近时代和人民，王盛烈的艺术创作始终把个人的命运与祖国的命运相系相连，他的将西方绘画的写实方法与本民族传统笔墨技法有机结合的创作方法使得中国人物画创作在表现历史和现实题材方面，充满了强烈的时代气息和磅礴的生命活力。就像徐悲鸿夫人廖静文的评价："他是一位伟大的画家，在他的作品中蕴藏着极其感人的魅力。"以作品歌颂中华民族不屈不挠的英雄气概，成为时代精神的标志，为现代中国美术史贡献了具有里程碑和纪念碑意义的经典之作。直到今天，八女投江的事迹还被一代代人传颂。1982年，在八名女战士殉难的乌斯浑河河畔，当地人民修建了"八女投江"纪念碑，后又在此基础上修建了八女投江纪念馆，让更多的人感受八名女战士忠贞报国、勇赴国难的爱国精神。

（作者系《中国艺术报》记者）

《狼牙山五壮士》：
令人震撼的壮美精神史诗

宫剑南

打光最后一颗子弹，砸掉手中的枪，毅然跳下悬崖——发生在1941年抗战中的狼牙山五壮士的英勇事迹，让无数中国人为之敬仰，激励起全国人民的抗战必胜信心。正是在抗日英烈精神指引下，我国十四年抗战取得了胜利，进而又通过反抗腐败的国民政府，成立了中华人民共和国。1959年，一位28岁的青年画家将他们以油画的形式再现，成为20世纪美术史中的经典，这就是由詹建俊创作、现收藏于中国国家博物馆的油画《狼牙山五壮士》。

接受国家任务

20世纪50年代，中央决定在北京兴建包括人民大会堂在内的首都十大建筑，中国革命博物馆、中国历史博物馆也在其中。为了筹办中国革命史陈列，由文化部和中国革命博物馆分别组织画家进行重大历史题材作品的创作，《狼牙山五壮士》就创作于这样的背景之下。"《狼牙山五壮士》是我从苏联专家马克西莫夫油画训练班毕业后在中央美院工作接受的第一个任务。"詹建俊说，"我当时是美术学院的青年教师，我们正在上课，系主任和革命博物馆的同志把我叫到系办公室，拿了一个本子，是当时革命博物馆准备要画的一些题材的目录。他们跟我讲了革命博物馆历史画的任务和重要性，希望我能够从中选一个还没有认定的题目。我看了之后，就感觉《狼牙山五壮士》这个题目很适合我，因为我在学习的时候就听说过这个故事，而且这是抗日战争时期发生的事，我们这个年龄段的人对此段历史还比较清晰，所以我就选择了《狼牙山五壮士》。"在这幅创作中，詹建俊选择刻画五壮士跳崖牺牲前，矗立悬崖的那一瞬间，以金字塔式的三角构图来展示他们在面对残暴敌人时的顶天立地和宁死不屈的气概，充满鲜明的英雄主义色彩。

1941 年 8 月，日本侵略军调集了 7 万余人的兵力，以及飞机、大炮等重装备，向中国共产党领导的晋察冀抗日根据地发动秋季大扫荡。9 月 25 日，晋察冀军区某团 7 连 6 班的五名战士担负了阻击延缓其中一路 500 多名敌军追击的任务，在完成掩护任务后，以共产党员、班长马宝玉为首的八路军五名战士准备转移，当时摆在他们眼前的路有两条：一条是通往主力转移的方向，但敌人也会紧随其后；另一条，则是通往狼牙山的顶峰棋盘陀，那里三面都是悬崖绝壁。为了不让敌人发现转移中的群众和连队主力，五名战士最终选择将敌人引上绝路，在弹药全部打尽的情况下，他们砸毁枪支，从棋盘陀峰顶全部跳下悬崖。这五名壮士分别是班长马宝玉、副班长葛振林、战士胡德林、胡福才、宋学义，他们跳崖的地点狼牙山位于河北省易县的太行山脉。

巍巍太行中的狼牙山究竟有多险？去过现场的中共党史专家马沈表示，现场看狼牙山是非常震撼的，他说："我都不敢向下看，所以一想到当时五壮士能够英勇跳下去，我的心情到现在还非常激动。"五位战士跳下悬崖之后，马宝玉、胡德林、胡福才壮烈牺牲，而葛振林、宋学义却因被悬崖上伸出的树杈挂住，得以幸存。据葛振林之子葛长生说："我父亲讲，当时有个突出来的石头，上面有棵树，宋学义在上头，我父亲在下头，等敌人撤走以后，傍晚听没有声音时，父亲爬到宋学义跟前，两个人一起就爬上去了。"

"打倒日本帝国主义，不要投降，不要当亡国奴。"葛振林晚年留下这样的话。就像他曾经的事迹一样，葛振林在接下来的人生中，始终把个人命运与国家民族的命运联系在一起，积极投身革命、宣传爱国主义。

以纪念碑式的壮美表现英雄

尽管詹建俊从小就听过狼牙山五壮士的事迹，但在面对历史题材创作的时候，很多事情并没有亲身经历。那么描绘作品就必须要想办法尽量使自己能够感受到、回到当时的实际状况中。唯一的办法就是去寻找能够反映各方面情况的资料，包括文字的、图像的、口头的，这样可以使自己能够有一个真实的感受，对历史情境才能有感觉。

为了创作好《狼牙山五壮士》，詹建俊去了狼牙山进行考察，他说："当时那里正好准备建狼牙山五勇士纪念塔，有工人在上面施工，我就住在工地，在山上体验生活。我画了一些当时山上的景色，收集了一些材料。"狼牙山下面的村子里面住着五壮士所在的连队连长，詹建俊访问了他，回来后，他构思出了五壮士跳崖瞬间的画面，画出了最初的构图稿。

"当时刚好八一电影制片厂在拍狼牙山五壮士的电影，要请首长和有关领导进行审查，也邀请葛振林来京参加。革命博物馆知道消息后，给我开了介绍信，专程去拜访了葛振林。我把稿子给他看，征求他的意见，得到了他热情而诚挚的肯定，这使我增加了深入表现的信心。"在这幅画中，詹建俊运用概括象征的处理手法，用粗大的笔触把人物和太行山的造型加以结合互相衬托，金字塔式的三角构图使壮士们坚强、威严的伟大气概更加突出，整体画面具有纪念碑式的效果。然而这种创作手法在当时历史题材画里算比较新潮的，因为在此之前，现实主义油画创作大都遵从自然的、真实的情节，叙事性地处理人物关系。詹建俊创作的新潮也引发了质疑的声音，在美术和党史专家审查《狼牙山五壮士》稿子的时候，他遇到了严重的问题。

最主要的问题是来自五壮士屹立悬崖的状态。"当时一些领导同志觉得把五壮士画成站在那里不动还准备跳崖的状态，对五壮士的精神是一种歪曲。因为在当时有一种文艺思想，就是觉得表现英雄人物，特别是战斗的英雄人物，必须要把他们放在战斗当中，才能够体现他们的英雄精神。而把他们画成要去跳崖的一种状态，是在歪曲英雄的形象。这种意见还很强烈，让我必须要重新来考虑是不是另外画一些稿子，把五壮士和日军在战斗当中的情况画出来，要不然这张画就要被否定。"詹建俊说。

这个修改意见给一直按创作计划进展的詹建俊很大的苦恼，甚至还有人写文章，把这张画作为文艺思想有问题的例子，给了他沉重的压力。但是，詹建俊也只能按照意见进行修改。回到宿舍后，他绞尽脑汁地画战斗场面，画了几张稿子。"但我始终觉得狼牙山五壮士这样一个题材本身，战斗不是核心，五壮士的任务主要是掩护撤退，想办法把敌人拖住，避免他们追击我们的大部队，所以我一边画一边苦恼。当然也只能画，最后画了两张，一张是冲出战壕的，一张是扔手榴弹的。"詹建俊说。

中国美协美术理论委员会主任、美术杂志社社长兼主编尚辉说："当时很多人质疑，甚至觉得这样的画没有情节，但詹先生还是坚持这样画下来。在詹建俊创作《狼牙山五壮士》之前，也有彦涵的版画连环画《狼牙山五壮士》，里面有跳山崖、摔枪等等各种动作和情节，也有五壮士中的幸存者描述过这个过程。但詹建俊《狼牙山五壮士》的高度就在于把五壮士英勇无畏的精神通过人与山的合一得到了高度升华，而不是停留在表现如何摔枪、跳崖等具体动作。尽管今天我们有对历史画的反思，认为那个时代过度强调英雄主义和理想主义，尽管从20世纪80年代后，历史画也开始转为强调日常化，但今天来看，他们依然是高峰。其原因在于这些画并不是流于简单的历史叙事、并不满足于对历史真实情节的再现，而试图通过人物的情节、形象来表达我们这个时代对英雄的赞美和看法，所以这些作品才能成为经典。"

由于否定此前方案的并不是全部领导，大家看到修改稿后，有的人发表意见，说还不如原来那张更能体现题材的特点，同时，还以苏联许多英雄纪念碑的类似处理手法举例，当时的美协领导蔡若虹说："苏联可以这样表现，为什么我们就不可以！"这才使得詹建俊保留下最初的构思，继续按照原来的稿子进行创作。"我把共产党员、班长马宝玉放在最前面，让他把枪砸断了，来表现中华民族的尊严、宁死不屈的这样一种精神意志；我让副班长站在最高处，强调他不可征服的一种气概；其他的三位战士，有的我强调他对敌人的蔑视，有的强调对敌人的仇恨。组合起来，构成了这种宁死不屈、大义凛然的精神。"詹建俊说。

在画面处理上，詹建俊采用象征性的创作方式，使画面较为平面化，颜色单纯而强烈，还稍稍有一点变形，这在我国现实主义美术发展的初期无疑是一种革新。虽然这种手法在当时也遭到质疑，但年轻的画家在质疑声中坚持了这种新手法。中国国家博物馆副馆长刘万鸣表示："这幅画的可贵之处就是选用了金字塔式的三角构图，给人一种强烈的稳定感和雕塑感，带有一种纪念碑式的壮美。包括位于画面前方的班长马宝玉和小战士，这两个人两腿岔开的站姿本身也是三角构图，在笔触的处理上，詹建俊以刀凿斧劈的笔法体现力度美，完全借用了中国画的大斧劈皴，用笔磊落大方、毫不犹豫。虽然使用的是西方的艺术表现方式，但是体现的却是中国精神。"

在人物形象塑造上，画家用雕塑式的艺术手法，让五壮士的造型如钢浇铁铸，与背景太行山融为一体。他们眼中射出的怒火仿佛要把敌人烧光，特别是班长马宝玉身边的小战士，稚嫩的脸上露出以死决战的刚毅。此刻，爱与恨、动与静、虚与实、刚与柔在画家凌厉恢宏的笔势下，有秩序、有层次、有节奏、有韵律地展开，豪迈、高亢、雄浑。一息尚存，战斗不止，那种大无畏的血性胆气，凝聚成无坚不摧的战斗精神从画面中喷薄而出。在色彩处理方面，整幅画面以较暗的青铜构成色调，在稳重统一中进行变化。远处的太行山峰峰峦叠嶂，以直冲云霄的势头渲染出当时战斗激烈残酷的氛围。天空中淡淡的黄色调，表明事件发生在黄昏时刻。而黄色中隐现的红光、山谷中腾起的云气，如同火焰一般，在山体中积聚了一股沉厚的待发之力，隐喻黎明前的曙光，预示着革命必将胜利。在这里，五壮士似屹立于希望的曙光之中，所有蓄积于画面上的力量也在此处得到爆发。在空间布局上，五壮士脚下的山石坚实、厚重、硬朗，沧桑中风骨毕现，加上纪念碑式的构图，给人以崇高伟大的审美感受。这种人与山之间的比拟造型，构成了这幅在当时艺术氛围中具有意象感和象征性的作品。《狼牙山五壮士》也体现了詹建俊追求的绘画风格和美学思想，使得这幅画仿佛是一首荡气回肠的壮美史诗，震撼观者的心灵。而蕴含其中的中国精神，使得詹建俊的《狼牙山五壮士》不仅被视为主题绘画的典范，而且因其艺术语言上的探索特征成为一个富有启发意义的例证。

一代代传承的集体主义精神

正如美术理论家邵大箴评价："在统一的气势中，不同人物的动作、眼神又巧妙地富有变化，作为背景的峻峭雄伟的山峰与人物群像融为一体，犹如刻在大自然中与世长存的纪念碑。《狼牙山五壮士》中他用粗放有力的笔触，用坚实的形体语言，用沉着、浑厚的色彩，赋予人物形象以纪念碑雕塑的感觉。他在形式美感和色彩上的努力，受到了油画界同行们的关注。"

变形却毫不生硬、夸张却毫不做作，詹建俊的《狼牙山五壮士》流露出的是很自然的情感。而在背景太行山的衬托下，五壮士更显威严和不屈。"我想这种张力正是源于詹先生创作时的情感。"刘万鸣说。詹建俊学习美术的时代是主张以美术反映生活的现实主义创作时代，"画任何创作主题，都要有切身的感受，都要真正调动内在的思想和感动，带给人们精神的表现力，所以必须要去深入生活，我们当时非常重视深入生活，特别是画历史题材需要收集材料"。

构思可以有很多种，如何把在人民心中永生的五壮士与狼牙山贴合在一起，体现中国人民的精神则需要画家一点一点揣摩体会。为了接触当时的实际情况，詹建俊由博物馆介绍到狼牙山体验生活，自己背行李、背绘画工具，到了县里还要开介绍信，遇见有顺路的人便有人带路，遇见便车才可以把行李搭上。遇到粮食紧缺，在山上就会吃平时不吃的代用粮来代替正常的粮食，虽然相当艰苦，但这些在詹建俊看来都不是问题。或许是画家种种经历后沉淀下来的情感，使得《狼牙山五壮士》如此打动观众。如今这幅油画正收录在小学语文课本中，成为一代代中国人的回忆。"在我小学看到这个作品时，几乎只是看了一眼，它就像雕像一样，刻在我心里了。"马沈说。

詹建俊感到现在文艺创作的思想和路子非常宽，观念也很多元化，是丰富多彩的局面。在过去一定历史时期的确有相当大的局限性——艺术思想太窄，手法也很单一。但是这批历史画能够留下来，是那个时代对艺术的探索结出的硕果，是艺术家才华和思考的体现。

"抗日战争打了14年，中国人民用鲜血和生命来保家卫国，狼牙山五壮士的故事发生后，晋察冀抗日根据地也发生过不止一次类似的故事。在共产党领导下，人民军队产生这么多的英雄群体绝不是偶然的，他们有理想、有信念，所以才能打倒日本帝国主义。"马沈说。而狼牙山五壮士舍己为国的精神以及集体主义精神在当代依然延续。2020年年初，在举国抗击新冠疫情时，各地医务人员赶赴武汉支援，警察、社区志愿者以及千千万万的抗疫一线人员在广大群众的积极协作下，舍小家、为大家，团结一致共同抗疫，上演了无数感人事迹，他们的举动正是狼牙山五壮士精神的当代写照。

从战火纷飞年代的"敢教日月换新天"，到和平时期的"只要登攀"，再到复兴之路上的"只争朝夕，不负韶华"，以及当代战"疫"大局下的众志成城、令行禁止、一方有难八方支援，狼牙山五壮士感天动地的精神成为一代代中国人的榜样，也成为优秀的中华民族文化传承的基因。

（作者系《中国艺术报》记者）

电视剧《长征》：
长演不衰的史诗　长征精神的交响

吴月玲

《长征》是重大革命历史题材电视剧在本世纪初的一个高峰，不仅因为其全景式地展现了长征——中国共产党历史上的伟大壮举，还因为其艺术化的叙事、史诗品格，获得了全国观众的广泛认可，纠正了社会上一些人对长征的错误认识。著名文艺评论家李准回忆起20年前播出的这部作品，仍然十分激动，他指出，在重大革命历史题材中，该剧收视率第一、广告额第一，并得到社会各界和海内外观众的高度评价。由此可见2001年，正值中国共产党成立80周年之际，这部电视剧在央视一套播出后所引发的社会震动。

拂去人为制造的尘埃

电视剧《长征》是为庆祝建党80周年的献礼之作，也是编剧王朝柱多年来关注长征的心血之作。1996年的电影《长征》、1998年的文学作品《毛泽东周恩来与长征》，以及根据长篇小说《囚徒的长征》改编的电影《走过雪山草地》等都出自王朝柱之笔，他对长征有一种偏爱。"从某种意义上说，我是听着那一个个传奇的长征故事长大的，因此对长征有一种难以言喻的崇敬之情。"年过 80 岁的王朝柱提起当年写电视剧《长征》的一个目的就是要纠正一些人的错误认识——有说遵义会议是"担架上的阴谋",提到这些谬论他非常愤然。"我们要敢于正视历史",王朝柱说。于是电视剧《长征》就从文昌保卫战的失败破题,写出了中国工农红军惨败的同时,揭示出中共中央领导集体的矛盾以及教条主义对中国革命所造成的危害。而对于"担架上的阴谋"的驳斥,王朝柱则是用细腻的笔触描写了在血战湘江之后,红军损失惨重,全体红军指战员都在期望毛泽东重新出山,以及毛泽东在担架上耐心地做张闻天、王稼祥等同志的思想工作。"这是'阳谋',是召开遵义会议所必需的思想准备。"王朝柱说:"亿万观众看了《长征》,不仅廓清了历史的真相和本质,而且还会正确地认识遵义会议的历史地位,进而也说明了毛泽东斗争策略的高明。"

在创作方法上,王朝柱坚持革命现实主义与革命浪漫主义相结合。"革命现实主义的创作方法首先是科学地认识历史,其次是艺术地再现历史。前者要求艺术家运用历史唯物主义透视历史,后者要求艺术家通过创作出的作品让人民感悟历史。"王朝柱说。因而在电视剧《长征》中,既写了用兵如神的四渡赤水,而且还要写出毛泽东指挥土城战役的失误。王朝柱强调:"一定要敢于正视历史,拂去人为制造的灰尘。"

重大革命历史题材电视剧的创作不是一朝一夕就能成功,它首先要建立在占有大量历史资料的基础上,并坚持历史唯物主义和辩证唯物主义态度,对史料进行筛选和取舍。王朝柱就是这样一位优秀的创作者。他几十年来对中国历史的相关文献书籍进行过全面梳理和深入阅读,广泛吸收党史和近现代史学研究的最新成果,写作出版了数千万字的史传作品。电视剧《长征》剧作扎实,能让观众全面了解为什么我们党在长征中找到了中国革命的正确道路、找到指引这条道路的正确理论。长征的胜利,使我们党进一步认识到,只有把马克思列宁主义基本原理同中国革命具体实际结合起来,独立自主解决中国革命的重大问题,才能把革命事业引向胜利,这是在血的教训和斗争考验中得出的真理。

电视剧用相当集中的笔墨描写了通道会议，这是过去的文艺作品鲜有涉及的。没有通道会议，就没有遵义会议。这次会议党内接受了毛泽东同志的正确建议，第一次否定了李德、博古等人的军事决策。由于这还不是一次正式会议，李德、博古等人利用"三人团"的权力改变了这次会议的正确决策。于是经过毛泽东、周恩来、张闻天等同志的努力，又召开了政治局扩大会议，就是著名的遵义会议。

剧中关于土城之战的描写，也显示出了王朝柱的胆识。它是遵义会议之后的第一次战役。由于情报的失误，这次战役没有取得大捷，红军遭到意外损失，不得不迅速改变部署，寻求新的战机。电视剧告诉人们，即使在确立了正确路线之后，长征也不是一帆风顺的。毛泽东不是神，不可能一点疏漏也不出。

"革命浪漫主义的创作方法要求艺术家展开自由想象的两翼，向着美好的境界憧憬着。"王朝柱说，"长征精神绝不是画饼充饥的精神鸦片。相反，它是一面指引革命方向的精神灵旗。"

伟大的长征精神，就是把全国人民和中华民族的根本利益看得高于一切，坚定革命的理想和信念，坚信正义事业必然胜利的精神；就是为了救国救民，不怕任何艰难险阻，不惜付出一切的牺牲精神；就是坚持独立自主、实事求是，一切从实际出发的精神；就是顾全大局、严守纪律、紧密团结的精神；就是紧紧依靠人民群众，同人民群众生死相依、患难与共、艰苦奋斗的精神。

交响乐般的戏剧结构

长征途中，红军面临着凶恶残暴的追兵阻敌，面临着严酷恶劣的自然环境，还面临着同党内错误思想的激烈斗争。描写长征，不能缺少其中任何一方面，不然就不能显现出长征的艰难与伟大。

王朝柱是中央音乐学院作曲系毕业的高才生，在成为一名作家之前，一直从事音乐工作，他在详细地梳理史料之后，发现长征就是一部浑然天成的四个乐章的交响曲——

1934年4月，广昌保卫战犹如万把军号，吹响了这部悲壮的《长征》交响曲的序曲。接着，迭经广昌、建宁等会战的惨败，于都河壮别，突破敌人4道封锁线，一直到血战湘江。

湘江战役结束后，中央红军由长征开始时的8万多人锐减到3万多人，缺衣少粮，没有弹药补给，冒着初冬的寒风苦雨被迫败走西延大山，经老山界、通道、黎平、猴场、乌江一直到遵义，情绪低沉的红军指战员自上而下都在思考："战无不胜的工农红军为什么会落得这般田地？""谁能力挽狂澜，把失败中的红军引向胜利"……这种悲剧氛围的事件和节奏，宛如交响曲中的慢板第二乐章，如泣如诉，怆然而深沉。

遵义会议召开之后，毛泽东重新回到指挥岗位，始有土城之战、四渡赤水、南渡乌江、奇袭贵阳、佯攻昆明、北渡金沙江、抢占大渡河、飞夺泸定桥、翻越夹金山等著名战役，红军终于走出被动挨打的态势，迎来一个又一个胜利。这一组组灵活机动的战争画面以及那一张张喜庆胜利的笑颜，组成了《长征》交响曲中的快板第三乐章，节奏明快、给人昂扬向上之感。

两大主力红军会师之后，由于张国焘阴谋夺取中央领导大权，使红军陷入了草地之危，红军再次面临生死抉择，它就像是交响曲的第四乐章，天然地响应第一乐章，再次展现出悲凉怆然的史诗画面。待到腊子口战役胜利结束后，笛子吹响明朗的陕北《信天游》，这部《长征》交响曲就在毛泽东书写《七律·长征》中进入胜利的尾声。

血肉丰满的领袖形象

"这部剧在人物形象塑造，特别是革命领袖形象塑造上取得了新的成绩。"李准对电视剧《长征》中的领袖人物塑造是这么评价的：唐国强扮演的毛泽东，刘劲扮演的周恩来，王伍福扮演的朱德，因为都找准了剧中人在当年长征中的心理轨迹和情感脉搏，他们的表演可以说都是跟着领袖人物的感觉走，自然流畅，出神入化，没有表演痕迹。他评价剧中唐国强扮演的毛泽东是以伟大抱负和超人胆识为内涵的独特的挑战性格和浓浓的忧患情结；周恩来由宽人严己、相忍为党的高尚品格所形成的特有的亲和力和感召力；朱德朴实敦厚、平易近人的风范中所包含的革命信仰的坚定性和大是大非上的鲜明性，都极具光彩和艺术感染力，都是前所未见又令人信服的。另外，像剧中的张闻天、博古形象的创造，乃至蒋介石形象的创造，在揭示人物内心世界上也都做了新的探索。

王朝柱认为，电视剧《长征》能否获得成功，不仅取决于剧作家驾驭这一伟大题材的能力，更为重要的是还要看剧作家能否把毛泽东、周恩来等领袖形象的塑造提高到一个新的水平。"毛泽东生在湖南，自幼受着湘楚文化的影响。或许是奔腾咆哮的长江冲出三峡，一泻千里地流入楚湘大地，造就了毛泽东'天行健，君子以自强不息'的刚性风骨。因此，他有着楚湘先贤屈原等那特有的百折不回、以命殉节的壮烈品格。周恩来生长在江浙地区，深深受着吴越文化的影响，或许是长江在此地缓缓入海，造就了周恩来'上善若水，厚德载物'的柔性品德。从他一生'顾全大局，相忍为党'来看，这是典型的'和为贵，忍为高'的吴越文化性格。为此，我在《长征》中设计了捉虱子的情节：毛泽东不能容忍一个虱子的叮咬，而周恩来却能面对163个虱子的叮咬不动声色。两相对比，使毛泽东感慨地说了这样一句话：'刚柔相济，始可有成。'"这不仅写出毛、周二人不同的文化性格，而且也预示着他们二人必将相辅相成地为中华民族的复兴奋斗终生。

剧中的人物都描写得有血有肉。长征之前，毛泽东受到排挤，他主动申请去搞调查，让儿子毛毛能和自己朝夕相处。儿子毛毛找他玩耍，他一边蹲下让儿子当马骑，一边拿着书继续专心致志地读。这很真实，又很有情趣。

刘劲在谈到《长征》中的周恩来形象的塑造时说，周恩来形象是儒雅、忍辱负重、顾全大局的，也可以说是比较内敛的，所以在表现人物情感和思想方面有一定难度。刘劲采取了心理活动外化的方法，有这么一场戏，周恩来在遵义会议上承认错误后，写检查写得不顺利，因为许多错误决定不是周恩来造成的，而是军事指挥"三人团"的集体决定。朱德安慰了周恩来一句，周恩来说"老总啊，每件事情我都想把它做好，可是结果却适得其反，这是我最痛苦的"之后，就如同小弟弟一般在年长他12岁的朱老总面前将所有委屈、压力都诉说了出来。这一细节使观众真切地体会到领袖当时的心情。

以长征精神拍《长征》

在拍摄电视剧《长征》时，剧组确定了要以重走长征路的方式进行实地拍摄，这也与以往在摄影棚里拍摄有很大的不同。主创们把"用长征精神拍《长征》"贯彻得十分彻底。演员们穿着厚厚的棉衣，背着装备，还要搀扶着别的战友，整个人的状态就能进入长征的真实情境中去，自然而然地能让观众感受到红军这支队伍的顽强。

在这样的指导思想下，联合导演之一金韬要求将每个镜头都拍到极致，绝不手软。很多次当他大叫"好"之后，还会要求演员再来一次。有几场雪山的戏拍完后，下山了金韬又觉得还可以拍得更好，于是又上山重拍。他们共上雪山四次，而上雪山就意味着全体演职人员每天只能吃一次饭。这样的拍摄连许多当地的藏族群众演员都忍受不了，但演职员们咬牙坚持了下来。为了突出长征特点，许多原本在室内开会的戏也被导演改为在特殊天气中的露天戏。用金韬的话说，摄制组是在寻找"苦"、制造"苦"。

当时剧组上下一致都对拍摄精益求精。拍翻雪山的戏时，准备在海拔4800米的雪山拍摄，这也是红军走过的主要地方。到了要拍毛泽东爬雪山的戏时，饰演毛泽东的唐国强也是这部电视剧的联合导演之一，他觉得在4800米的雪山上拍第一遍时雪不够大。他听说海拔近5000米的山上将会下大雪后，要求再上雪山，再拍一遍。一般人到了4800米的高山，都会有高原反应，遑论还要在雪山上跋涉了。金韬回忆说，到了

5000多米的雪山上，唐国强仍嫌雪下得不够大，建议用两台大号吹风机把雪吹起来，实际上，这风雪不光打在脸上生疼，甚至说台词都难以张开嘴。令观众印象十分深刻的"坐着汽车下雪山"的戏就是这样完成的，唐国强就是在这样的大雪中冒着生命危险，带头滑下雪山，让观众领略了红军的大无畏和乐观主义精神。

因为种种原因，拍摄过草地的戏已经是10月，这时的湿地水温已经在冰点。湿地结冰后，路极其难走。在草地上，年过半百的王伍福不用替身，自己跳进冰冷刺骨的沼泽，为的是拍好说服张国焘北上的戏；扮演女红军的年轻演员穿着棉衣陷在冰冷的沼泽里，一遍又一遍地拍，没有丝毫怨言。在一场雨戏里，剧组用消防车抽雪地里的水人工造雨，下的雨全都是泥汤，千百年的雪山积雪所化的水在此淤积，因而抽出来的水臭不可闻，此外还有陷进沼泽的危险，所以一开始，演员们还有点犹豫，可金韬突然穿着棉衣就跳了进去，演员们一看，也就不管不顾地跟着跳进了沼泽。在这场戏里，按照剧本所写，所有的红军战士手挽手过草地，唱着《马赛曲》(真实的历史中，蔡畅在长征过程中经常教战士们唱《马赛曲》)彼此鼓舞士气。可演员们当时脚下是泥，站也站不稳，头上是冰雨，全身被浇透，他们从心底冒出来的歌是"起来，饥寒交迫的奴隶！起来，全世界受苦的人！"自发唱起了《国际歌》。王朝柱说："那情景真叫感人，后期的配音怎么也没有当时的效果好。"这一幕，成为电视剧《长征》的一个经典画面。有很多观众看到这里，心情也不由激荡起来。"过沼泽这段把我看哭了，忍痛杀马的彭德怀、爬向沼泽的周团长、差点陷入沼泽的邓颖超，还有一群倒地就死的兵，真的苦啊。唱《国际歌》过沼泽这段戏很震撼。相比现在的明星片，老一代的片子真的是用性命在演啊，真心苦。""主旋律里质量颇高的一部。红军过雪山和过草地这两个片段真是令人感到心酸。借用《丰碑》里的一句话：如果胜利不属于这样的军队，那还会属于谁呢？"主创们苦里来苦里去的创作精神是有回报的，观众们的点评说明了这些戏真正震撼了人们。

观众是知音，给予了高度评价

李准在评论《长征》时说，"以长征精神拍《长征》，为铸造作品的史诗性做出了新的卓有成效的努力。表现宏大的历史风云，呼唤着艺术创造上的史诗风范"。然而要拍出具有史诗性的巨作，光有大事件、大场面、大人物、大主题是不够的，还必须深刻揭示宏大的历史精神，真实地再现宏大的历史氛围。李准说："电视剧《长征》为了完整再现长征的历史氛围，深刻揭示了长征的历史精神，剧组全体同志从化妆、造型到人物表演，从服装、道具到环境设置，从风土人情到生活细节的安排，从还原当时战争的原生态到再现当时人物的行为方式，在每个环节上都一丝不苟地精心创造，从而使观众产生了身临其境般强烈的历史真实感。为拍出红军过雪山草地的宏大历史氛围和内涵，摄制组克服种种困难，创纪录地连续在雪山草地拍摄几个月，把历史的画卷拍得那样壮美、真实而又让人赞叹。这种做法及其艺术成果不仅超越了此前的所有相关作品，而且也是在今后相当长的时间内新的相关作品所难以做到的。"

这部 20 年前播出的电视剧，仍不断有观众通过各种途径反复收看，在豆瓣上的评分达到了 8.4 分的高分。而细致分享观看《长征》感受的观众们，无疑是这部剧的知音，他们赞赏编剧的妙笔，欣赏演员们鲜活的演绎。有观众评论道："《长征》有两个看点绝不能错过：一是红军内部的政治斗争，特别注意毛泽东的斗争技巧。二是蒋介石在红军长征中的意图。之前的书籍很少涉及，而此电视剧我觉得诠释得太到位了，把蒋介石的'得意'反映得淋漓尽致……""记得一群衣衫单薄的队伍人人脸上红扑扑的，突出重围时止不住内心的喜悦，纷纷从雪坡滚下来，眼睛里都是希望，主题曲响起，婉转又好记。特型演员中最喜欢扮演周恩来的刘劲先生，一张温柔脸，又风度翩翩。""中国人的事情，为什么要一个德国人来做主？这不是咄咄怪事吗？毛泽东一语中的、石破天惊。""那首大气磅礴的片头曲和那首婉转低回的《十送红军》，让人印象深刻。""陪妈妈看的电视剧，真是爱国主义教育啊，对这部电视剧印象最深刻的就是它的认真和细腻。今天我又仔细品读了台词，剧情其实很能给人启发！"

人无精神则不立，国无精神则不强。精神是一个民族赖以长久生存的灵魂，唯有精神上达到一定的高度，这个民族才能在历史的洪流中屹立不倒、奋勇向前。伟大的长征精神，作为中国共产党人红色基因和精神谱系的重要组成部分，已经深深融入中华民族的血脉和灵魂，成为社会主义核心价值观的丰富滋养，成为鼓舞和激励中国人民不断攻坚克难、从胜利走向胜利的强大精神动力。20年前的电视剧《长征》正因全面、生动地展示了长征精神，从而也具有了长演不衰的魅力。

（作者系《中国艺术报》记者）

电影《大决战》：
以优秀影像彰显人民的选择

马李文博

20世纪90年代初，一部系列影片横空出世：它的总时长11小时，上映当年票房就突破1亿元。各大城市、工厂、企业、学校都出现了踊跃观看这部影片的现象。它用影像书写了解放战争三大战役的全貌，以决定中国前途命运的战略决战展现出了深远的历史意义和现实意义，它就是《大决战》。

早在20世纪50年代，八一电影制片厂就曾计划将三大战役搬上银幕，但由于条件限制没能如愿。"文化大革命"结束后，话剧舞台上曾出现三大战役，但影响不大。1986年1月，时任中共中央领导人指示将三大战役拍成故事片。中央军委经过研究，决定将这一任务交给八一电影制片厂。《大决战》由李俊担任总导演，杨光远任《辽沈战役》首席导演、蔡继渭任《淮海战役》首席导演、韦廉任《平津战役》首席导演，景慕逵任共产党统帅部导演，翟俊杰任国民党统帅部导演，李平分、史超、王军担任编剧。

《大决战》自组建剧本创作组开始，至第三部《平津战役》最终完成，用了6年时间，其中前期剧本工作用了3年时间。韦廉拍《平津战役》，时间过去了4年零3个月，头发白了一片。《平津战役》的外景都在冬季拍摄，在没有CG技术的时代，"等季节"是电影人的常态。同时，因为在制作上要保证前两部电影出片，所以《平津战役》也是3部中完成周期最长的。

《辽沈战役》的开头也是3部电影的开头：毛泽东从陕北农村的山坳里走出，迈上山顶，放眼山河，雄伟如画。然后，是长达3分钟的空镜头段落表现黄河开裂，在河水推动下，破裂的冰面相撞、流动、浮沉，冰凌快速漂流，乃至正面涌向观众，气势雄健，格调阳刚。这预示着以辽沈战役为开端的解放全中国的战略行动即将开始，也同时宣告一部以雄辩姿态讲述中国共产党革命历史故事的电影巨制问世了。

能让历史震颤的只有真实的回响

剧本创作组组建时，社会中出现多种不同的文艺思潮，有的舆论对军事题材影片表现出冷落甚至排斥，革命英雄主义主题受到公开的嘲讽。3位编剧都曾亲历战争，接到任务后，便怀着"前所未有的政治激情"，暗下决心：对于重大革命历史题材的文艺作品，如果狠下功夫，且用唯物主义的历史观和艺术观去写，一定能够具有相当高的认识价值和审美价值。

《大决战》的文献参考资料主要是大量的作战电报。仅傅作义起义前详细报告他的动向、心态的电报就有300多封。每一场战役有1000来封电报，共3000多封。编剧们从中央文献研究室专门负责五大书记的传记组得到帮助。他们还大量翻阅了国内和海外出版的回忆录，看了当时在华外国记者所著的书籍《中国的高潮》《中国震撼世界》等。此外，编剧们跑遍了三大战役的旧战场，如锦州、塔山、黑山、葫芦岛、锦西胡家窝棚、林彪指挥所虻牛屯、徐州，李平分还单独去了新保安、张家口。编剧和导演们大量进行了口传史料和实物图片史料的采访收集工作，尽可能地寻访参战的重要历史人物，并了解他们在某些阶段的活动及各自的性格、特点，采访曾在领袖和将帅周围工作过的参谋、卫士、医生等，

111

访问了全国政协委员如侯镜如、黄维等。

韦廉为影片所做的准备工作，至今历历在目。他当年查阅有关的回忆录、文献、文件和作战电报等文字资料上百万字，翻拍、拍摄有关历史人物、场景和遗址以及美工、化妆、服装、道具等造型资料照片7000余张，采访战役参加者和有关人士300余人，熟悉当年战场，选看外景、场点222个，行程60000多千米，在全军、全国范围选试演员292名。韦廉认为，重大革命历史题材电影是描写关乎国家前途、人民命运的事件的电影，所以首先要求"真"。影片中的重大历史事件、重大的矛盾和重要的历史人物都不能是虚构的。它的性质规定了需要创作者大量研究史料，然而无论是口述还是文字史料都不等于史实，创作者要在充分地占有史料的基础上，对史料进行辨析研究，把史料变成史实。研究出来以后，别人应该是推翻不倒的，这样才可能对事实有所了解，在掌握事实的基础上才能生发出好看的故事来。

韦廉认为，重大革命历史题材不能走两个极端，既不能胡编乱造，也不能拘泥于史实，战火硝烟中的焦点是人。创作者只有从当事人的口传史料中，才能感受到文字史料中感受不到的人物的精神风貌、心理状态、环境氛围等，抓取到文字史料中难以抓取到的人物动作、语言、生活细节、环境特点。《大决战》的导演们就是这样解决了视听造型和艺术的想象问题。

能让历史震颤的只有真实的回响。在前往辽沈战役的胡家窝棚战斗发生地采景时，杨光远发现了一座纪念碑，是当地人民在解放初期为纪念战斗中牺牲的40多位指战员而建立的，纪念碑上却一个名字也没有。杨光远曾这样讲述自己感悟到的历史真实带来的力量："这些共和国的缔造者们难道是可以冷淡甚至忘却的吗？在这些原生形态的历史事实中，分明释放着一种情绪、一种令人陷入沉思的力量，使我不由得产生出一种艺术家的使命感。"

《辽沈战役》中专门用配水池之战表现了战争的艰难、残忍。残酷的战斗结束后，震天的枪炮声戛然而止，满山的残雪和战士的躯体已难用肉眼辨析。一位老班长挑着饭来到阵地，倒出一地包子，舀着战士们喜欢吃的猪肉炖粉条。战斗前还问他吃什么菜的战友们，此时已悄无声息。

作为一部战争大片，《大决战》的镜头经常占据很远的视点，为的是让观众看到气势雄伟的总体战争景观。创作者也努力发挥大制作的优势，展现历史上宏伟壮丽的社会景观、自然景观和战争奇观。双方统帅部的谋划是在战场上检验的。伟大战争的气势带给人的强烈感受，通过战场才能表现出来。

淮海战役攻打双堆集的战斗非常艰苦。解放军在大平原上作战，没有强大的炮火掩护，中原野战军采用了大规模近迫作业，把战壕挖得像蜘蛛网一样互相交叉，一直延伸到敌人阵地前三五十米的地方。美工师根据资料照片，在山东莱州湾畔的一个炮兵靶场重现了战场。为了给观众持续的整体印象，《淮海战役》的摄影师用长镜头拍摄，堑壕里的摄影机如同穿行在街巷人流中：战士们在运送武器物资，救护所里在包扎伤员，俱乐部正在演出《兄妹开荒》，掩蔽部里新党员进行着宣誓，战壕里有厨房、仓库等，展现了真实的战地生活和淮海战场的特色。

剧组在此地连续拍摄了几个月，共数十个场景。在一个长达1分半钟的航拍横移镜头里，写意而又具体地展示了解放军步兵冲击黄维兵团机械化部队过程的各个局部。在围攻尖谷堆的关键时刻，剧组把历史上中原野战军发明的一种"重型武器"——土炮用在了这里。这种用汽油桶改制成的武器，被战士们叫作"飞雷"，它射程近、威力大，使得场面新颖而有冲击力。

3部影片的导演、摄影、美术等部门尽力创造着每一场大战小战的特点：辽沈战役刚下过大雪，色调上以白为主；锦州战役穿墙打洞；辽西会战在无声的夜间穿插、乱中取胜；奇袭廖耀湘司令部；坚守塔山的陆军和海军之间的对抗；平津战役的围而不打、人与风沙搏斗，提前告知观众30小时打下天津，制造任务能否实现的戏剧性冲突；淮海战役中的水网地带，敌军坦克对解放军的威胁，播送、投放《敦促杜聿明等投降书》……

平津战役是三大战役的最后一战，也是解放军炮兵、工兵、坦克兵等特种兵参战最多的一场战役。韦廉回忆，《平津战役》的创作生产实际上已经成为一项诸多兵种协调作战的庞大、复杂的系统工程。在表现人民解放军已经由战略防御转为战略进攻，具备了"大兵团、正规化、攻坚战"的规模和能力时，影片动用了北京、南京空军、陆军航空兵、部队院校、武警等兵力 37 万余人次，参加拍摄部队团以上单位 105 个。有些场面拍摄难度之大，是中国电影史上罕见的。

天津的金汤桥是象征天津解放的标志性建筑。《平津战役》中，伴随着连续的枪炮声和战火硝烟，士兵们如奔流一般连续突进天津的城墙、城市街道、西洋建筑，股股洪流在金汤桥上汇合，势不可当，令人心潮澎湃。这一段落只有 30 秒，但从空中拍摄桥体的难度很大，在两边都有楼房的情况下，飞行员要低空飞行绕着大桥盘旋。韦廉说，真实的大会师场面没有那么热闹、壮观，但因为它是真正冲击人心的大场面，是重要的会师景观，所以值得一试。韦廉希望金汤桥的河面上站满士兵，剧组一直在等待河面结冰，等了 20 多天才进行拍摄。从拍摄当天的 7 时 30 分到 17 时 30 分，断绝了 21 条街道交通，停驶 13 条公共交通路线，拆除了桥上 1200 个节日灯和 9000 米电线，动用了 10000 名部队指战员参加演出，2000 名警察维持现场秩序，才将场面拍成。

战争戏的内景部分虽然不及外景部分震撼，但抓住两个统帅部的斗争，使得影片具有了更高的视点。统帅部的戏是站在战略的高度上，抓住主要的环节和对战役最有影响的事件，对某一场战斗的胜负也是从全局来看的。这些内景戏表现了双方相应的部署，并为南北两线五大战场互相的战略配合铺设伏线，体现了战争的错综复杂。

剧本初稿曾考虑用一个基层指战员贯穿全片，但由于减弱了影片的纪实风格，未被采用。史超认为，《大决战》以历史真实为前提，根据战争的发展进程，顺时序齐头并进地向前推进、展开的叙事方法，在国内外的战争片中极为少见。这部影片不需要照顾到人物的情感线、完整的情节、中心事件等，目的就是为了实现影片立意所规定的内容。

《淮海战役》中有一场平行剪辑两个统帅部交叉进行会议的戏，是刻画领袖人物的重场戏。为拍好这场戏，翟俊杰专门前往西柏坡，与景慕逵沟通交流，两人一起细致地沟通分镜头的景别、人物运动方向、节奏，最终形成蒙太奇段落。通过画面节奏变化，逐步展露出毛泽东和蒋介石对战略决战的不同心态，他们各自的性格、处境、意志和决心。

特写镜头里，在南京国民党国防部作战会议室的蒋介石说："无论怎么讲，会战兵力是 80 万对 60 万，优势在我。"在西柏坡中央军委作战室里的毛泽东说："60 万对 80 万，这是一锅夹生饭，夹生就夹生，也要把它吃下去！"

毛泽东的革命大气概源自哪里？国共两党命运、军队命运的战略决战，实际上是一场"战外之战"。军事决战之外，是政治、经济、人心、两党文化的大决战。《大决战》通过真实的历史，揭示出国民党失败、共产党胜利是历史发展的必然结果。李俊认为，战争是从全局、从整体的胜利和失败，不只是军事指挥问题，它是政治上的成功或失败的继续。着眼于战争胜败的总体因素，将这些因素和战争结合起来进行生动具体的描写，不但增强了影片的思想深度和广度，而且也形象化地论证了这场战争胜败的原因，给观众留下了总体概念。

观众需要的是"这一个"

陈毅元帅曾说："淮海战役的胜利，是独轮小车推出来的。"解放战争进程中，解放区土地承载力已近极限，但老百姓支援前线的路一天天地伸向远方。江苏、山东、河南、安徽共有 543 万男女民工奔赴淮海战场，独轮小车上装的是米面、大饼、棉衣、军鞋，也可能是棺木、裹尸布。如果把整部《大决战》比作一部交响乐，《淮海战役》是把"人民战争"和"人民支援战争"作为一个重要乐章来表现的。

在拍摄《淮海战役》前，蔡继渭采访过国民党原第 12 兵团司令长官黄维。黄维一直认为是蒋介石错误指挥，使他吃了败仗。但他在被俘后，

115

亲眼看到老百姓自愿支前，混合在解放军队伍里的热烈场面，终于承认国民党"气数已尽"。

赶路的牛、车、人在泥泞中挣扎前进；民工宿营地里温暖情真、篝火跳动、笛声悠扬；重新上路的烈士亲属带着悲愤，融入人民群众的支前大队之中，像海潮一样涌向前方……《淮海战役》把多种支前的场面剪接在一起，因为背后是几百万群众支援淮海战役的历史实情。

《淮海战役》中阻击黄维兵团突围时，担任阻击任务的解放军三营官兵全部壮烈牺牲。凄凉的风刮着，一排排战士的遗体蒙着白布停放在村头。两位老人轻轻地为他们擦洗身上的血迹，犹如母亲对待熟睡的婴儿。在他们饱经沧桑的脸上，泪水不停地流淌。蔡继渭说，他们不是在表演。这两位当地的老人早年经历过淮海战役，他们是用心灵重温过去那段难忘的历史。

值得一提的是，《大决战》3部影片中，每一次解放军的行军场面都充满感染力，配合特定时间的大地背景，无穷无尽的队列在大地上曲折行进着，出现在视野极宽极远的画面里。

影片中，有国际、国内的政治、经济背景，如美蒋关系的变化、伪"国民大会"、蒋氏父子失败的"经济改革"；有表现人心向背，如陈布雷自杀，两次当兵的丁小二，国民党内部将领各有盘算，卫立煌对蒋介石的战略不予认同、对战事并不积极，傅作义的父女关系等；也有写到文化方面，如毛泽东与蒋介石的指挥风格、生活情趣、性格的对比，共产党与国民党同僚关系的对比，共产党统帅部质朴的农舍与国民党统帅部充满形式感的会议室的对比。《大决战》让观众能够总览战争的全局，对认识历史、认识现在都具有重要的意义。这些内容还丰富了影片的时空结构和影像张力，往往有画龙点睛的效果。

影片主创深刻把握了观众的心理，观众希望能够在大银幕上欣赏到毛泽东、刘少奇、周恩来、朱德、任弼时、刘伯承、邓小平、陈毅、贺龙、林彪、罗荣桓、聂荣臻等共产党领袖和将帅人物，以及蒋介石、陈布雷、李宗仁、蒋经国、杜聿明、廖耀湘等国民党人物鲜活而准确的形象。

毛泽东是三大战役总指挥，在特定的时空局势中，有不同于其他影片形象的心态和情绪。史超认为，以三大战役为高潮的中国新民主主义革命，是一场伟大的进步的社会大变革。毛泽东和他的战友们正是在变革中产生的时代巨人。如果为避免"神化"，而将毛泽东的形象一味地"平凡化"，是不符合事实且主观片面的。必须浓笔重墨，充分反映出毛泽东的军事战略思想与其高度，并融汇于毛泽东的个性及其思维方式之中。

统帅人物在战争中最有光彩的是谋略超人之处。王军曾提到，通过杨尚昆的讲解，编剧才了解到当时毛泽东考虑最多的是赶快把战争引到蒋管区，打到敌人后方去，彻底粉碎蒋介石破坏解放区的计划。编剧就是根据这种思路，去了解毛泽东关于如何加速胜利进程的思维活动的。《辽沈战役》中，毛泽东正看准了蒋介石在对"撤"与"守"之间犹豫不决的情形，于是采取"关门打狗"的方针和部署。《淮海战役》中，则表现了两大野战军联合作战、切断津浦线、发起战役、决定先打黄维以及对杜聿明集团围而不歼，以稳住傅作义于华北等决策内容。

韦廉认为，观众已经不满足于仅仅把"神"和"鬼"还原成"人"，观众需要的是"这一个"。《大决战》抓住了历史、社会和战局急速发展变化的转折关头的重要关节，着力挖掘和展现人物内心世界的复杂性和丰富性。

写好战争里的人就写好了战争

北平和平谈判充满着斗争，是经过反复较量的。在研究史料的过程中，韦廉发现，和平解放的方式既不是"傅作义起义"，也不是"投降"，而是毛泽东和傅作义共同创造的"阵前缴械"。傅作义是毛泽东和蒋介石都在争取的举足轻重的"棋子"，所以《平津战役》以对傅作义的抑留与反抑留、南撤与反南撤作为贯穿的动作线。

调出傅作义的王牌部队 35 军，并在张家口一带予以歼灭，是毛泽东对抑留傅作义于华北的一个重要部署。可是在实施过程中，东北野战军先遣兵团和华北第二、第三兵团出现了偏差。有电报为证，毛泽东发火了。影片浓墨重彩地表现了毛泽东在这紧要关头的感情起伏和性格变化，如毛泽东在雪地里站了两小时，周恩来拒穿大衣劝毛泽东回屋等戏，同时突出了领袖人物的家国意识和历史纵深感。

《平津战役》没有把历史的关键人物傅作义写成一个"笼中鸟"，而是把他的历史作用转化为了性格力量，丰满地写出了他的重大决定包含了多种因素的复杂心理过程。韦廉提到，影片中 4 次拍摄了傅作义照镜子的戏，完成片中留下两次。第一次是听到新华社广播把他列为第 43 名头等战犯的消息后，傅作义砸碎了镜子，注视着镜子中自己变形的脸。第二次是看完与中共的第二次谈判纪要，准备交出兵权到南京去请罪，看着镜中的自己愤怒的表情，思想斗争十分激烈。

"大决战是中国人民两种命运的大决战，它集中地体现在中国共产党统帅部和国民党统帅部两大阵营的斗智斗勇。我们能不能把以蒋介石为首的国民党统帅部的形象塑造准确，直接关乎到底是'武松打虎'还是'武松打猫'的问题。我们打的可是武装到牙齿、有 800 万军队的凶恶的敌人，电影绝不能儿戏。"翟俊杰认为，在电影表现双方统帅部的结构中，要记录和表现以蒋介石为首的国民党统帅部的本质，才能说出"得民心者得天下，失民心者失天下"的道理。

"《辽沈战役》开篇蒋介石带着宋美龄和子孙们春游南京紫金山，潇洒而不可一世，这种威而内向的感觉，要给他刻画好。"

"前线吃紧，蒋纬国要求上战场挽回败局，蒋介石坚决地支持他的儿子，说明他不是一个窝囊的人。但他是为了官僚买办而做垂死挣扎，失了民心，最后也只能归于失败。"

"心腹陈布雷眼看国民党政权腐朽，企图说服蒋介石夺取人心，挽回败局，却被蒋介石羞辱，陈布雷心如死灰，含恨自杀。蒋介石来了以后含着热泪，没有斥责，而是痛心疾首，他也在想自己做得到底怎么样。"

由于承担了跨度为 3 部 6 集的国民党统帅部创作任务，翟俊杰给蒋介石的形象设定了角色总谱。《辽沈战役》中是威而内向，有着满腹彻底消灭共产党的野心，虽然他手握雄兵、不可一世，但是表面上还是保持着仪表。《淮海战役》中是盛且外露，遭受了辽沈战役的失败，他掩饰不住地火气上攻，但他仍然自信且不甘心，认为还可以反扑。《平津战役》是痛定思痛，惨败让他不能不思考，为什么 800 万军队全被中国共产党、被人民群众打败了，以至于败退台湾。

"这是《大决战》的最后一部，扮演蒋介石的演员一定要特别会动感情。"影片艺术指导徐怀中曾这样叮嘱翟俊杰。

大势已去，蒋介石即将离开亲手建立的"首都"南京，和顾祝同、汤恩伯、徐永昌、俞济时等登上了中华门城头。蒋介石以曾国藩自况，含泪作了一番自我剖白。翟俊杰没有去表现蒋介石的仓皇狼狈，而是在一个大晴天进行拍摄，让城墙古砖作为蒋介石讲话的背景。蒋介石一步一步走下长长的台阶，一袭黑色的披风走进城墙投下的巨大阴影里。

胜得来之不易，拍得酣畅淋漓，好一场《大决战》！

（作者系《中国艺术报》记者）

电影《焦裕禄》：
塑造"心里只有人民"的好书记形象

赵志伟

据新华社报道，国产经典老电影《焦裕禄》在 20 世纪 90 年代初每张电影票价仅 3 角钱的时代，以 130 万元投资获得 1.3 亿元票房，创造了中国电影史上的奇迹。"如果换算到现在 30 元一张票，是 130 个亿。当时，据统计全国看《焦裕禄》的是 3 亿人次。"回忆起自己的代表作，72 岁的电影导演王冀邢至今仍觉得有点不可思议，在电话里呵呵笑着对记者说，"这个数字，太吓人了"。笑声背后，记者感受到的是，这骄人的票房业绩显示出人们对焦裕禄的尊重和对焦裕禄精神的传扬。

一、"要非常真实地把焦裕禄的精神表现出来"

1966 年 2 月 7 日，《人民日报》以头版头条的位置发表由新华社记者穆青、冯健、周原采写的长篇通讯《县委书记的榜样——焦裕禄》。同日清晨，《县委书记的榜样——焦裕禄》在中央人民广播电台播出。通讯一经问世，便深深地感动了亿万读者和听众。"这篇报道影响非常大，我们学校还组织大家听了广播。"与共和国同龄的王冀邢那时 17 岁，后来他当过兵、插过队，1978 年考入北京电影学院文学系编剧进修班，毕业后进入峨嵋电影制片厂工作，历任编剧、导演、副厂长。

"1989 年的冬天，当时我担任峨嵋电影制片厂副厂长职务，分管电影创作的事，和厂长、党委书记吴宝文一起研究明年拍什么。当时，我们厂的日子很不好过，拍了几部片子，老亏本，还有两部片子没过审。明年拍什么？大家心里都没个数。说到最后，我就说咱们干脆拍焦裕禄，当时我提了个片名叫《一个县委书记》，就是写一个县委书记，还没有叫《焦裕禄》，实际上是写焦裕禄，宝文觉得很好。"王冀邢侃侃而谈，没想到看过长篇通讯 20 多年后自己会因为电影与焦裕禄产生交集。

由于要到党校去学习 3 个多月，本想自己写剧本的王冀邢实在腾不出时间，"我就必须请一个人来，就把方义华找来了。方义华写过很多东西，跟我的关系也挺好的，他写过电影文学剧本《月亮湾的风波》《月亮湾的笑声》等，农村片写得挺好的。他来了以后，我们厂里就派了一个责任编辑跟着他，把他赶到兰考去了，深入生活，采访去"。因为知根知底，王冀邢谈起操刀《焦裕禄》"一剧之本"的老搭档、同班同学方义华满是信任，"没有要求，放开写"。

然而实际上，这里面多少有点波折。比王冀邢小两岁的方义华，那个时候正在长春电影制片厂写剧本。考虑到"文化大革命"前就有 3 家电影制片厂想把焦裕禄的故事搬上大银幕，甚至有个电影制片厂已经敲定了日后凭借电影《被告山杠爷》获得第 15 届中国电影金鸡奖最佳男主角奖、第 18 届大众电影百花奖最佳男演员奖的李仁堂来演焦裕禄，但因为各种原因，或认为有禁区、或畏难等，最终都放弃了。大家纷纷以此劝说方义华，不要去接这个"烫手的山芋"。方义华认真地再三考虑，"首先，是同班同学邀请，感情好，而且我对农村生活特别熟，对农民有感情；其次，那时由我编剧、郑洞天执导的电视剧《命运》（讲述安徽省凤阳县小岗村 18 个农民按手印、秘密分田到户的故事）正在播出，反响比较大；还有，就是正好峨嵋电影制片厂领导做决策，看了这部电视剧后，他们说'就是他'"。

到兰考后，方义华边深入采风、边体验生活，在半个多月的时间里

121

做访谈、查档案等，掌握了大量一手资料，从中挖掘出不少鲜为人知的真实的感人故事。因为内容比较多，加之感情充沛，方义华一气呵成，"11天，写了9万字，原定的是上下两集的电影。后来压缩成一集，又用了3天时间，改成5万字的剧本"。方义华坦言，在其剧作生涯中，《焦裕禄》这个剧本"是空前绝后的，很顺利"，之后很快发表在峨影厂编辑出版的刊物《电影作品》上，并写了名为《寓理于情以情感人》的创作谈。"焦裕禄担任兰考县委书记期间，正是党的八届十中全会之后，全党工作以阶级斗争为纲的时期。……他在兰考工作期间，坚持党的实事求是的思想路线，从兰考的实际出发，作出了救灾抗灾、治理'三害'、改变贫穷面貌的重要决策。……这在当时的历史条件下，是多么难能可贵啊！他急人民所急，忧人民所忧，与人民同呼吸、共命运，自觉地做人民的公仆，当人民的儿子。"白纸黑字，方义华以纪实、朴实的风格，将肺腑之言写成剧本，"不去生编硬造"，等待电影开机。

"拍这部电影，首先要非常真实，不能瞎编，要非常真实地把焦裕禄的精神表现出来。"在《焦裕禄》艺术风格的把握上，王冀邢的想法与方义华同出一辙，"其次，就是不能玩花活，不能想怎么拍就怎么拍、想怎么弄就怎么弄。它必须是非常朴实的风格、深沉的凝重的风格，不能搞那种乱七八糟的东西。所以，一开始就把这个基调定下来了。这是一部正剧，实际上也是一部悲剧，主人公最后死了，42岁就去世了"。

拍摄中的一大困难就是时间紧，"我们9月底开机，11月15日停的机"，王冀邢回忆道，"这段时间正好秋高气爽，天气特别好，而焦裕禄一开始去兰考是冬天，影片中要有风沙、大雪，然后还要表现受灾，要有夏天的戏，再然后是下大雨，把庄稼淹了，旱、涝都得有，这些全部要靠人工做出来，这个费了不少劲。当时，我们的条件也不好，比如拍摄下雪的戏，不像现在有下雪机什么的，我们只能动用全剧组所有的人用手来撒，把泡沫弄碎，弄得像碎雪花一样的，人站在高处来撒，然后用飞机的发动机来吹大风，这样才能拍出风沙啊大雪啊，那雪全是假的"。尽管拍摄条件不易，但大家的热情都很高，王冀邢记得很多资历较深的老演员都来参加了，"他们都参加，人手不够啊，不讲任何价钱的"。

对此，吴宝文也曾回忆说："我们拍摄期非常短，因为要赶在那个上映时间节点之前完成全部工作。加上用胶片拍摄，通常是拍一批，送到北京洗印一批，我要先看样片和情节有没有问题，然后才能拍下一场。"

二、"共产党和人民群众的关系千万不能颠倒"

在电影《焦裕禄》中，焦书记刚一上任，就要下乡去看看，不料却在路上碰到工作干部打农民，因为农民偷番薯被捆了起来要送到派出所去，焦书记看到后急忙喊话："怎么打人啊？不要打人！""住手！你有什么权力打人？"紧接着，连续追问："你是队干部吗？""是党员吗？"……那时农村经常发生这种事，一些干部把共产党和人民群众的关系颠倒过来了，焦裕禄一碰到这种事就非常气愤。王冀邢说，自己经历过那个年代，在山西插过队，到河南当兵时，部队的农场距离兰考也不远，跟兰考的自然条件几乎是一样的，都是盐碱地，还有风沙。因此，对农村还是比较熟悉的。"但是，当那个农民下跪，对着焦裕禄叫'青天大老爷呀'的时候，他反而很难受，共产党和群众的关系不是这种关系，不是青天大老爷和贱民的关系，而应该是鱼水的关系，所以焦裕禄说：'你快起来，起来，不要这样，是我们的工作没做好，对不起乡亲们。'他反而跟人家道歉。所以，共产党和人民群众的关系千万不能颠倒，一颠倒是会出大事的。"

"焦裕禄到兰考，头一件事就是恢复党和人民群众正常的关系，过去我们党和人民群众的关系有一点偏差了，像影片中我们写的吴县长这个人物，他就是完全把人民当儿子，他成了老爷了，把党和人民群众正常的关系颠倒过来了。"王冀邢深深感慨道，然而焦裕禄冒着风雪带了扶贫款到最贫困的农村看望群众时，一位病中的老大爷问他是谁？他说："我是您的儿子……""他是反过来了，这才是共产党和人民群众之间的真正的关系。不是说我是当官做老爷的、我是领导你的，你们都是我的子民，这是封建传统的一种关系。一切围绕这个主题——执政党和人民群众的血肉关系，我们发掘了一些新的素材，比如逃荒要饭、饿死人的事，还有买高价粮的问题等，这些都真实发生过。但是，在电影里要表现这些东西，确实是有一定的风险。"

而为了塑造好人民公仆的形象，演员李雪健更是从开拍前 20 天就开始每天只吃青菜，并通过熬夜等方法，让自己看起来更憔悴、更瘦，从外形上贴近焦裕禄。"苦和累都让一个好人焦裕禄受了，名和利都让一个傻小子李雪健得了。" 1991 年，37 岁的李雪健因在电影《焦裕禄》里饰演焦裕禄而获得第 11 届中国电影金鸡奖最佳男主角奖和第 14 届大众电影百花奖最佳男演员奖两项荣誉，站在领奖台上，他如此诚挚而谦虚地答谢说。

事实上，作为实力派著名演员，李雪健为表演事业付出的心血和努力早已被王冀邢看在眼中、记在心里。"我看了他的很多资料，觉得这个演员可塑性太大了，演得太好了。1985 年，他曾给我们厂拍了《钢锉将军》一部故事片，他那时才 30 岁出头，演个老干部、老将军（市军管会秘书长李力将军），五六十岁的形象，我觉得这名演员的功力很深。所以，我当时想的就是，看他能不能来演。一找到他，他挺愿意的。"

不仅如此，机会总是青睐早有准备的有心人。电影《焦裕禄》的插曲《大实话》（王冀邢作词、吕其明作曲）唱道，"墙上哎画虎哎不咬人来／砂锅哎和面哎顶不了盆哎／侄儿总不如亲生子哎／共产党是咱的贴心人／哟嗬嗨……"不看电影的人绝不会想到这首歌竟然是李雪健唱的。"粗嗓子，代表一个农民的声音唱出来的。"王冀邢回忆道，"当时乐队把其他音乐都已经录好了，只有歌还没有录。定不下唱的人到底是谁，找了很多人来试，都觉得不合适。记得在录其他音乐的时候，李雪健没事就在录音棚的角落里看、听，在那里跟着哼哼，后来我就想他在那里叽叽咕咕唱什么呢，就跟其明说，要不让他来试试吧，吕其明就说可以啊，让他试试看"。王冀邢开心地笑着说："他以前从来没在这种场合唱过歌，吕其明教了他很多遍，结果跟乐队一配合，挺好！关键是他那个感情非常真挚，感觉特别棒！我后来觉得李雪健可能是有意识的，他肯定是想唱，但不好意思说。他也知道我们在找人，找不到合适的。他那样做，可能是想引起我们的注意吧。"这样的声画配合，可谓天衣无缝，成就了中国电影史上的一段佳话。

然而，影片的"出笼"还是遇到一点波折。"有的领导看了后指出，焦裕禄不抓阶级斗争，就抓救灾，是反阶级斗争的典型。"方义华实事求是地说，焦裕禄在兰考的那段时期，全党全国的各项工作从根本指导思想上说还是以"阶级斗争为纲"的，然而也正因此，恰恰体现出焦裕禄的担当精神和始终牢记共产党全心全意为人民服务的根本宗旨。

三、"焦裕禄精神肯定不会过时"

"七尺高的汉子，愧不愧的慌。站起来！干部不领，水牛掉井，越是困难的时候，干部们越要振奋精神，挺身而出，给群众做个榜样！你们先就蔫了、垮了，那群众怎么办呢？……同志们，拿出共产党员的气魄来！"影片中，焦裕禄的话总是掷地有声，并言行一致。他在兰考475天的时间里亲民务实，围绕治理内涝、风沙、盐碱三害，舍身忘己、鞠躬尽瘁，最终积劳成疾……

2015年1月12日，习近平总书记在中央党校县委书记研修班学员座谈会上的讲话中指出，"每每踏上兰考的土地，我的心情都很激动。焦裕禄同志以自己的实际行动塑造了一个优秀共产党员和优秀县委书记的光辉形象。做县委书记，就要做焦裕禄式的县委书记"。

对于焦裕禄精神的本质内涵，习近平总书记先后两次做过精辟阐述。2009年，他在视察兰考时，把焦裕禄精神概括为"亲民爱民、艰苦奋斗、科学求实、迎难而上、无私奉献"。时隔5年后的2014年，习近平总书记在兰考调研时指出，"焦裕禄同志始终是我的榜样。1990年7月15日，我任福州市委书记时，以《念奴娇》的词牌填了一首《追思焦裕禄》，发表在《福州晚报》上。李雪健主演的电影《焦裕禄》，我看过不止一遍"。同时，他进一步强调要特别学习弘扬焦裕禄同志"心中装着全体人民、唯独没有他自己"的公仆情怀，凡事探求就里、"吃别人嚼过的馍没味道"的求实作风，"敢教日月换新天""革命者要在困难面前逞英雄"的奋斗精神，艰苦朴素、廉洁奉公、"任何时候都不搞特殊化"的道德情操。他指出，"焦裕禄精神犹如一座丰碑巍巍矗立"。"我希望通过学习焦裕禄精神，为推进党和人民事业发展、实现中华民族伟大复兴的中国梦提供强大正能量。"

"焦裕禄精神肯定不会过时，它代表的就是共产党的宗旨，就是全心全意为人民服务，就是鞠躬尽瘁、死而后已。"王冀邢掷地有声地说，并坦言当年他在拍这部电影时，包括主演李雪健、编剧方义华、作曲家吕其明，以及李仁堂、梁音等众多演员，都是非常积极配合，李仁堂甚至表示"我怎么也得来，我演谁都可以"，他们无不被焦裕禄的精神打动。

1966 年的时候，中国电影评论学会会长饶曙光刚刚上小学一年级，好像也隐隐约约听到了广播，知道了焦裕禄，也知道了有这么一个好县委书记……而最近，为了做电视节目，他重新再看了一次影片《焦裕禄》，"感受最深的是焦裕禄彻底的唯物主义的群众路线观。众所周知，焦裕禄一到兰考就有一个非常强大的反对派，就是县长。县长整天坐在办公室里看报纸，揣摩上面的政策意图，就连老百姓活命的救灾物资也不及时分发，导致兰考大量的老百姓出外逃荒。因此，焦裕禄跟县长发生了一场针锋相对的辩论：焦裕禄强调，群众满意就是我们的工作目标。县长则说焦裕禄说得不对，群众满意，党也要满意。焦裕禄毫不犹豫地反驳说，群众不满意的事，党会满意吗？"饶曙光表示，"大家如果去重温这段戏，也一定会是百感交集，可能都无法用语言表达。影片《焦裕禄》之所以感人，之所以能够得到专家和观众的一致认可，除了影片以情动人，除了影片饱含着创作者的全部热情之外，更重要的、更深层次的还是影片传达了这样一种焦裕禄式的彻底的唯物主义的群众路线观。也就是说，全心全意为人民服务体现在焦裕禄身上，就是为老百姓办实事，尤其是要不遗余力地帮助解决老百姓的疾苦……这样一种党群关系、彻底的唯物主义的群众路线观，无论是在 20 世纪 90 年代还是在当下，都可以触动人心，触动人们心中一些情感上的痛点或者说最柔软的神经。"

"影片刻画的焦裕禄形象正是中国优秀基层党员干部的真实写照。如今重看，通过编导和李雪健的演绎，这部影片仍带给观众难忘的艺术享受和心灵震撼。"中国艺术研究院影视研究所所长丁亚平如此评价电影《焦裕禄》。

（作者系《中国艺术报》记者）

"为天使造像"，记录弘扬伟大抗疫精神

范雪娇

这是一组十分特殊的肖像照——拍摄时间是 2020 年年初新冠疫情"笼罩"全国特别是湖北武汉期间，拍摄地点主要是在疫情期间被按下"暂停键"的武汉，拍摄对象是 4.2 万多名援鄂医务工作者。在这些朴实、鲜活的肖像照中，人们能够清楚地感受到每一位逆行武汉的医务人员的光辉形象——有的医务人员穿戴着防护用品、有的摘下口罩、有的脸上留下了深深的压痕、有的泪流满面、有的闭眼沉思、有的会心一笑……在 2020 年抗击新冠疫情形势之下，这座特殊的"历史照相馆"中留下的 4.2 万多个肖像，共同构成了援鄂医务工作者英雄的群像。

2020 年年初，新冠疫情突然来袭，在本应阖家团圆的日子里，举国上下抗击疫情。以习近平同志为核心的党中央团结带领全国各族人民，进行了一场惊心动魄的抗疫大战，展现出中国共产党的强大领导力与组织力，又一次谱写了党带领全国人民攻坚克难、战胜重大风险挑战的伟大历史。在这场同严重疫情的殊死较量中，中国人民和中华民族以敢于斗争、敢于胜利的大无畏气概，铸就了生命至上、举国同心、舍生忘死、尊重科学、命运与共的伟大抗疫精神。习近平总书记强调，我们要在全社会大力弘扬伟大抗疫精神，使之转化为全面建设社会主义现代化国家、实现中华民族伟大复兴的强大力量。如何弘扬伟大抗疫精神？成为每一个经历了这场疫情的人都应思考的问题。摄影无疑是最直接、快速、有

力的一种方式。

这是讴歌英雄的重要文献

无论是在世界摄影史还是在中国摄影史上，都有许多被历史铭记的"第一"和"最多"。而自 2020 年年初新冠疫情暴发以来，在梳理这些"第一"和"最多"时，由中国摄协主席李舸带队，中国文联摄影艺术中心原主任刘宇、《中国摄影报》副总编辑柴选、影像中国网主编曹旭、中国文联摄影艺术中心网站编辑陈黎明组成中国摄协赴湖北抗击疫情摄影小分队，协调组织湖北当地及全国各地前往支援的 200 多位摄影志愿者共同完成的"为天使造像"大型肖像摄影项目就必须被囊括其中了。

如同中国在抗击新冠疫情中创造的众多"奇迹"一样，这项按照中央赴湖北指导组宣传组要求完成的大型肖像摄影项目无论是拍摄难度、风险程度，还是拍摄体量都创造了中国摄影史及世界摄影史上的一项"奇迹"——摄影师逆行武汉，66 天连续奋战，为 4.2 万多名援鄂医务工作者拍摄肖像，为记录、弘扬伟大抗疫精神发挥了不可替代的重要作用。

习近平总书记指出，广大医务人员是最美的天使，是新时代最可爱的人！他们的名字和功绩，国家不会忘记，人民不会忘记，历史不会忘记，将永远铭刻在共和国的丰碑上！逆行武汉的医务人员是最美的逆行"天使"。[①]"为天使造像"项目记录下的一张张肖像，则成为这丰碑上重要的影像文献。

中国文艺评论家协会副主席、中国艺术研究院副院长李树峰表示："中国摄影家协会组织小分队赴武汉拍摄具有示范性，对各地的摄影家协会有引领作用。现在回头看，除了小分队外，各地的摄影家协会也纷纷组织摄影人在当地拍摄。当时武汉的抗击疫情实际上是一次全国性行动。而为在一线的医务人员拍摄肖像，首先具有文献记录功能，把在 2020 年

---

① 习近平：《在全国抗击新冠肺炎疫情表彰大会上的讲话》，《求是》2020 年第 20 期。

发生的重大疫情以及中国医务人员在武汉一线奋战的形象记录在历史里。此外，在文献记录的基础上，这样的形象有一定的艺术性，用摄影的手段在全世界的面前树立起当代中国医务人员的群体形象。这个群体形象正是生命至上、举国同心、舍生忘死、尊重科学、命运与共的伟大抗疫精神的体现。他们光辉的形象留在了中华民族伟大复兴的历史上。"

"作为视觉媒介的摄影报道者和作为历史媒介的影像艺术家，这两种身份可以重叠。前提是，照片中凝结的事件性质、事件中人物的身份特征以及适当的传播时机，兼具了时事新闻的热度和时代脉动的深度。人物肖像特别是参加抗疫的医务人员的肖像，作为一种摄影类型成为许多摄影师实现上述抱负的共同选择。其因由，既有对典型事件中典型人物、典型状态或典型瞬间获取难度的考量，也有作品兼具即时报道和长远传播这两种功用给予的启发。"中国摄协摄影理论委员会委员、江苏省摄协副主席孙慨表示。

这是抗疫故事的视觉表达

"抗疫的医务人员，特别是不惧死亡在武汉和湖北参加抗疫的医务人员的肖像，事实和舆论双重的合力赋予了他们危机中的拯救者、灾难中的无私勇者的形象，摄影师们怀着敬意完成了一位位战'疫'勇士的角色塑造，被拍摄者也感受到了摄影师和摄影的这份诚恳和善意。在这些肖像中，被拍摄者特定的职业、特殊的经历和作为平常人可近可亲的真切感融于一体，'英雄'和'勇士'蓄聚了更多来自日常生活的踏实，也多了一份将心比心的敬重"，孙慨介绍，也有一些肖像采取了圣像塑造的表现手法，光影的设置令其形象超凡脱俗——圣洁、安详、宁静、久久凝视可以令观者获得一种久违了的安全感和依赖感。

其中有一组特别的肖像，也是一组特别的"联结"。其创作者李舸为这组作品取名为"你是我最牵挂的人"。关于这组作品的创作理念，李舸回忆："我们在拍摄肖像时了解到，很多医务人员下班回到自己的驻地，放弃休息时间，通过手机与患者沟通，缓解他们的心理压力，帮他们解答用药后的反应，甚至帮他们下载一些音乐、影视节目。而且，好多医务人员的手机里都有跟患者的合影。当时我就问这些照片是哪里来的？医务人员说有些照片是患者传给他们的，因为患者在出院时几乎都希望跟医务人员合影。所以我拍了特别肖像《你是我最牵挂的人》，将他们与最为牵挂的患者影像通过手机屏幕联结，通过这种方式，表达在新冠疫情下，大家相互信任、相互鼓励、众志成城、共克时艰的内在力量。"

"为4.2万多名援鄂医务工作者拍摄肖像"这一"命题作文"下诞生的4.2万多幅肖像作品，在有众多"共性"的基础上，也在摄影师的艺术敏感性与创造力下生发出了更多元的形象、故事与意义。柴选介绍，拍摄《你是我最牵挂的人》时，在新冠肺炎隔离病房外的清洁区休息空间里，在因地制宜的干净墙体背景下，在简易布置的补光灯下，面对镜头，来自全国各地的援鄂医务工作者前一分钟还笑意盈盈，谈及感受和愿望时却往往止不住泪水涌出——长治医学院附属和济医院副主任护师黄小丽最大的愿望是希望自己主管的几位患者早点好起来；福建省立医院妇产科主管护师徐健主管的患者是当时98岁的天文学泰斗韩天芑，她非常关心韩老的病情；南昌大学第一附属医院主管护师吴映霖和同事们一起给一位30多岁的女患者做心理辅导……"一幅手机中最牵挂的人的照片，一次严肃而富有仪式感的定格，让不同的物理空间合二为一，让心灵深处的理解汇成一体，让朴实的牵挂化为永恒，让时代的感动发扬光大"。

这是抗疫精神的集中彰显

陈黎明创作的作品《你是我的眼》是一件使用多幅医务人员肖像叠加而成的摄影作品。他介绍："我为了表达白衣战士'同心协力，共抗疫情'的理念，尝试将多位由我拍摄的医务人员肖像进行重叠融合，最终形成一张完整的医务人员面孔肖像。在多幅肖像反复叠加融合的过程中，每一张面孔的五官特征被不断弱化消解，而他们的眼睛却经过反复叠加，越发地凝实清晰。这是'一双'表达人间真情的眼，是给予病患温暖与信心的心灵之窗。"孙慨对这类作品评价道："采众人之长，是不确定的某一个人，又是集中了所有这一群体中人的意志与品格的代表者。这一形象预示着生命的充沛活力、无私的母性关怀，蕴含着一切与正义、勇敢以及赢得美好未来相关的信心等力量。"

李树峰表示："与电影、美术等创作出来的形象不同，摄影师们创作的环境人物肖像更真实，有超出其他艺术形式的客观性，而且具有现场感，显示出影像本身的感染力；摆拍的肖像作品则具有一定的导演性，但在身份辨析上有一定的文献性。"孙慨介绍，剔除了背景中特定意义的肖像和处于事件中人物的环境肖像，是较为普遍的两种形式。前者令观者从一时一地的具体实践中抽离，集中心志专注于人物的精神特质，而后者总是将观看者引入特指的那一刻，将身心融入疫情之中，深于事件内部展开体悟和探究。

如果说"为天使造像"诞生的 4.2 万多张肖像共同构成了抗疫英雄的群像，那拍摄这些肖像的摄影师们也用实际行动为抗疫精神留下了重要的一笔。他们的这次行为不仅是单纯的拍摄和记录，更多地是为每一位抗疫英雄留下历史的见证。记者了解到，除了拍摄，为了便于后期整理存档，拍摄时，摄影师还尽量请每一位医务人员在纸上写下自己的单位、姓名等基本信息，并通过视频等多种形式进行拍摄。

一种精神要能传之广泛、影响深远，离不开高效、准确的传播。在武汉拍摄期间，摄影师们便通过各类媒体第一时间将其中的一些肖像传播至全国，为塑造医务人员形象、鼓舞全国人民同心战"疫"发挥了重要作用。离开武汉后，一系列围绕"为天使造像"的摄影展相继举办，不断用影像的力量去传播弘扬抗疫精神。其中比较有代表性的便是在第十三届中国摄影艺术节期间举行的"见证·造像——抗击疫情影像展览"。展览集中展示了中国摄协赴湖北抗击疫情摄影小分队所拍摄的援鄂医务人员的部分肖像作品，通过摄影照片、视频、日记等形式，带领观众再次走近那些白衣为甲、逆行出征的"战士"。正如孙慨评价的那样：

"摄影师们固然追求每一个人物作为独立个体的唯一性，但批量的呈现，其图像意志在客观上却指向于同一精神性符号的塑造——通过对一个个人物的形象呈现与传播，合力再造了一个高度意志化的时代形象。"而这一时代形象正是抗疫精神的集中彰显。

（作者系《中国艺术报》记者）

奋进号角

　　站在"两个一百年"的历史交汇点，全面建设社会主义现代化国家新征程已开启，建成文化强国远景目标号角已吹响，使命在肩，唯有奋斗。"奋进号角"邀约著名文艺理论家系统梳理阐释中国共产党成立以来，党领导文艺事业的经验、主张、路线、方针、政策，凝聚推进社会主义文化强国建设的磅礴力量，助力谱写新时代社会主义文艺事业的锦绣画卷，为实现中华民族伟大复兴的中国梦而奋斗！

革命现代芭蕾舞剧《红色娘子军》第一版剧照,图为第一场老四(万琪武饰)抓琼花(郁蕾娣饰)双人舞,蒋祖慧编导

电影《长津湖》海报

《狼牙山五壮士》（油画），詹建俊，1959 年

百年风华正青春

——中国艺术报庆祝建党 100 周年文章精选

小说《红岩》以及根据小说改编的电影《烈火中永生》海报、歌剧《江姐》剧照

140

党领导文艺工作的丰功伟绩和基本经验

董学文

中国共产党成立一百年了。这一百年，是中国共产党领导我国文艺发生翻天覆地变化、取得可歌可泣业绩的一百年。一百年间，在中国共产党的领导下，我国文艺实现了从新民主主义文艺到社会主义文艺再到新时代中国特色社会主义文艺的历史性飞跃。一百年间，在中国共产党的领导下，我国的文艺理论在拼搏奋斗中彻底实现了马克思主义文艺理论的中国化。这些都是了不起的成就。它验证了中国共产党的领导对繁荣发展我国社会主义文艺的极端重要性，验证了文艺理论走马克思主义中国化道路的极端正确性。

一

回顾百年的中国文艺史，我们不难发现，是中国共产党最早确定了文艺要为无产阶级和劳动群众翻身解放服务的使命和初心；是中国共产党最早组织起左翼文艺家联盟，并系统译介和宣传马克思主义经典文艺论著；是中国共产党最先发起"文艺大众化"和"文艺民族形式"的探讨与论争；是中国共产党战胜了国民党反动派的"文化围剿"，使人民群众的思想觉悟空前觉醒；是中国共产党高度重视文艺工作的价值和意义，始终把它作为党和人民的重要事业；是中国共产党创造性地实现了马克思主义普遍真理同中国革命文艺实际的结合，催生出马克思主义文艺理论中国化的成果——毛泽东文艺思想；是中国共产党最早提出要"改造旧艺术，创造新艺术"，号召每个党员和干部都要在艺术工作中发挥自己的创造力量；是中国共产党适时提出"百花齐放，百家争鸣""古为今用，洋为中用"的方针，推动我国社会主义文艺走向繁荣；是中国共产党及时调整文艺政策，"今后不继续提文艺从属于政治这样的口号"，而以"文艺为人民服务、为社会主义服务"代替"为工农兵服务、为政治服务"的口号；是中国共产党在改革开放的新时期发出"人民是文艺工作者的母亲，一切进步文艺工作者的艺术生命，就在于他们同人民之间的血肉联系"的强音；是中国共产党诚挚地要求广大文艺工作者要"在人民的历史创造中进行艺术的创造，在人民的进步中造就艺术的进步"；是中国共产党呼吁"只有把人民放在心中最高位置，永远同人民在一起，坚持以人民为中心的创作导向，艺术之树才能常青"；是中国共产党在十八大以后不到两年就召开了"文艺工作座谈会"，习近平总书记在会上作出系列重大战略性理论论断和实践部署，为新历史方位下中国文艺的航船指明了前进方向；是中国共产党张扬社会主义核心价值观，使境界高扬、元气淋漓、神清目爽的文艺作品成为主旋律；是中国共产党通过习近平总书记在中国文联十大、中国作协九大开幕式上的讲话，以"提几点希望"的亲切方式，为新时代作家、艺术家努力创作无愧于时代、国家和民族的优秀作品提供了基本遵循。

这是中国共产党一百年来领导中国文艺的"大历史"，是中国共产党文艺理念和文艺方针的主线和主流，是中国共产党在马克思主义文论中国化征程中脉搏与律动的展现。历史总是纷纭复杂的。但是，只要我们不被细小迷惑，不被碎片遮蔽，我们就不难发现，正是在中国共产党的指引和领导下，在党的文艺方针和政策的感召和鼓舞下，我国广大文艺工作者响应党的号召，积极投身波澜壮阔的革命和建设事业，全身心融入人民创造历史的宏伟实践，所以才创作出一批又一批脍炙人口的优秀文艺作品，塑造出一个又一个典型的艺术形象，反映出艺术精神和手法的一次又一次跨越，推动了中国马克思主义文艺理论一步又一步地创新。这是中国共产党在文艺战线上取得的彪炳史册的胜利。它用铁一般的事实证明，我们党领导文艺工作的一百年，是矢志践行文艺初心和使命的百年，是筚路蓝缕为人民文艺奠基立业的百年，是创造辉煌开辟社会主义文艺未来的百年。这个百年历史的内在逻辑和理论逻辑也昭示，习近平总书记在文艺工作座谈会上指出的"党的领导是社会主义文艺发展的根本保证"的观点，是完全正确的。

"党的领导是社会主义文艺发展的根本保证"，这一判断不仅深刻总结了党领导文艺的历史经验，而且大大推进了马克思主义文艺理论的科学发展。在马克思主义文艺思想史上，习近平总书记是论述党对文艺工作领导问题最多、最集中的思想者和政治家。在文艺工作座谈会上的讲话中，习近平总书记讲到的"第五个问题"，就是关于"加强和改进党对文艺工作的领导"。在中国文联十大、中国作协九大开幕式上的讲话中的最后部分，他又从"加强和改进党对文艺工作的领导，是文艺事业繁荣发展的根本保证"角度出发，深刻阐述了加强和改进党对文艺工作领导的必要性、重要性、做法和步骤。可见，党对文艺的领导，是事关社会主义文艺方向和命运的大事情。我们有责任把党领导文艺的成功经验传承好、发扬好，有责任从熟悉党领导文艺工作的历史中获取开辟新局的有益启迪。

二

党领导文艺工作的重要性是毋庸置疑的，那么，党领导文艺工作的主要经验是什么呢？或者说，除去一些具体的文艺方针、政策制定的因素外，党领导文艺工作经验最紧要、最关键的一条是什么呢？我认为，就是始终坚持马克思主义文艺思想，特别是中国化马克思主义文艺思想在文艺领域的指导地位。这既是党领导文艺工作的基本经验和基本准则，也是党领导文艺事业无往而不胜的主要武器和看家本领。为什么这么说，

143

因为"马克思主义依然显示出科学思想的伟力，依然占据着真理和道义的制高点"；因为只有以马克思主义文艺思想，特别是中国化马克思主义文艺思想为指导，我国的社会主义文艺事业才能有不断前行的"定盘星"和"指南针"。

这条基本的经验，是从中国共产党领导文艺百年奋斗的经历中提炼出来的，是中国共产党从正反两方面的经验教训中总结出来的。这条基本经验的内蕴表明，党对文艺工作的领导事关文艺全局，事关文艺宗旨，事关文艺生命；表明党对文艺工作的领导，归根结底是思想的领导、精神的领导、方向的领导、道路的领导。什么东西能帮助中国共产党从根本上切实解决这些问题？只有马克思主义文艺观和中国化的马克思主义文艺理论。其他文艺理论学说是无论如何也起不到这个作用，发挥不了这个功能的。所以说，坚持以马克思主义文艺思想为指导，是中国共产党成立以来我国文艺事业发展历程所赋予的规定性和必然性。

党对文艺工作的领导，说穿了就是党用马克思主义文艺观来领导。党对文艺工作的领导同以马克思主义文艺观为指导，这两者是互为表里、密切相连的。历史上的许多事例证明，凡是无视和削弱党对文艺工作领导的地方，必定也无视和削弱马克思主义文艺观的指导和宣传；反之，凡是无视和削弱马克思主义文艺观指导和宣传的地方，必定也无视和削弱党对文艺工作的领导。正因如此，如何坚持和贯彻马克思主义文艺观，就成了党领导文艺工作和文艺事业最重要的抓手；如何使马克思主义文艺观入脑入心，就成了党增强广大文艺工作者文化自信和理论自信最得力的举措。

党兴，则中国化的马克思主义文艺理论兴；党强，则中国化的马克思主义文艺理论强。把马克思主义文艺理论融入中国文艺实践，是中国共产党指引和领导我国当代文艺理论建设的主轴；使中国当代的文艺创作体现出社会主义价值观，这是中国共产党推动文艺繁荣发展的主线。自从中国共产党成立一百年来，一代又一代的中国共产党人把马克思主义文艺观从理论形态推向实践形态，从实践形态推向制度形态，从制度形态推向文明形态，并逐步形成了中国化马克思主义文艺理论——毛泽东文艺思想、邓小平有关文艺的理论和习近平关于文艺工作的重要论述——的学术体系和话语体系。这是中国共产党人在我国文艺领域作出的最杰出贡献。

毋庸讳言，在如何看待党对文艺工作领导的问题上，有一些观点值得高度关注。有的论者把党对文艺工作的领导只看成是个"政策"问题，认为没有多少可以讨论的理论价值；有的论者采取历史虚无主义的态度，否定党领导文艺工作的巨大作用和非凡功绩；有的论者根据文艺"党性原则"的提法，就把马克思主义文艺理论说成"政党文艺学"和"文艺政治学"；有的论者甚至认为党对文艺工作的领导只会限制作家、艺术家的"创作自由"，只会扼杀他们的审美创造力和想象力。这些意见是不正确的，这些意见在本质上都是对党领导文艺工作思想的曲解与误读。

三

当然，我们也要承认，党对文艺工作的领导也是根据时代条件与需求的变化而不断改善、与时俱进的。进入新时代以来，习近平总书记面对国际国内的风云变幻，结合中国特色社会主义文艺的具体实际，十分突出而又全面地阐述了加强和改进党对文艺工作领导的必要性和重要性，并把加强和改进党对文艺工作领导的内容与步骤加以具体化。这不仅在马克思主义文艺思想史上书写了浓笔重彩的一笔，而且给马克思主义文艺理论增添了新的篇章。

我们知道，党对文艺工作和文艺事业的领导，是一个系统的工程，涉及多个维度和多个层面。从经验上看，除了给文艺工作选定旗帜和确立道路外，还需有不少党对文艺工作领导的运作方式和平台。习近平总书记在提出"党的领导是社会主义文艺发展的根本保证"的同时，紧接着指出"党的根本宗旨是全心全意为人民服务，文艺的根本宗旨也是为人民创作。把握了这个立足点，党和文艺的关系就能得到正确处理，就能准确把握党性和人民性的关系、政治立场和创作自由的关系"。这种非常精到的概括、辩证的阐发,实质上是揭橥了党的领导为什么会成为社会主义文艺发展"根本保证"的秘密。这个秘密,就在于党的宗旨与文艺"为人民创作"的宗旨是完全一致的。所以,加强和改进党对文艺工作的领导,也就成了加强和改进以人民为中心的文艺创作导向的举措。

习近平总书记指出:"加强和改进党对文艺工作的领导,要把握住两条:一是要紧紧依靠广大文艺工作者,二是要尊重和遵循文艺规律。"[①]这就指明了如何加强和改进党对文艺工作领导的两个关键方面。在这里,"领导"者与"依靠"者是紧密相关的;在这里,"立场问题"与"遵循规律"是彼此呼应的。进而,习近平总书记还擘画了加强和改进党对文艺工作领导的任务与措施,即从建设社会主义文化强国的高度,贯彻好党的文艺方针政策,选好配强文艺单位的领导班子,尊重文艺工作者的创作个性和创造性劳动,营造有利于文艺创作的良好环境,重视文艺阵地的建设和管理,高度重视和切实加强文艺评论工作。所有这一切,都是加强和改进党对文艺工作领导不可或缺的内容。

进入新世纪以来,我国文艺队伍的结构、思想状况和行业风气都发生深刻的变化,加强和改进党对文艺工作的领导面临诸多新的挑战与问题。在这个时候,我们就更应当从中国共产党百年的奋斗历程中汲取智慧和力量,以适应和配合新的伟大工程和伟大斗争。我们切不可忘记党领导文艺工作的鼓舞和统领作用,切不可轻视党领导文艺工作经验提供的营养。务必牢记,文艺事业不管怎么改革,都不能把坚持党对文艺工作的领导这一条"改掉";不管怎么改革,都不能把发挥党的领导作用这一条"改没了"。这也是我们学习百年党史和百年文艺史所思所悟得出的一个不移的结论。

坚持对文艺工作的领导,是社会主义文艺事业健康发展的核心要素,是中国特色社会主义文艺事业的本质特征和最大优势。任何企图摆脱或

---

① 习近平:《在文艺工作座谈会上的讲话》,北京:人民出版社,2015年10月,第28页。

疏离党对文艺工作领导的看法和做法，都是不符合我国国情的，都是不利于社会主义文艺事业的发展繁荣的。

"百年征程波澜壮阔，百年初心历久弥坚。"我国文艺百年的发展历程清楚地告诉我们，只有坚持党对文艺工作的领导，坚持马克思主义文艺观的指引，我们的文艺工作才能生机勃勃、春色满园，我们的文艺事业才能从胜利走向新的胜利。

（作者系北京大学中文系教授、全国毛泽东文艺思想研究会名誉会长）

从历史走向未来

——百年大党的文化使命与理想追求

林雅华

盛唐时代，李白在《将进酒》中写下"黄河之水天上来，奔流到海不复回"的不朽辞章，彰显了中华文明洒脱浪漫、狂纵豪放的博大胸襟。当尼罗河、底格里斯河、幼发拉底河与印度河所孕育的文明相继隐退于历史的大幕，黄河却始终奔腾在中华民族不屈不挠的文明历史中，以顽强的毅力书写着这个民族的力量与希望。然而，自1840年鸦片战争以来，中国却遭遇了"三千年未有之大变局"。当是之时，是帝制瓦解、新文化运动风起云涌之时，亦是风雨飘摇、遭遇异族入侵亡国灭种危机之时。中国几千年的传统文化秩序如何应对这一变局？全面照搬西方的文明模式是否能够挽救民族危亡？中国文化的命运究竟如何？为了摆脱当时中国半殖民地半封建社会的悲惨命运，几代有识之士，前赴后继，试图借助不同的政治文化资源，去寻求中华民族自由解放，中国文明现代转型的发展道路。从洋务运动到戊戌变法、从辛亥革命到五四运动……为什么最终是马克思主义在中国大地上扎下根来，并成为指导中国革命与现代化建设的理论资源呢？这与中国共产党的文化使命及理想追求密切相关。

中国共产党的文化自觉

中国共产党是一个以文化立国、以文化治党的现代政党。文化问题是一个关乎中国发展的重大问题。回顾近代以来的民族危机、文化危机，在每一个重要的历史关口，我们党都以坚定的文化自觉推动着中国迈向前进。

早在1938年，毛泽东同志就在《论新阶段·中国共产党在民族战争中的地位》一文中谈道，"今天的中国是历史的中国的一个发展；我们是马克思主义的历史主义者，我们不应当割断历史。从孔夫子到孙中山，我们应当给以总结，承继这一份珍贵的遗产……"[1]这一论断为马克思主义中国化奠定了坚实的理论基础，明确宣示了中国共产党人不仅是五四运动、新文化运动的开拓者，同时也是中华文明遗产的继承者，是中华民族文化的代言者。正如习近平总书记在纪念孔子诞辰2565周年国际学术研讨会暨国际儒学联合会第五届会员大会开幕会上所说的，"不忘历史才能开辟未来，善于继承才能善于创新。优秀传统文化是一个国家、一个民族传承和发展的根本，如果丢掉了，就割断了精神命脉。我们要善于把弘扬优秀传统文化和发展现实文化有机统一起来，紧密结合起来，在继承中发展，在发展中继承"。马克思主义来到中国，成为诠释中国文化的重要指导思想与方法，使得中国文化古老的道德生命焕发出了现代光辉，并在中国共产党的实践中得到了延续、发展与创造性转化。1939年，刘少奇同志在《论共产党员的修养》中，化用了中国传统的儒家思想以阐释共产党员的修养，强调了人皆可为圣贤，关键要在革命实践中加强自我修养，树立大公无私的共产主义世界观，成为自觉的无产阶级先锋战士。1945年，毛泽东同志在《愚公移山》中，则直接借用了中华传统故事，来表达中国共产党人"下定决心，不怕牺牲，排除万难，去争取胜利"的理想信念与价值追求。在马克思主义理论中，历史是一

---

[1] 毛泽东:《论新阶段》，解放出版社，1938年。

个趋向未来与解放的世界图景。人与人之间的关系，是一种更具社会感与历史感的共同体构造。在共产主义的理论论述中更是充满了道德与理想的辉光。这与中国传统文化中一以贯之的道德理想主义的价值追求形成了强烈共鸣。这种内在文化基因、文化诉求、文化心理上的共通，是马克思主义中国化的根本前提。就此而言，中华文明深厚的道德理想与马克思主义普遍的救世情怀，共同锻造了中国共产党百年来的文化信念。这一文化信念为广大人民群众的组织动员，尤其是为中国共产党的文化认同与价值感召奠定了重要基础。因此，中国共产党不仅是一个现代意义上的、具有高度组织纪律性的政党，更是一个延续几千年文化根脉、与我们的人民与我们的传统血肉相连的政党。这种深厚的文化自觉使其在中华民族遭遇生死存亡的重大关头，义无反顾地承担起了为中国人民谋幸福、为中华民族谋复兴的历史使命。

习近平总书记在"四个自信"的基础上，强调"文化自信"是更基础、更广泛、更深厚的自信。不忘初心，指的不仅是我们党百年历史的初心，同时也是中华文明的初心和本来。中华民族之所以走上一条不同于其他国家民族的发展道路——中国特色社会主义道路，这不是偶然的，而是由我国的历史和文化传统所决定的。中国共产党在中国历史中所发挥的作用，是将马克思主义理论与五千年绵延不绝、博大精深的中华文明融合起来。马克思主义中国化，尤其是中国特色社会主义道路，深深植根于中华民族独具特色的历史文化土壤。在一百年的发展历程中，中国共产党对于自己的文化身份、历史使命、思想传统有了越来越清晰的定位——中国共产党是一个植根于中国文化与历史传统的马克思主义政党。只有贯通中华优秀传统文化与马克思主义理论之间的历史脉络，才能借助文化这一基础性的力量深入社会的不同层面，进行有效的组织动员与价值整合。也唯有如此，才能为深化改革的持续推进，为"两个一百年"的伟大目标，为中华民族伟大复兴的中国梦的实现，提供不竭的思想动力。在中国特色社会主义迈入新时代的今天，进一步厘清马克思主义与中华优秀传统文化之间的内在关联，是不断坚持马克思主义的指导地位，在坚守中华文化立场、立足当代中国现实的基础上，发展中国特色社会主义文化的内在要求。同时，这也是深化新时代马克思主义中国化与大众化的理论成果、坚定中国特色社会主义发展道路的重要前提。我们一定要牢牢把握这一历史契机，在继承和发扬的基础上，深入挖掘中华优秀传统文化所蕴含的思想观念、人文精神、道德规范，结合时代要求不断创新，让中华文化展现出永恒魅力和时代风采。与此同时，我们还应当将中华优秀传统文化，熔铸于党领导人民在革命、建设、改革中创造的革命文化和社会主义先进文化，发展出以马克思主义为指导，面向现代化、面向世界、面向未来的，民族的、科学的、大众的社会主义文化，进一步增强中国共产党的文化自觉与文化自信；进一步提升马克思主义理论的传统厚度与历史深度，不断铸就马克思主义中国化新的辉煌。

站在"两个一百年"历史交汇点的今天，对中国共产党文化使命的思考，无疑具备了比以往更为广阔的思想视野。这种思考不仅是对延安时期文化道路的延续与开拓，也是在新的历史境遇、新的时代境遇中，对中国共产党文化形象与历史使命的进一步明确——中国共产党是中华文化的复兴者，中国共产党是中华文明的继承与发展者。未来中国的发展，亦是要进一步将马克思主义与中国的历史文化结合起来。只有这样坚定而深刻的使命觉醒和文化觉醒，才能使中国共产党领导的中国特色社会主义事业具有真正的文化生命力；只有坚持马克思主义的指导，弘扬民族特色，重塑文化道统与文化觉悟，才能在博大深厚的民族文化血脉中不断开拓新的民族精神与文化精神。

中国共产党的理想信念

《党章》明确规定："中国共产党是中国工人阶级的先锋队，同时是中国人民和中华民族的先锋队。""两个先锋队"的根本性质，决定了中国共产党人必须始终讲理想信念，始终坚持自己的价值立场与价值追求，以信仰的力量、文化的自觉去完成自身作为"两个先锋队"所承担的历史使命。信仰是一种与人的生命状态紧密结合的内在追求。在无知无明的状态下,信仰的坚定性无法得以显现;唯有在艰难困苦、穷乏困顿之中,信仰才可能真正显示出其分量。因为信仰本身,不是为了满足即时的目的而存在,而是为了满足长久、具有根本性的人生追求及生命意义而存在的。因此,诞生于民族危亡中的中国共产党,以其思想与行动,深刻彰显了马克思主义信仰的坚定性,也为我们指明了,何为真正的扎根于国家和民族的价值观,何为真正的来自人民、奉献于人民的价值观。

在中国工农红军的万里长征中,红军战士爬雪山、过草地、历经千难万险而矢志不渝,不仅体现了中国传统文化内在的砥砺情怀——"天将降大任于斯人""艰难困苦玉汝于成";更深刻体现出了中国共产党人为解放一切被奴役者、创建新中国的伟大共产主义信仰。1937年,毛泽东同志在《反对自由主义》一文中提出,"一个共产党员,应该是襟怀坦白,忠实,积极,以革命利益为第一生命,以个人利益服从革命利益"。这其实不仅是一种思想建党的要求,更是中国共产党人最基本的价值选择和伦理选择。在这里,个人的利益要服从于革命的利益,实际上也就是服从于整个民族的利益。换言之,个人的价值是在中华民族的伟大复兴、中国人民的自由解放中得以凸显的。

在1939年的《纪念白求恩》和1944年的《为人民服务》这两篇文章中,毛泽东同志更加深入地阐释了中国共产党人的价值观、伦理观和生命观。在《纪念白求恩》中,他谈道,"一个外国人,毫无利己的动机,把中国人民的解放事业当作他自己的事业,这是什么精神? 这是国际主义的精神,这是共产主义的精神"[1]。在他看来,共产主义精神不仅是一种国际主义精神,更是一种毫不利己、专门利人的精神。有了这点精神,"就是一个高尚的人,一个纯粹的人,一个有道德的人,一个脱离了低级趣味的人,一个有益于人民的人"。可以说,中国共产党人在艰难困

---

① 毛泽东:《纪念白求恩》,《毛泽东选集》(第二卷),人民出版社,1952年。

苦的革命战争年代中磨砺出来的坚定信仰与理想信念，并没有随着时间的流逝，磨损其光芒，反而在和平时代的今天，更加凸显了其深邃内涵。人生的价值与幸福感的获得，并不依赖于外在条件、个人地位，而是更为深刻地与人的精神追求紧密相关。这种精神一定是超越了个人成败得失的普遍的人民情怀。正如毛泽东同志在《为人民服务》中所写的："中国人民正在受难，我们有责任解救他们，我们要努力奋斗。要奋斗就会有牺牲，死人的事是经常发生的。但是我们想到人民的利益，想到大多数人民的痛苦，我们为人民而死，就是死得其所。"①这段论述非常伟大。它让我们看到，中国共产党的"人民性"，一方面根植于中华优秀传统文化的"民本"意识，另一方面又与马克思主义普遍的救世情怀紧密相连。在此基础上，我们党创立了一套基于传统又高于传统之"尚民"意识的现代政治价值观念——"为人民服务"。这一浸润着共产主义理想信念与人民情怀的政治文化观念，铸就了中国共产党的核心价值观：人的一生最终呈现为怎样的价值，其衡量的标准并不在于个人，而在于人民。这种震撼人心的超越意识与人民情怀，不仅体现了马克思主义理论对于人类命运的普遍关切，更展示了一个具有担当意识的政党，在中华民族遭遇生死存亡的重大关头，向人民许下的庄严承诺："为人民而死，就是死得其所。"在这里，个人的生命价值与生命意义，在全心全意为人民服务、全心全意为人民谋幸福的理想信念中得到了最终呈现。

党的十八大以来，习近平总书记对中国共产党的理想信念进行了一系列深刻阐释。2019年，在面对意大利众议长菲科的提问之时，习近平总书记曾给出过一份相当精彩的答语——"我将无我，不负人民"。这份答语所彰显的正是中国共产党人以身许国的信仰、使命、责任与担当。其中蕴含着两重深刻的意义。一重是中华传统文化意义上的勇毅信念。古代圣贤常言"圣人无心，以百姓之心为心"，习近平总书记借古人之境，谈的恰恰是当下共产党人的奋斗与奉献之心。因此，共产党人的

---

① 毛泽东：《毛泽东选集》（第三集）．人民出版社，1991年6月，第1004—1006页。

"有我之境"与"无我之境",正是"功成不必在我"的理想信念和"功成必定有我"的使命担当。另一重则与马克思主义的价值观、生命观密切相关。正像马克思在《青年在选择职业时的考虑》中所说的,"如果我们选择了最能为人类而工作的职业,那么,重担就不能把我们压倒,因为这是为大家作出的牺牲;那时我们所享受的就不是可怜的、有限的、自私的乐趣,我们的幸福将属于千百万人,我们的事业将悄然无声地存在下去,但是它会永远发挥作用,而面对我们的骨灰,高尚的人们将洒下热泪"。因此,习近平总书记所谈的"无我",恰恰是将小我融于大我,融于对人民的奉献与担当。只有当个人的追求与国家的命运、与最广大人民的命运紧紧相连之时,才能感受到真正的力量与幸福。诚如习近平总书记所言,"我相信可以通过我的努力、通过全中国13亿多人民勠力同心来担起这副重担,把国家建设好。我有这份自信,中国人民有这份自信"。而这,正是中国共产党人矢志不渝的奋斗精神与坚定不移的人民信仰。

中国共产党的文化信心

文化是一个民族、国家、社会内在的价值认同与精神信仰,具有强烈的民族性与历史性,同时也具有鲜明的时代性。当今世界,科学技术再一次掀起了人类文明进步的大潮。随着信息技术的不断发展,国与国之间的关系日益密切,人与人之间的交往日益活跃。经济全球化、世界多极化、文化多元化的格局日益显明。和平、发展、合作、共赢的理念不断撼动旧有的"丛林法则",成为新时代的发展主流。不过,由于经济发展结构的不平衡,尤其是2008年金融危机的发生,激化了全球发展中的深层次矛盾,进一步加剧了地区间的不平衡态势,导致世界经济持续低迷,地区冲突日益增多。"逆全球化"的思潮开始抬头,恐怖主义不断威胁世界和平、发展和稳定的大局。2020年年初,新冠疫情发生,随后席卷全球。这场公共医疗卫生体系的强烈震荡,不仅再度引发了经济领域的连锁反应，更带来了全球政治格局的波澜动荡。换言之，疫情状态的持续，宣告了全球化进程严重受挫。面对这一系列深刻的矛盾、冲突和问题，人类应当向何处去？发展之路在何方？

1989年，时年37岁的日裔学者福山发表了《历史的终结》一文，认为人类历史将终结于资本主义的自由民主制度。但历史并未按照他所预言的方向发展。最近几十年来，资本主义世界愈演愈烈的贫富分化、金融危机，使得全球进入了一个极不稳定的阶段。新冠疫情的发生，更引发了"百年未有之大变局"。在此危机状态下，国际社会对公共意识、互惠意识、合作意识的呼声越来越强烈。马克思主义在全球范围的复兴趋势，正是对这一历史趋势的有力证明。改革开放四十多年来，在中国共产党的坚强领导下，我们走出了一条社会主义现代化建设的新型发展路径，推进了中国的快速发展，取得了令世界瞩目的成就。党的十八大以来，中国特色社会主义进入新时代。在新时代，中国共产党把马克思主义基本原理同新时代中国具体实际结合起来，团结带领人民进行伟大斗争、建设伟大工程、推进伟大事业、实现伟大梦想。在以习近平同志为核心的党中央坚强领导下，党和国家事业取得了全方位、开创性的历史成就，发生了深层次、根本性的历史变革。中华民族迎来了从富起来到强起来的伟大飞跃。2013年，我们党在综合判断中国历史发展方位和世界总体局势的基础上，提出了构建"人类命运共同体"的重要思想。这一崭新的文明观是对当今世界发展变局的深刻理解与准确把握。它不仅延续了中华传统文化的天下关怀，更体现了中国作为一个崛起中的大国所展现出来的自信、开放与包容的精神气象——对话而非对抗、合作而非博弈、共享而非独霸、共赢而非零和。2020年新冠疫情发生以来，中国在抗疫中以科学、迅速、精准的决策部署，筑起了抗击疫情的铜墙铁壁。强大的组织动员能力与有效的社会治理能力写就了一张令世界信服的"中国答卷"，进一步证明了中国特色社会主义制度的优越性。在率先控制疫情的情况下，中国又积极投身到了国际社会的抗疫合作中。一方面，中国向许多深陷疫情的国家派出了医疗支援队、捐助了大量宝贵的医疗物资;另一方面,中国积极配合世界卫生组织的相关部署,举办了多场跨地域的治疗经验视频会,发出了增强全球公共卫生安全合作的倡议。可以说,中国共产党正不断以实际行动推动全球公共治理的完善与发展,更身体力行地投入全球抗疫合作的具体实践中。这一系列行动进一步深化了"人类命运共同体"的时代内涵——建立平等互谅、共商共议的伙伴关系;打造公平正义、合作共享的安全格局;寻求开放包容、开拓创新的发展思路;促进多元多彩、交流互鉴的文明交往。就此而言,"人类命运共同体"是一个植根历史、面向未来、立足中国、朝向世界的深邃思想体系。其中不仅蕴含着中国深入推进世界经济一体化的历史责任感,同时也蕴含着中国进一步促进人类文明进步,创建"美美与共""天下大同"的文化使命感。它并非一个封闭的孤立体系,而是一个开放的合作体系。正如习近平总书记在庆祝中国共产党成立95周年大会上的重要讲话中所谈到的:"历史没有终结,也不可能被终结。"①

今天的中国,是历史上的一个中国,同时也是迈向现代化、放眼世界的中国。中国特色社会主义的伟大历史实践,是马克思主义理论与中国文化传统的内在延展。它不仅拓宽了民族国家走向现代化的理论路径,同时也丰富了人类对于社会发展规律与发展道路的认识,更向世界展示了中国特色社会主义文化的丰富内涵:一方面,它是一个立足中国、胸怀历史、充满动量的文化体系;另一方面,它是一个面向世界、面向未来、开放多元的文化体系。它不仅显示了我们坚定的道路自信、制度自信、理论自信与文化自信,更以"中国智慧"的方式,向全世界显示了社会主义制度的优越性与吸引力。

百年华诞时,回首来时路。中国共产党在这波澜壮阔的一百年间,尤其是在新中国成立七十多年的风雨历程中,为了中国的自由与解放、繁荣与稳定、开放与探索,付出了不懈的努力。中国共产党的文化使命,

---

① 习近平:《在庆祝中国共产党成立95周年大会上的讲话》,北京:人民出版社,2016年7月,第13页。

不仅焕发了中华优秀传统文化的现代光辉、引领了中国人民自由解放的革命征程，更指明了中华民族伟大复兴的道路方向。"经天纬地曰文，照临四方曰明。"文明，就是普照天下的光耀。中华文明的伟大复兴，必须建立在全人类的视野之上；世界文明的更新转化，也离不开中华优秀传统文化的创造性转化和创新性发展。当代中国为创建"人类命运共同体"所贡献的"中国智慧"与"中国方案"，蕴含着"开放包容、互学互鉴"的文化理念，对于加强不同文明之间的交流对话、促进世界文明的繁荣发展具有深远意义。我们相信，中华民族的伟大复兴，将不仅在于实现中国的现代化与中国人民的美好生活，而且在于造福全世界的人民，推进全世界的和平与发展。因此，新时代中国共产党的文化使命，不仅是传统中国的担道情怀与天下关怀的现代书写，同时也是一个来自人民的现代政党向未来中国与人类文明，所交出的一份时代答卷。

（作者系中央党校文史部副教授）

社会主义文艺是人民的文艺

——党领导的百年文艺始终坚持"以人民为中心"

毛时安

2014 年 10 月 15 日，习近平总书记主持文艺工作座谈会并发表了重要讲话。此后，习近平总书记又在多个场合多次发表相关讲话，还先后给部分文艺单位和个人写信、回信，充分体现了党中央对文艺工作的高度重视、对广大文艺工作者的殷切关怀。习近平总书记的讲话和信件，思想深刻、语气亲切，可谓字字珠玑、句句真理。其中对于"以人民为中心"的创作导向的表述，尤其如此："社会主义文艺，从本质上讲，就是人民的文艺"，"文艺要反映好人民心声，就要坚持为人民服务、为社会主义服务这个根本方向"。历史唯物主义认为，人民群众是社会实践的主体，也是书写创造历史的主体。

100 年来中国共产党领导中国的文学艺术，犹如一条波澜壮阔生生不息的长河，倒映着 100 年来发生在中国大地上可歌可泣的历史风景。而以人民为中心的创作导向，是中国共产党文艺思想的核心精神和理念，是贯穿于 100 年中国现当代革命文学、先进文学艺术的一根主线、红线。

一、人民，永恒而不断深化的艺术形象

可以说，中国革命文艺、社会主义文艺从呱呱坠地那天起，高扬的旗帜上就书写着两个永恒的大字，那就是"人民"。中国共产党全心全意为人民的党性宗旨决定了其文艺必然要提倡、坚持以人民为中心的创作导向。在这一坚持中，"人民"作为中国革命文艺和社会主义文艺的"第一主角"始终不变地成为我们表现的中心和重心，但同时又随时代的发展而呈现着不断的变化和深化。

中国左翼作家联盟（以下简称"左联"）的创作实践是中国共产党第一次成规模成系统的"以人民为中心"的探索。"左联"顺应世界左翼文化潮流，倡导"普罗大众文艺"。诚如鲁迅先生说的那样，无产阶级革命文学，是属于革命的广大劳苦群众的文学。在"左联"掀起的文学艺术浪潮中，我们第一次看到了苦难挣扎的"人民"群像：春宝娘成为地主的典妻"为奴隶的母亲"，沿着浙东山区崎岖的小道走来；杨树浦纺织厂的面黄肌瘦的包身工在寒夜的风里颤抖；生死场上"北方人民对于生的坚强，对于死的挣扎"，他们的决心和反抗；还有蚕农老通宝沉重的叹息、江南小镇贫苦寡妇文嫂悬梁自尽……而在"左联"党的电影小组领导下，中国进步电影严谨而艺术地推出了《风云儿女》《大路》《十字街头》等四十多部真实表现人民苦难和抗争的杰出影片。其中的插曲《渔光曲》《毕业歌》《大路歌》成为中国音乐中的经典歌曲，《义勇军进行曲》的不朽旋律更是成为中华人民共和国的国歌。为了人民的文学，"左联"作家柔石、殷夫、冯铿、胡也频、李伟森等最终如鲁迅所言"在最黑暗里，用我们的同志的鲜血写了（中国的无产阶级文学）第一篇文章"，染红了龙华的桃花。

1942 年 5 月，毛泽东同志在《在延安文艺座谈会上的讲话》中指出，"我们的文学艺术都是为人民大众的，首先是为工农兵的"。以工农兵为主体的人民群众通过"土改"成为解放区根据地的主人，并开天辟地获得了"人民"这一庄严神圣的历史称谓。人民，作为文艺的主体地位得到了明确的认定和彰显。在中国共产党"为人民大众"的旗帜下，作家、艺术家大批深入实际火热的革命斗争一线。为着解放、自由而投入革命斗争的"人民"群像，第一次屹立在文学艺术的长廊里。在《李有才板话》《小二黑结婚》《王贵与李香香》《吕梁英雄传》《荷花淀》《太阳照在桑干河上》里，我们感受到人民在革命斗争风暴中冲破旧世界，挣脱精神枷锁，对美好生活的向往、对自由爱情的追求。秧歌剧《夫妻识字》《兄妹开荒》以带着泥土气息的清新、亲切，展现了中国农民在扫盲、大生产运动中喜悦谐趣的生活状态。古元、力群、彦涵等一大批版画家则把鲁迅提倡的新兴木刻运动的战斗精神带到解放区。特别是合唱《黄河大合唱》和歌剧《白毛女》，前者借鉴西洋合唱的形式和民族韵致的曲调，以史诗的壮阔唱出了中华民族黄河般的咆哮。后者则在喜儿"旧社会把人逼成鬼，新社会把鬼变成人"的境遇中，关注人的主题、人的尊严和解放。1942 年，党领导的文学艺术塑造的"人民"身上，体现了人民革命和人性启蒙的高度统一，开启了"人民文艺"的新时代，也为抗日战争和人民解放战争的最终胜利，为新中国的成立树立了"人民"这座艺术的丰碑，一座文艺的"人民英雄纪念碑"。诚如 1949 年周扬所言，"解放区的文艺是真正新的人民的文艺"。人，是文艺永远的主题、永恒的主题。其实党领导的 100 年中国先进文艺始终围绕着人的主题展开。我们从歌剧《小二黑结婚》、沪剧《罗汉钱》、越剧《梁山伯与祝英台》、评剧《刘巧儿》等作品中可以看到，以女性解放为先导，预示了中国人民作为人的"整体"的解放。

1949 年新中国成立以后，"以人民为中心"文艺创作中的"人民"大体有以下随时代发展而发生的变化和不断升华。

以歌曲《歌唱祖国》为标志，20 世纪五六十年代文艺中的"人民"充满了对新生活的渴望，对劳动和建设的由衷礼赞，洋溢着一股青春的热烈。长篇小说《百炼成钢》《青春万岁》《山乡巨变》《创业史》《李双双》《上海的早晨》《香飘四季》、报告文学《为了六十一个阶级弟兄》《小将们在挑战》以恢宏的气度再现了社会主义建设初期朝气蓬勃的建设中工人农民和建设者们昂扬向上的精神气质。诗人贺敬之的《放声歌唱》《雷锋之歌》《三门峡·梳妆台》《西去列车的窗口》、郭小川的《向困难进军》《甘蔗林——青纱帐》、闻捷的《天山牧歌》《复仇的火焰》、李季的《石油诗》洋溢着新中国青春期豪迈和浪漫的诗情。戏剧舞台上的《霓虹灯下的哨兵》《第二个春天》《激流勇进》《南海长城》《朝阳沟》,银幕上的《护士日记》《我们村里的年轻人》《女篮5号》《老兵新传》《五朵金花》《农奴》《大李小李和老李》《满意不满意》《年青的一代》《雷锋》等展现了各行各业各族人民在工厂、农村、街道、边疆,翻身解放建设新中国的主人形象。

新中国是在血与火的炼狱中诞生的。在历次国内革命战争和抗日战争中前赴后继英勇牺牲的几千万英烈,书写了人类战争史诗为着自由独立解放浴血奋战的最为壮丽的篇章,也是一条不断开掘向前的文艺洪流。所以,战斗、牺牲的"人民"也是新中国文艺的主角,既有长篇小说《红日》《红岩》《红旗谱》《林海雪原》《逐鹿中原》《古城春晓》、话剧《万水千山》、电影《渡江侦察记》《地道战》《地雷战》《南征北战》《大决战》等金戈铁马、洪钟大吕的史诗式宏大叙事,也有《铁道游击队》《烈火金刚》《敌后武工队》等类武侠式情节惊险曲折、畅销且充满市井气息的传奇故事。特别值得关注的是,滔滔大河边有一道温婉的小溪流,以水彩的风格讲述着革命战争中另一面的动人故事,如小说《百合花》《党费》《七根火柴》《青春之歌》《野火春风斗古城》《三家巷》《苦斗》、诗歌《雪与山谷》、电影《柳堡的故事》《革命家庭》。英雄主义、理想主义、浪漫主义是这些作品中高高举起熊熊燃烧的三把火炬,既照亮了过往的历史,也为新中国在既波澜壮阔又崎岖艰难的道路的前进,提供了巨大的精神力量。

新时期、新世纪、新时代,"人民"展示了改革、开放、昂扬、创造创新、意气风发的形象。奋进小说《乔厂长上任记》《沉重的翅膀》《人生》《平凡的世界》《蹉跎岁月》《哦,香雪》《生活的路》《孽债》重新激活、接续了文学和现实生活血脉相连的纽带。歌曲《祝酒歌》《在希望

161

的田野上》《春天的故事》《走进新时代》《江山》成为一个由声音留下的时代脚印。歌曲《难忘今宵》总在除夕温馨地把每一个中国人送到愈加美好的来年。影片《离开雷锋的日子》《焦裕禄》《孔繁森》《横空出世》《生死抉择》《钢的琴》《战狼Ⅱ》《红海行动》、电视剧《渴望》《编辑部的故事》《外来妹》《十六岁的花季》《激情燃烧的岁月》、戏剧《父亲》《西京故事》《迟开的玫瑰》《挑山女人》展现了改革开放四十年来人民的渴望、欢欣、艰辛和奉献。与20世纪五六十年代的"新人"不同，现在的"新"除了理想、希望、成就，同时不乏生活自身的沉重和艰难。艰难困苦，玉汝于成，从中让人们看到一个民族在发展和进步的道路上留下深深足迹的"人民"。而党的十一届三中全会后，小说《伤痕》《班主任》《灵与肉》《绿化树》《蹉跎岁月》、话剧《于无声处》《报春花》《丹心谱》、电影《牧马人》《芙蓉镇》《天云山传奇》反映了经过十年"文化大革命"人的意识的觉醒，传达了"人民"深刻的历史反思，成为改革开放的号角和先声。

而人民形象的永恒和变化的内驱力，正在于党的"以人民为中心"创作导向的不断发展、不断深化、不断清晰明确。1980年，党中央明确了"文艺为人民服务、为社会主义服务"的"二为"方向。邓小平同志在第四次全国文代会上深情地指出"人民是文艺工作者的母亲"，同时揭示了"人民需要艺术，艺术更需要人民"的二者关系。江泽民同志提出，"在人民的历史创造中进行艺术的创造，在人民的进步中造就艺术的进步"。胡锦涛同志强调，"一切进步的文艺创作都源于人民、为了人民、属于人民"，"只有把人民放在心中最高位置，永远同人民在一起，坚持以人民为中心的创作导向，艺术之树才能常青"。

党的十八大以来，习近平总书记站在新的时代高度开创性地确立了"以人民为中心"核心理念的治国理政的思想体系，第一次把"以人民为中心"的创作导向纳入"以人民为中心"的执政体系，赋予这一导向以重大价值和意义。同时，围绕"以人民为中心"的创作导向展开了全方位的丰富而独创性的论述，从而实现了"以人民为中心"的创作导向从号召到完整的理论论述的重大转换，使之成为习近平新时代中国特色社会主义思想的重要组成部分。正如习近平总书记在文艺工作座谈会上的讲话中指出，"以人民为中心，就是要把满足人民精神文化需求作为文艺和文艺工作的出发点和落脚点，把人民作为文艺表现的主体，把人民作为文艺审美的鉴赏家和评判者，把为人民服务作为文艺工作者的天职"。

正是在"以人民为中心的创作导向"的思想引领下，党的十八大以来，文艺创作出现了一批艺术精湛、深受广大人民群众喜爱的精品力作。就以近期而言，舞台剧《永不消逝的电波》《深海》《雨花台》《柳青》《平凡的世界》《路遥》《沂蒙山》《陈奂生的吃饭问题》《草原英雄小姐妹》等强攻硬核题材，把以人民为中心的创作提到了一个新的高度，在艺术呈现和人物塑造上取得了许多新鲜的经验和突破。而影视剧《觉醒年代》《山海情》《大江大河》《北平无战事》《跨过鸭绿江》《我和我的祖国》《金刚川》《我和我的家乡》《战狼Ⅱ》《红海行动》等都在人民书写历史上展现了新的时代气象。"以人民为中心"，完全摆脱了概念化、模式化的窠臼，实现了"人民不是抽象的符号，而是一个一个具体的人，有血有肉，有情感，有爱恨，有梦想，也有内心的冲突与挣扎"的创作追求，从而"坚定人们对美好生活的憧憬和信心"。

以我的学习体会，我认为就文艺创作者而言，"以人民为中心"首先是要明确起点，并向内注入自身、塑造自己的灵魂。必须看到，人民是我们文艺创作的起点，正因为人民为我们提供了素材、养料和灵感，因此文艺作品理所当然地要以人民为主角。其次是要明确归宿，并向外进行传播、引领社会的风尚。文艺工作者的作品必须使人民群众感受到中华美学精神的享受和喜悦，认识到自己创造时代、发展社会的价值和意义。

二、以人民为主角——创作方向谈

千秋伟业，百年风华，人民至上，人民万岁。2021 年是中国共产党成立100周年。100年来，在中国共产党的领导下，我们经过了艰苦卓绝的奋斗，尽管其间经历了许多曲折，甚至犯过"文化大革命"这样的严重错误，但总体上为中国走出积贫积弱、落后挨打的历史奠定了一个坚实的发展格局。改革开放的四十多年来，中国的经济、社会更是经历了前所未有的令全世界为之震惊的巨大变化和进步。2020年更是守望相助、万众一心的磅礴力量抗击肆虐全球的新冠疫情的一年，最早走出严重的困境。在这场没有硝烟的疫情防控阻击战中，全国346支医疗队、4.2万多名医护人员逆风而上，以万众一心的磅礴力量迎难而上，为打赢这场战役贡献力量。党的十八大以来的8年中，近1亿人摆脱贫困，14亿人共同迈进小康生活。而创造这些人类历史上从未有过的奇迹的主体，就是全体中国人民。由此可见，中国的现当代文学艺术的最大优势，就在于时代变化的巨大幅度和社会生活的极大丰富——100年前，清政府代表屈辱地坐在《辛丑条约》的签字桌前，怎么会想到中国企业会进入世界五百强，而且名列前茅？当年我们仰望比尔·盖茨、乔布斯的时候，怎么会想到日后一批中国高科技企业横空出世？ 100年来，无数中华儿女前赴后继英勇牺牲，用他们的青春和热血换来了五星红旗的高高飘扬；用他们辛勤的劳动和汗水，用他们艰苦卓绝的努力，让神州大地不再一穷二白。改革开放，更使全国人民共同奔向美好未来。这些都是历史上从未有过的足以令我们祖先欣慰的崭新历史篇章。人民，只有人民，才是推动历史前进、创造历史的真正力量。在脱贫攻坚斗争中，1800多名同志的生命定格在脱贫攻坚征程中。没有人民的创造、奉献和牺牲，就不可能有今天的中国！中国的普通百姓，正是最值得我们文艺工作者用心去爱、用情去写的人。他们怀抱的理想和追求，他们承受的苦难和压力，他们克服的艰难和险阻，从他们的喜怒哀乐中透射、焕发的理想主义、英雄主义、埋头苦干、吃苦耐劳、甘于奉献的精神，值得我们文艺工作者用自己的一生，用自己的全部心力去为之描画、为之赞美、为之服务。毫不夸张地说，今天的中国是全世界素材最丰富、内容最多样的文艺富矿，中国是当之无愧的文艺素材的大国。各国作家、艺术家只要来到中国，无不惊叹、震撼于这一点。一位爱尔兰作家每天听着上海熙熙攘攘的街头声音，由衷地赞美："我的窗外就是一首上海交响乐！"他希望通过在上海的写作，让世界各国读者了解巨变中的中国，特别是普通上海人的生活变迁及思想情感。一位挪威作家欣喜地说："上海是未来。我来上海后，就成为了这未来中的一分子，这对我而言是个美丽的惊喜，因为一直以来，我认为自己只是属于'曾经'而已。"诺贝尔文学奖得主、法国作家勒克莱齐奥十分认同为人民而写作的理念。他认为，中国小说为普通人而写，这种面向大众的文化精神，早在孔子"有教无类"的教育思想中就体现出来了。

外国作家艺术家如此，作为中国的文艺工作者，我们更有责任、更理所应当地表现我们的人民，为他们树立一座座足以传世的文学艺术的丰碑。这就是"以人民为中心的创作导向"，每一位有良知、有追求的文艺工作者必须"始终把人民的冷暖、人民的幸福放在心中，把人民的喜怒哀乐倾注在自己的笔端"。

三、供给侧的思考——创作目的谈

从计划经济时代到中国特色社会主义市场经济时代，"以人民为中心"一直是永恒的命题，也始终充满着具体而复杂的变化。我们必须意识到，要将"以人民为中心的创作导向"真正落到实处、细处，是一个与时俱进、守正创新、不断自我革新的使命。

人民，既是一个永恒的概念，又是一个内涵和外延随时代不断变化的范畴。作为文艺创作的目标群体，如今的"人民"相比过往年代的"人民"，发生了巨大而深刻的变化。在阶级矛盾、民族矛盾主导的时代，人民是一个十分清晰、有着矛盾和斗争对立面的群体；在计划经济时代，人民是一个相对整体划一的群体。他们的衣食住行大体一致，物质和精神生活基本相似。但在市场经济时代，"人民"已经成为象征经济收入落差大、思想活跃度高、审美趣味多样化、地区发展不平衡等的词语，代表情感强烈丰富的具有个性色彩的群体。有鉴于此，"文艺为什么人"的问题已经不再是一个绝对固化、明确、整齐，具有完全、简单一致性的课题了。

面对这样的"人民"，文艺创作要具备"供给侧的思考"，即从供需关系的时代变化，来创作、提供、满足社会大众各向度、各层次、各种品位和趣味的精神文化需求。党的十九大报告指出："我国社会主要矛盾已经转化为人民日益增长的美好生活需要和不平衡不充分的发展之间的矛盾。"我们的文艺创作和传播，就要按十九大报告所要求的那样满足人民过上美好生活的新期待，必须提供丰富的精神食粮；不断深化供给侧结构性改革，把提高供给侧体系的质量作为主攻方向。

舞剧《永不消逝的电波》问世后成为一部现象级的新作品，它是个值得关注研究的对象。它充满青春活力和时代气息的艺术想象，以崭新的舞蹈叙事和精准细腻的人物塑造，再现了共产党人李侠、兰芬夫妇以爱和信念支撑起来的高贵灵魂。该剧每年演出超过百场，全国巡演几乎场场爆满，多次加演仍一票难求。该剧之所以广受人民群众的欢迎，是因为它唤醒了人们沉睡的历史记忆、触动了观众的心灵，尤其是受到了年轻观众的广泛好评，发出了"我们把掌声献给英雄，把泪水留给自己"的赞叹。大量的90后、00后自发"二刷""三刷"，苏州一位年轻警察五次开车来沪追剧。该剧在广州大剧院演出时，一位观众带着母亲从长沙一路追剧，这已是她第9次进场观剧了。在舞剧《永不消逝的电波》的供给侧看来，需方已不再满足一般化、"大路货"的精神文化产品，不再满足简单化、脸谱化的艺术表达。当代文艺的有效性，必须在受众的接受中才能充分实现，何况今天的观众与老一代观众相比，既有审美代际的叠加，更有审美代际的差异。他们见多识广，思维更敏捷、观念更创新，正期待着能征服他们、超越他们的艺术而不是落后于他们所期待的"艺术"。

当前文艺创作正在实现供给侧的突破。话剧《深海》《柳青》真切展现了人民科学家、人民作家最"人化"的可亲近可感受的艺术魅力。《觉醒年代》正面反映中国共产党成立前后马克思主义在中国的传播。作品以早期中国共产党人在时代激流中激情澎湃寻找真理的青春形象形成了与当代受众的热烈共情。电视剧《山海情》则以最直接的感性呈现，直面中国脱贫的艰难进击。坚持"以人民为中心"，就必须解放思想，突破那些束缚艺术创作的思想的牢笼。如果艺术创作自我画地为牢，这也不行那也不行，就会使"以人民为中心的创作导向"成为空洞的口号。就供给侧而言，如何提高全系统的质量已经成为文艺创作的重中之重。而目前文艺创作面临的瓶颈，正是精品太少，粗劣之品太多。接受美学认为，文艺创作必须以受众为中心，充分顾及读者阅读、欣赏的精神需求。尤其是我们必须接受广大青年受众的检验，获得他们发自内心的认可。可以说，以人民为中心的创作导向，已经成为艺术家们创作的共识，关键在于逐渐实现美学品格和观众需求、市场需求的结合、统一。我们要努力用更多习近平总书记称赞的"像蓝天上的阳光"一样的好作品，去照亮世界、温暖人心。

四、深入生活永不歇——创作方法谈

进入新时代以来，现实题材创作已成为文艺主潮，从中可见一些感人的作品，可感众多创作者们的热情。但遗憾的是，其中仍有不少作品明显缺乏生活的基础、生活的质感，个别甚至靠着新闻报道和艺术技巧在"硬编"。

生活是文艺创作的源泉。深入生活是所有文艺工作者成功的唯一法门。正如巴金所说："如果你在自己身上找不到欢乐，你就到人民中间去吧！"1986 年，他在《致青年作家》一文中写道："所谓划时代的巨作不是靠个人的聪明才智编造出来的，它是作家和人民心贴心之后用作家的心血写出来的。"20 世纪 50 年代初，巴金自愿参加抗美援朝志愿军慰问团，亲赴朝鲜战场深入生活将近半年。他冒着极大的生命危险，终日在前线战壕里与最可爱的人同甘共苦，开掘了他们内心深处不惜生命、保家卫国的美丽、坚强，并创作了小说《团圆》和一批散文作品。《团圆》很快被改编为家喻户晓的电影《英雄儿女》，英雄王成"向我开炮"的呐喊，成了几代人永恒的记忆。著名油画家王式廓以中国农村土改为题材的巨幅油画《血衣》，从延安时期产生了初步想法，到1949年参加北京郊区土改，1954年完成草图，1957年完成大样，再到1973年基本完成油画，历经了20多个春秋寒暑。20多年间，王式廓不断地去农村深入生活，对中国农民在历史瞬间爆发出来的情感和行动，有了真切的体悟和透彻的理解，可谓"二十年磨一画"，使鲜活的生活最终成为永恒的作品。

而今年出现的优秀的以人民为中心的文艺作品，背后大都有着艺术家无条件地深入生活，被生活和原型打动的感人经历。电视剧《山海情》获豆瓣平台9.4分的"爆款"高分，一个重要原因就在于所有演员在沙尘飞扬、空气干燥的戈壁荒滩，重新经受、体验了一遍当地百姓20多年的艰苦奋斗。

我们已进入了一个以互联网为重要传播手段的信息时代。根据We Are Social和Hootsuite发布的最新统计，2021年1月全球网民数量已经达到46.6亿人，全球互联网普及率达到59.5%，全球目前约有52.2亿人正在使用手机。2021年2月，中国互联网络信息中心（CNNIC）发布的第47次《中国互联网络发展状况统计报告》显示，截至2020年12月，我国网民规模为9.89亿，互联网普及率达70.4%。据国家统计局相关调查显示，截至2020年年底，我国全年移动互联网用户接入流量1656亿GB，手机上网人数9.86亿人。数据足见，社会和生活的信息以空前的速度传播着，以空前的规模累积和扩散着。有人问，难道这么庞大的信息，还不足以支撑文艺创作的需要吗？还需要我们继续用传统的深入生活的方式去进行创作吗？对第一个问题，我的回答是否定的；对第二个问题，我的回答则是肯定的。

我无意抹杀互联网给世界、给人类带来的积极的变化。我只是想指出事物的另一方面。网络世界包括其提供的信息，对于文艺创作来说有着明显的、重大的缺陷。因为它是一个虚拟的世界，它的喧哗和热闹其实是没有生命温度、生活热度的冰冷的东西，它数量虽多、规模虽大，但缺乏文艺创作所必需的生活质感和人性肌理，没有那种人与人直接接触所能得到的"体验"及其碰撞的光亮。文艺创作，绝不能只依靠一个数码堆积的符号化、碎片化的世界，绝不能满足在一个从网络文字符号到转换文学符号的过程中。由于网络信息庞杂到眼花缭乱的程度，而其意义所指则是众声喧哗和意象模糊的，因而据此"创作"出来的东西，往往缺乏整体思考，显得扁平化，令人深陷于非理性的摩擦和强烈的片面性中。美国记者、经济学家托马斯·弗里德曼在《世界是平的》一书中认为，在经济一体化时代，我们生存的世界正在被抹平：人们靠鼠标点击可以越过万水千山，抹平高山大海，铲平了高高低低的世界市场。一个非直接接触的网络世界也把生活和现实压缩成一个看似一览无余的平面了。我们可以在瞬间知道的世界，却既没有实际生活和人性的纵深感，也没有人物丰满凹凸的立体感，我们得到的其实只是一个平面的表象。英国作家福斯特把小说人物划为"圆形人物""扁平人物"两类，认为创作者倘若主要凭借网络世界提供的素材，甚至沉湎于网络世界的虚拟生活中，充其量只能制造出干瘪苍白没有血色的"扁平人物"，而断断创造不出丰满立体感人的"圆形人物"来。

还有人问，深入生活，难道我自己的生活就不是生活，我还不够深入它吗？我的回答，当然是，但还很不够。对于以文艺创作为业的人来说，在漫长的创作生涯中，自己的生活作为创作素材会逐渐收缩，类似池塘的淤积。"问渠那得清如许，为有源头活水来"，只有深入生活，才能引进"源头活水"。文学艺术的成功，第一推动力来自生活，第二推动力来自创作主体，包括他们的才华才情、艺术想象、创作状态、对艺术的理解和把握……

不仅是现实题材，即便是历史题材也需要来自现实生活的营养和灵感。京剧名家尚长荣创排《贞观盛事》时，就多次到陕西实地考察，体会历史中激发出来的现实激情。因此，他在台上的表演虽是业已成为历史的人物和故事，但每一个观众都可以从中听到当代中国在历史画卷中激起的回声。

总之，无论何时何地，深入生活不仅没有过时，而且需要不断强化深化。这就是习近平总书记反复强调作家、艺术家深入生活的根本原因。深入生活，不仅有助于我们体验现实生活的感性形态，直接触碰、触摸生活的质感，特别是鲜活的生机勃勃的、创造推动着社会前进的、活生生的"人"，和人的灵魂、精神、情感的真切脉动，更有助于我们准确全面地把握理解真实的生活和生活背后的意义。熟悉自己陌生的"他者"的生活，并把"他者"的生活转化为自我生活体悟的有机成分，从而创作出洋溢着生活勃勃生机的优秀的文学作品，诚如习近平总书记所说："文艺创作方法有一百条、一千条，但最根本、最关键、最牢靠的办法是扎根人民、扎根生活。"

艺术可以放飞想象的翅膀，但一定要脚踩坚实的大地。这个大地不是别的，就是人民，就是生活。

（作者系中国文艺评论家协会原副主席）

中国共产党引领文艺的创新发展

张德祥

一百年来，中国文艺走过了一条具有民族特色、时代特征、艺术特性的创新发展道路，出现了一批反映中华儿女自强不息、英勇奋斗、实现民族复兴的经典作品，传达中国人民心声，体现中华民族审美追求，具有中国作风、中国气派，为世界艺苑增添了醒目的中国色彩，对世界文艺是一种独特贡献。百年来，中国新文艺的发展与中国共产党关注文艺、重视文艺、领导文艺的实践是分不开的，中国共产党的思想理论和价值观深刻地影响了中国新文艺的发展路径，为文艺注入了新的精神元素，促进了中国文艺的创新发展。这种创新发展主要体现在以下几个方面。

一、始终发挥文艺为人民服务的社会功能

没有任何一个时代的文艺像 20 世纪的中国文艺这样，具有强烈的"人民性"。这种"人民性"不同于历代文艺作品中表现出来的对劳动人民的同情和悲悯。当然，像屈原、杜甫、白居易、柳宗元等古代伟大诗人"惟歌生民病，愿得天子知"的人道主义精神是可贵的，他们能做到的就是"长太息以掩涕兮，哀民生之多艰"，抨击"苛政猛于虎"，"苛政毒于蛇"，"朱门酒肉臭，路有冻死骨"，他们念系着苍生的安危冷暖，

这是诗人的仁心和良知的表达。杜甫的"三吏三别"也直接描写了酷吏对人民的残暴，这些诗无疑是替人民发声的，但毕竟这样的作品在整个文艺史上是不多见的。人民往往是同情的对象，但不是文艺的主角。20世纪的中国文艺，之所以是新文艺，一个最鲜明的特征就是不断增强的"人民性"。这不仅是新文化运动之后，一些作家如鲁迅、茅盾等人自觉地把目光投向农民，把农民作为描写对象，关注农民的生存状态与精神状态，表现农民在封建礼教荼毒下的麻木，以惊醒国人，改造国民性。中国共产党成立之后，依据共产党的宗旨、纲领、理论和实践，必然要把文艺纳入社会革命的系统之中。"全心全意为人民服务"的宗旨决定了中国共产党领导的文艺必然要贯彻这一宗旨，因此，中国共产党领导文艺，就是发挥文艺为人民服务的社会功能。如何更好地实现这种功能，共产党人在马克思主义文艺理论指引下，在创作实践中探索前行。经过20世纪30年代的左翼文艺运动，到1942年，毛泽东主持召开了延安文艺座谈会，总结革命文艺的经验教训，中国共产党形成了领导文艺的价值体系和理论体系，核心就是"为群众和如何为群众的问题"，并且真正找到了"如何为群众"的路径与方法。这就是到火热的生活中去，到人民群众中去，与人民群众相结合，把自己的思想感情和立足点来一个彻底的转变，只有在思想感情上与人民群众打成一片，创作才能真正表达人民的意愿，作品也才能为群众所喜闻乐见。

延安文艺座谈会之后，大批艺术家走到人民中间去，走向生产一线，走向战场一线，接受生活和实践洗礼，不仅接通了生活源泉，而且接通了人民情感。此后产生的作品如《小二黑结婚》《王贵与李香香》《白毛女》《太阳照在桑干河上》等等，活灵活现的农民和战士形象扑面而来，但他们不再是麻木和愚昧的代名词，而是经过革命思想启蒙的一代新人，他们不仅要掌握自己的命运，还要改变中国的命运，他们正在成为新的历史的创造者。人民群众大踏步走进文艺作品并成为主角，极大地改变了自古以来的文艺面貌，改变了文艺的风气，由此开启了"人民文艺"的时代，使文艺扎根于人民大众，从而具有了丰富的营养、深厚的情感、巨大的力量，创造了一种属于中国特有的与人民群众血脉相连的文艺现象，集中体现为文艺的"人民性"。毫无疑问，这是中国共产党的宗旨和实践对文艺发生的影响，为文艺注入的新的精神元素，是中国共产党领导文艺的伟大创新和创造。可以说，没有中国共产党对文艺的领导，就不可能有"人民文艺"的时代，也不可能有融入了人民情感、人民意志、人民力量的艺术创造。人民性，既是艺术的源泉所在，也是艺术的价值所在。

二、始终引导文艺发挥"火炬"和"号角"的作用

中国新文艺与旧文艺的另一个重大区别是民族自信心的确立和英雄主义的生成。众所周知，1840 年鸦片战争之后，中国沦为了半殖民地半封建社会。此后的一系列失败与颓败，一次次割地赔款与丧权辱国，使一种失败主义情绪笼罩神州大地，连朝廷也奉行"量中华之物力，结友邦之欢心"，甘当洋奴，苟活于世。这是失败主义者的逻辑。由失败而悲观，由悲观而绝望，"哀莫大于心死"。失败主义、悲观主义是近代中国的精神黑洞，它吞噬着一个古老民族的精神能量。中国共产党成立的初心和使命，就是为中国人民谋幸福、为中华民族谋复兴。救国救民，首先是要救"心"，救"信心"，以理想和希望照亮人心，坚定中华民族自强不息的信心，这就是"心之力"，就是民族精神。要建立一个没有剥削、没有压迫、人人平等的公平社会，就要有与邪恶势力斗争到底的决心，就要有战胜一切强敌的勇气，这就是英雄主义。可以说，中国共产党的理想信念不仅鼓舞着共产党人赴汤蹈火、前赴后继，而且深刻地凝聚着中华民族的民族精神，广泛地唤醒着中华民族的英雄主义，也必然影响着文艺创作。这就不难理解，为什么只有在中国共产党的队伍里才能产生《黄河大合唱》这样唤醒民族精神、凝聚民族力量的气势磅礴的作品。

中国共产党领导文艺，并不是具体要求文艺家写什么和怎样写，而

173

是更注重精神引领和价值观导向，引导文艺发挥"火炬"和"号角"的作用，以启蒙民族精神，铸就民族信心，激励人民敢于斗争、敢于胜利的勇气。这是与中国共产党领导的革命实践一脉相承的。在民族危难之际，文艺不是消闲的工具，而是承担着"团结人民，打击敌人"的使命，因此，文艺聚焦于人民大众的革命斗争生活，产生了一大批表现中国人民反抗帝国主义侵略的优秀作品，如歌曲《黄河大合唱》《义勇军进行曲》《可爱的中国》《吕梁英雄传》《东方》《荷花淀》、影视剧《英雄儿女》《上甘岭》《红旗谱》《林海雪原》《青春之歌》和大型音乐舞蹈史诗《东方红》等等，这些作品贯穿着一种觉醒了的民族精神，贯穿着一种英雄主义气概，极大地提升了中国文艺的思想内涵和精神能量，增强了中华民族的自信心。那种曾经笼罩在中国人心头的失败主义迷雾与"东亚病夫"的阴影被一扫而空，人们看到的是一个古老民族在反抗和斗争中的觉醒与新生，艰难困苦而不屈不挠，向死而生又生机勃勃，中国文艺的精神面貌焕然一新。这些作品所形成的英雄主义传统一直延续到后来的创作中，如电视剧《长征》《亮剑》《跨过鸭绿江》等。很显然，这种变化，是中国共产党的理想信念和价值观对文艺产生的影响，是中国共产党领导文艺走上了一条民族自信的英雄主义审美大道。也因此，中国的新文艺，主要体现的是崇高美学精神——因为，中华民族从衰落走向复兴的历史进程中有太多的英雄儿女付出了生命，牺牲铸就了崇高。放眼世界，20世纪，没有任何一个国家的文艺像中国文艺这样具有鲜明的、突出的崇高美学精神，这是一种独特的美学色彩，因为它是"血染"的。一个古老民族的鲜血染就了一种美学色彩，因而是一种独特的艺术创造。

三、始终适应时代发展要求，百花齐放，推陈出新

"百花齐放，推陈出新"，是党的文艺方针，也是党领导文艺力求达到的效果。文艺的生命在于创新。中国共产党领导文艺，非常重视传统艺术形式如何适应时代发展要求，实现创造性转化和创新性发展，推陈

出新。既要继承民族艺术传统，又要适应新文化建设需求，这就要在继承中创新，在创新中继承。早在延安时期，就提出了民族艺术形式问题，提出了旧剧改造问题。新中国成立之后，大批文艺家深入民间，收集民歌、民间故事和传说，加以整理改造，创造出了一批新的艺术作品，如电影《刘三姐》《阿诗玛》等，深受观众喜爱。在这方面，成就最突出的是旧剧改造、戏曲改革，使传统的戏曲形式能够表现现代人的生活，如豫剧《朝阳沟》就是成功的范例。当然，戏曲改革成就最引人注目的还是京剧。戏曲中的一些经典唱段，至今仍然在民间流传，深受大众青睐。可以说，这就是推陈出新，就是创新性发展。任何一种艺术形式，一旦故步自封、止步不前，就会和时代脱节，失去表现现实生活的能力，就难免小众化，甚至边缘化。因此，传统艺术形式的活力，就体现为反映时代生活的能力，体现为新的经典作品的不断问世。

同样，中国文艺创新的另一面是对世界其他民族艺术形式的吸收、借鉴、创新。交响乐、歌剧、芭蕾舞、油画等西方艺术形式引进中国之后，经过中国艺术家的改造和创新，以适应表现中国题材，取得了显著成就。油画的"中国风"就很有力量，时代精神和中国气派油然而生。《白毛女》《洪湖赤卫队》《江姐》等歌剧，表现中国革命历史，完全成为中国化的一种新的艺术形式，所塑造的人物形象家喻户晓，其音乐和唱段堪称典型，在民间口口相传，久唱不衰。更值得称道的是芭蕾舞剧《红色娘子军》，在世界舞台常演常新，为西方观众所惊叹，芭蕾舞居然可以这样表现旧社会妇女在党的领导下，为自由和解放而战的革命精神和英雄气节，且表现得如此生动贴切，内容和形式达到了完美融合，可谓美轮美奂又气势恢弘。可以说这是中国文艺在芭蕾舞形式上的独特创造，独树一帜，对芭蕾舞有独特的贡献。

习近平总书记在文艺工作座谈会上的讲话中指出，"历史和现实都证明，中华民族有着强大的文化创造力。每到重大历史关头，文化都能感国运之变化、立时代之潮头、发时代之先声，为亿万人民、为伟大祖国鼓与呼。中华文化既坚守本根又不断与时俱进，使中华民族保持了坚定

175

的民族自信和强大的修复能力，培育了共同的情感和价值、共同的理想和精神"①。回望百年来中国文艺走过的道路，是在中国共产党的宗旨和价值观感召下、在中国共产党的文艺方针政策指引下走过的一条创新之路，是一条现代化、民族化、艺术化的道路。创造出一种适应时代发展要求、增强人民精神力量、增强民族自信心的新文艺。许多作品，已经成为中华文化的有机构成，甚至成为中国文化的传世经典，这也是对世界文艺的独特贡献。历史经验表明，中国文艺发展必须走自己的路，不忘本来，吸收外来，面向未来，推陈出新。当今世界正处于百年未有之大变局，中国文艺将在党的文艺方针指引下继续前进，守正创新，创作出更多优秀作品，以弘扬中国精神，凝聚中国力量。同时，要放眼世界，以艺术的方式为构建人类命运共同体提供艺术想象和审美烛照。

（作者系中国文艺评论家协会副主席）

---

① 习近平:《在文艺工作座谈会上的讲话》，北京：人民出版社，2015年10月，第5页。

党的文艺方针与百年文艺创新实践

李明泉　李昱瑾

建党百年来，中国文学艺术在党的引领下蓬勃发展，为党的事业，为中华民族的独立、解放与伟大复兴作出了独特贡献，发挥了不可替代的重要作用。可以说，百年中国文艺史，就是党领导下的中国现当代文学艺术发展史。没有党的领导，就没有中国现当代文学艺术繁荣发展、不断取得伟大成就的一百年。

一、新民主主义革命时期

五四运动以来，以陈独秀、李大钊、鲁迅等人为代表的新文化倡导者，高度重视文学艺术发展，以《新青年》等刊物为阵地，掀起了轰轰烈烈的新文化运动。1920 年 9 月，《新青年》成为上海共产主义小组机关刊物，与同年 11 月秘密发行的《共产党》月刊一起，为党的成立做了思想上理论上的准备。

1921 年，自中国共产党诞生的第一天起，党就高度重视文化宣传工作的领导权问题，党的第一个决议《关于当前实际工作的决议》，要求"不论中央或地方出版的一切出版物，其出版工作均应受党员的领导。任何出版物，无论是中央的或地方的，均不得刊登违背党的原则、政策和决议的文章"。中共一大决定设立宣传局，在超过十人的地方委员会，应设"宣传委员一人"。党从成立之初,便意识到了文化宣传与开展革命的重要关系。

中共二大(1922年7月)决定出版党中央机关刊物《向导》周报。中共三大(1923年6月)前后,由于国共合作统一战线形成,党通过组织工人俱乐部或者工人学校的读书会、研究会等组织,将马克思主义理论和党的纲领、方针、政策,创新性地运用民间艺术去传播,如说书、讲故事、民间大鼓等,提高了人民群众的认识。许多共产党人提出文艺工作与社会现实的紧密联系问题,如邓中夏在1923年提出诗歌"多作能表现民族伟大精神的作品""多作描写社会实际生活的作品"等。

随着国共合作的发展,国民党内部分化严重。中共四大(1925年1月)通过的《对宣传工作之议决案》,要求宣传鼓动工作中,"传单、小册子的内容,讲演人的口号均宜十分切合群众本身实际要求"。"五卅惨案"后,党在各类座谈、演讲之外,主动利用通电、宣言、启事、广告、壁报、招贴、标语、传单、信函等,采用人民群众接受度很高的小说、话剧、歌谣、鼓词,争取论战主动权,打击国民党右派反共势力。1926年7月,党的第三次中央扩大执行委员会通过《关于宣传部工作议决案》《农民运动议决案》等15项决议,对出版物、编译工作做了新安排,专门提到宣传工作"利用画报、标语、歌谣、幻灯、小说式的文字……不要作毫无兴趣的机械式的讲义式的灌输"。党的文化宣传策略的创新调整,符合时代和人民需求,取得了很好的社会效果。

第一次国内革命战争时期,党主张以各式各样的文艺形式推动宣传工作,以唤起人民的革命意识。可以说,宣传工作的领导权问题及文化宣传领域内文艺工作的方法论创新,是党成立初期文艺方针策略的重大创新。这一时期,文学研究会、创造社、民众戏剧社、语丝社等一批文艺社团组建,沈雁冰的《论无产阶级艺术》《文学者的新使命》,郭沫若的《革命与文学》《文艺家的觉悟》,邓中夏的《五一纪念歌》,贺绿汀的《暴动歌》等面世,推动了党的文艺工作发展。

1930年3月,中国左翼作家联盟在上海成立。此后,中国社会科学家联盟、中国左翼美术家联盟、中国左翼戏剧家联盟等社团相继成立。党以这些文学艺术组织为基础，组建中国左翼文化总同盟，传播党的文艺方针政策。以鲁迅、瞿秋白、沈雁冰、夏衍、田汉、许幸之等人为代表的一批左翼文艺工作者，探讨文艺大众化的问题，冲破了国民党的"文化围剿"。

在革命根据地，党领导下的苏维埃政府积极推动文艺发展。一是积极办报办刊，如《苏维埃文化》、《红色中华》的文艺副刊《赤焰》；二是组织各式各样的文艺体育活动，组织歌唱组、演剧组、足球组等；三是组织、参加或帮助建立书店、学校、剧团、演说辩论会、文学科学研究会等社会组织，始终强调对工厂、学校、农村、商店、兵营的宣传鼓动工作。在这期间，毛泽东对文艺工作的领导地位高度重视，要求组织专门的宣传部门指导、研究宣传技术，多次提出文艺应当与群众结合，认为"苏维埃必须实行文化教育改革……创造新的工农的苏维埃文化"。

第二次国内革命战争时期，党在国统区对文艺与宣传、文艺与政治的关系进行反思，批判文艺工作中出现的"左倾"关门主义、宗派主义，在革命根据地大力开展文艺活动，改进宣传策略。这些纠偏与改进标志着党的文艺方针策略随着社会形势发展、社会现实条件不断自我革新。这一时期，红色戏剧《最后的晚餐》《农奴》，丁玲的《母亲》，茅盾的《蚀》《虹》《子夜》，萧军的《八月的乡村》，萧红的《生死场》，巴金的《灭亡》、《新生》、"激流三部曲"，老舍的《骆驼祥子》，曹禺的《雷雨》、《日出》，田汉、聂耳的《义勇军进行曲》、张寒晖的《松花江上》等作品面世，强化对社会现实的关怀，也具有较高艺术水平。

抗日战争和解放战争时期，党创新发展了马克思主义文艺理论，丰富和完善了新文化运动以来党的文艺方针策略。1938 年 4 月 28 日，毛泽东在鲁迅艺术学院的讲话中提出艺术工作者应当具有远大的理想、丰富的生活经验及良好的艺术技巧；艺术作品则要有好的内容，适合时代和大众的要求。1940 年，毛泽东发表《新民主主义论》，认为新民主主义文化就是"无产阶级领导的人民大众的反帝反封建的文化"，是"民族的科学的大众的文化"，是"中华民族的新文化"。1942 年 5 月，毛泽东主持召开延安文艺座谈会，全面系统地总结了五四运动以来革命的文学艺术运动的经验，阐述了党对文艺工作的基本态度与基本主张，对文艺工作者的立场问题、态度问题、工作对象问题、工作问题和学习问题等做了论述。1943 年 11 月，中共中央宣传部发布《关于执行党的文艺政策的决定》，明确把《在延安文艺座谈会上的讲话》作为当前中国文艺运动的基本方针，也是中共历史上第一次使用"党的文艺政策"概念。

这一时期，为了更好地服务于人民群众，早日赢得抗日战争、解放战争的胜利，形成了党指导下的新民主主义文化理论，标志着新民主主义革命时期党的文艺方针政策基本成熟。这一时期党的文艺政策坚持了党对文艺工作的领导权，明确了新民主主义文化纲领，研究了文艺与阶级的关系，厘清了文艺与政治、经济的关系，对建立文艺统一战线起到了至关重要的作用。同时，对革命性与艺术性的统一，对内容与形式的统一的认识，是党的文艺方针符合艺术生产规律的重要体现，也是党的文艺工作区别于政治宣传工作的重要标志。正是在党的正确的文艺方针的指导下，大批文艺协会和 20 余种刊物在延安创办，一批优秀的文艺作品诞生，如：艾青的《我爱这土地》《向太阳》；郭沫若的《屈原》；鲁艺师生集体创作，贺敬之、丁毅执笔的《白毛女》；赵树理的《小二黑结婚》；丁玲的《太阳照在桑干河上》；冼星海、光未然的《黄河大合唱》；贺绿汀的《游击队歌》；郑律成与公木的《八路军进行曲》；等等。

二、社会主义革命和建设时期

新中国成立后，我们党在继承发扬新民主主义文化基础上，提出发展社会主义新文化。1951 年，毛泽东应梅兰芳邀请，为中国戏曲研究院成立题词"百花齐放，推陈出新"。1953 年，针对郭沫若和范文澜关于"中国古代奴隶社会向封建社会转变的历史分期问题"的热烈争论，毛泽东提出"百家争鸣"的看法。1956 年 4 月 28 日，毛泽东在中共中央政治局扩大会议上提出"艺术问题上的百花齐放，学术问题上的百家争鸣，我看，这应该成为我们的方针"。同年 8 月，毛泽东《同音乐工作者的谈话》发表，批评了教条主义，谈到"洋为中用"若干问题。9 月，党的八大通过《关于政治报告的决议》，正式提出"为了保证科学和艺术的繁荣，必须坚持'百花齐放，百家争鸣'的方针"，主张继承吸收国内外一切有益的知识文化，强调利用现代科学文化来整理我国优秀的文化遗产，以"创造社会主义的民族的新文化"。1961 年 6 月，周恩来《在文艺工作座谈会和故事片创作会议上的讲话》发表，总结了社会主义文艺发展的经验教训，希望文艺工作者解放思想，发挥社会主义民主精神，就实践中的物质生产和精神生产、阶级斗争和统一战线、为谁服务、文艺规律、遗产与创造、领导与教育、话剧等若干问题进行了深入探讨。

这一时期，从历史唯物主义的角度看，党的八大所提出的文艺工作方针政策基本都是正确的，既符合当时的国情，也符合文学艺术发展规律，对文艺工作中的"左"的倾向提出了纠正，是新民主主义革命以来党的文艺理论在社会主义革命时期的重大发展。正是在"百花齐放，百家争鸣""古为今用，洋为中用"等文艺工作方针的指导下，闻捷的《吐鲁番情歌》，公刘的《边地短歌》，老舍的《龙须沟》《茶馆》，田汉的《关汉卿》，李准的《李双双小传》，周立波的《山乡巨变》，柳青的《创业史》，杨沫的《青春之歌》，曲波的《林海雪原》，罗广斌、杨益言的《红岩》，姚雪垠的《李自成》(第一卷)，魏巍的《谁是最可爱的人》，及周扬、周巍峙、时乐濛、严良堃、查烈等集体创作的《东方红》诞生，取得了较大的社会影响。

三、改革开放和社会主义现代化建设新时期

1978 年 12 月，党的十一届三中全会召开，标志着我国社会主义建设进入新时期。1979 年 10 月，邓小平在中国文学艺术工作者第四次代表大会上发表祝词，全面总结新中国成立三十年以来党领导的文艺工作

的经验和教训，认为"我们的文艺属于人民"，"围绕着实现四个现代化的共同目标，文艺的路子要越走越宽，文艺创作思想、文艺题材和表现手法要日益丰富多彩，敢于创新"。这一时期，党对文学艺术发展规律的重视，对艺术自由的尊重，使得党对文艺工作的领导重新回到正轨，是党在改革开放新时期指导文艺工作的又一次创新，意味着党的文艺方针政策具有自我革新的功能。社会主义文艺由此重启发展征程，一批优秀作品诞生，文学作品如艾青的《归来的歌》，王蒙的《蝴蝶》《活动变人形》，张洁的《爱，是不能忘记的》，史铁生的《我的遥远的清平湾》，电影如凌子风的《骆驼祥子》，吴贻弓、伊明的《城南旧事》，谢晋、阿城的《芙蓉镇》，以及美术如罗中立的《父亲》，音乐如张藜填词、秦咏诚谱曲、李谷一演唱的《我和我的祖国》等不同艺术领域的佳作。

1996 年 12 月，江泽民同志在第六次全国文代会、第五次全国作代会上，要求文艺工作者"深入生活、深入群众"，"在人民的历史创造中进行艺术的创造，在人民的进步中造就艺术的进步"。[①]1997 年 1 月，中共中央下发《关于进一步做好文艺工作的若干意见》，系统阐述了党在改革开放新时期的文艺方针政策。2001 年 12 月，江泽民同志在第七次全国文代会、第六次全国作代会上的讲话中强调"文艺是民族精神的火炬，是人民奋进的号角"，指出"应该遵循先进文化的前进方向，自觉投身改革开放和现代化建设的伟大实践，努力推进我国文艺的创新和繁荣……这就是我国当代文艺工作者肩负的庄严使命"。[②]2006 年 10 月，党的十六届六中全会上通过《中共中央关于构建社会主义和谐社会若干重大问题的决定》。同年 11 月，胡锦涛同志在第八次全国文代会、第七次全国作代会上论述了当时我国文化工作的主题是"繁荣社会主义先进文化，建设和谐文化，为构建社会主义和谐社会作出贡献"。2011 年 10 月，党的

---

① 《在中国文联第六次全国代表大会中国作协第五次全国代表大会上的讲话》，《人民日报》，1996 年 12 月 17 日，第 1 版。

② 江泽民：《文艺是民族精神的火炬》，《江泽民文选》（第三卷），人民出版社，2006 年，第 399 页。

十七届六中全会通过《中共中央关于深化文化体制改革、推动社会主义文化大发展大繁荣若干重大问题的决定》。11月，胡锦涛同志在第九次全国文代会、第八次全国作代会上提到当代中国文艺"必须坚持社会主义先进文化前进方向，坚持社会主义核心价值体系"。

党的十六大以来，党的文艺工作重点放在建设社会主义核心价值体系，推动文化强国建设上，强调文艺工作者要推进"文艺观念、内容、风格、流派的积极创新""文艺体裁、题材、形式、手段的充分发展"，要求"创作出更多具有中国特色、中国风格、中国气派的优秀作品，不断增强文艺的时代感和吸引力"。这些理论，既是对党领导下的新时期文艺实践的理论总结，也是对繁荣社会主义文艺和推动新时期文化建设的理论引导，符合当时的国情与文艺发展规律。

四、中国特色社会主义新时代

自党的十八大以来，习近平总书记高度重视中国特色社会主义文化建设和文学艺术发展，发表了一系列重要讲话，并多次作出重要批示。习近平总书记创造性地回答了如何解决中国特色社会主义文艺建设问题，厘清新时代中国特色社会主义文艺需要坚持和发展的方向，在各个方面引领着中国新时代文艺守正创新、蓬勃发展。

进入新时代，习近平总书记在一系列关于文艺工作的重要论述中，将"文艺与中国梦"相联系，重申社会主义文化强国建设离不开新时代文艺繁荣发展，明确了新时代党领导下的文艺工作承担的历史任务，确立了新时代文艺工作的重要意义，即"为实现'两个一百年'奋斗目标、实现中华民族伟大复兴中国梦提供强大的价值引导力、文化凝聚力、精神推动力"。

习近平总书记在一系列关于文艺工作的重要论述中，还强调当代文艺工作承担的时代使命，要求文艺工作与时代同步伐，要承担记录新时代、书写新时代、讴歌新时代的使命，勇于回答时代课题，从当代中国的伟大创造中发现创作的主题、捕捉创新的灵感，要深刻反映时代的历史巨变，描绘时代的精神图谱，为时代画像、为时代立传、为时代明德。

习近平总书记创造性地提出"中国精神是社会主义文艺的灵魂"论断，将党的文艺思想与方针政策建立在中华美学精神的基础上，要求坚定文化自信，用文艺振奋民族精神，让中华文明同各国文明一道为人类提供正确精神指引。当代文艺要立足中国现实，植根中国大地，把当代中国发展进步和当代中国人精彩生活表现好展示好，把中国精神、中国价值、中国力量阐释好，要大力弘扬中华优秀传统文化，大力发展社会主义先进文化，创造出丰富多样的中国故事、中国形象、中国旋律，为世界贡献特殊的声响和色彩、展现特殊的诗情和意境，让我国文艺以鲜明的中国特色、中国风格、中国气派屹立于世。

习近平总书记强调"社会主义文艺是人民的文艺"，人民的需要是文艺存在的根本价值所在，要求必须坚持以人民为中心的创作导向，解决了当代文艺"为谁创作、为谁立言"的根本问题，并将文艺与文艺创新同人民联系，认为"人民是创作的源头活水"，强调人民与文艺互相需要，认为文艺创作的基本态度和方法是走入生活、贴近人民；深入生活、扎根人民。

习近平总书记提出"推动中华优秀传统文化创造性转化、创新性发展"的"双创原则"，为我国文化建设和文艺发展指明了方向。历史悠久、博大精深的中华优秀传统文化深深根植于民族的精神基因之中，是剪不断的文化脐带和道不尽的文化密码，鲜活而真实地构成了人民群众的生产生活方式和生命价值形态，具有广泛的社会基础和创新发展条件。这既是历史向当代的自然延续，又是现实对历史的转化激活。因此，传承发展中华优秀传统文化，赓续民族文化血脉，唤醒民族文化自觉，增强民族文化自信，就成为十分紧迫的时代课题，是文化强国建设的关键所在。推进中华优秀历史文化资源的挖掘与转化，既可以为文艺创作提供取之不尽用之不竭的源泉，又可以确保中华民族当代文学艺术的文化品格和美学精神。

习近平总书记提出"创新是文艺的生命"论断，重视文艺的创新动力，要求文艺工作者用精湛的艺术推动文化创新发展，把创新精神贯穿到文艺创作全过程，从"提高原创力""拓展题材、内容、形式、手法上下功夫，推动观念和手段相结合、内容和形式相融合、各种艺术要素和技术要素相辉映"，把提高作品的精神高度、文化内涵、艺术价值作为追求。

习近平总书记在一系列关于文艺工作的重要论述中创造性地发展了"文艺精品"相关论述，反复强调文艺创作要尊重艺术生产自身规律，其中心环节是生产优秀作品。要求新时代文艺创作要"有筋骨、有道德、有温度"，做到"思想精深、艺术精湛、制作精良"，创作出具有鲜明民族特点和个性，能反映时代呼声、展现人民奋斗、振奋民族精神、陶冶高尚情操，无愧于时代、无愧于人民、无愧于民族的文艺精品。

习近平总书记创造性地提出了文艺工作"三深入"原则，即"深入实践、深入生活、深入群众"，这意味着党要求文艺工作者不仅要关注客观存在，还要观照人类改造客观世界的一切活动，书写改革开放和社会主义现代化建设实践，抒写多彩的、进步的、团结的中国。

习近平总书记在一系列关于文艺工作的重要论述中，不断反思与总结新时代文艺发展过程中出现的新问题，如浮躁、"三俗"、历史虚无主义等，提出了一系列针对性的解决方案，要求文艺工作者牢记文化责任、社会担当，把艺术理想融入党和人民事业之中，做到胸中有大义、心里有人民、肩头有责任、笔下有乾坤，"正确把握艺术个性和社会道德的关系，始终把社会效益放在首位"，严肃认真考虑作品的社会效果。

习近平总书记关注网络文艺及新文艺组织群体，对互联网时代网络文艺的繁荣发展寄予厚望，要求加强正面引导，同时，要求关注新文艺群体、新文艺组织，要求扩大工作覆盖面，延伸联系手臂，用全新的眼光看待他们，用全新的政策和方法团结、吸引他们，引导他们成为繁荣社会主义文艺的有生力量，对新文艺组织及鲜活文艺实践的关注和重视，使得党的文艺方针充满了鲜活的生命力。

习近平总书记在一系列关于文艺工作的重要论述中，对当代中国文艺评论提出了新的要求。文艺批评是党领导文艺工作的一把利器，也是文艺创作的一面镜子、一剂良药，习近平总书记明确提出表扬、吹捧、造势等都不是文艺批评，要求文艺批评要具有战斗力，要褒优贬劣、激浊扬清，要实事求是，运用历史的、人民的、艺术的、美学的观点评判和鉴赏作品，在艺术质量和水平上敢于实事求是，对各种不良文艺作品、现象、思潮敢于表明态度，在大是大非问题上敢于表明立场，倡导说真话、讲道理，营造开展文艺批评的良好氛围。

回顾百年中国文艺史，就是中国共产党领导人民进行文学艺术生产实践的百年创新发展史。党根据各个时期不同的历史任务，对文艺方针进行调整、纠正、创新、发展，从历史的角度看，党的文艺思想与方针政策，符合社会发展规律，符合艺术生产规律，符合中华美学精神，符合人民群众审美需要。可以说，自成立之日起，党"既是中国先进文化的积极引领者和践行者，又是中华优秀传统文化的忠实传承者和弘扬者"。正是在党的领导下，我国文学艺术繁荣发展，在不断推动历史进步中实现了中华文明的伟大飞跃和巨大进步。

（作者李明泉系中国文艺评论家协会副主席、四川省社科院二级研究员，李昱瑾系四川开放大学高职院经管学院院长助理、助理研究员）

从"诗用比兴"到"弘扬中华美学精神"

——毛泽东、习近平提出的重要美学命题

张　晶

　　整整一百年，中国共产党走过了何等辉煌卓绝的历程，创造了何等伟大光辉的历史，又书写了何等灿烂夺目的篇章！以习近平同志为核心的党中央，提出了"四个自信"，其中就包括文化自信。中国共产党之所以能够取得一次次的伟大胜利，是因为把马克思主义真理与中国具体实践相结合。而这种结合，又立足于中华民族文化的根基之上。在今天实现民族复兴的伟大事业中，文化强国、文化兴国的理念已成为全党的共识。习近平总书记在党的十九大报告中这样阐述："文化是一个国家、一个民族的灵魂。文化兴国运兴，文化强民族强。没有高度的文化自信，没有文化的繁荣兴盛，就没有中华民族伟大复兴。要坚持中国特色社会主义文化发展道路，激发全民族文化创新创造活力，建设社会主义文化强国。"这是我们党立足于新发展阶段对于"文化自信"的基本立场，同时，也表明了中国共产党对于文化的一贯态度。

一

　　作为开创中国革命事业并带领中国人民走向繁荣富强的伟大领袖，

毛泽东不仅是伟大的无产阶级革命家、战略家、理论家，而且还是划时代的伟大诗人！毛泽东非常谙熟中华传统文化，并且高度重视党的文化工作。对于文艺在文化工作中的重要地位和功能，毛泽东也予以了高度重视。1942年毛泽东亲自主持召开了延安文艺座谈会，并在会上发表了重要讲话，这就是著名的《在延安文艺座谈会上的讲话》（以下简称《讲话》）。《讲话》提出的最根本的问题就是"为什么人"的问题，《讲话》指出，文艺为人民大众服务，指明了无产阶级文艺发展的根本方向，成为党的文艺工作的总的指导思想。毛泽东作为一个伟大的诗人，一生在从事艰苦卓绝的革命斗争实践的过程中，写下了令无数诗人词人"竞折腰"的壮美诗词，成为20世纪诗坛上的经典。对于美学问题，毛泽东也有独特的理解。《诗刊》1978年第1期上发表的毛泽东《给陈毅同志谈诗的一封信》，提出"诗要用形象思维，不能如散文那样直说，所以比、兴两法是不能不用的"重要美学见解。我们当然可以将这种观点理解为毛泽东的个人的美学趣味，但因毛泽东的领袖地位及崇高威望，关于形象思维的论述对文艺理论界、美学界产生了重大影响。而且，毛泽东将比兴纳入形象思维问题的内涵之中，使这个莫衷一是的理论命题，有了中国美学的阐释。

"形象思维"本来是舶来的概念，却在中国的文艺理论界形成了争议的话题中心。最早正面提出这个概念的是俄国著名文艺理论家别林斯基。别林斯基论述诗歌的民族性时指出："既然诗歌不是什么别的东西，而是寓于形象的思维，所以一个民族的诗歌也就是民族的意识。""形象思维"在别林斯基的理论体系中绝非偶然，而是作为他的最为基本的创作观念。他认为诗的内涵是真理，而其表现却是形象的形式。别林斯基还在其他文章中也说"诗是寓于形象的思维""艺术是对真理的直感的观察，或者说是寓于形象的思维"等。马克思主义文艺理论家普列汉诺夫认同并发挥了别林斯基的"形象思维"这个核心范畴，也将其作为艺术创作的根本规律，他说："我们已经知道，依据别林斯基的定义，诗是直观形式中的真理，它的对象是同哲学的对象一样的；也就是绝对观念，而绝对观念在艺术中是在形象上显现出来的。"普氏还有更为著名的论述:"艺术既表现人们的感情,也表现人们的思维,但是并非抽象地表现,而是用生动的形象来表现。"苏联文学的创始人高尔基也提出"用形象来思考""应当描绘,应当用形象来影响读者的想象力,而不是作记录。叙述不是描绘。思想和印象必须化为形象"。苏联作家法捷耶夫在论述艺术特点时直接用了"形象思维"这个概念,并且颇具系统性地指出:"这些直感形象组成了形象,组成了形象体系,然而,艺术的特殊性就在于作品中这些形象和整个形象体系必须保存直感性外表和现实生活的幻影,否则,就不是艺术作品了。"

形象思维问题在中国理论界两度引发了争论。一次是在 20 世纪五六十年代,另一次则是在 20 世纪七八十年代。主张"形象思维"者如蒋孔阳、李泽厚等,批评"形象思维"者如郑季翘。李泽厚先后发表了《试论形象思维》《关于形象思维》和《形象思维续谈》等文章。关于形象思维,李泽厚的概括是:"形象思维却不同。它是'浮想联翩'——自始至终都不断地有较清晰、较具体的形象的活动,而且这形象及其活动,还是越来越清晰、越明确、越具体。它是一个创造性的综合想象的过程。所以,剖析同于一般思维中形象不自觉地、杂乱无章地或孤立静止地、笼统地浮现。它本身是一个思维过程。"批判形象思维论的代表人物最重要的便是郑季翘,他在党中央机关刊物《红旗》1966 年第 5 期上发表了《文艺领域里必须坚持马克思主义的认识论——对形象思维论的批判》,宣称形象思维违反马克思主义认识论,是唯心主义。这是否定形象思维的最具代表性的观点。而到了 1978 年,《诗刊》在第 1 期上发表的毛泽东写给陈毅谈诗的信中几次提到"形象思维",明确肯定"诗是要用形象思维"。此信的发表,引发了理论界对形象思维的再度关注,出现了很多论形象思维的文章。形象思维再次成为理论焦点,同时,也是进入新时期以来最早的热点美学话题。

毛泽东将比兴纳入形象思维问题,这是对中国美学的一个重要贡献。同时,也是比兴在文艺美学框架中,发挥其现代性功能的一个基本路向。

形象思维作为艺术思维活动的基本范畴，不仅是存在的，而且是值得深入探讨的。这在中国古代美学和文论中也是多有论及的。宋人严羽所说的"诗有别材，非关书也；诗有别趣，非关理也"，就是讲艺术思维的特性。毛泽东以比兴论诗，并将其与形象思维联系在一起，当然也就揭示了比兴的形象思维性质。

比兴作为先秦诗学的基本范畴，本是诗"六义"的两种。"诗六义"即风、雅、颂、赋、比、兴。《诗大序》说："诗有六义焉：一曰风，二曰赋，三曰比，四曰兴，五曰雅，六曰颂。"普遍的理解是，风雅颂是诗的三类，赋比兴是诗的三种表现手法。如孔颖达《毛诗正义》所言："然则风雅颂者，诗篇之异体，赋比兴者，诗文之异辞耳。大小不同而得并为六义者，赋比兴是诗之所用，风雅颂是诗之成形，用彼三事，成此三事，是故同称为'义'，非别有篇卷也。"比兴作为《诗经》中所用的主要手法，往往都被汉儒赋予了"美刺"的内涵。正如朱自清所指出的："而照《诗大序》说：'风'是'风化''风刺'的意思，《正义》云：'世谓譬喻不斥言也。'那么，比兴有风化、风刺的作用，所谓'譬喻'，不止于是修辞，而且是'谲谏'了。"比是比喻，即以此物比彼物；兴则是兴起，受外物触发以兴起情感。二者之间虽是不同的艺术表现手法，但因其密切相关，而在文论史上渐而形成一个范畴。刘勰的《比兴》篇，于此起了关键性的作用。《比兴》篇先是分论比兴的不同性质，"故比者，附也；兴者，起也。附理者切类以指事，起情者依微以拟议。起情者故兴体以立，附理者故比例以生"。不仅是在篇名上合而为一，而且还在"赞语"中深刻地揭示了比兴合成为一个范畴的美学特征："诗人比兴，触物圆览。物虽胡越，合则肝胆。拟容取心，断辞必敢。攒杂咏歌，如川之涣。"这个赞语是指出比兴的共同特征的，而非单论。"触物圆览"指诗人在外物的触发下产生创作冲动，并在内心形成完整的审美意境。在比兴的作用中，本来是相距甚远的外物，却能在作品中成为一个肝胆一体的意境。这在艺术创作的过程中，是至关重要的环节。

毛泽东以"比兴"来阐释形象思维，这为我们理解形象思维这个重要问题，提供了中国美学的路径。形象思维是指文学艺术创作区别于逻辑思维的独特思维方式，笔者认为这种思维方式不仅是存在的，而且是要深入探讨并且进入创作实践领域的。我们要创造出无愧于时代、无愧于人民的优秀作品，如果没有形象思维，而是以理性思维的方式、以那种"主题先行"的方式，是根本无法创造出人民所喜爱的作品的。而比兴的创作方法，不再停留在思辨的框架里，则是从艺术实践的层面，解决了这个问题。"形象思维"之所以在美学界和文艺理论界引发了如此广泛而且绵延几十年的讨论，就是因为它是一个关系到文学艺术的思维方式的根本问题。形象思维的要义在于"用形象去思维"或是"伴随着形象的思维"，笔者以为它并非只是在艺术创作中的某一特定的阶段，而是思维的全过程。形象思维并不是排除理性的作用，而是将理性融贯于其中。形象思维是相对于逻辑思维的形式而言的，如宋人严羽所说的"诗有别趣，非关理也"，王夫之所说的"经生之理，非关诗理"。形象思维论未能很好解决的问题，如形象如何而来？形象与形式的关系如何？在比兴的有关论述中却是有着深有启示意义的说法。比兴的方法都无法脱离外物而起作用。比是"比方于物"，兴则是"触物以起情"。"物"是形象之源。而中国美学中的"物"，是有颇高的抽象程度的。一般以为，"物"只是自然事物，其实不然。在中国古代文艺理论中，物既包括了自然事物，也包括了社会事物，只要是进入审美主体视野的客体，都可称为"物"。"触物圆览"已经将形象的生成缘起及生成机制作了高度概括。由此可见，比兴并非仅是诗歌的艺术表现手法，而且是中国美学中关于艺术创作的主体与客体、思维与物象的关系的范畴概括。

二

2014年10月15日，习近平总书记主持召开文艺工作座谈会，并在会上发表了重要讲话。习近平总书记在文艺工作座谈会上的讲话，是新时代党的文艺工作的指南，意义十分重大。这个重要讲话中，针对当时文艺界的一些不良倾向进行了深刻批判，提出了"坚持以人民为中心的创作导向"等一系列重大理论命题。从美学的角度上，习近平总书记在讲话中提出"中华美学精神"的理论命题，对于美学与文艺理论研究以及对于文艺创作实践，都具有全面而深刻的指导意义。习近平总书记在讲话中说："我们要结合新的时代条件传承和弘扬中华优秀传统文化，传承和弘扬中华美学精神。中华美学讲求托物言志、寓理于情，讲求言简意赅、凝练节制，讲求形神兼备、意境深远，强调知、情、意、行相统一。"习近平总书记不仅提出了"中华美学精神"这个至关重要的命题，而且深刻地、集中地概括出这个命题的内涵。这三个"讲求"，笔者个人认为，并不能仅从政治的意义上来理解"中华美学精神"，这个命题对于中华美学传统的传承与升华，对于中华民族优秀文化的创造性转化和创新性发展，都有着不可估量的价值。三个"讲求"，作为"中华美学精神"的内涵，是对中华美学传统的经典性概括，而且具有强烈的时代精神。这三个"讲求"，更为全面地揭示了中国人审美思维的独特方式，尤其是文学艺术创作的独特思维方式。"托物言志、寓理于情"，可以视为审美运思的独特方式。这与中国文论中的比兴创作论关系甚为紧密。比兴的本质，无论是"比方于物"还是"触物兴感"，都是主体与外物的直接联系。西方的文论，或是以摹仿为价值取向，或是以情感的强烈流露为创作之源，都是偏重于主体或偏重于客体的。而"托物言志"，则是主张在现实生活的触发下产生审美情感，以"言志"为创作目的的。以往人们对"言志"的理解，偏于理性的性质，其实，"志"既包含了理性的思想，也包含着情感和意志，所谓"情志一也"。"寓理于情"，也是中国美学的重要主张。曾有那种"平典似道德论"的"理窟""理障"之作，后来受到严羽、王夫之、叶燮等文论家的批评。寓理于情，情理统一，是中国美学的重要特征。三个"讲求"中的第二个是"言简意赅、凝练节制"，笔者认为是中国美学中关于审美表现的独特方式。诗学中的价值体现在于以少总多、言不尽意，主张以凝练节制的语言表现，含蕴更多的情感内容。刘勰所说的"莫不因方以借巧，即势以会奇，善于适要，则虽旧而弥新矣。是以四序纷回，而入兴贵闲；物色虽繁，而析辞尚简，使味飘飘而轻举，情晔晔而更新"是很有代表性的。严羽主张诗歌创作应该是"言有尽而意无穷"等等。中国古代文艺理论的文献中关于尚简的论述之多，成为一种普遍的价值标准。第三个"讲求"中的"形神兼备、意境深远"，也同样具有一以贯之的理论生命活力。形神兼备对于作品来说，是一个至高的要求。笔者认为它是作品存在的独特方式。"形神"本来是一对哲学范畴，是讲人的肉体与灵魂的关系。而在文艺理论中，则具有了与此不同的美学意义，更多的是讲作品中形象（尤其是人物形象）的外形与内在神韵的关系。南北朝时期画家顾恺之提出的"以形传神"的命题，可以为其代表。意境作为中国美学的核心范畴，涵盖面更为广泛。不仅是诗词，而且如绘画、戏曲等，都是以意境深远为上乘的。

从毛泽东的"诗要用形象思维""比兴两法不能不用"，到习近平总书记提出的"中华美学精神"，跨越了不同的时代，却是中国美学最具代表性的重要命题。它们不仅是充满历史感的，同时也是富有强烈的现代意义的。在中国共产党创建百年的历史时刻，领悟这两个美学命题，可以使我们更为鲜明地感知在党的旗帜下中国美学的发展路向。坚持中国道路，从审美意识的层面来看文化自信，可以使中华美学的传统发扬光大，以至无穷世代！

（作者系中国传媒大学资深教授、人文学院院长）

中国共产党与马克思主义
文艺理论的中国化

张　炯

在中国共产党成立一百周年之际，我国文艺界回顾和学习党与马克思主义文艺理论中国化的历程和经验，有着极为重要的意义。所谓"中国化"，就是要考虑到我国文艺的特点，更多结合和总结我国新文艺，特别是中国特色社会主义文艺的新现象、新经验。我国文学艺术的发展有五千多年的历史，它是世界文学艺术的重要构成部分；今天中国特色的社会主义文艺，更是世界史上崭新的生机勃勃的文艺。正确继承我国传统文论的有科学价值的成果，深入研究和总结我国文艺、尤其是百年新文艺以来的实践经验，以丰富和发展马克思主义文艺理论，使之具有鲜明的中国特色，是马克思主义文艺理论中国化的题中应有之义。

列宁有篇文章曾讲到马克思主义的三个来源和三个组成部分。他说，三个来源即德国的古典哲学、英国的古典政治经济学和法国的空想社会主义学说。就马克思主义创始人的最重要贡献而言，当然在于他们所建立的辩证唯物史观的哲学、以《资本论》为标志的政治经济学和科学社会主义学说。但实际上马克思、恩格斯对文艺问题也有过许多具有重要意义的论述。马克思主义文艺理论的形成，应看到他们把文艺理论建构在辩证唯物史观的基础上，并将文艺与社会主义革命运动相联系，也要看到马克思、恩格斯不仅对德国的康德、黑格尔和歌德的美学思想有所批判和继承，对德国和法国启蒙思想家莱辛、狄德罗的美学思想，对古希腊、古罗马的苏格拉底、柏拉图、亚里士多德等的美学思想也都有批判和继承。他们本人还十分爱好文学，读过许多作家的作品，甚至还写过诗歌，对文艺实践深有了解。他们的论述涵盖文艺本质论、文艺创作论、文艺功能论、文艺生态论、文艺发展论、文艺批评论等方面，对文艺是什么，有什么社会功用，它的创作过程和作品构成的规律，它与社会政治、经济、文化等相互的生态关系，它在历史发展中与经济既平衡又不平衡的规律，它的批评标准和原则等，都有真知灼见，内容相当丰富。

中国共产党作为马克思主义的政党，在领导中国革命的过程中，十分重视将马克思主义与中国革命实践相联系。它一成立就重视文艺工作，重视文艺的领导权，重视文艺理论与文艺实践的结合，也就是致力将马克思主义文艺理论中国化。正是在中国共产党的创始人陈独秀、李大钊等的领导和努力下，我国才掀起五四新文化新文学运动。当年胡适受陈独秀约请，在《新青年》（原名《青年》杂志）上发表《文学改良刍议》，提出要改良的"八事"，多是指文学的语言与形式。而后陈独秀发表《文学革命论》，明确揭明三大主义："曰推倒雕琢的阿谀的贵族文学，建设平易的抒情的国民文学；曰推倒陈腐的铺张的古典文学，建设新鲜的立诚的写实文学；曰推倒迂晦的艰涩的山林文学，建设明了的通俗的社会文学。"它对文学的内容和形式以及表现对象和阅读对象，都提出明确的革新号召。这才真正掀起了文学革命的浪潮。其时，李大钊更热诚地在《新青年》等刊物上介绍和传播马克思主义。二十年后，毛泽东在《新民主主义论》中曾高度评价五四新文化新文学运动。他说："在'五四'以后，中国产生了完全崭新的文化生力军，这就是中国共产党人所领导的共产主义的文化思想，即共产主义的宇宙观和社会革命论。""这个文化新军的锋芒所向，从思想到形式（文字等），无不起了极大的革命。其声势之浩大，威力之猛烈，简直是所向无敌的。其动员之广大，超过中国任何历史时代。"他还特别指出,"在文学方面,在艺术方面(又不论是戏剧,是电影,是音乐,是雕刻,是绘画),都有了极大的发展。"从20世纪20年代到30年代,当时许多共产党人如邓中夏、恽代英、茅盾、沈泽民、郭沫若等都以马克思主义的观点写过文章推动和促进"革命文学"和左翼文艺运动的崛起以及苏区群众革命文艺的发展。萧楚女的《艺术与生活》一文,强调"艺术是生活的反映";沈泽民的《文学与革命的文学》一文,主张诗人应是革命家,应深入工人农民的生活。在早期中国共产党人的文艺理论主张中,茅盾编译的《论无产阶级艺术》一文具有重要的意义。文中不但用阶级论的观点分析了欧洲文学史,包括对当时苏联的重要作家提出评价,还对无产阶级艺术做了界定,对文艺创作的过程和文艺的内容与形式的关系做了阐明。彼时尽管北洋军阀和打着"北伐"旗号的蒋介石集团都肆意屠杀共产党人与革命作家,但仍然无法遏制革命文学和左翼文艺的迅猛发展。其时先后担任过中国共产党领导人的瞿秋白、张闻天等也从中国的文艺实践出发,发表有马克思主义文论精神的著作。瞿秋白不仅曾在苏维埃俄国进行过四年多的考察,会见过卢那察尔斯基和马雅可夫斯基,还聆听过列宁、托洛斯基的讲演。1933年4月他署名"静华"的文章《马克思、恩格斯和文学上的现实主义》发表,在我国第一次通过对巴尔扎克创作的分析,阐发了马克思主义的现实主义和典型的理论。他关于大众文艺的多篇论文更相当深刻地论述了大众文艺问题并强烈呼吁和探索中国共产党人如何建立对文化,特别是大众文艺的领导权。他还主张革命的大众文艺可以有许多不同的题材,在探索新形式的同时也可以利用传统的形式去表现新的内容。被瞿秋白称为"从进化论进到阶级论,从绅士阶级的逆子贰臣进到无产阶级和劳动群众的真正的友人,以至于战士"的鲁迅,更为马克思主义文艺理论的传播作了重要的贡献。他的文艺观从过去的无用之用论,进到社会功利论、阶级功利论,其中贯穿了文艺的人民大众属性的观念;他对文学的劳动起源论,对艺术属于人民,应该走向人民,对文艺的真实性和典型性,对文艺的大众化和民族化,对文艺的欣赏和批评等问题,都阐述了正确的见解。所以周扬在延安时期编辑出版的《马克思主义与文艺》一书，就编入了鲁迅结合中国文艺实践的文论。而20世纪30年代活跃于我国文坛的冯雪峰、胡风、周扬等信奉马克思主义的文艺理论家，在促进马克思主义文论中国化方面也做了许多工作。当然，从30年代至今，中国共产党的历届领导人大多都对文艺问题发表过论述，其中影响最大，论述最系统的首是毛泽东主席。毛泽东对我国古典文学十分熟悉，有深厚的修养。他在《在延安文艺座谈会上的讲话》发表前，更对文艺问题做了深入的调查研究。他不仅系统地读过《鲁迅全集》，还找过胡乔木、周扬、何其芳、丁玲、艾青、欧阳山等许多作家谈过话，也找萧军谈过不止一次。《在延安文艺座谈会上的讲话》作为马克思主义文艺理论中国化的著作，不但指明人民文艺的历史方向，首次将文艺为什么人和怎样为人的问题视为文艺的根本问题，并深入地辩证地论述了文艺与现实、文艺的内容与形式、文艺的继承与创新、文艺的提高与普及、文艺中的歌颂光明与暴露黑暗、文艺的创作方法与世界观、文艺批评的标准及其与创作的关系等重要问题。它总结了"五四"以来我国文艺发展的历史经验，回应了那时文艺界争论的诸种问题，体现了马克思主义与中国革命文艺实践的密切结合，发展和丰富了马克思主义的文艺理论，其影响及于国内外。毛泽东文艺思想在1949年7月召开的全国文代会上即被定为新中国文艺的指导思想。后来毛泽东根据社会主义文艺的新情况新需求，又先后提出"古为今用，洋为中用"，"推陈出新"和"百花齐放，百家争鸣"等方针。这都是反映文艺本质与发展规律的正确方针。毛泽东文艺思想曾受到国际上众多共产党领导人和革命作家的赞赏。连当今荷兰学者佛克马，在他的《二十世纪文艺理论》一书中还特辟专门章节来论述毛泽东文艺思想，可见其国际影响。中华人民共和国成立后正是在毛泽东文艺思想的指引下，经历了初期的文艺繁荣，无论诗歌、小说、戏剧、电影、美术、音乐都产生了一批被后人称为"红色经典"之作。传统戏曲的改造也成绩斐然。1958年，时任中国共产党中央宣传部副部长的周扬，在河北省文艺理论座谈会上，便根据中央精神提出建设"中国化的马克思主义文艺理论"的号召。50年代至60年代之交，他还召集我国文艺理论家讨论制订"文艺八条"和"文艺十条"，进一步总结新中国成立以来的文艺经验，以贯彻马克思主义文艺理论与中国文艺实践的结合。他受命领导高校文科教材建设时，更要求蔡仪主编的《文学概论》、以群主编的《文学的基本原理》等书的编撰应致力"中国化"，努力反映文艺的本质和规律。可惜，这一过程被"文化大革命"打断了。中国共产党《关于建国以来党的若干历史问题的决议》指出，"文化大革命"从理论到实践都是错误的。它给国家的各方面，包括文艺都带来严重损害。1978年中国共产党十一届三中全会后，我国进入改革开放的新时期，提出以经济建设为中心，拨乱反正，解放思想，实事求是，团结一致向前看。邓小平、江泽民、胡锦涛等几代党中央领导核心继承和坚持毛泽东的系列正确的文艺思想，并根据新的文艺实践，提出文艺必须为人民为社会主义服务，必须弘扬主旋律，提倡多样化。邓小平在文艺理论的拨乱反正方面作了突出的贡献。他的《在中国文学艺术工作者第四次代表大会上的祝词》和《目前的形势和任务》等重要讲话，不但完整地准确地继承了毛泽东文艺思想的精华，而且以极大的理论魄力，纠正了"文艺从属于政治""必须为政治服务"的提法，指出实践证明这种提法"利少害多"，主张以"为人民服务，为社会主义服务"的提法来代替旧提法。他号召文艺家"要努力学习马列主义、毛泽东思想，提高自己认识生活、分析生活、透过现象抓住事物本质的能力"。他还指出："人民是文艺工作者的母亲。一切进步文艺工作者的艺术生命，就在于他们同人民之间的血肉联系。"他号召文艺家从人民生活中"汲取题材、主题、情节、语言、诗情和画意，用人民创造历史的奋发精神来哺育自己"。他同时又指出"文艺这种复杂的精神劳动，非常需要文艺家发挥个人的创造精神。写什么和怎样写，只能由文艺家在艺术实践中去探索和逐步求得解决。在这方面，不要横加干涉"。邓小平在总结我国革命文艺实践的经验和教训的基础上，继承和发展了马克思主义文艺理论，为新时期我国文艺家创作的自由和题材、主题、形式、风格的开拓，为社会主义文艺的发展和繁荣开辟了广阔的道路。党的十八大后，2014 年，习近平总书记在文艺工作座谈会上的讲话和其他多次讲话以对于文艺问题的丰富了解，旁征博引，再次肯定毛泽东文艺思想的正确内容，并总结新中国成立以来，特别是改革开放以来我国文艺新发展的经验，回应了新时期文艺界争论的系列问题，阐明文艺应坚持以人民为中心的创作导向，进一步论述了文艺家应该深入人民生活，表现人民的心声与愿望，塑造人民的英雄形象，成为推进时代进步的号角，发扬爱国主义精神和我国文艺美学的优良传统，精益求精，致力于思想内容与艺术形式的完美统一，攀登文艺高峰。他还告诫文艺家在新的历史条件下应该避免浮躁和粗制滥造，避免一味追求市场的金钱效益，应将文艺的社会效益放在首位。习近平总书记关于文艺工作的系列重要论述，是习近平新时代中国特色社会主义思想的有机组成部分，发展和丰富了马克思主义的文艺思想，在国内外也产生了重大的影响，受到文艺界的广泛拥护。在它的指引下，我国文艺已迎来空前繁荣的新时代。

百年来，我国学术界和出版界也曾为传播和推进马克思主义文艺理论中国化做了许多工作。关于马克思、恩格斯、列宁等的文艺与美学的论著也出版过多种版本，还出版了《马克思主义文艺学大辞典》和中国共产党领导人论述文艺的著作以及许多学者以马克思主义文艺理论为指导的文艺学著作。

在百年马克思主义中国化的历程中，不可避免地必然会与非马克思主义的各种唯心论和机械唯物论的文艺观点相碰撞，包括与一味主张自我表现的现代主义以及否定事物相互联系并具有客观规律性的所谓"碎片化"的后现代主义的文艺观点相扞格，并在与他们的论争中获得自己的发展。唯心论者总否定文艺的源泉是现实生活的反映，而机械唯物论者又往往将文艺视为现实生活的银版照相。它们都不能正确认识文艺创作的主体与客体的辩证关系。实际上，文艺作品是客体经过主体再创造的产物，其中体现了主体的能动性，体现了创造主体的想象和幻想，体现了主体审美概括的理想性。如毛泽东所指出，"人类的社会生活虽是文学艺术的唯一源泉，虽是较之后者有不可比拟的生动丰富的内容，但是人民还是不满足于前者而要求后者。这是为什么呢？因为虽然两者都是美，但是文艺作品中反映出来的生活却可以而且应该比普通的实际生活更高，更强烈，更有集中性，更典型，更理想，因此就更带普遍性"。机械唯物论者往往无视文艺创作中主体的创造性，而唯心论者则完全把文艺创作归结为主体创造而否定客体的作用，否定客体的可认识性。

我们也常常跟唯艺术论者发生冲突。他们只强调文艺作品的审美性而否定文艺作品的多种社会功能，包括它的认识功能、道德功能，乃至政治功能。他们主张文艺脱离政治、远离政治，殊不知政治乃经济利益的集中表现，因而只要生活于一定经济体系中，人就难免有一定的政治立场、观点、理想和情感。脱离政治者，貌似中立，其实体现的正是一种政治立场和思想。我们不应要求一切文艺作品都有政治内容和倾向，都为政治服务，提倡作品题材、主题、形式、风格的多样化，但同时又应承认历史上有很多作品都为政治服务并且于政治产生过伟大作用。而文艺家如邓小平所述，也实际上不可能完全脱离政治。今天，社会主义时代人民的利益就是最大的政治，只要有利于人民健康审美需求的文艺作品，就属于为人民为社会主义服务的范围。

文学是人学。在文艺表现人性的问题上，马克思主义与抽象人性论者也有分歧。马克思在《资本论》中指出"人性是历史地形成的"。人类在历史进化过程中，人性也不断在升华，在丰富，而且在阶级社会必有阶级性，存在不同的民族也必有民族性，人性总是个性与共性的统一。不存在抽象的永恒不变的人性。文艺描写的总是一定时代、一定民族、一定阶级或阶层中的人，是他们的具体的人性，而非什么抽象的永恒不变的人性。一个脱离人类社会而在狼群中长大的"狼人"自不可能有人性。所以，马克思说，人的本质是"一切社会关系的总和"。也所以，毛泽东说，有些人"所谓的人性，实质上不过是资产阶级的个人主义，因此在他们眼中，无产阶级的人性就不合于人性"。不是有的教授就把张思德等共产党员、英雄人物的"毫不利己，专门利人"视为"反人性"

吗？！文艺不但要描写人性，还要升华人性，以理想之光去辨别人性的善恶美丑，促进人性的进步。这样才能实现铸造民族优美崇高灵魂的历史使命。

理论来自实践的升华，反映客观规律的正确的理论更能指导实践。我国的民主革命和社会主义革命与建设，是前人从未做过的伟大事业，在前进的道路上，也曾有过曲折，有过认识的偏差，犯过"左倾"或"右倾"的错误，包括上述"文化大革命"的严重错误。但中国共产党能够发扬实事求是的精神，遵循坚持真理，修正错误的优良传统，把实践看作检验真理的唯一标准，在文艺领域同样如此。因而在马克思主义文艺理论中国化的历史过程中，总能使文艺理论日益反映文艺的本质和规律，从而更好地加强党对文艺的领导，指引文艺向正确的方向前进。

今天，当我们纪念中国共产党成立一百周年的时候，我们的国家已发生翻天覆地的巨变，从旧的半封建半殖民地社会到社会主义建设的日益现代化，从站起来到富起来、强起来。广大人民群众对文艺的需求也日益强化。我国文艺战线在马克思主义文艺理论中国化的实践中，在习近平新时代中国特色社会主义思想的指引下，当我们迎来中华民族的伟大复兴和建设人类命运共同体的光明前景，我们应该坚信，我国文艺将会更好地服务于人民和社会主义，从一个高峰攀向另一个高峰！

（作者系中国社会科学院荣誉学部委员，中国作协名誉副主席）

为人民创造艺术杰作

王一川

在中国共产党成立一百周年之际回看，党成立以来的宗旨之一就在于为人民创造艺术杰作或艺术高峰。一方面，人民需要艺术杰作，要求用人类优秀艺术作品来丰富和完善自身，滋养精神世界；另一方面，为人民创造艺术杰作，用艺术杰作去开启人民心智、激励人民奋发有为地生活，也是党百年来的自觉追求。特别是在当前，用更好更多的艺术佳作乃至艺术杰作去满足人民日益增长的审美和艺术需要，应当是党和各级政府在新百年征程中最重要的文化民生工程之一。这是因为，建设和建成社会主义文化强国、实现中华民族伟大复兴需要一批批、一代代由艺术杰作涵养起来的高素养国民。

一、高扬艺术杰作的价值

先需要破除的一个误解是，马克思主义及马克思主义政党只重视利用艺术作品去起到宣传和教育作用。事实上，马克思主义不仅重视艺术的宣传和教育作用，而且强调以艺术杰作或艺术高峰去满足人民的审美需要和提高审美品位的要求。这主要是因为，马克思主义者都爱好艺术，都是审美和艺术上的高品位鉴赏者和卓越的文艺批评家，自觉地成为全人类优秀艺术遗产的坚定不移继承者和创造性维护者。马克思在青年时代就酷爱艺术，十分欣赏莎士比亚等世界一流作家的作品，自己还写有大量抒情诗。马克思充满热情地继承德国浪漫主义者奥古斯都·施莱格尔等开创的莎士比亚鉴赏潮流，高度赞扬莎士比亚戏剧的艺术魅力，明确主张文艺作品应该"更加莎士比亚化"，而不能"席勒式地把个人变成时代精神的单纯的传声筒"。确实，正如恩格斯所指出的那样，莎士比亚戏剧的杰出之处在于，以"现实主义"姿态，精彩地刻画"五光十色的平民社会"，生动地展现活动在这个背景上的多种典型人物，并以此再现生活世界的丰富性和复杂性。"据我看来，现实主义的意思是，除细节的真实外，还要真实地再现典型环境中的典型人物。"列宁出于建设社会主义新文化的要求，倡导继承和发扬传统民族文化中的优秀成果，赞扬列夫·托尔斯泰"是一个天才的艺术家，不仅创作了无与伦比的俄国生活的图画，而且创作了世界文学中第一流的作品"。显然，马克思主义经典作家都有着艺术上的高品位，并且都是艺术杰作的捍卫者，反对以低劣的艺术质量去制造华而不实的宣传效果。

马克思主义还要求艺术作品必须符合"美的规律"。马克思从社会实践观点出发，提出"人也按照美的规律来构造"的命题，这对文学艺术创作和批评具有重要的指导意义。"美的规律"反映出对待艺术作品的一个特定要求：按照客观存在的美的事物的组合关系去理解和创造，综合地既体现创作客体之美及其客观规律性，又展现创作主体或评价主体对这种美及其客观规律性的主体体验和加工改造愿望，在美的问题上呈现出唯物主义者的辩证综合立场。

马克思主义高度赞扬艺术杰作成批涌现的时代精神氛围。马克思看到希腊神话和史诗的时代虽然早已消逝，但仍对后人有着"永久的魅力"。恩格斯以"巨人时代"去衡量和赞扬文艺复兴的时代精神和整体艺术成就，指出它"是一个需要巨人并且产生了巨人的时代，那是一些在思维能力、激情和性格方面，在多才多艺和学识渊博方面的巨人"。这些"巨人"往往不仅是艺术界的"巨人"，而且也同时是多领域的"巨人"，正如恩格斯所说，"莱奥纳多·达·芬奇不仅是大画家，而且也是大数学家、力学家和工程师，他在物理学的各种不同分支中都有重要的发现。阿尔布雷希特·丢勒是画家、铜板雕刻家、雕塑家、建筑师，此外还发明了一种筑城学体系，这种筑城学体系，已经包含了一些在很久以后被蒙塔朗贝尔和近代德国筑城学又加以采用的观念。马基雅弗利是政治家、历史编纂学家、诗人，同时又是第一个值得一提的近代军事著作家。路德不但清扫了教会这个奥吉亚斯的牛圈，而且也清扫了德国语言这个奥吉亚斯的牛圈，创造了现代德国散文，并且创作了成为16世纪《马赛曲》的充满胜利信心的赞美诗的词和曲"。这种有关特定时代整体艺术杰作水平的衡量和礼赞，反映出马克思主义对作为时代精神标志的整体艺术杰作的不懈追求。

马克思主义还着眼于人类社会新世界的创造，要求艺术作品创造出新社会赖以建立的"新人"形象。恩格斯曾批评卡尔·倍克的《穷人之歌》只歌颂德国"小市民的鄙俗风气"，提出文学应当"歌颂倔强的、叱咤风云的和革命的无产者"。列宁要求文艺作品中新人是"千千万万劳动人民"，作家应当表现这些代表社会理想和前进方向的新人，他们才是"国家的精华、国家的力量、国家的未来"。列宁在致高尔基的书信中多次表达了一个思想：作为一个苏维埃共和国的艺术家，应该到生活第一线，去观察"部队里的新事物，或是农村里的新事物，或是工厂里的新事物"，表现军人、农民、工人等新人"怎样以新的方式建设生活"，以便据此创作出新人形象。

总之，马克思主义经典作家总是具有世界一流的艺术品位，以世界一流艺术作品的高标准去要求艺术，强调人类优秀艺术作品的创造、鉴赏和批评。

二、开创以艺术杰作激励人民的现代新传统

从五四新文化运动时期传入中国时起至今一百多年时间里，中国化马克思主义在其发展和变革过程中逐步开创出一种以艺术杰作启蒙人民、

帮助人民提高审美与文化品位的现代文艺思想新传统，并建立起不断修正和完善的一整套艺术制度。

被毛泽东称为"马克思主义的"和"党外的布尔什维克"的鲁迅，于1921年首次引进"文学典型"范畴时，就着眼于其文学人物形象可以抵达一种文学高峰。他洞悉"典型"身上的"新鲜而且希有"及"新的，勇的，强的，代表者"的意义，认为"典型"人物"表现之深刻，在侪辈中称为达了极致"。

毛泽东要求文艺作品注重"典型性"，走"典型化"的创作道路，因为"文艺作品中反映出来的生活却可以而且应该比普通的实际生活更高，更强烈，更有集中性，更典型，更理想，因此就更带普遍性"。文艺作品的"典型化"极大地有助于动员群众投身于"改造自己的环境"的"斗争"："革命的文艺，应当根据实际生活创造出各种各样的人物来，帮助群众推动历史的前进。"文艺作品把"日常的现象集中起来，把其中的矛盾和斗争典型化，造成文学作品或艺术作品，就能使人民群众惊醒起来，感奋起来，推动人民群众走向团结和斗争，实行改造自己的环境"。毛泽东欣赏鲁迅，称赞其是"现代中国的圣人"，体现出包含政治远见、斗争精神和牺牲精神三重内涵的"伟大的'鲁迅精神'"，并且进一步指出他是"这个文化新军的最伟大和最英勇的旗手"，"鲁迅是中国文化革命的主将，他不但是伟大的文学家，而且是伟大的思想家和伟大的革命家。鲁迅的骨头是最硬的，他没有丝毫的奴颜和媚骨，这是殖民地半殖民地人民最可宝贵的性格。鲁迅是在文化战线上，代表全民族的大多数，向着敌人冲锋陷阵的最正确、最勇敢、最坚决、最忠实、最热忱的空前的民族英雄。鲁迅的方向，就是中华民族新文化的方向"。毛泽东欣赏李白、李贺的诗以及《红楼梦》等古典文学作品，"《红楼梦》我至少读了五遍。我是把它当作历史读的。开头当故事读，后来当历史读"。还称赞说，"中国古代小说写得好的是这一部，最好的一部。创造了好多文学语言呢"。

邓小平在开创中国特色社会主义道路、探索中国特色社会主义理论的过程中，确立起中国社会主义文艺的"二为"方向和"双百"方针，要求文艺创作提高质量、丰富多彩，"雄伟和细腻，严肃和诙谐，抒情和哲理，只要能够使人们得到教育和启发，得到娱乐和美的享受，都应当在我们的文艺园地里占有自己的位置"。他号召"所有文艺工作者，都应当认真钻研、吸收、融化和发展古今中外艺术技巧中一切好的东西，创造出具有民族风格和时代特色的完美的艺术形式"。江泽民要求"文艺工作者努力继承和发扬中华民族的优秀文化传统，继承和发扬五四运动以来形成的革命文化传统，积极学习和借鉴世界各国人民创造的一切先进文明成果，坚持古为今用，洋为中用，与时俱进，推陈出新"。胡锦涛勉励文艺工作者"坚持以最广大人民为服务对象和表现主体，关心群众疾苦，体察人民愿望，把握群众需求，通过形式多样的艺术创造，为人民放歌，为人民抒情，为人民呼吁"。这里的着眼点都在于为人民创造高质量艺术品。

习近平总书记高度重视文艺创作、文艺工作和文艺评论，指出"人民需要艺术，艺术更需要人民"，"只有永远同人民在一起，艺术之树才能常青"，进而提出"努力为人民创造文化杰作、为人类贡献不朽作品"[1]的新要求，并着眼于为人民创造"文化杰作"和为人类贡献"不朽作品"的高标准，对当前中国文艺提出"有'高原'缺'高峰'"的冷峻诊断，为当代文艺创作和文艺评论找准了症结和问题，指明了文艺变革和奋进的新方向。"文艺是时代前进的号角，最能代表一个时代的风貌，最能引领一个时代的风气。'文变染乎世情，兴废系乎时序。'在欧洲文艺复兴运动中，但丁、彼特拉克、薄伽丘、达·芬奇、拉斐尔、米开朗琪罗、蒙田、塞万提斯、莎士比亚等文艺巨人，发出了新时代的啼声，开启了人们的心灵。……在我国发展史上，包括文艺在内的文化发展同样与中华民族发展紧紧联系在一起。先秦时期，我国出现了百家争鸣的兴盛局

---

[1] 习近平：《在中国文联十大、中国作协九大开幕式上的讲话》，北京：人民出版社，2016年11月，第15页。

面，开创了我国古代文化的一个鼎盛期。20世纪初，在五四新文化运动中，发端于文艺领域的创新风潮对社会变革产生了重大影响，成为全民族思想解放运动的重要引擎。"他进而要求以古今中外一流艺术标准去创造"中华民族新史诗"、中国文艺史上的"扛鼎之作、传世之作、不朽之作"以及"筑就中华民族伟大复兴时代的文艺高峰"。为此，他提出"典型化"的美学要求："典型人物所达到的高度，就是文艺作品的高度，也是时代的艺术高度。只有创作出典型人物，文艺作品才能有吸引力、感染力、生命力。广大文艺工作者要始终把人民的冷暖和幸福放在心中，把人民的喜怒哀乐倾注在自己的笔端，讴歌奋斗人生，刻画最美人物。"

正是在这些现代文艺思想新传统的引领下，中国现代文艺产生了一系列有着国内国际深远影响力的艺术杰作或艺术佳作。鲁迅创作的"狂人"、阿Q、祥林嫂、孔乙己等人物形象堪称中国现代文艺中最卓越的一批艺术典型。鲁迅、郭沫若、茅盾、巴金、老舍、曹禺、冰心、沈从文、艾青、丁玲、赵树理等作家和诗人的名字以及他们创作的作品，深深地铭刻在亿万读者的记忆中。五四新文艺、革命文艺、现实主义、社会主义现实主义、"伤痕艺术"、"改革文学"、"寻根文学"、"底层写作"等一道道新浪潮风起云涌，推演出百年中国文艺的新景观。单就长篇小说而言，20世纪50年代至60年代有"三红一创山青林保"等"红色经典"涌现，即《红岩》《红日》《红旗谱》《创业史》《山乡巨变》《青春之歌》《林海雪原》《保卫延安》，改革开放时代起则陆续有《许茂和他的女儿们》、《芙蓉镇》、《平凡的世界》、《白鹿原》、《长恨歌》、《尘埃落定》、《秦腔》、《额尔古纳河右岸》、《历史的天空》、《城与市》、《花腔》、《笨花》、"江南三部曲"、《玉米》、《人世间》、《牵风记》、《北上》、《主角》、《应物兄》等问世，它们可以从一个侧面集中反映百年新文学的杰出成就。与此同时，话剧《茶馆》和《狗儿爷涅槃》，石鲁和长安画派，油画《父亲》和《塔吉克新娘》，小提琴协奏曲《梁山伯与祝英台》，电影"女性三部曲"（《女篮5号》《红色娘子军》《舞台姐妹》）和"反思三部曲"（《天云山传奇》《牧马人》《芙蓉镇》），电视剧《渴望》《我爱我家》《亮剑》《潜伏》《士兵突击》《大江大河》《山海情》和《觉醒年代》，等等，这些多门类艺术作品共同形成了百年中国新文艺的辉煌景致。

三、为人民创造新的艺术杰作

回顾既往百年，中国共产党在领导中国革命过程中形成了自身的中国化马克思主义艺术理论传统，也积累下领导和管理全国艺术繁荣发展的宝贵经验：必须自觉地为人民创造出在艺术的某方面取得至高无上和无可替代的成就，并对后世显示永久魅力的作品，也即艺术杰作或艺术高峰；只有全心全意地为人民创造这样的艺术杰作，才会赢得人民的衷心拥护和信赖。同时，也只有以符合艺术规律的方式领导和管理艺术，才有可能促进人民需要和喜爱的艺术杰作的顺利生长。当然，这百年来也留下了令人无法忘记的沉重教训，例如出现过那种简单化地图解观念、为了短期效益而牺牲长远理想等不足，以及"要求文学艺术从属于临时的、具体的、直接的政治任务"的偏颇和"横加干涉"等严重错误。这些沉重教训曾经给百年来中国现代艺术杰作的创造带来不应有的巨大损失。假如不是如此，百年中国现代艺术史上应当会出现更多更好的艺术佳作。在面向新百年再度起航的时刻，应当深刻地记取这笔百年"遗产"，紧密依托当前新时代艺术思想和艺术制度等条件，潜心深耕厚植，探索从"高原"到"高峰"的攀登路径，致力于中国现代艺术史上新的艺术杰作或艺术高峰的创造，满足人民日益增长的艺术杰作鉴赏需要。

要承担这一使命，艺术工作者需要始终不渝地以人民为中心、为人民而创作，而不能以个人为中心、不能从一己私利出发。最关键的一条是应当真切地了解人民的当代审美需要、反映人民的当代社会生活境遇及其历史渊源、传统根基和文化风貌。正如列宁在评价列夫·托尔斯泰作品的价值时所指出的那样，艺术应当真切地反映"直到最底层都在掀起汹涌波涛的伟大的人民海洋"，包括"它的一切弱点"和"它的一切长处"。这个"伟大的人民海洋"才是人民的艺术杰作取之不尽、用之不竭的创作源泉和创作目标。生活在中国大地的十四亿多人民，正面对"百年未有之大变局"下新的生存境遇，包括经济全球化加剧和提速，由移动互联网、媒体融合、智媒体、跨媒介、大数据和人工智能等组成的全新信息技术条件，全球文化产业和消费文化时尚潮等共同编织的新兴艺术趣味，无疑已经、正在和将要对艺术创作、制作、营销、传播、评论等各方面提出新要求、新挑战。这就促使艺术家必须植根于古今中外全人类优秀艺术和文化成就的深厚基础，深入人民的新的生活世界中去体验，心无旁骛地潜心于高质量的审美与艺术创造，以人民触手可及的媒介方式、喜闻乐见的艺术形式和倾情倾心地与之共鸣和共情的艺术典型和艺术风格，回馈人民的高度关切和倾心期待。尽管不同时代有不同的艺术创造和艺术杰作，但从古今中外或全人类优秀艺术作品的视角去衡量，当代真正的艺术杰作应当有着一些未经言明但又具有普遍性的价值标准或尺度。

其中特别要紧的一条是，艺术家总有自己的特定生活圈、兴趣点或独特专长，更擅长于表现自己熟悉的生活原材料，而对那些过于新鲜的或不熟悉的生活原材料，就难免生疏、外在或流于表面化。老舍一生最擅长于刻画故都北京风貌，就因为那是他从小最熟悉的特定生活圈："我所爱的北平不是枝枝节节的一些什么，而是整个儿与我的心灵相粘合的一段历史，一大块地方。"艺术家写得最好的往往是与他"心灵相粘合"的那一部分，而对之"了解得越深越透彻越好"。老舍自己的剧本创作从《秦氏三兄弟》这部他自我反思的"废品"，到真正的艺术杰作《茶馆》的曲折经历说明，艺术家只有写自己最熟悉的人民生活才能写好乃至写"绝"。而仅仅迫于完成临时"任务"的"被动"写作，自然无法取得成功、更无缘产生艺术杰作。

再有就是应当激励艺术家自觉地以古今中外一流艺术标准去创造新的民族艺术杰作。不能仅仅满足于投合短期时尚潮流或临时"主题"表达任务，而是应着眼于长远的和高品位的艺术标准。毛泽东要求中国文艺有自己的民族形式、风格与特色，依托民族艺术传统而又从事新的创造，同时，还要注意借鉴外国的东西，但目的是创造中国自己的民族艺术。"西洋的东西也不是什么都好，我们要拿它好的。我们应该在中国自己的基础上，批判地吸收西洋有用的成分。"他明确提出"古为今用，洋为中用"这一对待中外文化遗产的八字方针。如前所述，邓小平也曾提出吸收古今中外艺术技巧中有益的成分，为的是创造我们民族自己的完美艺术形式。这就为艺术创作指明了在传承中创新、在开放中自主的基本方针。正如齐白石有关"似我者死，学我者生"所言，艺术创作倘若重复前人或复制自我都是死路一条，唯有自主创造或锐意创新才有生路。这并非意味着目空一切或否定传统，而是要在前人或传统基础上予以创造性转化和创新性发展，直到产生属于当前时代而又具有"中国作风、中国气派、中国风格"的新型艺术杰作。

进一步看，中外艺术史上的杰作往往都植根于特定地域的地缘生活环境中，包含着特定的地缘内生力和地缘美学密码。《离骚》、《溪山行旅图》、《富春山居图》、《红楼梦》、莎士比亚剧作、《悲惨世界》、"人间喜剧"等，无一例外地注重发掘特定地缘内生力和地缘美学密码。地缘内生力是植根于当地民众地缘生存方式内部的生存欲望或生命力的统称，包括基于当地独特地缘环境而生成的生产或劳作方式、交通或传播方式、日常言行举止、生存方式愿景、民间习俗、风土人情及性格特征等。地缘美学密码是指那些只有通过地道的地方生活体验才能理解或破译的、以感性化方式呈现特殊地缘生活气息的深层符号系统、价值规范或行为方式等。还可以说，地缘美学密码是指缘于特定地理环境而生长的隐秘的美学符号系统，常常以日常言行、乡间谚语、民间传说、民俗风尚等方式存在，对当代人生活方式有着深层支配作用。以近年电视剧创作为例，《山海情》的成功在于善于发掘宁夏六盘山麓李姓与马姓民众之间长久的地缘生存情谊，以及宁夏百姓与福建帮扶干部之间的"山"与"海"深情相拥的当代情怀；《装台》中的刁顺子、刁菊花、蔡素芬等人物准确地刻画出当代西安"城中村"村民的地缘生存方式的独特特征，也释放出隐藏其间的地缘美学密码。正是这些植根于特定地缘深层的原创艺术才可能在其特殊性或个性中释放出共通性或普遍性价值。

最后，如上所述，艺术杰作的最终标志在于艺术个性或艺术原创性的生成。没有任何一部艺术杰作不具有艺术个性。马克思曾批评剧本《济金根》"在人物个性的描写方面看不到什么特色"，没有"突出的个性"。恩格斯要求人物创造遵循典型化手法，突出个性化："每个人都是典型，但同时又是一定的单个人，正如老黑格尔所说的，是一个'这个'，而且应当是如此。"这里的"这个"，同黑格尔美学概念中的"完整的性格"等一样，大致契合"典型"范畴的内涵。黑格尔要求"所含的普遍性必须在具体的个人身上融会为整体和个体。这种整体就是具有具体的心灵性及其主体性的人，就是人的完整的个性，也就是性格"。他据此称赞《荷马史诗》中的人物："每一个英雄都是许多性格特征的充满生气的总和。"也就是说，"每个人都是一个整体，本身就是一个世界，每个人都是一个完满的有生气的人，而不是某种孤立的性格特征的寓言式的抽象品"。毛泽东也十分看重艺术个性："艺术的基本原理有其共同性，但表现形式要多样化，要有民族形式和民族风格。一棵树的叶子，看上去是大体相同的，但仔细一看，每片叶子都有不同。有共性，也有个性，有相同的方面，也有相异的方面。"再如"写游记，我们一起去游香山，游的地方虽然一样，但是每个人写出来的就不一样"。这里不仅指出艺术的民族形式与民族风格的重要性，而且强调每个艺术家的个性表达具有基本地位，要求重视和妥善处理艺术共性与艺术个性之间的关系。

人民喜爱的艺术杰作有自身的孕育、生长和传播规律，因而只有站在人民的立场上切实认识、遵循和维护这种规律，才有可能促进艺术杰作的创造。展望未来新的百年征程，相信并期待中国艺术界以及相关各界能够齐心协力地为了更多艺术杰作的问世而努力。

（作者系中国文艺评论家协会副主席、北京师范大学文艺学研究中心教授）

社会主义目标与百年
"红色经典"的文化价值

王　杰

1848 年 2 月，由马克思和恩格斯起草的《共产党宣言》在英国伦敦出版，标志着马克思主义的诞生。在《共产党宣言》中，社会主义的理想和目标第一次以简洁有力的方式作出了全面的表述："代替那存在着阶级和阶级对立的资产阶级旧社会的，将是这样一个联合体，在那里，每个人的自由发展是一切人的自由发展的条件。"

1848 年至 1849 年，法国、德国、奥地利等欧洲国家先后爆发资产阶级民族民主革命。虽然 1848 年欧洲革命以资产阶级为领导者，但工人阶级已作为一支独立的阶级力量登上政治舞台，不少共产主义者直接参与革命。马克思、恩格斯不仅亲身参加了德国的革命实践，还为德国无产阶级制定政治纲领，规定了德国无产阶级当前的任务和从民主革命过渡到社会主义革命的措施。这一切标志着一种新的思想和社会力量正式出现在人类历史的漫漫进程中。

马克思和恩格斯指出，社会主义的真正理想是人的全面而自由的发展。在这种新的社会形态中，一切人的全面而自由的发展是整个社会全面而自由发展的条件和前提。在马克思和恩格斯的理论视野中，一种全新的文学观念和美学观念跃出了历史的地平线，开始悄然地生长，而马克思主义美学观念的产生和发展是以工人阶级和被压迫阶级的成长和成熟为条件和基础的。

在美学和文学艺术的维度上，《共产党宣言》第一次从人类历史发展的大趋势的高度，从人类命运共同体建设和发展的角度，提出了"世界文学"和"世界美学"的理论观念。

一、中国的审美现代性问题

19 世纪末 20 世纪初，马克思主义思想开始在中国传播。1917 年，俄国十月革命爆发，正如毛泽东所说，"十月革命一声炮响，给我们送来了马克思列宁主义"。之后，以李大钊为代表的有识之士开始系统地传播马克思主义。1919 年，五四运动后，马克思主义在中国得到了广泛的传播。1920 年 4 月，浙江义乌籍的青年学人陈望道完成了《共产党宣言》的翻译，成为翻译《共产党宣言》中文版的第一人。1920 年 8 月，《共产党宣言》的首个中译本在上海出版。作为科学社会主义的第一部纲领性文件，《共产党宣言》深刻影响了中国历史的进程。2018 年，习近平总书记在纪念马克思诞辰 200 周年大会上的讲话中指出，"马克思主义不仅深刻改变了世界，也深刻改变了中国"。

在马克思主义思想的积极影响之下，中国第一代共产党人开始了对社会主义的追求与探索，经过几代人的奋斗，把马克思主义基本原理与中国实际相结合，开辟出了一条有中国特色的社会主义道路，不断推进中国现代化发展进程。科学社会主义在古老的中国生机焕发，彰显了社会主义强劲的生命力。习近平总书记指出："经过长期努力，中国特色社会主义进入了新时代，这是我国发展新的历史方位。"

孔子在《论语》中说："兴于诗，立于礼，成于乐。"唐代文学家韩愈提出"文以贯道"，宋代理学家周敦颐将之引申为"文以载道"。文学艺术以其文化价值与审美价值对社会发展做出了独特贡献，具有其他类型的意识形态不可替代的地位。在中国社会的现代化进程中，文学艺术

213

不可或缺。在中国特色社会主义的新时代，文学艺术更应担当起文化使命，以更多的具有中国特色、中国风格、中国气派的作品铸造中华民族的"根"和"魂"。在中国共产党的领导下，文学艺术在中国现代化进程的价值与作用，是研究中国的审美现代性时特别需要重视的问题。在中国社会艰难而崇高的现代化进程中，文学艺术的作用时而被贬低，时而又被过分夸大，在某种程度上，这是与学术界对中国共产党对文艺工作的领导作用缺乏充分的认识相联系的。

《共产党宣言》中文版于1920年8月出版，中国共产党于1921年7月成立，由中国共产党领导的左翼作家联盟于1930年3月在上海创建。在20世纪二三十年代特殊的政治文化语境中，在中国共产党的持续推动下，一时间，受社会主义文学观念影响的中国左翼文学运动在中国古老大地上呈星火燎原之势，革命文学成为文学主潮，一些没有参加"左联"的进步作家也在作品中流露出了强烈的左翼色彩。这时期涌现了一系列优秀文学作品，如茅盾的《子夜》和《林家铺子》、巴金的"激流三部曲"、郭沫若的"漂流三部曲"、老舍的《骆驼祥子》、曹禺的《雷雨》和《日出》等，激起了强烈的社会反响，对中国新文学发展产生了深远的影响。这时期，文艺与政治的关系影响和制约着文学的基本走向。

值得注意的是，在中国，英国人文主义者托马斯·莫尔在1516年出版的《乌托邦》直至1935年才由翻译家刘麟生翻译成中文出版。如果说在中国现代化进程中，"乡愁"成为一种乌托邦现象，是中国本土文化对现代化进程的文化反映的话，那么，"红色乌托邦"也即社会主义理想传入中国且迅速成为中国现代化进程中文学艺术的强大基因，不仅对文学艺术自身的发展产生了重要影响，同时也对中国社会现代化进程发挥了关键作用。在中国社会现代化进程中，"红色经典"作为现象级的话题引发了诸多讨论，值得当代美学和艺术理论学者深入分析并在理论上作出说明。

中国社会的现代化进程不是在人文主义对宗教权威的质疑和挑战中开启和发展的，中国现代化进程是在承受西方文明的强烈冲击并主动或被动应对的过程中开启和发展的，因此，从家国情怀中衍生的民族精神和在中国传统文化中积淀千年的"乡愁"观念，在中国社会的现代化进程中被重新阐释。1894年，中日甲午战争爆发，成为中国现代化进程的转折点和社会思潮的分水岭，对中国文化诸多方面影响至深。李叔同创作的《送别》中"悲欢离合"的文化理念与中国古典美学意蕴的结合在某种程度上契合了当时的文化思潮。以乡土文学形式所表达的家国情怀的文化基因持续地影响着中国社会的现代化进程，与社会主义理想相结合之后，在中国现代化进程中回旋上升，最终成为中国社会现代化进程的理性目标。

关于中国审美现代性的这个维度，学术界有较为深入的讨论和普遍共识，相对而言，从美学和文学艺术的角度，针对社会主义理想和社会主义目标在中国社会现代化进程中的作用以及具体的美学机制的研究相对薄弱。其中的原因之一是这个问题在中国的学术语境中相对复杂。如果脱离具体语境，对中国特色的社会主义道路容易误判。对于社会主义目标的理解，对当代社会主义运动的形态和社会动力的理论分析，是20世纪中叶以来，马克思主义和社会主义运动面临的最重大挑战，也是对人类思想最严峻的考验，关键的理论是非问题不容回避。

在社会主义运动的形象化表达方面，自20世纪中叶以来，在欧洲出现了被称为"敌托邦"的现象。"敌托邦"关于人类的未来的想象一改启蒙主义以来的光明、自由和理想，而充斥着黑暗、奴役和彻底异化，这种新的文化动因不仅在文学艺术中得到不断的表征，对此进行的研究亦见诸于人文学科领域的著述。从世界美学的角度看问题，或者说从全球现代化进程的角度讲，在中国的社会和文化发展中，关于未来的想象和文学表达是一种什么样的形态？因此，中国的社会主义运动以及社会主义目标在文学艺术形象中的表征就特别值得关注了。

自从马克思主义和社会主义的思想传入中国后，在全球性的"红色三十年代"里，中国的革命文学、左翼文学艺术都得到极大发展，成为中国现代文学发展中值得关注的现象。经过二十余年的探索和发展，中国的左翼文学和革命文学在 20 世纪 30 年代中期到 40 年代后期的延安时期，达到了文化和美学的高峰，形成我们今天所说的"红色经典"的美学规范。在世界美学史的意义上，我倾向于将延安时期开始出现的美学风格概括为"第四种形态的先锋派"。这是一种不同于在欧洲和美国具有重要影响的第一种形态和第二种形态的先锋派，也不同于在前苏联和东欧转向市场经济时出现的第三种形态的先锋派，它也被称之为审美的先锋派。第四种形态的先锋派以广大人民群众喜闻乐见的形式，用艺术的形式表达出特定时代人民大众的情感结构，以审美革命的形式影响和推动了中国社会的现代化进程，其文化基因的基本结构是家国情怀和社会主义理想所组成的理论结构，这是中国审美现代性的基本理论规定。

二、"红色经典"的美学意义

关于"红色经典"，目前学术界尚无统一的定义，关于"红色经典"的美学意义，无疑是重要的理论问题。从理论上说，"红色经典"是继古典文学艺术经典和中国现当代文学艺术经典之后，在中国社会的现代化进程中，与中国特色的社会主义事业有紧密联系的文学艺术经典作品。

时间性是构成"经典"的第一要素。被称为"经典"的作品通常经历了较长时间的历史积淀与检验。其次是典范性。在内容上，"经典"与时代精神相联系，探索具有普遍意义的社会问题，体现一定的社会发展趋势。马克思主张作品表达"最现代的思想"，认为古希腊文化的永恒魅力恰恰在于它的"现代性"，即它在现代社会生活中的意义。毛泽东认为文艺创作要实现"社会生活的转向"。在形式上，"经典"具有很高的艺术价值，达到了美学规范的水准。马克思认为文学创作要"莎士比亚化"，符合现实主义美学原则与创作规律。在《〈政治经济学批判〉导言》中，马克思提出："……它们何以仍然能够给我们以艺术享受，而且就某方面说还是一种规范和高不可及的范本。""红色经典"与"经典"有着一致的理论内核，同时还有实质性的理论规定：对社会主义目标的表征和表达。在这方面的缺失和模糊，无以构成真正意义上的"红色经典"。

中国的"红色经典"是从马克思主义传入中国之后开始形成和发展的，在五四运动期间和"左联"时期，受社会主义运动和马克思主义思想影响的文学艺术作品风行全国。但从美学角度讲，在中国现代化进程中，"红色经典"成为一种具有独特风格，被尊为"典范"的文学现象和美学现象，应该是在延安时期。

1935 年 10 月，毛泽东率领的中国工农红军陕甘支队抵达陕北吴起镇。1948 年 5 月，党中央机关从延安迁至河北平山县西柏坡。党中央在延安的 13 年，领导中国革命成功地实现了战略转移，以延安为落脚点和出发点，最终领导中国革命走向全面胜利。延安时期，中国共产党创办了一系列学校，包括各类大学，其中就有著名的鲁迅艺术文学院，开启了党领导文艺运动、在情感和意志层面不断推动中国社会的现代化进程。在文学艺术和审美活动的维度上，"延安 13 年"是文学艺术百花齐放的 13 年，是中国广大人民大众的现代化诉求在情感的维度上得到广泛而深刻表达的 13 年，是世界文学艺术潮流与中国民族民间传统文化多方面结合和融合的 13 年，是中国社会在最深刻的基础层面开始发生革命性变化的 13 年。在这 13 年里，以延安为中心的文艺运动在文学、美术、音乐、戏剧、舞蹈等众多领域成果颇丰，诸多堪称"经典"的作品成为马克思在谈到古希腊文学艺术时所说的具有"永恒魅力"的艺术典范，达到一种虽然"天真"却难以企及的美学高度。在毛泽东的《沁园春·雪》、光未然和冼星海的《黄河大合唱》、贺敬之和丁毅的《白毛女》、埃德加·斯诺的《西行漫记》等作品中，我们清晰地看到这种美学规范的存在及其对中国社会和文化发展变迁的深刻而长远的影响力。

延安时期，中国古典文化中的"颂"的诗歌传统以一种全新的形式重新出现。《东方红》《二月里来》《南泥湾》等歌曲的广泛流传，被冼星海命名为"诗表演"的《黄河大合唱》横空出世等等，都是这种现象的代表。通过诗歌这种把生命力强健的中华民族文化传统与社会主义目标结合起来的文学艺术形式，使得苦难深重的中国老百姓长期被压抑的情感得以表述，并被引领向探索社会主义目标。这类在中国现代化过程中发展和成长起来的具有强烈的"乡愁"色彩、民族特色浓郁、直接或间接指向社会主义目标的作品，符合中国审美现代性的理论规定，是具有中国风格的"红色经典"。

与歌曲中的"红色经典"相类似，延安时期，以中国农民形象为主角的新文学形式和新文学传统也得以发展起来。

瓦尔特·本雅明认为，在神话时代的传统和仪式被破坏之后，文学用神话的美学机制顽强地表达出对人性的坚守和对强大异化机制的抗争，在现代小说中，神话成为一种寓言。列宁敏锐地观察到俄国的批判现实主义小说与即将到来的社会主义革命之间的内在联系。他指出列夫·托尔斯泰的作品是"俄国革命的一面镜子"。詹姆逊在研究了鲁迅等中国现代文学作家后指出，第三世界的文学艺术是他们与帝国主义压迫者进行斗争的"民族寓言"。

从延安时期开始，中国逐渐形成一种新的叙事文学，农民的形象成为文学叙述的主角。通过塑造农民在社会革命中的形象，艺术地再现了中国现代化进程的特殊性。从延安时期的赵树理取材于太行山农村的《小二黑结婚》、丁玲取材于华北农村的《太阳照在桑干河上》，到新中国成立后立足于陕北黄土高坡的柳青、陈忠实、路遥的文学创作，中国文学的现代传统得以延续，并成为具有世界美学意义的文学现象。

作家柳青是陕北黄土高原上农民的儿子，在陕甘宁边区走上革命文学道路。新中国成立后，柳青选择从北京回到黄土地，从事农村题材的文学创作。柳青立志像他尊为"人类的良心"的列夫·托尔斯泰那样深入生活、扎根人民，"生活在自己要表现的人物环境中"，创作出史诗般的批判现实主义作品，十分遗憾的是他的愿望没能完全实现，但他所开创的道路无疑深刻地影响了陈忠实、路遥等文学创作者。在世界美学和马克思主义美学层面上，柳青的文学道路都具有突出的启示意义。首先，在新中国成立后，柳青选择到农村去，到陕北去，到农业生产合作化的现实过程中去，努力用文学的方式表征和再现中国现代化过程的深刻的社会基础和文化肌理；其次，柳青通过他的《创业史》和其他文学作品，探索和表征了中国社会主义革命和"中国道路"的深层原因，在这里，文学再次走到了社会科学的前面；最后，柳青始终保持农民的生活方式，坚持扎根农村，他所开创的文学创作方式彻底改变了中国历史上文学家作为"精神贵族"的文化机制，改变了文学写作的意义，创造出了一种新的审美关系或者审美制度。在这种审美关系中，"农民"的形象在中国历史上第一次成为文学的主角，关于农民在现代化过程中的形象化表达则成为文学的新的经典。

从世界文学或者马克思主义美学的角度来看，对于柳青现象和中国现代化进程中的"红色经典"现象，我们应该深入研究并努力作出理论阐释。毛泽东《在延安文艺座谈会上的讲话》充分肯定了文学艺术在改造人和改造世界中的巨大作用，延安时期开创的文学新传统实践了毛泽东的理论设想。

三、红色经典的文化价值

在人类历史的神话时代，文学艺术的价值是一种综合性的价值。文学艺术审美价值的独立曾经是文学艺术发展过程中的重大进步。审美价值的独立使文学艺术超越了简单的社会功利和部分特权者的利益，成为人类共同的价值和情感愉悦的对象。工业化社会，劳动产品的价值包括价值、使用价值、交换价值。文学艺术作品作为文化产品，它的价值也是复杂而多面的，包括审美价值、政治价值和信仰价值。社会的现代化进程把审美价值独立化，这体现了历史的辩证过程。在漫长的岁月里，作为文化表征的文学艺术经历了浮沉起落的辩证发展过程。对于"红色经典"而言，信仰的价值和文学艺术与"未来"联系的能力至关重要。

在启蒙主义时代和康德的美学理论中，文学艺术作品之所以能成为"经典"，主要源于其审美价值。审美形式的纯粹性具有决定性的意义，规定了文学艺术作品是否能成为"经典"。

219

在 20 世纪 30 年代，西方马克思主义美学界开展了一场有关表现主义的论争，卢卡契、齐格勒与布洛赫等人各执己见，这场论争逐渐上升为关于现代主义文学艺术的美学评价的论争。现代美学理论较为系统地论证了文学艺术的政治价值和在改造社会中的重要作用，现代主义的文学艺术作品逐渐成为文学艺术史和审美教育活动中的经典。文学艺术的审美价值和政治价值有着复杂的关系，而只有在具体的审美关系和审美语境中，文学艺术的价值才是具体的和有意义的。在 20 世纪美学的发展过程中，关于现代文学艺术的经典性的美学原则逐渐形成共识。辩证的、复杂的，与具体语境相联系的审美价值和政治价值成为说明现代主义文学艺术作品的理论原则。

从美学角度看，对"红色经典"的理论阐发，显然不能局限在康德美学或者各种后康德美学的理论框架中，如果考虑到中国现代化过程的复杂性和特殊性，简单的现代美学的理论原则也是不充分和不全面的。

考虑到中国特色社会主义文艺实践的特殊性，考虑到从延安时期开启的新的文学艺术传统的巨大影响力，我们应该深入而全面地研究百年"红色经典"在中国现代化过程中所发挥的作用，研究"红色经典"的美学依据及其在现代化过程中的重要作用。

从马克思主义美学或者说从世界美学的角度看，"红色经典"是一个美学的类型和审美对象。从理论上看，文学艺术领域的"红色经典"最重要的美学规定是对社会主义目标的表征，这是"红色经典"与其他类型的现代派和当代文学艺术相区别的关键，正如习近平总书记在文艺工作座谈会上的讲话中所提出的："文艺是铸造灵魂的工程，文艺工作者是灵魂的工程师……广大文艺工作者要高扬社会主义核心价值观的旗帜，把社会主义核心价值观生动活泼、活灵活现地体现在文艺创作之中，用栩栩如生的作品形象告诉人们什么是应该肯定和赞扬的，什么是必须反对和否定的，做到春风化雨、润物无声。"

文学艺术领域的"红色经典"以其艺术性和情感影响力达到了堪称典范的水平。从美学角度讲，用感性形象的文学艺术表征出具有很高的精神性和理想性的信仰和信念的确是件困难的工作。"红色经典"质的规定性之一是用现实的人物形象和平凡的生活材料表征出崇高的精神和不平凡的世界，这意味着对作家和艺术家的情感世界和精神世界的深度、广度和崇高的程度都有较高要求。鲁迅先生说，"从血管里出来的都是血"。只有作家本身的精神灌注了"人的本质力量"，那种闪耀着人性光辉、具有神圣性的情感才会在其作品中再现，从而塑造出具有强大精神力量与深远影响的文学艺术形象。

延安时期是中国历史的特殊时期，它于中国革命事业的意义，仿若古希腊对于欧洲文艺复兴和启蒙主义的意义。延安时期仅有短短 13 年的时长，这一时期，物质环境艰苦，政治环境相当复杂，但是，文学艺术家们在强烈的情感和精神力量的推动下，用直朴的艺术材料和艺术手段在文艺创作中笃定前行。正如军事方面，八路军用小米加步枪创造了诸多军事奇迹一样，在延安时期那个特殊的条件下和氛围中，文学艺术创作却如火山喷发。延安时期的文学艺术家们创造了诸多"红色经典"，并规范了"红色经典"这一新的美学类型的精神指向和美学方位。在喜迎中国共产党百年华诞的历史时刻，从世界美学的高度和美学规范的角度思考和阐释蕴含在"红色经典"中的文化意义和审美意义，无疑是马克思主义美学的一项重要的理论工作。

党的十八大以来，以习近平同志为核心的党中央高度重视文学艺术创作和意识形态领域的工作。我们应该高度重视"红色经典"为实现中华民族伟大复兴的中国梦提供的价值引领和情感依托。2014 年，习近平总书记在文艺工作座谈会上的讲话中强调："文艺是时代前进的号角，最能代表一个时代的风貌，最能引领一个时代的风气。"

在中国特色的社会主义新时代，创作审美价值和信仰价值高度统一的文艺作品，是时代的呼唤，也是现实和社会发展的历史要求。站在"两个一百年"的历史交汇点上，我们能感受到"历史的风"的强劲，也感受到在构建人类命运共同体的诉求与谋求个体利益及局部利益之间仍然存在着巨大的断层落差。马克思所期待的"人也按照美的规律来构造"

的美好愿望，仍然只能是部分实现。"路漫漫其修远兮，吾将上下而求索"，"红色经典"所承载的理想具有一份沉甸甸的力量。

风云变幻，时势更迭，有信念和信仰的文学艺术作品才是我们给予这个时代、给予广大人民群众精神鼓舞和情感支撑的精神食粮。中国的现代化过程和世界马克思主义美学理论的研究表明，坚定不移地坚持党对文艺工作的领导，引导广大文学艺术工作者在文学艺术作品中，用艺术的形象和艺术的语言表征出社会主义的理想和信念，这是"红色经典"成其为"经典"，并在改造世界的过程中发挥重要作用的根本理论规定。

（作者系浙江大学人文学部副主任、中华美学学会副会长）

中国共产党百年文艺实践品格与价值追寻

肖向荣

　　纵观百年大党的文艺实践，始终坚持实事求是、兼容并包的方法论与世界观，为人民服务，为时代讴歌。文艺工作者在文艺实践的道路上不断成长、不断学习，每时每刻都体现着鲜明的美学品格和价值追求。无论是最接近人民的"延安大秧歌"，还是新中国成立初期气势恢宏的《东方红》，改革开放后令世界瞩目的"第五代"导演群体，新世纪"后奥运时代"开放包容的"中国笑脸"，到新时代充满文化自信的文艺创作，都体现了"文艺为人民"思想的初心不改，体现为民族振兴使命赓续精神。

　　中国共产党的文艺创作始终朝着更高的人民欣赏品位和价值追求迈进，实践品格、美学品格、主流价值观念演进的步伐，随着先进青年到圣地延安，接近大地；新中国成立后，文艺创作从地里生长出来，走向人民大会堂，结出史诗范式的硕果；改革开放，人们开眼看世界，也回眸望乡土，浪漫的革命者之歌和青春的激情迸发出来；新千年，北京奥运会之后，充满想象力的中国人向世界宣布进入全新的如梦如诗的史诗况味追求；新时代，世界的中国和中国的世界更加完美地交融，在"西湖""天安门"彰显当代中国自信从容的精神美学追求，百年历史铸就了一件件文艺创作精品力作。在历史的大潮中，中国文艺守正创新，不断演进，形成拒绝僵化寻求革命现实主义与革命浪漫主义相互交织的史诗品格。

223

前　言

百年以来，中华大地上发生的影响最深远的一件大事，莫过于中国共产党的诞生以及它领导中国人民艰苦奋斗所取得的成果。经过百年持续奋斗，中国共产党团结带领中国人民从积贫积弱、四分五裂中崛起，成功地实现了从站起来、富起来到强起来的伟大飞跃。一代代文艺工作者用艺术语言，记录百年巨变、描绘百年党史，留下了一大批经典之作。生于斯、长于斯的众多中国艺术家，自觉投入记录和描绘这场百年大变革的历史洪流中，将我们党的伟大历史征程凝聚于壮阔恢弘的丹青画卷、音乐或舞蹈的史诗，通过具有史诗品格、震撼心灵的艺术经典，塑造人物、表现历史、描绘现实，成为中国共产党百年奋斗史的生动注脚。一代代中国人既不走封闭僵化的老路，也不走改旗易帜的邪路，我们走的是"以人民为中心"的人间正道，大道之行，天下为公。

新世界：革命文艺造就精神圣地

"只要还有一口气，爬也要爬到延安城"，这是 1937 年一批上海青年的真实心声。黄土地，红延安，绿陕北。小小延安城会聚最优秀的中华儿女，打造这片文化"新世界"。20 世纪三四十年代，在中华民族生死存亡的危急关头，中国共产党高举抗日救国的旗帜，写就了文艺救亡的壮丽诗篇。可以说，延安时期的文艺思想，是中国共产党人在思想上总结马克思主义的文艺思想，在实践中贴近解放区人民生活；在客观上，左翼的、新的文化思潮影响着广大革命知识分子的创作。由此，呈现出有体系的文化艺术形态——延安文化艺术形态。这一文化艺术形态，在实践经验的基础之上，融合了马克思辩证唯物主义和历史唯物主义的方法，确立了延安时期文化艺术的方向、方针，形成了延安文化的面貌，也为中国民族文化艺术奠定了基础。

左翼文艺是国际现象，是一股不可阻挡的世界思潮。它发端于 19 世纪中叶欧洲的工人运动，随马克思主义的诞生而萌芽。20 世纪二三十年代形成高潮，风靡欧亚美非四洲，而且比历史上出现过的任何一种文艺思潮和文艺运动都更广泛，国际无产阶级文艺运动蓬勃发展，形成了弥漫全球的"红色三十年代"。白求恩、海明威、罗伯特·卡帕、伊文思等，都是著名的左翼人士。20 世纪前半叶的中国左翼思潮不但是时代的主导思想，也是世界左翼运动的一部分，这一时期的中国左翼文艺思潮将自己与祖国被压迫人们的命运、与世界被压迫人们的命运紧紧地联系在一起。人民性和世界性是中国左翼思潮的两个鲜明的特征。

放眼全球，在苏联，从 20 世纪 20 年代中期开始，产生了一批文化团体，如"左翼艺术阵线""俄罗斯无产阶级作家联合会"（拉普）、苏联的电影家创立了激进的"电影眼睛派""蒙太奇学派"，并在影片中形成诗意，影响世界。这些流派和团体中，尤其"拉普"的文艺理论，经我国左翼作家译介，很快传入中国，并被左翼文坛视为"正确有力的新的指导理论"。

中国的左翼艺术，包含了左翼戏剧、左翼电影、左翼美术和左翼音乐等几种形式，它的形成几乎是与左翼文学同步的。抗战全面爆发后，左翼文艺思想在抗战的历史潮流中融入抗战文艺之中。20 世纪三四十年代，成千上万的爱国青年文艺工作者带着满腔革命热情奔赴延安，文化下乡、为工农兵服务成为各抗日根据地艺术活动的纲领。他们运用马克思主义的文艺理论来武装头脑，运用马克思主义的阶级斗争学说来分析艺术问题并展开艺术实践活动。青年音乐家冼星海写出伟大的《黄河大合唱》，从音乐形象上奠定了中国共产党的音乐史诗气质。1942 年 5 月，毛泽东《在延安文艺座谈会上的讲话》（以下简称《讲话》）中鲜明地指出：我们的文学艺术都是为人民大众的，首先是为工农兵的，为工农兵而创作，为工农兵所利用的。新秧歌不仅为继承、改造传统民间艺术积累了宝贵的经验，而且对于发展、创新革命文艺起到了巨大的促进作用，使秧歌这种民间艺术形式能够更好地为革命斗争服务，为革命宣传服务，为广大人民群众服务。延安文艺工作者深入群众的实践过程中，将无产阶级的时代精神和革命元素融入传统秧歌的改造和创新中，发起了一场前所未有、盛况空前、意义深远的新秧歌运动。

从历史意义上说，延安新秧歌运动是中国共产党继五四运动后，再次领导的群众性的革命文艺运动。在新秧歌运动中，延安文艺工作者与广大军民受到了新的革命意识形态的熏陶和洗礼，彻底进行了政治革命和社会改革，坚实的群众基础，是新秧歌运动得以巩固革命政权、推动政治发展和社会进步的基石。

新中国：《东方红》史诗构筑国家"神话"

1949 年 10 月 1 日，中华人民共和国正式成立，一个以社会主义和共产主义为目标的新的社会制度取得了胜利，同时，艺术家们创作了一批充分反映新的时代精神的艺术作品。在 1956 年毛泽东正式提出的"百花齐放，百家争鸣"的文艺方针指引下，艺术家们的创作热情空前高涨，各种形式的文艺作品层出不穷。1958 年，毛泽东总结我国文学发展的历史经验和"五四"以来我国革命文学的创作经验，根据新中国成立以后社会主义革命与社会主义建设的新形势，同时吸取国际无产阶级文学艺术的先进经验，提出了革命现实主义和革命浪漫主义相结合的创作方法。艺术家们把解放区的美术传统、从苏联引进的社会主义理论结合以徐悲鸿学派为代表的写实主义美术教育，构建了新阶段现实主义与浪漫主义相结合的美术创作根基。

这个时期的美术创作深受苏联写实主义油画风格的影响，而传统的中国绘画一度被认为是脱离了时代的、与人民的现实生活不接轨的艺术，甚至中央美术学院的中国画系都停止了授课，当时的教师李可染被安排去讲授水粉课程。在这种状况下，是取法现实、表现生活的做法让传统艺术重新焕发了青春。傅抱石、李可染、张仃等画家，都走进生活，师法自然，描绘祖国的大山大水，以及火热的现实生活，"为山河立传"，创作了许多优秀作品，也在艺术上进入了成熟期。

李可染在 1962 年画出了美术史名作《万山红遍》，两年后，在周恩来总理的亲切关怀下，另一部"红色"巨作《东方红》问世。作为国家话语表达的《东方红》，结合了中国革命政治文化语境中革命的现实主义与浪漫主义，以"政治大歌舞"对党和人民以及新中国、新生活进行歌颂。大型音乐舞蹈史诗《东方红》从创作背景、目的与雏形来看是那一时期群众与政党所需，它充分将文艺的社会功能与政治功能有机结合起来，通过"延安经验"奠定了《东方红》"革命化""民族化""大众化"的基础。

新中国的文艺实践开创了一个充满革命激情的年代，"为工农兵服务""百花齐放，推陈出新"成为文艺的方针，从未有哪个时代如此看重艺术的社会与政治功能。毛泽东在天安门城楼上的庄严宣告向世界表明"中华人民共和国成立了"，这段历史性的影像昭示了一个新国家的诞生，并且代表这个崭新政权的新政治与新文化的主体"人"——新中国人的身体形象呈现成为艺术与文化实践的重要方向。大型音乐舞蹈史诗《东方红》"神话"的诞生并不是某个艺术家的个人创作，而是一个集体共同的艺术想象，这种想象的共同体本身，就是高度默契、高度认同、高度模造的艺术语汇开发，开创一个新的符号、新的故事、新的文化特征即国庆庆典史诗的"神话"。此后，包括《中国革命之歌》《复兴之路》《奋斗吧中华儿女》等从舞台进入银幕的典章范式。而"国庆"这一特殊的时间表述，是体现一个新政权的自我认同，每年的 10 月 1 日，从此归属于"国家时间"，这一天的作品也被披上了"神圣"印迹。个体会通过参与这个"大事件"而具有一种崇高感，通过银幕的再塑造和传播，国家不断重复的这种仪式，来保持共同的社会记忆，从而建构一个具有共同的、神圣的一刻时间记忆共同体。因为任何社会秩序的参与者必须有一个共同记忆，才可以不断保障现存社会秩序的合法性。《东方红》正是在这样背景下呈现出来的一种艺术形式新样貌。《东方红》表演场地在标志化地代表新中国人民当家做主的最高权力场——人民大会堂，演出时是国庆节那日的神圣时刻，在时间、空间的两重维度的加持下，生成了一个"为

227

山河立传"的新中国仪式。

新时期：东方晨曲奏响《中国革命之歌》

改革开放初期的 10 年，是中国社会的转型期。这一阶段的中国现当代艺术开始了艺术反思思潮，先后出现了"伤痕美术""乡土美术""85 新潮"三大艺术反思思潮。同时，西方现代艺术传入国内，不断给予艺术家新的启示。1979 年，北京和上海等地举办了"法国 19 世纪农村风景画"展览，展示了法国 19 世纪现实主义风格作品，其中巴比松画派的风景画和古典风格的人物画备受青睐。同年，《罗丹艺术论》在全国公开发行，罗丹所提倡的现实主义，尤其是对自然的崇拜受到了中国艺术家的欢迎，在现代艺术于中国尚未兴起的背景下，这本书成功启蒙了中国艺术家的观念。

1984 年，电影《黄土地》横空出世，标志着"第五代"导演集体亮相，并带着独特的美学倾向走上世界舞台。同年，为了庆祝中华人民共和国成立 35 周年的《中国革命之歌》，则注定是带着不可回避的政治转向的一次探险。新中国成立后第二部大型音乐舞蹈史诗《中国革命之歌》的政治意义的延续性，既有艺术形式上的延续，同样又动用了歌唱、音乐、舞蹈、朗诵、合唱、中西乐队的大编制结合社会主义的现实主义、革命浪漫主义的美学特征，西方交响与中国民族音乐、高雅艺术与大众艺术交融的艺术特征，彰显了艺术创作多样化的美学追求。

在革命年代，文艺也成了"革命文艺"，发展文艺是为了打倒敌人。这一观点的形成，一个重要原因是囿于当时的社会形势。一方面是形势所需，但更重要的是，文艺服从于政治这一主张还有着更深刻的思想根源。《中国革命之歌》所处时代已经有了新的变化。邓小平《在中国文学艺术工作者第四次代表大会上的祝辞》（以下简称《祝辞》）中指出，"我们的文艺，应当在描写和培养社会主义新人方面，付出更大的努力，取得更丰硕的成果""要通过这些新人的形象，来激发广大群众的社会主义积极性"。这个时期的主语被替换成"社会主义新人",这样的"新"与"旧"的对比,就像《中国革命之歌》里面唱道:"鸟在高飞,花在盛开。江山壮丽,人民豪迈。我们伟大的祖国进入了社会主义时代。"但相较而言,这样表述对文艺特性的认识,已经向理性的道路上迈了一大步。更难能可贵的是,《祝辞》中还要求"文艺工作者还要不断丰富和提高自己的艺术表现能力","文艺创作思想、文艺题材和表现手法要日益丰富多彩,敢于创新。要防止和克服单调刻板、机械划一的公式化概念化倾向"。这一点在以往的文艺政策中几乎没有被明确提出过。这说明,在改革开放的背景下,新时期的中国需要更多、更丰富的文学、艺术作品,而这些作品的创造需要文艺工作者不断提高自己的艺术表现能力,说明了新时期的中国领导人已经开始关注和重视文艺自身的发展规律。革命现实主义既是社会主义现实生活的艺术产儿,又是社会主义伟大时代的美学动力,它为了社会主义才来到世间,并勤力于以巨大的刚健的艺术力量,永不停息地将社会主义推向更新、更纯、更高、更美的境界和阶段。所以,它理所当然地应当和必须成为社会主义艺术的主潮,社会主义艺术也应当和必须以革命现实主义构成自己的主体意识——主体性。整个中国焕发出活力。中国社会以崭新的面貌重新登上了国际舞台。充分地显示出《中国革命之歌》受时代新风影响所体现的现代化美学品格。

直到20世纪80年代后期,乡土现实主义思潮让位于"85新潮",中国美术领域掀起了一场思想解放运动。90年代之后,当代中国艺术逐步融入"全球化"的格局当中,同国际艺术的最新走向取得了越来越密切的外在关联,"后现代艺术"已经稳固地成为一种主流的艺术形态。从现实主义、现代主义到后现代主义,当代中国艺术几乎在短时间的历史场域内,上演了欧美艺术几百年来的艺术流变,这些艺术传统在当前的中国艺术界形成了"多元共生"的局面。艺术家徐冰、蔡国强、缪晓春、张大力等人用独特的审美品格与精神,构建了有别于西方造型艺术的东方审美体系,体现出中国当代艺术自律的信仰与进步、革新与未来。

新世纪:《复兴之路》史与诗的交响

党的十七大指出,当今时代,文化越来越成为民族凝聚力和创造力的重要源泉、越来越成为综合国力竞争的重要因素。因此,东西方的软实力作用越来越受到世界各国重视,文化交流逐渐成为国家之间交流的重要手段,"西方"与"东方"文明由冲突开始走向共融共生。为庆祝中华人民共和国成立60周年,大型音乐舞蹈史诗《复兴之路》2009年9月20日在人民大会堂首演。这部作品不仅继承了前两部大型音乐舞蹈史诗政治与文化的重大意义,更突显出了"后奥运时代"百年梦圆的当代中国人在此部史诗中的集体亮相。值新中国成立60周年举国庆祝之际,《复兴之路》把中国近代以来的重大历史事件与历史进程,以音乐和舞蹈的形式在舞台上凝练而具有诗性地展现,与前面提到的《东方红》以及《中国革命之歌》相比,被视为反映时间跨度最长的音乐舞蹈史诗。在以艺术的方式带领观众们重温自鸦片战争以来169年中华民族走过道路的同时,它用现代的艺术理念重新雕琢了中国人民的时代形象和英雄品格,从精神气质上呼应中华民族伟大复兴的时代主题。《复兴之路》的语境既是国家的,更是时代的,从规模上说是空前的。它集合了3200余名演员的倾心参演,通过使用6500件道具复原数百年间的重要历史节点,以空间蒙太奇的舞台美学与浪漫主义交相呼应,向筚路蓝缕、披荆斩棘的勇士和民族英雄们致敬,从而找到一种素朴与崇高、庄严而隆重、豪迈与高贵的独特艺术美学。

《复兴之路》在追求着对尽善尽美的"史""诗""思""情"的营造时,以诗的浪漫结构一个宏大的主题,用平实而高贵的美学风格去讲述一个民族百年来的沧桑巨变。它不再以追求再现历史场景为艺术理想,而去追溯当代人对历史与诗性的感知,既保留着岁月流过之后的浪漫情致,又传承我们党恒久的精神力量与民族之美。这种诗意和浪漫品格可以追溯到井冈山时期,毛泽东就预见中国革命高潮快要到来:"它是站在海岸遥望海中已经看得见桅杆尖头了的一只航船,它是立于高山之巅远看东方已见光芒四射喷薄欲出的一轮朝日，它是躁动于母腹中的快要成熟了的一个婴儿。"这样诗意地描绘中国革命的高潮，充分展现了中国共产党的整体文艺美学品格不是僵化的，始终饱含着革命现实主义与革命浪漫主义有机相融合的诗意情怀。它将"史诗"作为创作目标，向波澜壮阔的历史和悲壮豪迈的高贵精神表示敬意，既是为这段历史寻找到了一种崇高、质朴和优雅的艺术表达，也是对历史进行的一场庄严的艺术承诺。

新时代："以人民为中心"吹响奋进号角

"文艺是时代前进的号角，最能代表一个时代的风貌，最能引领一个时代的风气。"习近平总书记在文艺工作座谈会上，从实现"两个一百年"奋斗目标、实现中华民族伟大复兴中国梦的使命高度，深刻指出文艺工作肩负的时代责任，深情寄语文艺工作者"坚持以人民为中心的创作导向"，"创作无愧于时代的优秀作品"，为繁荣发展文艺事业明确了任务、指明了方向。国际社会对中国的关注度越来越高，他们想了解中国，习近平总书记指出，文艺是最好的交流方式，在这方面可以发挥不可替代的作用。2016年中国杭州 G20 峰会《最忆是杭州》文艺演出，告别了让世界看中国的单向方式，而是中西合璧，让世界人民从中国看到世界，小小的西湖展现人类艺术的精粹，由此 G20 晚会超越了民族走向世界。

追求美轮美奂、诗情画意的美学品质从演出名称《最忆是杭州》中就可以感受到，它出自白居易《忆江南三首》，江南忆，最忆是杭州。此篇是从古至今描绘西湖诗句中的经典，重点突出杭州的文化积淀与江南烟雨，西湖湖畔的独特韵味。西湖承载的是一种人文内涵，在西湖上跳《天鹅湖》配合全息投影的科技手段，也许是前所未有的表演形式，这不仅是中西结合，而且是一种美好事物全人类共有的观点，更是新时代中国文化自信、国家软实力的体现。作为总导演的张艺谋表示：整个晚会采取的是交响乐的形式，采用曲目与曲目之间的音乐编排，因为交响乐可以被视为一种"世界语言"，人类的情感是共通的，交响乐演奏出的名曲代表着全人类共同的理念、共同的情感，这种共融性传递的是情感力量，强调的是2012年党的十八大明确提出倡导的建构"人类命运共同体"理念。第九曲《欢乐颂》通过人声与交响乐队的配合达到了其他作品无法匹敌的盛大氛围，以"共享、共通、共融"的理念打造了这场人类交融的狂欢，创造了全人类共同的文化融合。

2019年10月1日，"群众游行"成为庆祝中华人民共和国成立70周年庆祝大会中吸睛的亮丽一笔。群众游行以"同心共筑中国梦"为主题，分"建国创业""改革开放""伟大复兴"3个篇章，10万群众、70组彩车组成36个方阵和3个情境式行进，展现中国共产党团结带领全党全国各族人民从站起来、富起来到强起来的伟大征程，抒发对中国共产党、中华人民共和国的由衷赞美和真情热爱。中央首次以"自由、生动、欢愉、活泼"来为这次国庆盛典指明了方向，这意味着吹响新时代文艺实践的一个新号角，通过精致的、极致的、内敛的、包容的表演形式，犹如一张张中国名片，向世界阐释推介了具有中国特色、体现中国精神、蕴藏中国智慧的优秀文化。秉承着习近平总书记提出的讲好中国故事、传播好中国声音的理念和期望，展示真实、立体、全面的中国。

笔者作为总导演根据"小方阵、大主题"的理念，提出"一场盛大的游行、一幅壮美的画卷、一部奋斗的史诗"的设想，并在"三个一"基础上进一步提出"四个回归"——回归群众、回归真情、回归素朴、回归精神。回归群众，是将人民群众作为游行的主体，成为故事的主角；回归真情，是回归人民对党对国家的真情实感，情动于中才能外化于形；回归素朴，是一种东方美学天然追求，素朴的表达和表现是一道红线，而拒绝光怪陆离或是盲目的狂欢；回归精神，每一个时代都有每个时代的精神计划，将中国人的精神展现给世界，是这次游行的重要使命。从原来的单一的构成到后来丰富的构成，强调谁的故事谁来讲，农民、工人、学生，自己的故事自己讲，把普通的学生、群众与观众席联系在一起。通过中国长卷的叙事启发，将长安街形成一场"沉浸式""流动的史诗"，向全国人民展现出一个全新的游行样式，让世界重新认识新时代的中国人。通过中国发展故事的表达，人民自由欢愉的呈现，让世界看到新时代中国人的自信、乐观、积极的态度，也向全世界人民展现新时代中国人民的精神风貌。习近平总书记对于此次群众游行作出了评价："这次庆祝活动是国之大典，气势恢弘、大度雍容，纲维有序、礼乐交融。"并在 2020 年新年贺词中指出："群众游行激情飞扬，天安门广场成了欢乐的海洋。"参与这次国庆大典的新时代文艺工作者不忘初心，一方面赓续"深扎"精神和以人民为中心的使命担当，突出快递小哥、广场舞大妈、百姓美好生活，另一方面也体现新时代以社会主义核心价值观为中心的艺术价值取向，那就是以艺术的手段讲述好具有政治意义的主题，通过一场国家庆典来彰显时代的新气息、新气质、新气象，"敷文华以纬国典"，不断丰富新时代国家仪式来体现大国形象。

结　语

若我们把 20 世纪的新文化运动看作对传统文化糟粕的"除旧"，那么 21 世纪以习近平总书记系列重要讲话精神为代表的新文艺精神则是对中国优秀传统文化的"立新"，它是中国文化发展史上的又一次重大转型，开启了中国文艺发展的新时代。习近平总书记所强调的作为社会主义文艺灵魂的中国精神，正是优秀传统文化遗产和时代精神的辩证统一，它对于解决当前文艺创作价值观问题、文艺理论"西化"问题都具有重要的指导作用。2014 年，习近平总书记在文艺工作座谈会上的讲话中指出："有的同志说，天是世界的天，地是中国的地，只有眼睛向着人类最先进的方面注目，同时真诚直面当下中国人的生存现实，我们才能为人类提供中国经验，我们的文艺才能为世界贡献特殊的声响和色彩。"2021年，在党的百年华诞之际，一部倾注举国文艺工作者心血的大型情景史诗《伟大征程》在鸟巢（国家体育场）面世，这部最新史诗，跳脱原有音乐舞蹈为主体表现风格，而是进入多媒体、全景式、开放性的史诗结构，将影像语言、戏剧语言、行为艺术等融合，守正创新，它必然成为惊艳世界、影响深远的巨作。

文化艺术具有民族性与超民族性的价值，是世界各民族、国家的人民能够进行思想精神交流、产生人类命运共同体价值和认知的最有效的精神载体，是最能够形成价值认同的基础。因此，世界各个民族和国家的文化和文艺，既具有民族性与世界性共在的特征，也具有人类精神价值追求上的最大通约性和共鸣性。在人类命运共同体建构中，中国新时代文艺思想既是必不可少的内容和价值构成，也是可以发挥最有效交流与沟通作用的精神纽带和桥梁。站在"两个一百年"的历史交汇点上，中国文艺作品中所凝聚的中国价值、中国精神，应该充满自信地予以国际传播和融入世界文化建设之中。

可以说，中国共产党百年的文艺方针是不断生长的，是充满生命力的，而且是有鲜明价值追求的。在百年历史进程中，一方面，充满包容与吸纳的精神，接收世界范围内最先进、正面、积极的文化艺术理念与创作方式，为我所用；另一方面，深深扎进中国大地，吸收百姓、农民的语言，汲取来自泥土的养分。革命的激情、现实的思辨与中国传统文化中瑰丽的想象、诗意表达的悠长韵味，贯穿起来，成为中国文艺思想的鲜明特质，成为独特的东方文艺美学追寻。百年文艺思潮吸纳了左翼的先锋与激情，但又不是一味狂飙突进；学习苏联的社会主义现实主义，但又不是唯"写实"是纲；改革开放之后它也不排斥欧美的后现代主义，但扬弃了西方美学中的荒诞不经与嘲讽取笑。中国文艺工作者紧跟时代的步伐，在不断开眼看世界，接收先进思潮的过程中，抱定百年来的优秀传统与社会现实，让中国共产党百年以来的文艺思潮丰富、充盈而又充满思辨气质。脚踏中国大地，肩负人类"美美与共""天下大同"的使命，一路"风卷红旗过大关"，紧紧跟随百年大党乘风破浪，扬帆远航，去描绘伟大的美丽中国梦。作为新时代的文艺工作者，当以信仰之光，照耀创作之路。

（作者系北京师范大学艺术与传媒学院院长，教授，导演）

中国共产党百年来的文化担当

李 龙

中国共产党领导的革命是一场全方位的总体性革命，它同时是政治、社会和文化的革命。它把美学与政治辩证地统一到了一起，以最广大和最具体意义上的"人的生成"为目标，丰富了美学——特别是马克思主义美学——的内涵、意义和功能。美学意义上的马克思主义中国化，就是通过把马克思主义理论转化为独特的民族形式和审美形式，进而通过这些形式把中国人民塑造成真正具有自我主体意识的觉醒了的力量。

站在今天这样一个百年未有之大变局的时刻来看，中国共产党的这种文化担当更加具有思想性和世界性的意义。如果说过去百年，中国共产党在为人民谋幸福、为民族谋复兴的同时，仍然不忘重构文化主体身份，努力去塑造自己独特的文化身份，去创造一种新的文化形态的话，那么到了今天，中国共产党更是把构建人类命运共同体、践行人类命运共同体理念作为自己的崇高理想和追求，把自己崇高的审美理想提升到了一个新的境界。

南湖红船，大道扬帆，百年华章，日月经天。在中国共产党成立一百周年这样庄严且神圣的时刻，深刻理解中国共产党的文化担当，不仅有助于我们进一步理解百年来中国共产党的文化、文艺政策，也会使我们更准确地理解中国共产党在文化理念上的世界史意义。中国的马克思主义者们一直高度重视文艺和文化工作，并将其视为党的崇高事业和国家治理体系的重要组成部分，既提出了不同于一般学科意义上的文论和美学的观念，也塑造了现代中国独特的文化性格。概而言之，笔者认为，中国共产党的文化担当可以归结为以下三点，即创建新国家、塑造新国民、创造新文化。

一、创建新国家

1949 年 11 月，在新中国刚刚成立的时刻，长诗《时间开始了》用饱满的深情书写了对新生人民政权和以毛泽东同志为代表的共产党人的颂歌，诗中有这样的诗句：

今天
中国人民底诗人毛泽东
在中国新生的时间大门上面
写下了
但丁没有幸运写下的
使人感到幸福
而不是感到痛苦的句子：
"一切愿意新生的
到这里来罢
最美好最纯洁的希望
在等待着你！"

这些诗句，是对新中国的热烈期盼与歌颂，是对伟大祖国的最诚挚的爱，是对美好未来的憧憬。是的，正如诗歌题目所说，时间开始了，这里有新生，有最美好最纯洁的希望，这不仅仅是一个新的政权的成立，更是占全人类四分之一人口的中国人站起来了的开始，在中国共产党的带领下，从社会主义建设到改革开放再到中国特色社会主义新时代，中国人民从站起来、富起来到强起来，书写了中华民族和世界历史上一幕幕波澜壮阔的史诗。

马克思和恩格斯在《共产党宣言》中说过，生产方式和交换方式的一系列变革，推动了地理大发现和资本主义全球化的历程，开启了世界历史的时代，一切国家的生产和消费都具有了世界性的意义，不仅物质生产如此，精神生产也概莫能外，欧洲之外其他地区的文化，都是以文明的名义，被纳入西方尤其是欧洲模式的世界史的叙事之中。在这一具有强烈的殖民主义色彩的基本叙事逻辑的支配下，一方面，资产阶级迫使一切民族按照自己的面貌创造出一个新世界，西方文明变成了衡量一切文明的尺度，这使得东方从属于西方，丧失了自己的文化身份，在这样的叙事结构中无法表述自我。另一方面，资本逻辑也唤醒、激发并强化了不同民族国家的主体意识，又反过来推动了现代民族国家的诞生。中国在从传统向现代转型的过程中，在把半殖民地半封建社会的中国建设成为新中国并走向民族伟大复兴的历史进程中，就一直具有高度的文化主体意识，把创造一种新的文明形态作为自己的追求。正是这种独特的追求使中国成为马克思所说的资产阶级创造出的"新世界"中的他者。

针对这种以西方文明为主导的现代文明观，毛泽东同志曾专门批驳过艾奇逊的"唯心历史观"。这一唯心史观的基本内容是：其一，从中国的经济状况和思想状况去解释中国革命的发生，认为人口激增是近代以来中国政府遇到的大难题，中国人多粮少，资源分配不均，自然就会导致革命。其二，中国革命的另一个原因是西方的影响，西方的技术、文明和新观念输入中国后，引发了中国的革命。但事实是否如此呢？

历史昭示着我们，包括中国在内的非西方文明进入以西方文明为叙事模式的"现代"世界，完全是被迫的结果。艾奇逊的这种唯心历史观无视帝国主义的侵略对中国的影响，也无视在这一过程中先进的中国人前赴后继自觉探索的努力，反而以"文明人类的最高表现"自居，所以毛泽东同志一针见血地指出，艾奇逊所说的西方的影响，其实就是马克思和恩格斯在《共产党宣言》中所说的"西方资产阶级按照自己的面貌用恐怖的方法去改造世界"(《唯心历史观的破产》)。这并不是纯粹的文明的输出，而是征服和掠夺。对于当时的中国来说，十月革命一声炮响，送来的不仅是一种新的思想和观念，更是一个清晰的新的世界图景，它不同于资本主义文明按自己的面貌为唯一叙事理念所构建的世界，这是李大钊所说的庶民的胜利和劳工的世界，为人类的未来开辟了一种新的可能性。这就像毛泽东同志指出的："自从中国人学会了马克思列宁主义以后，中国人在精神上就由被动转入主动。从这时起，近代世界历史上那种看不起中国人，看不起中国文化的时代应当完结了。伟大的胜利的中国人民解放战争和人民大革命，已经复兴了并正在复兴着伟大的中国人民的文化。这种中国人民的文化，就其精神方面来说，已经超过了整个资本主义的世界。"(《唯心历史观的破产》)自此以后，正是在这一理念的指引下，中国共产党一直站在世界历史和人类文明的最前沿，在传统与现代、东方与西方之间，在现代资本主义乃至帝国主义秩序之外，去努力构建新的文化身份，寻求人类生存更美好的可能性，世界文明史开启了新的一页。

回首百年风云，在国际形势发生深刻变化的历史性时刻，今天的中国正成为新的世界秩序的积极倡导者和引领者，当西方某些学者还在固守所谓的历史终结论的时候，社会主义中国的道路、理论、制度和文化已经显示出自己的优越性，从而也为人类文明和人类更加美好的未来提供了新的可能性，这是为中国人民谋幸福、为中华民族谋复兴的人间正道，是以天下为己任、引领世界进步的人间大道，这些都实实在在告诉世人，对于进入新时代正在为实现中华民族伟大复兴而奋斗的中国人民来说，历史并未终结，时间刚刚开始，中国人民将会在中国共产党的领导下继续创造人类文明的新篇章。

二、塑造新国民

在社会主义建设如火如荼之际，毛泽东同志写下了"春风杨柳万千条，六亿神州尽舜尧"的诗句，春风浩荡，杨柳新绿，古老的中国大地到处洋溢着蓬勃昂扬的生命力。近百年的革命和社会主义建设的历史进程，体现了一种宏大的历史愿望和独特的美学追求与文化理想，整个国家体现出一种积极进取、蓬勃向上的气象，毛泽东同志这句诗揭示的正是这种饱满的道路自信、理论自信、制度自信和文化自信的力量源泉，那就是人民至上。中国共产党人从来就不否定人的尊严、价值和理念。毛泽东同志强调"世间一切事物中，人是第一个可宝贵的。在共产党领导下，只要有了人，什么人间奇迹也可以造出来"（《唯心历史观的破产》），这里的"人"，不是抽象的个体意义的人，不是作为异化了的劳动工具的人，而是真正具有能动性和创造性、自在自为的觉醒了的最广大范围的人，是"人民性"意义上的人。

从康德以来，近代美学想要通过对审美问题的思考来解决"人是什么"的问题，但由于这种启蒙主义的美学理想指向的，只是抽象的、资产阶级意义上的理想的"人"的完成，因而并未超越市民社会的语境，真正解决这一问题，实现对历史之谜的解答。毛泽东同志《在延安文艺座谈会上的讲话》中所论述的关于文艺的立场、态度、对象，为什么人服务、如何服务等问题，已成为中国共产党的文化理念和美学理念，并成为中国共产党国家治理体系的重要组成部分。从近代美学的意义上看，这一文艺和美学思想绝不是如很多学者所讨论的那样，是简单的政治和文艺关系的问题，也绝不仅仅是什么"经"和"权"的问题，而是真正回应了现代文明最根本的主题与历史任务，也就是"人是什么"的问题。这种文艺和美学思想，不仅要把属于人民的文化权利和创造性还给人民，还要真正使最广大的中国人民成为历史进程中具有创造性的觉醒的力量。所以，强调文艺工作的普及和提高，强调为什么人服务的问题，就不能仅仅看作特殊时期的特殊策略，而是具有世界性和普适性的美学理想和崇高追求，这也就是《在延安文艺座谈会上的讲话》中为什么要说人民群众"迫切要求一个普遍的启蒙运动"的重要原因，我们同样也就不难理解毛泽东同志为即将到来的新中国提出的任务就是"从百分之八十的人口中扫除文盲是新中国的一项重要工作……中国应当建立自己的民族的、科学的、人民大众的新文化和新教育"(《论联合政府》)。

所以说，中国共产党领导的革命是一场全方位的总体性革命，它同时是政治、社会和文化的革命。它把美学与政治辩证地统一到了一起，以最广大和最具体意义上的"人的生成"为目标，丰富了美学——特别是马克思主义美学——的内涵、意义和功能。美学意义上的马克思主义中国化，就是通过把马克思主义理论转化为独特的民族形式和审美形式，进而通过这些形式把中国人民塑造成真正具有自我主体意识的觉醒了的力量。邓小平同志明确指出："我们的文艺属于人民。……我们的文艺，应当在描写和培养社会主义新人方面付出更大的努力，取得更丰硕的成果。"江泽民同志强调要"在人民的历史创造中进行艺术的创造，在人民的进步中造就艺术的进步"。胡锦涛同志告诫全党："只有把人民放在心中最高位置，永远同人民在一起，坚持以人民为中心的创作导向，艺术之树才能常青。"这种人民性的美学思想一以贯之，变成了中国共产党重要的美学价值诉求。而这里的"人民"既是一个具有最广泛意义的实体，同时又是最具体的实体。这正如习近平总书记所指出的那样："人民不是抽象的符号，而是一个一个具体的人，有血有肉，有情感，有爱恨，有梦想，也有内心的冲突和挣扎。"

纵观中国现当代文学史和文艺史，从延安时期的秧歌文艺、赵树理方向到新中国的农村识字运动和文化改造，从塑造社会主义新人形象到今天强调的以文化人、以美育人，都是中国共产党这种美学追求和文化担当的呈现形式。在朱老忠、梁生宝、孙少安、孙少平、李向南、乔厂长、陈奂生等一个一个具体真实、有血有肉的人民形象身上，在这些不同历史时期的文艺作品中所创造出来的典型人物身上，我们看到的是把个人的命运同国家和民族的命运紧紧联系在一起的无数普通中国人的家国情怀，看到的是现代中国时代精神的变迁，他们既是新中国历史的创造者，也是历史的见证者，既是历史的剧中人，也是历史的剧作者。而对于今天的文艺创作者来说，如何塑造新的伟大时代中的新的经典形象，如何把握和弘扬新时代精神，书写新的中国故事，如何在铸魂育人方面发挥应有的作用，提升人们的现代修养、人生格局和审美境界，依然是一个重要的历史性主题。

三、创造新文化

强调建设新国家，并不是要自外于人类文明，注重塑造新国民，并不是要张扬狭隘的民族性。习近平总书记《在文艺工作座谈会上的讲话》中有这样一段话："有的同志说，天是世界的天，地是中国的地，只有眼睛向着人类最先进的方面注目，同时真诚直面当下中国人的生存现实，我们才能为人类提供中国经验，我们的文艺才能为世界贡献特殊的声响和色彩。"①这段话强调艺术创作要扎根中国大地，胸怀天下苍生，直面当下生存现实，为世界贡献中国经验和智慧，创造一种新的人类文明形态，而这也正是中国共产党的最大的美学追求和文化担当，也体现了中国共产党的胸襟和怀抱。

马克思主义美学是关于全人类解放的最高学说，关注的是现实的、能动的人对历史的不断创造，马克思主义美学的革命性、批判性和历史性同中华传统美学精神中的创造性和生成性具有内在的联系，并塑造了中国马克思主义独特的美学品格。对中国共产党人来说，对美学和文化问题的关注，不仅继承了马克思主义经典作家崇高的美学追求和历史追求，也是由中国独特的历史和现实的文化基因所决定的。它意味着中国共产党人选择了一条独特的既具有中国自身特色，也具有深远的世界史意义的道路。说其具有中国特色，是因为它并不是要复制或追随任何固有的发展模式；说其具有世界史意义，是因为它丰富了人类文明的内涵。

中国共产党百年的革命、社会主义建设、改革开放和实现民族伟大复兴的历程，是一段辉煌的史诗，经受过各种血与火洗礼的中国共产党

---

① 习近平：《在文艺工作座谈会上的讲话》，北京：人民出版社，2015年10月，第21页。

人，一直坚持道路自信、理论自信、制度自信和文化自信，在人类的历史上不断书写新的奋斗和开创性的故事。正因为道路光荣、事业伟大，才会充满艰难和挑战。这就需要理论工作者不断做出合乎中国需要的理论创造，需要文艺工作者不断创造体现时代精神和美学追求的艺术形象和艺术作品。这种科学的解释和理论的说明，这种时代精神的阐述和艺术创造，不是简单地把马克思主义的立场、观点和方法生硬地嫁接到中国的现实，而是要创造一种民族的、大众的、科学的文化和艺术。理论工作者应该依据马克思主义的立场、观点和方法，正确解释历史和现实中发生的实际问题，并给予理论的说明，进而也使这些阐释成为历史进程中的构成性力量。同样地，文艺创造也要遵循这种要求，把这种伟大的史诗和创造性价值、意义用不同的艺术形式呈现出来，并真正起到鼓舞人心、改造社会、推动进步的作用。正如毛泽东同志所指出的，"社会主义的内容，民族的形式，在政治方面是如此，在艺术方面也是如此"（《同音乐工作者的谈话》）。在审美和文艺创作中，在中国共产党的文化政策中，审美创造和文艺创作从来就不是纯粹的形式问题或者内容问题。艺术的形式和内容、思想性和艺术性、外在性他律和艺术的自律，构成的是一种辩证的关系。毛泽东同志谈道，"太强调革命性而忽视艺术性，认为只要是革命的东西，标语口号式的也好，艺术上不像样子的东西也行。这就把文学艺术降低到和普通东西一样没有区别了，因为别的东西是不采取文学艺术这种艺术形态的"（《文艺工作者要同工农兵相结合》）。通过这些独特的艺术形式，体现出中国特色、中国风格和中国气派，弘扬中华美学精神，创造出新的文艺价值和艺术境界。

习近平总书记《在文艺工作座谈会上的讲话》中指出："文化是民族生存和发展的重要力量。人类社会每一次跃进，人类文明每一次升华，无不伴随着文化的历史性进步。"[①]站在今天这样一个百年未有之大变局的时刻来看，中国共产党的这种文化担当更加具有思想性和世界性的意义。

---

① 习近平：《在文艺工作座谈会上的讲话》，北京：人民出版社，2015年10月，第2页。

如果说过去百年，中国共产党在为人民谋幸福、为民族谋复兴的同时，仍然不忘重构文化主体身份，努力去塑造自己独特的文化身份，去创造一种新的文化形态的话，那么到了今天，中国共产党更是把构建人类命运共同体、践行人类命运共同体理念作为自己的崇高理想和追求，把自己崇高的审美理想提升到了一个新的境界。如何实现这一理想呢？那就是走中国道路、弘扬中国精神、凝聚中国力量，让新时代的中国精神活化为具体生动的故事、鲜活的艺术形象，通过自然的美、生活的美和心灵的美，去启迪思想、温润心灵、陶冶人生，从而推动历史的进步。

在中国共产党的领导下，经过七十多年的社会主义建设和改革开放，今日之中国已经成为全球化时代和平与发展坚定的捍卫者和引领者。当旧有的全球化模式各种矛盾凸显，各种文化保守主义、狭隘的民族主义和原教旨主义沉渣泛起的时候，当人类文明面对诸多新的挑战的时候，重新思考中国共产党的美学追求和文化理想，具有十分重要的现实意义。因为，提升国民人文素质，培养具有人类情怀、共产主义理想和担当民族复兴大任的时代新人，进行文化批判和文化创造，加强文化软实力和文化领导权构建，依然是中国共产党在新的伟大时代应该去努力完成的重任。

（作者系吉林大学哲学社会学学院教授，博士生导师）

光辉艰辛的开拓与建设

——党的文艺思想发展与历史经验

路 侃

中国共产党的文艺思想从一开始就与五四新文化联系在一起，它与中国文化的现代性发展和救国为民精神一同启程，特别是与马克思主义的传播密切联系。其中，党对文艺思想的建设和发展，给中国现代文艺带来崭新方向、变革和范式，蕴含了中国现代文化和社会发展的巨大经验。

一、坚持马克思主义思想指导开拓 发展中国现代文艺理论

党提出和建设文艺思想的历史，就是马克思主义理论和马克思主义文艺观在中国传播的历史，也是马克思主义中国化文艺理论形成发展的历史。在五四新文化运动前后，各种人文思潮汹涌激荡中，马克思主义文艺观脱颖而出，给中国现代文艺理论的开始以伟大动力。马克思主义科学理论对党的文艺思想形成和发展具有决定性影响。中国现代文艺发展的健康或曲折，都与主流文化是否全面准确地坚持了马克思主义科学精神、是否与中国实际相结合，密切相关。

在早期的"无产阶级革命文学"运动中，马克思主义基本原理、文化原理和从中生成的革命文学主张同时出现在文坛，给文学界巨大影响。回望历史，早期中国共产党人革命文学活动的重要意义在于，在传播马克思主义中对中国现代文艺主流方向产生了引领性巨大影响，在革命和文学实践中涌现并凝聚了一批文艺理论骨干，开始形成党对文艺工作的领导，从而奠定了中国现代文艺人民性主流方向的政治基础。

党成熟的文艺思想形成发展都是建立在对马克思主义和社会主义认识的科学、全面、准确的基础上，与马克思主义中国化一道发展。一系列重大和科学的文艺思想的提出、调整、完善，都深厚地反映了马克思主义科学理论和思想方法的影响，反映中国特色社会主义发展改革实践，包括文艺实践变化的影响，文艺思想内涵的科学性不断趋于丰富、全面，不断符合社会与文化发展实际。而"文化大革命"内乱造成文化浩劫，则是在指导思想上违背了马克思列宁主义原则，在实践上背离了中国实际国情。

在马克思主义中国化的发展引领中，党提出了马克思主义文艺思想的许多重大发展，特别是关于文艺根本方向、尊重文艺规律、重在创造创新和党的文化领导思想。中国特色的现代文艺基本理论、艺术理论、创作理论、文艺评论也逐步完整、丰富，涌现出几代杰出的文艺理论批评家，形成中国现代文艺的一大创造。

二、把文艺作为党的事业和社会发展大局的一部分

党的文艺思想一开始就是新民主主义革命理论和实践的一部分，是中华民族实现解放、建设社会主义现代化国家征程的一部分。

早期中国共产党人的文学认识更多与革命斗争需要相联系，从中初现文艺大局观的端倪。1936年，党领导的中国文艺协会成立，毛泽东提出，"现在我们不但要武的，我们也要文的了，我们要文武双全"。几年后，毛泽东在阐述新民主主义文化中说，革命文化"在革命前，是革命

的思想准备；在革命中，是革命总战线中一条必要的和重要的战线"。明确将文艺和革命大局联系在一起。

在毛泽东思想的成熟发展期，《在延安文艺座谈会上的讲话》系统提出了文艺的性质宗旨、主客体关系、形式与内容、评价标准、批判继承、文艺的功能等马克思主义重要文艺思想，完整提出"要使文艺很好地成为整个革命机器的一个组成部分，作为团结人民、教育人民、打击敌人、消灭敌人的有力武器，帮助人民同心同德地和敌人作斗争"。这些思想与中国革命的实际、革命文艺的实际紧密联系，表现了鲜明的文艺大局观。

党的十一届三中全会后，党中央基于对社会主义历史阶段的正确认识和实事求是思想路线的回归，彻底否定"以阶级斗争为纲"的错误理论和实践，提出"文艺为人民服务、为社会主义服务"，不再使用文艺从属于政治的口号。邓小平在第四次文代会祝词中提出："围绕着实现四个现代化的共同目标，文艺的路子要越走越宽"，并首次提出要在建设高度物质文明的同时，建设高度的社会主义精神文明。文艺真正成为社会全面发展、民族复兴大局的一部分，文艺的大局观开始从政治走向全面的国家建设大局。以后，党中央先后提出"两个文明一起抓"，文化"是综合国力的重要标志"，全面贯彻"三个代表"重要思想中的代表中国先进文化的前进方向，在坚持科学发展观中建设社会主义文化强国，在全面建设社会主义现代化国家中，到2035年实现建成文化强国目标等国家发展大局中的文化发展思想。习近平总书记关于文艺工作系列重要论述多次强调，"文艺是党和人民的重要事业，文艺战线是党和人民的重要战线"，都体现了文艺在国家发展大局中更好更大的承担。

改革开放后，党的一系列文艺大局观思想相互联系贯通、不断发展，充分反映了中国特色社会主义发展转型的变化，最重要的就是文艺大局观开始从意识形态与革命斗争的一部分，向社会全面发展、和谐发展、人类命运共同体的一部分转变，也是对世界和平发展和文化思想的一种贡献，体现了党的政治文化视野不断扩大、中国特色社会主义理论的开放。其中也包含了十分重要的实事求是要义，即对文艺与大局关系的认识，必须建立在对社会历史阶段、社会发展大局的正确认识上，防止文艺位置认识上的政治偏向或物质偏向。

在文艺大局观影响下，我国现当代文艺的情怀与境界、内涵与风格、文艺家个人与整体、文艺与社会的关系、创造活力与创新才华，出现了不同于过去的巨大提升。

三、确立中国文艺现代性的根本方向——为人民服务

现代文艺的开始也是马克思主义中国化文艺观形成的开始。党建立和发展的文艺思想核心是确立了中国文艺现代性的根本方向——为人民服务。新中国历史中间或有曲折，但总体方向是围绕这个根本不断丰富发展。毛泽东在阐述新民主主义文化时首次提出"民族的科学的大众的文化"方向。《在延安文艺座谈会上的讲话》核心围绕文艺"为什么人的问题，是一个根本的问题，原则的问题"，鲜明提出"我们的文学艺术都是为人民大众的"，奠定了中国社会主义文艺的发展方向，以后新中国党的文艺思想发展沿革始终持续在这个根本方向上。十一届三中全会后，党中央完整提出了"为人民服务、为社会主义服务"的方向，使文艺为人民与为社会主义建设大局统一起来。

坚持"二为"方向，体现了党的文艺观与党的根本宗旨的一致性，是中国特色社会主义文艺的根本特征，人民的伟大实践也是党的文化思想来源。因而坚持"二为"，"也是决定我国文艺事业前途命运的关键"。文艺与人民、与祖国的密切关系从此不仅是文艺家个人的倾向和行动，更是社会性的主导价值。

坚持"二为"方向，不仅具有社会的、政治的价值，也是对经济文化生产方式变化的积极顺应，与现代化建设和社会主义市场经济相协调，带来文化发展活力的更大释放。"二为"提出以来的四十多年间，是文艺生产力最有活力、最具规模、最有成就的时期，也是文艺的社会效益和经济效益双向大发展的时期。

247

"二为"方向带来文艺与社会关系的全新变化。其内涵包括：社会生活是文艺的唯一源泉，人民是物质精神财富的创造者，也是文艺表现的主体，人民是文艺的接受者，也是文艺的评判者，人民对文艺的精神需求和期望在不断提高，文艺与人民的关系更加自觉地密切，文艺对人民的精神提升作用也日益重要，文艺的价值实现必须把社会效益放在第一位，努力实现社会效益和经济效益的统一，形成了精神生产的科学定位。

"二为"方向对中国现代文艺的风格和社会作用产生了巨大而积极的影响。文艺的民族化从革命战争时期的民族民间形式书写，扩大为更为广阔丰富的体现中国道路、中国精神和中国文化的艺术表现，呈现出中国和现代、中国和世界的交融，形式与内容的全新表达。同时，"二为"使文艺家的创作积极性和人民的社会凝聚力大大增强。文艺家感受到比"文艺为政治服务"更广阔的创作领域，文艺的人民价值观凝聚了广大人民的共情。

进入新时代，习近平总书记强调文艺要"坚持以人民为中心的创作导向"，强调"以高质量文化供给增强人们的文化获得感、幸福感"，进一步具体地丰富发展了文艺的人民方向的实践性。

四、开辟和拓展了中国特色社会主义文艺的现代性

党的文艺思想的一个重大贡献在于，它在不断完善发展中使社会主义的文化现代性成为现实的和成功的，为中国特色社会主义制度发展提供了富有感召力的文化支持，它影响下的中国文艺也对中国道路、中国现代化做出艺术的独特探索和建设。

在党的文艺思想引领下，中国文艺形成了不同于西方的文化现代性，其显著特征是社会效益第一和多样统一的文化共同性。社会效益第一有效防止西方意识形态和过度商业化带来的负面影响对文艺精神的消解。多样统一的文化共同性表现为广泛的共同目标与全体人、多样性的价值实现，即"每个人的自由发展是一切人的自由发展的条件"（《共产党宣

言》）。很多社会反响好的文艺佳作，都能看到其中一种突出的文化共同性。这种共同性不脱离现代文化发展的经济社会环境，吸收人文主义现代性的有益成分，是在市场经济与开放多元、尊重个性下发展的现代文艺，注重全体人的和谐发展，形成精神性和物质性协调发展的新型文艺。

党的文艺思想影响中国文艺形成了中国气派、价值观和现代性的统一，在内容与形式上把文艺的先进性、世界性、民族性完美结合起来，创造了超越旧民主主义现代性的文艺精神、话语和表现形式、文艺理论、文艺史观、评价标准、视野格局，并且实现了民主主义文艺和社会主义文艺的相互吸收，共同发展壮大中国社会主义文艺的繁荣局面。融合中华优秀传统文化、革命文化、社会主义先进文化，吸收人类文化一切有益的东西，创造出中国气派，则成为文艺现代性的综合体现。

五、坚持尊重文艺规律

尊重文艺规律，是党在百年文化领导实践中，历经曲折得到的科学认识和宝贵经验。尊重文艺规律，就是承认文化意识形态的审美化创造性表达，也是对文艺与社会的矛盾统一性和总体性的正确认识把握，既认识文艺与社会的依存关系，又明晰文艺自身的创造规律，在艺术创造的实现中实现文艺与社会相互影响的总体关系。

尊重文艺规律最根本的理论根基是实事求是，是对文艺中教条主义的拒绝。在文艺规律问题上，毛泽东提出的"双百"方针和邓小平在第四次文代会上的祝词是对党的文艺思想极为重要的贡献。

1951年至1956年间，毛泽东多次讲了"百花齐放"和"百家争鸣"的文化思想。1957年，毛泽东对"双百"方针作出充分的理论阐述："'百花齐放，百家争鸣'的方针，是促进艺术发展和科学进步的方针，是促进我国的社会主义文化繁荣的方针。"并强调"这是一个基本性的同时也是长期性的方针，不是一个暂时性的方针"。"双百"方针提出和贯彻的历史中，极大鼓舞了全国科学文化界，促进了大批优秀文艺作品产生。

249

更重要的意义是，"双百"方针是建立在对新中国社会主义建设形势的正确认识上，"是在承认社会主义社会仍然存在着各种矛盾的基础上提出来的，是在国家需要迅速发展经济和文化的迫切要求上提出来的"，也是在对"知识分子的绝大多数都是爱国的，他们愿意为蒸蒸日上的社会主义祖国服务"的正确判断上提出的，反映了正确思想建立于真实准确的国情认识基础上，反映了党在文化领域把握治国理政的规律和繁荣社会主义文化的初心与信心。基于对文化领域矛盾的正确认识和处理，"双百"方针的重要内涵是提出学术自由和鼓励创造。毛泽东反复讲过，艺术问题应当通过艺术的自由讨论和艺术实践去解决。"双百"方针的提出所遵循的唯物辩证法科学依据，其中的实事求是思想精神和科学内涵，长期延续在党的文艺思想中，至今仍然具有光辉的指导意义。

在许多文艺家的记忆里，邓小平在第四次文代会上的祝词最鲜明、最重要的内容就是直接、明确地论述了必须尊重文艺规律。其中特别指出，必须尊重文艺家的个人创造精神，党对文艺的领导"是根据文学艺术的特征和发展规律，帮助文艺工作者获得条件来不断繁荣文学艺术事业，提高文学艺术水平"，创作出优秀作品。这些论述划清了党的文艺思想与"文化大革命"中简单工具论的界限，重建文艺意识形态的审美主动性，实质在于科学社会主义的回归，解放社会主义文艺创造力。此后，尊重文艺规律一直成为党的文艺思想的基本方针。在尊重文艺规律的共识下，文艺的"文学性""艺术性"全面回归、广泛发展，出现了文艺生产力的大解放，文艺创造力的大繁荣，文艺对中国和世界文化的新贡献，并且发展出文艺的问题区分、法治要求、市场规则、体制改革、行业自律、德艺双馨等全面的辩证认识。

尊重艺术规律在根本上体现的是党对客观实际、客观规律的遵循，是对繁荣发展科学文化的信心。相对于苏联文艺管理的失误教训，尊重艺术规律更是对社会主义文艺成功发展的伟大贡献。

六、坚持建设性的文艺工作主线

党的全部文艺主张和思想贯穿了以人民为中心的文艺建设主线，坚持建设性是党开拓中国道路，特别是新中国文化实践的重要而宝贵经验。

建设性首先体现在《宪法》和法律保障的创作自由和艺术民主。毛泽东在新中国成立初期就明确提出，"在中华人民共和国《宪法》范围之内，各种学术思想，正确的，错误的，让他们去说，不去干涉他们"。在全面阐述"百花齐放，百家争鸣"方针时，他又反复说明这个主张，用来促进文化建设及整个社会主义建设大发展，并化解人民内部矛盾。保护创作自由和艺术民主的建设性思想充分体现了尊重人的自由自觉的精神活动，是社会主义本质要求在文艺上的体现。恩格斯在设想未来社会时说过："社会的每一个成员都能完全自由地发展和发挥他的全部才能和力量，并且不会因此而危及这个社会的基本条件。"（《共产主义信条草案》）党的文艺建设性思想正是科学社会主义的要求。

坚持建设性的主要内容是鼓励文艺界和全社会的创造性和创新性。整个中国道路的鲜明特色和成功原因就在于创造性和创新性，其中文艺同样具有这个特点。毛泽东特别提倡艺术要有更多"为群众所欢迎的标新立异"。邓小平在改革开放之初大声疾呼："文艺的路子要越走越宽。"以后党中央先后提出"弘扬主旋律、提倡多样化""坚持创造性转化和创新性发展""把创作生产优秀作品作为文艺工作的中心环节""把创新精神贯穿文艺创作生产全过程"。在党的理论创新精神引领下，坚持创新、鼓励创造，使中国特色社会主义充满生机活力，其中的文艺也在人民情怀、美学形式、艺术媒介、文艺产业等方面有了跨越性的提升。

建设性的核心是把社会效益放在首位。注重文艺效果和社会效益，是建设性的灵魂要义。毛泽东在延安时期就提出，检验作家的主观愿望是否正确，要"看他的行为（主要是作品）在社会大众中产生的效果"，说明了文艺建设的目的标准。社会效益第一也成为党中央在繁荣社会主义文化中始终强调的原则。习近平总书记在教育文化卫生体育领域专家代表座谈会上又一次指出，衡量文化产业发展质量和水平，最重要的不是看经济效益，而是看能不能提供更多既能满足人民文化需求，又能增强人民精神力量的文化产品。把社会效益放在首位确保了文艺建设性的正确方向，并对人们的精神文化素质产生有益影响，社会人际的风雨和顺总要受到文艺传达内容的潜移默化影响。

建设性促进中国文艺不断开拓新格局、提升新高度，在百年优秀作品的接续创造和传播中，形成波澜壮阔、群星灿烂的时代诗史，丰富发展新的文艺样态，开阔提升人们的精神眼界和美学品位，从而大大提高了人民的文化自信。

七、在开放、改革和发展中保持文化先进性

党的文艺思想在马克思主义中国化的实践中表现出积极的开放态度，表现为在广泛的批判吸收中实现中国化创造。既反对狭隘民族主义的故步自封，也不搞"全盘西化"，扎根中国大地，吸收人类文化一切有益的东西，努力创造中国气派的优秀文艺。

开放的文艺思想表现出明确的目标原则，即一切吸收立足于有利于"二为"方向，有利于增强中国特色社会主义文化软实力，并坚持从建设性的实际出发，而不是从观念原则出发。

当代中国文艺对世界文化的吸收是非常广泛的，从文艺经典、学术思想、文艺形式、当下作品，到文艺产业、文艺技术、媒介变革、人才自由流动，大量在世界有影响的文艺被介绍、选择、借鉴、再创造。实践证明，开放的文艺在文化上为中国道路、中国制度提供了更多精神资源、新的思考视角、情感凝聚和美好人性的帮助，使其内涵更加丰满、完善，更少一些片面和挫折。

开放的文艺又表现为对文化多样性的包容，坚持文艺改革，在改革中焕发文艺新的生机活力。文学、戏曲、美术、曲艺等门类的理论更新、形式变革、内容变革，都有非常典型的成功表现。

在开放的世界，中国文艺在开放中知己知彼，发扬优势，借鉴有益，创造中国特色，实现了文艺对中国道路、中国制度的积极贡献。

八、繁荣与管理：从曲折走向科学的思想实践

党的文艺思想的一个十分重要内容是建立和丰富了社会主义文艺管理的思想与方法。其中贯穿了坚持正确政治方向的原则，正确区分和处理不同性质矛盾的原则，坚持尊重科学、依法管理和行业自律的机制，避免西方和苏联文艺管理中的教训失误，不断探索完善，逐步走向科学。其重要内容包括：

第一，提倡创作自由与社会责任、社会效果的统一。这种提倡逐步从纪律的、组织的要求过渡到尊重艺术规律的、专业的和法制的规范，使文艺的社会责任观从自发走向自觉，其中文艺评论也发挥了重要作用。

第二，在文艺评价标准上不断强调思想性和艺术性的统一，"防止和克服单调刻板、机械划一的公式概念化倾向"，强调"提高作品的精神高度、文化内涵、艺术价值"，强调把思想性、艺术性，把社会反映、市场认可统一起来，从而把文艺的意识形态原则和保障审美创造统一起来。

第三，提倡社会效益和经济效益的统一。两个效益的关系反映了文艺的价值应该如何实现，实质反映的是文艺和社会、人民的关系。习近平总书记指出："一部好的作品，应该是经得起人民评价、专家评价、市场检验的作品，应该是把社会效益放在首位，同时也应该是社会效益和经济效益相统一的作品。""两个效益"的思想对市场经济环境中的世界文艺发展，都是有积极意义的贡献。它廓清了精神产品与一般商品的区别，确保作为精神文化的文艺对社会稳定、社会制度的正面意义，突出了文艺提升人们精神世界的首要作用。

第四，实现文艺管理与人才创造的统一。文艺管理的根本目的是建立良好的文艺生产关系，从工作制度上创造有利于人才成长的必要条件，促进文艺健康发展。特别是其中包括了与时代发展同步的共赢理念，即

253

在强调社会责任的同时，也肯定文艺家的自我价值，吸引文艺家把个人追求与国家利益结合起来，"在为祖国、为人民立德立言中成就自我、实现价值"，使人的管理思想与人才创造统一起来。这也是对社会主义本质实现的文艺贡献。

百年征程，光辉而艰辛；新的时代，任重而道远。党的文艺思想和中国文艺必将与时俱进，发展创新，为中国和世界文化作出更大的贡献。

（作者系中国文艺评论家协会顾问）

建党百年，影以载道

——浅谈主旋律影视作品的发展与流变

孙立军

2021 年是中国共产党成立 100 周年，也是"十四五"规划的开局之年，站在"两个一百年"奋斗目标的历史交汇点上，作为文艺工作者，应当不忘初心，砥砺前行。追昔抚今，回顾从老一代艺术家到新生代创作者在主旋律影视作品创作过程中所书写的一场又一场别开生面的时代景观，由不同历史时期主旋律作品创作的内容文本与外在形态表征入手，我们应该深入思考如何更好地发挥当前媒介融合与视听技术创新发展的优势，创作能够走进人们内心的主旋律文艺精品，用影像记录中国共产党带领人民拼搏、奋斗、追梦、圆梦的故事，书写时代与民族的最强音。

一、峥嵘岁月，步履不停
——主旋律影片发展历程概述

主旋律电影承担着彰显中国审美、传承中华文化、彰显国家文化软实力、提升国民文化自觉与文化自信的重要职能。在《现代影视艺术辞典》中"主旋律电影"一词被解释为"一种形象化的说法，针对能够促进社会主义精神文明建设的、应予以提倡的电影作品"。在主题选择上，很多主旋律电影取材于中国共产党成立到 1949 年新中国成立中的重大革命事件、革命人物英雄事迹等，讴歌饱含某一历史时期的时代特征，并于当代社会发展而言仍然具有积极启示意义的主流价值观，这也就是我们常说的"影以载道"。这里的"道"是指随着经济、社会、文化发展的进程而不断流变、更新、转型的观念，每个历史时期的"道"都折射着不同的时代与人文风貌，笔者在此分三个阶段梳理主旋律影片的发展历程。

第一阶段为新中国成立前及计划经济时期的探索，时间上大致为 1933 年"党的电影小组"成立至 1978 年改革开放以前。这一历史时期以 1949 年中华人民共和国成立为节点，新中国成立前与新中国成立后的主旋律电影在创作路径、风格和体量方面表现出一定的差异，但在主题上均围绕着对"战斗"的缅怀与对"革命"的讴歌。新中国成立前，在党中央的支持下，延安电影集团（八路军总政治部延安电影团）与东北电影公司先后成立，并成功拍摄了故事片《生产与战斗结合起来（南泥湾）》（1942 年）、《桥》（1949 年），木偶片《皇帝梦》（1947 年）等佳作，虽然在影片主题与艺术表现力上略显单薄，但生动地记录了这一时期的历史变革。新中国成立后，饱经风霜与屈辱的民族终于迎来了自由与胜利的曙光，电影作为价值观输出的载体，担当了守卫民族与国家灵魂，强化爱国主义与英雄主义情怀，为新中国经济、社会、文化建设注入精神力量的职责。因此，计划经济体制下的主旋律影片带有鲜明的政治色彩与社会宣传意味，有着相当强的力量感，但基调相对单一。这一时期的代表作品主要反映了革命根据地真实的英雄事迹与人民奋斗生活的图景，体现出较强的原生态，如《神笔》（1955 年）、《老兵新传》（1959 年）、《青春之歌》（1959 年）、《永不消逝的电波》（1958 年）、《林海雪原》（1960 年）、《红色娘子军》（1961 年）、《小兵张嘎》（1963 年）等。

第二阶段为改革开放时期的探索，时间上大致从 1978 年十一届三中全会召开至 2000 年左右。伴随着阶级斗争的结束，国民思想的解放与经济社会的稳步发展，电影事业迎来了良好的发展机遇，多元化成为这一时期的主要特征。正如邓小平同志就电影创作问题所提出的"一切宣传真善美的都是主旋律电影"，这一时期的主旋律影片在内容和形式上均破除了上一历史时期的模式化，呈现出多元化、类型化的态势，既有以历史人物与事件进行二次创作的作品，如故事片《开国大典》（1989 年）、《开天辟地》（1991 年）、《秋收起义》（1993 年）、《重庆谈判》（1993 年），同样亦不乏紧贴时代发展脉络，表现改革开放时期国民生活现状的佳作，如《城南旧事》（1983 年）、《人生》（1984 年）、《黄土地》（1984 年）、《芙蓉镇》（1987 年）等。

第三阶段则为步入 21 世纪至今，主旋律电影不断打破以往传统的电影创作理念与模式，在意识形态呈现与类型化人物塑造上，多元化的表达在能指与所指层面都得到了更为丰富、生动的展现。比起恢弘壮烈的叙事，当前的主旋律影片创作者的取材更为生活化、大众化，更加注重如何让影片人物走进观众内心，引发观众思考，为观众注入能够积极面对生活、拼搏奋斗的正能量，让作品在具有民族性、时代性的基础上体现人类共同的价值追求，成为决定影片质量的关键要素之一。这一时期优秀的主旋律影片往往能够实现文化效益、社会效益、经济效益的统一，如《云水谣》（2006 年）、《集结号》（2007 年）、《建国大业》（2009 年）、《建党伟业》（2011 年）、《湄公河行动》（2016 年）、《建军大业》（2017 年）、《战狼Ⅱ》（2017 年）、《红海行动》（2018 年）、《流浪地球》（2019 年）、《我和我的祖国》（2019 年）、《夺冠》（2020 年）等。

二、不忘初心，方得始终
——百年献礼的"坚守"与"创新"

为迎接中国共产党百年华诞，2020 年 9 月，中宣部副部长，国家广播电视总局党组书记、局长聂辰席在全国广电系统庆祝中国共产党成立 100 周年主题作品推进会上强调，广播电视和网络视听全行业都要强化政治责任、历史担当，切实增强建党 100 周年主题文艺创作的使命感、责任感、紧迫感，全景式讴歌党带领人民进行的伟大斗争、伟大创造，深刻反映党的伟大精神的历史轨迹和现实力量，生动讲好建党百年辉煌历程中的奋斗故事，用心用情用功为党写史、为民族铸魂、为人民立传，用有格局有分量的史诗之作、有筋骨有力量的精神丰碑、吸引人打动人的精品力作为庆祝建党 100 周年献礼。

目前，广播电视和网络视听建党 100 周年主题重点作品已有超过 100 部的规模，《理想照耀中国》《时间的答卷》《百炼成钢：中国共产党的 100 年》《红船》《闪亮的记忆》《1921》《我们的西南联大》等一批具有精品潜质的影视剧、文艺节目、纪录片、动画系列片和网络视听作品正在有序推进。已播出和上映的如电视剧《觉醒时代》、电影《猎狐行动》等主旋律影视作品将宏大的历史叙事融入个体和细节的描摹中，具有相对较高的思辨性和思想性，每一个活跃在特定历史时期、肩负国家与民族使命的人物都得到了鲜活的刻画和解读，在观众群中收获了相对理想的反馈。

三、薪火相传，生生不息
——对当代艺术创作者的启示

作为艺术教育者与文艺创作者，笔者深感文艺作品作为文化传播媒介的重要门类，既承担着对内提升本国人民文化自信、文化认同、文化素养的职责，又作为文化符号，代表中国国家形象走向世界。尤其在媒介融合、万物互联的当前，对于创作者而言，时代主旋律的书写无疑既是机遇又是挑战。因此我们应当在回顾主旋律文艺创作风雨征程的同时，积极思考我们在自身的创作实践中应当如何尊重现实，坚守创作者所背负的文化使命，在创作过程中重塑民族审美与历史责任感，重拾饱含正能量的"精气神"。

这种"精气神"是不断变化、流动的，伴随着时代的发展与社会的进步，国民社会心理需求与审美心理范式亦随之变化、转型，敏锐洞察这其中的变化，精准捕捉时代的"痛点"，以文艺精品为载体传播人民、国家、民族所需要的"精气神"是每个创作者的职责与使命。就个人的创作经历而言，笔者曾于1999年带领团队历时6年将《小兵张嘎》这一发生于抗日战争时期的故事改编为90分钟的动画电影。故事的主角张嘎不是传统意义上"高、大、全"的人物，而是一个天真赤诚、敢于挑战、聪慧机灵又不乏孩子气坏毛病的小英雄。之所以想到要以这样一个人物为蓝本，正是因为笔者在一些年轻人身上，发觉了这种"精气神"的缺席——物质生活水平提升，精神文化生活中却相继出现了崇洋媚外、高度娱乐化、审美趋同化等现象，埋没了年轻人身上应当有的少年感和"闯劲儿"，这一现象在当时的笔者看来是亟须改变的。艺术作品不仅应当有别具一格的观感，更应当具有积极的精神输出价值体现。

回到经济社会高度发展的当下，重新审视当前的影视作品时，艺术、技术与商业效益三个维度的冲突与碰撞更是时时可见，虽然其中不乏在三个维度中寻得平衡与统一的佳作，但单一维度尤为突出或匮乏的案例依旧存在，也就是我们常说的"唯票房论""重技术轻人文""题材高度同质化""历史厚重感欠缺"等问题。作为当代影视艺术创作者，我们应当让艺术实践紧随时代，深入思考当下超高清与沉浸式的技术发展态势，以及5G、大数据、人工智能、虚拟现实、增强现实等技术手段能够如何服务于主旋律影视作品的创作与传播，让主旋律影视作品在内容与形态上推陈出新，获得全新的艺术感染力。这一点在我于2019年带领团队创作全球首部8K水墨动画短片《秋实》的过程中有着深刻的体会，创作团队成员由老、中、青三代动画创作者组成，通过无数次的采样与试验，最终团队成功将齐白石先生"兼工带写"的技法运用于8K超高清水墨动画的创作中，如此一来，写意性的角色、场景设计让传统水墨绘画的美学风格得以保留，而工笔细致的部分更是为三维制作技术及8K超高清现实技术提供了彰显其技术美学张力的空间——通过在制作过程中引入三维搭建，并巧妙地借助留白手法、视点与景别的自由切换，突破了传统中

259

国画中散点透视的美学原则，借助现代影像技术与视听语言打造出能够让观众沉浸其中的空间感，而 8K 超高清显示技术则大幅度增强了画面的表现力，延展了画面的表意空间，某种程度上改变了传统意义上水墨艺术元素的观赏方式，在传承中华民族优秀艺术文化瑰宝的同时，实现技术美学与民族文化的交融，为来自海内外的观众带来富于东方神韵的沉浸式观影体验。

四、结语

笔者认为，当代主旋律文艺创作要求每一位艺术工作者实现"见证者""创造者""传播者"三重身份认知的统一。我们应当拥有大局意识，肩负起见证国家进步富强、民族繁荣昌盛的责任，既要把握宏大叙事，又要关注处在奋斗进行时之中的个体，以此为艺术创作的素材和源泉，进而利用先进的艺术创作理念与技术手段在内容、体裁、媒介等方面进行大胆创新，最终实现理论与实践、技术与艺术、社会效益与经济效益的统一，创作出真正"源于生活并高于生活"的佳作，让当代主旋律文艺作品在广度与深度上呈现更为多元的可能性，焕发全新的活力与生机。

（作者系北京电影学院副校长、国务院戏剧与影视学科评议组成员、教育部戏剧与影视学类专业教学指导委员会副主任）

建党百年主题电影创作的突出特点

徐粤春

中国共产党成立 100 年来的光辉历程、伟大成就和宝贵经验，为电影艺术创作提供了广阔的空间和源源不断的素材。正在热映的《1921》《革命者》《红船》《守岛人》《中国医生》《三湾改编》《我的父亲焦裕禄》等影片，从不同的视角生动讲述了波澜壮阔的党史故事，成功刻画了革命先辈和共产党人的光辉形象，深刻诠释了伟大的建党精神，引领我们不忘初心、牢记使命，鼓舞奋进新征程的磅礴力量。这些电影高度还原了历史环境，深度开掘了人物的精神世界，细致表现了角色的内心情感，拓宽了主题电影的表达方式，得到了观众的普遍好评。总体看来，这些影片有一些共同特点。

主题电影的成功，根本在于实现了满足人民文化需求与增强人民精神力量的高度统一。主题电影，特别是革命历史题材、英雄模范题材电影，最核心的主题就是弘扬和传播中国共产党人的精神谱系。主题电影是否成功，关键在于中国共产党人的崇高、超拔、伟大的精神，能否通过艺术的方式让观众可知、可感、可颂，在艺术审美中礼赞英雄、讴歌伟大。《革命者》中流血牺牲的革命先辈、《守岛人》中皮肤黝黑的时代楷模、《中国医生》中眼窝深陷的抗疫英雄等这些银幕上富有质感、充满张力的人物形象，鲜活展现了共产党人的精神风骨和崇高之美。在长期奋斗中构建起的中国共产党人的精神谱系，是弘扬光荣传统、赓续红色

261

血脉、汲取前进力量的源泉，为我们立党、兴党、强党，为提振中国人的志气、骨气、底气，提供了丰厚的精神滋养。

宏大主题与微观视角的巧妙结合

建党百年主题电影创作是个宏大命题，如果采用惯常使用的宏大叙事方式难以出彩、出新。运用宏大叙事手法创作建党题材电影已有成功先例，1991 年上映的《开天辟地》和 2011 年上映的《建党伟业》均以全景式、纪实性的手法再现这段光辉历史。而电影《1921》以同题异答的方式，进行了新的尝试，着重截取 1921 年这一年的史实，首次以李达和王会悟筹备"中共一大"会议的过程为叙事主线，小切口进入、细节处展开，将宏大主题娓娓道来，拉近了与观众之间的距离，令人耳目一新。《革命者》另辟蹊径，落笔于观众意料之外，以独特的非线性叙事结构，将故事起点置于李大钊临刑前的时刻，着力刻画李大钊在狱中的经历和所思所想，不落窠臼。《我的父亲焦裕禄》更是通过焦裕禄二女儿焦守云的视角，展现一名伟大共产党人的家庭生活形象，呈现出一个立体、丰满、亲切的人格形象。这种以"以小见大""见微知著"的表现手法很好地讲述了党的故事、革命的故事、英雄的故事，开辟了主题电影的新型表达方式。

历史真实与艺术真实的有机融合

对革命历史题材电影作品而言，其艺术虚构，必须以历史真实为根基，以历史真实驱动艺术真实，否则就失去了作品的立足基础。这批优秀的主题影片有个最大共同点就是真实，将一个个重大历史时刻进行真实再现。如《革命者》还原了一个真实的年代和真实的李大钊，其高潮戏是李大钊视死如归走上绞刑架的过程。当年这具绞杀李大钊的绞刑架，如今被安放在中国国家博物馆的展览大厅里。剧组采用了 1 比 1 还原法，将这具绞刑架进行了复制，诸多细节，都经得起检验。《中国医生》根据真人真事改编，以武汉市金银潭医院为核心故事背景，全景展现奋战在抗疫一线、充满奉献和牺牲精神的中国医护人员的感人故事。某种程度上，真实就是力量，最能打动人。

在历史真实的基础上，巧妙融入艺术真实，这是电影必要的创作空间和艺术要求。《1921》中毛泽东和李达夫妇一起吃饭的情节、为"新公司"开业大吉举杯对话的设计，来自历史上的一封信。那是新中国成立前夕，毛泽东给李达写信，"吾兄是本公司发起人之一，现公司生意兴隆，望速前来参与经营"，影片的这段设计是这封历史书信的合理想象。《守岛人》虚构了小豆子这个人物，小豆子的父亲是王继才的连长，王继才守岛，也是给去世的连长守坟。这些虚构织补了故事的完整性，使得小豆子多次倾力帮助王继才的行为逻辑得到合理解释。从历史真实到艺术真实，其实质是创造典型环境中的典型人物的必然要求，它去除了原本生活中的驳杂与散光，提纯生活本质，构建理想图景，极大地提升了影片的艺术感染力。

青春化表达与年轻态审美的强烈共振

赓续红色血脉需要年轻人，影视观众的主体恰恰是年轻人。这些主题影片都十分重视向年轻人的审美靠拢。无论是青年演员的使用、类型片元素的引入，还是对影片传播推介的重视，都体现这方面的考量。特别是影片注重建立与当代年轻人的情感联系，使新时代年轻观众的青春涌动得以释放，为他们的爱党爱国情绪找到出口，引发他们强烈的共情、共鸣、共燃。《1921》中，一个个充满朝气的鲜活面孔与现实中的年轻观众形成心灵上的呼应。而且，"中共一大"13位代表平均年龄28岁，最小的才19岁，这本身就是年轻人的故事。可以说，这些影片既是革命片、历史片，也是青春片，是当代90后、00后向100年前的90后、00后的集体致敬。《三湾改编》中，青年毛泽东走上战场，拿起手枪战斗，

263

相比观众印象中文人形象的毛主席，更凸显他在战场上的领导力与伟人风采，吸引了年轻观众的目光。这一系列建党百年主题电影，通过年轻化的表达手法，把庄严的命题与大众传播相融合，与年轻观众进行精神对话，以富有时代感的艺术手法塑造共产党人的光辉形象，唤起年青一代的信仰与担当，激发起广大年轻观众的观影愿望。

建党百年主题电影创作的成功，是党史题材电影创作的一次成功实践，为探索总结主旋律电影创作规律提供了宝贵样本，值得中国电影理论界和创作界进行深入的研究和分析。

（作者系中国文艺评论家协会副主席兼秘书长、中国文联文艺评论中心主任）

2021年7月1日上午，庆祝中国共产党成立100周年大会在北京天安门广场隆重举行，庆祝大会现场放飞气球（新华社记者 陈晔华 摄）

以永远在路上的初心引领
中华民族迈入强起来的新境界

——习近平总书记在庆祝中国共产党成立
100 周年大会上的重要讲话精神解读

范玉刚

习近平总书记在庆祝中国共产党成立 100 周年大会上的重要讲话（以下简称"七一"讲话），在回顾中国共产党的初心和百年历程中擘画了中华民族的未来，浓墨重彩地勾勒了我们党成立 100 年来波澜壮阔的伟大实践，深刻阐述了事关党和国家工作全局的一系列重大理论和实践问题。"七一"讲话站在开启第二个百年新征程的起点上，以整体性观念和系统性思维明晰了中国共产党发展的历史大逻辑，全面总结了我们党矢志不渝的奋斗主题，揭示了中国共产党何以能的密码，向全世界宣告了中国共产党坚定走自己的路的决心，在首次提炼伟大建党精神中高扬人民的旗帜，展示了带领中华民族迈入强起来的新境界的强烈自信。这是一篇在经历世界百年未有之大变局和有效统筹中华民族伟大复兴战略格局下，开创新时代中国特色社会主义事业新局面的政治宣言和行动纲领，是一篇蕴含着重大理论创新的纲领性科学文献。

2016 年，习近平总书记在哲学社会科学工作座谈会上的讲话中指出，"这是一个需要理论而且一定能够产生理论的时代，这是一个需要思想而且一定能够产生思想的时代"。"七一"讲话是习近平新时代中国特色社会主义思想内涵的丰富和拓展，是新发展阶段思想合乎逻辑的形成。它以无可辩驳的事实阐发了是历史和人民选择了中国共产党。中国共产党不仅是中国工人阶级的先锋队，还是中国人民和中华民族的先锋队；不仅是中华优秀传统文化的传承者、弘扬者，更是社会主义先进文化的创造者。中国共产党领导是中国特色社会主义最本质的特征，是中国特色社会主义制度的最大优势，是党和国家的根本所在、命脉所在，是全国各族人民的利益所系、命运所系。斗转星移、沧海桑田，神州大地在中国共产党的领导下发生了翻天覆地的变化，从一穷二白、积贫积弱的旧中国发展成为欣欣向荣、"风景这边独好"的现代化国家，从愚昧落后状态中走出来的人民大众正在追求美好新生活。是中国共产党人以其高远的共产主义理想，点燃了中华民族奋发有为的精神之火，划破黑暗的长夜照亮光明的未来，把一盘散沙凝聚为东方巨龙，以永远在路上的初心引领中华民族迈入强起来的新境界。

一、以"庄严宣告"和"伟大成就"
定格了中国共产党历史发展的大逻辑和全党奋斗的主题

中国共产党是一个有着明确目标追求和使命感的政党，中国共产党的成立是中华民族历史上划时代的重大事件。5000 年、180 年、100 年，这些数字彪炳了中国历史上难以忘怀的时刻。中国有着 5000 年未曾中断的文明史，却在 180 年前逐步沦为半殖民地半封建社会，国家蒙辱、人民蒙难、文明蒙尘，中华民族遭受了前所未有的劫难。100 年前，一群平均年龄为 28 岁的年轻人在上海秘密聚会，拉开了中华民族开天辟地的帷幕。中国共产党一经诞生，就把为中国人民谋幸福、为中华民族谋复兴确立为自己的初心使命。在"七一"讲话中，习近平总书记指出，"一百年来，中国共产党团结带领中国人民进行的一切奋斗、一切牺牲、一切创造，归结起来就是一个主题：实现中华民族伟大复兴"。这是贯穿党史

267

的一条鲜明的红线。"七一"讲话首次在大历史逻辑中明晰了党史的四个阶段，即新民主主义革命时期、社会主义革命和建设时期、改革开放和社会主义现代化建设新时期、中国特色社会主义新时代，明确了中国共产党发展的逻辑和坐标，为我们阐述了正确的党史观。

"七一"讲话在明确党史发展大逻辑的基础上，总结了中国共产党的历史性成就。第一，夺取了新民主主义革命胜利，成立了新中国；第二，推进社会主义革命和建设，确立社会主义基本制度，实现了中华民族有史以来最为广泛而深刻的社会变革；第三，推进改革开放和社会主义现代化建设，让中国大踏步赶上了时代；第四，进入中国特色社会主义新时代，中华民族迎来了从站起来、富起来到强起来的伟大飞跃。正是这些历史性成就夯实了中华民族伟大复兴的制度体系、物质基础和精神力量，使得中国共产党和中国人民自豪地向世界庄严宣告：中国人民站起来了，中华民族任人宰割、饱受欺凌的时代一去不复返了；中国人民不但善于破坏一个旧世界，也善于建设一个新世界，只有社会主义才能救中国，只有中国特色社会主义才能发展中国；改革开放是决定当代中国前途命运的关键一招，中国大踏步赶上了时代；中华民族迎来了从站起来、富起来到强起来的伟大飞跃，实现中华民族伟大复兴进入了不可逆转的历史进程！

忆往昔，中国共产党成立时只有 50 多名党员；看今朝，已是拥有 9500 多万名党员、领导着 14 亿多人口大国、具有重大全球影响力的世界第一大执政党。一百年前，中华民族呈现在世界面前的是一派衰败凋零的景象。1925 年，在橘子洲头独立寒秋的毛泽东发出"问苍茫大地，谁主沉浮？"的追问，今天，中华民族向世界展现的是一派欣欣向荣的现代气象。2021 年，立足于越来越走近世界舞台中央的新方位，习近平总书记满怀豪情："中国共产党立志于中华民族千秋伟业，百年恰是风华正茂！"当下，中华民族正昂首阔步在中国特色社会主义发展的康庄大道上，在遵循历史的大逻辑中迎来世界史的中国时刻，并以新质的"人类命运共同体"的文化理念引领人类文明迈入新境界。

从大历史视野看，我们依然处在马克思主义所指明的历史时代。马克思主义在中国的成功，科学社会主义在中国的成功，成就了今日中国特色社会主义发展的新方位。只有社会主义才能救中国，中国也没有辜负社会主义。今日之中国，是世界之中国。中国共产党的诞生原本就有着国际共运的基因和世界视野，中国共产党人的初心，不仅是为人民谋幸福，为民族谋复兴，更要为人类文明进步作更多贡献。中国的和平崛起是世界的福音，理解今日之中国共产党离不开世界史坐标，构建"人类命运共同体"展示的是胸怀世界的情怀。

二、揭示了中国共产党何以能的奥秘，
在于生生不息的理论创新，
并以马克思主义中国化的最新成果武装人民

习近平总书记在"七一"讲话中指出，"中国共产党为什么能，中国特色社会主义为什么好，归根到底是因为马克思主义行！"十月革命一声炮响，给中国送来了马克思列宁主义，这是中国共产党理论创新的逻辑起点。中国共产党的百年史，是一部不断推进马克思主义中国化的历史，是不断推进理论创新、进行理论创造的历史，是以马克思主义中国化的最新成果武装人民群众的历史。理论一经武装群众便焕发出改造世界的巨大的物质力量，推动中国共产党历经坎坷成大道，在引领中国越来越走近世界舞台中央中，带领中国人民走出一条从站起来到富起来再到强起来的康庄大道。

2016 年，习近平总书记在哲学社会科学工作座谈会上的讲话中指出，"人类社会每一次重大跃进，人类文明每一次重大发展，都离不开哲学社会科学的知识变革和思想先导"。在波澜壮阔的时代潮流中，马克思主义是我们的指路明灯。当代中国正在经历着我国历史上最为广泛而深刻的社会变革，也正在进行着人类历史上最为宏大而独特的实践创新，这种史无前例的伟大实践，召唤着中国共产党进行着永无止息的理论创新，

269

并使理论"飞入寻常百姓家"。

理论探索是艰难的，甚至付出巨大代价才能逐渐走向成熟。从"枪杆子里出政权"到把"支部建在连上"，从"工农武装割据"到"农村包围城市"……"山沟沟里的马克思主义"在一个农民占绝大多数的半殖民地半封建国家，开创了一条中国特色新民主主义革命胜利之路。新中国成立后，党带领各族人民创造性地进行社会主义改造，建立起社会主义基本制度，对建设社会主义进行了艰辛探索。立足人类文明的大视野，邓小平及几代领导人都反复强调，物质贫乏不是社会主义，精神空虚也不是社会主义。从实事求是出发，不竭的创新动力引导着中国共产党进行了中国特色社会主义理论探索，认识到中国处于并将长期处于社会主义初级阶段；从支持推动农村家庭联产承包责任制和乡镇企业发展，到兴办经济特区；从提出科学技术是第一生产力，到创造性地把社会主义同市场经济结合起来……中国共产党以改革开放的"伟大觉醒"，带领一个差点"被开除球籍"的国家迅速成为全球第二大经济体，创造了人类现代化进程中的"中国奇迹"。党的十八大以来，以习近平同志为核心的党中央科学地回答了"新时代坚持和发展什么样的中国特色社会主义、怎样坚持和发展中国特色社会主义"这一重大问题，创立了习近平新时代中国特色社会主义思想，开辟了21世纪马克思主义中国化的新境界，形成了马克思主义中国化的最新理论成果，是在新的历史方位下指导党和国家事业发展的科学纲领。

马克思在《〈黑格尔法哲学批判〉导言》中明确指出："人类解放不能没有理论，没有哲学。"恩格斯指出，"一个民族要想站在科学的最高峰，就一刻也不能没有理论思维"。革命导师列宁指出，没有理论，党"就会失去生存的权利，而且不可避免地迟早注定要在政治上遭到破产"。毛泽东同志指出："领导我们事业的核心力量是中国共产党，指导我们思想的理论基础是马克思列宁主义。"中国共产党是在马克思列宁主义指导下建立起来的无产阶级政党。毛泽东同志说："如果我们党有一百个至二百个系统地而不是零碎地、实际地而不是空洞地学会了马克思列宁主义的同志，就会大大地提高我们党的战斗力量。"这些伟大导师无不强调了理论的极端重要性和强大威力。习近平总书记指出："马克思主义是我们立党立国的根本指导思想。背离或放弃马克思主义，我们党就会失去灵魂、迷失方向。"可以说，理论探索和创新是中国共产党何以能的奥秘。

问题是时代的声音，中国共产党的理论创新体现了鲜明的问题导向。正是在回应时代关切中，中国共产党在时时眷顾初心中创造理论、践行理论——始终坚持马克思主义理论中国化的探索，不断用马克思主义中国化的最新成果武装群众。正如习近平总书记所说，"我们党之所以能够历经考验磨难无往而不胜，关键就在于不断进行实践创新和理论创新""把坚持马克思主义和发展马克思主义统一起来，结合新的实践不断作出新的理论创造，这是马克思主义永葆生机活力的奥妙所在"。中国共产党为什么能取得革命、建设和改革的伟大胜利？说到底就是我们党始终用马克思主义中国化最新成果及时武装了不同时期的人民群众。所谓马克思主义中国化，就是把马克思主义基本原理与中国实际、中华优秀传统文化相结合，不断用在实践中创造的新鲜经验丰富和发展马克思主义，形成中国化、时代化、大众化的马克思主义理论新成果。马克思主义中国化的主体和坚定的领导力量是中国共产党，中国共产党是一个有着鲜明理论自觉的现代政党，中国共产党是以马克思主义为指导建立起来的政党，对马克思主义的理解最为深刻透彻，对共产主义信仰最为坚定执着，不断开辟马克思主义新境界，先后创立了毛泽东思想、邓小平理论、"三个代表"重要思想、科学发展观、习近平新时代中国特色社会主义思想。在马克思主义中国化过程中，中国共产党人将马克思主义的群众史观应用于中国具体国情，经过艰辛探索与理论总结，最终形成了一切为了群众，一切依靠群众，从群众中来，到群众中去，把党的理论创新成果变为群众改造世界的自觉行动。直面现实，中国社会已从建党时的开天辟地、经新中国成立时的改天换地到改革开放时期的翻天覆地，现在走向新时代的惊天动地。有着世界基因和全球视野的中国共产党，在推动马

271

克思主义中国化的伟大进程中，还推动了世界社会主义运动的历史进程，在世界范围内彰显了科学社会主义的道德优势，照亮了世界社会主义运动的前进方向，使世界秩序的变化正在呈现"东升西降"的趋势。

中国共产党的理论创新和马克思主义中国化的一系列成果，不仅实现了对现代文明成果的充分占有，促进了人类文明的新发展，还推动了中华文明传统的重建，更是实现了对资本主义现代文明的扬弃，从而引领了人类文明跃升的新方向。新质的中华文明形态不仅是中国的，也是世界的；不仅是民族的，更是人类共同的价值追求。作为人类文明的新发展，中华文明的新发展以马克思主义文明观为主导价值诉求，既有着中华优秀传统文化的和而不同的底色，也有着红色文化和社会主义先进文化的包容性的亮色，更有着尊重人类文化多样性的伦理的自觉，而诉诸于人类文明的丰富多彩、共在共荣，在文化差异性的交流交融中实现共同进步，在与世界文明共同发展中，携手共创人类文明丰富多彩的新篇章。

三、在坚定走自己的路中以中国特色社会主义道路
为中国发展擘画蓝图

习近平总书记代表党和人民庄严宣告：经过全党全国各族人民持续奋斗，我们实现了第一个百年奋斗目标，在中华大地上全面建成了小康社会，历史性地解决了绝对贫困问题，正在意气风发向着全面建成社会主义现代化强国的第二个百年奋斗目标迈进。这一庄严宣告不仅是世界减贫史上的伟大壮举和重大事件，是中国共产党为世界减贫事业贡献的中国方案、中国智慧，更是中国共产党理论创新、走自己的路的成功实践。

事实上，中国共产党在成立之初就有着"走自己的路"的自觉，电影《1921》中有一个细节很耐人寻味，那就是李达等人与共产国际代表马林会谈时，面对马林等人提出全程参与中共一大会议的要求，李达等

人严正声明了独立建党和坚决走自己的路的主张，这表明中国共产党在成立之初就有着坚定走自己的路的意识。走自己的路，是我们党的全部理论和实践立足点，更是党百年奋斗得出的历史结论。增强当代人骨气和底气的中国特色社会主义，是党和人民历经千辛万苦、付出巨大代价取得的根本成就，是实现中华民族伟大复兴的正确道路。这条道路在有效统筹物质文明、政治文明、精神文明、社会文明、生态文明协调发展中，为中华民族擘画了现代化的蓝图，创造了人类文明的新形态。

中国共产党和中国人民在自己选择的道路上昂首阔步走下去，既不走僵化封闭的老路，也不走改旗易帜的邪路，把中国发展进步的命运牢牢掌握在自己手中！习近平总书记指出，中国人民从来没有欺负、压迫、奴役过其他国家人民，过去没有，现在没有，将来也不会有。同时，中国人民也绝不允许任何外来势力欺负、压迫、奴役我们，谁妄想这样干，必将在14亿多中国人民用血肉筑成的钢铁长城面前碰得头破血流！

马克思主义中国化的发展，开辟了具有中国特色的现代化道路。中国特色的现代化道路，坚持了马克思主义理论的人民性立场，高扬人民的旗帜，创造了中国式的现代化理论与发展道路，实现了理论与历史、实践的具体结合。第一，中国现代化是世界上人口规模巨大的现代化；第二，中国现代化是全体人民共同富裕与人的全面发展的现代化；第三，中国现代化是物质文明和精神文明相协调的现代化；第四，中国现代化是人与自然和谐共生的现代化；第五，中国现代化是走和平发展道路、为人类文明作更多贡献的现代化。中国整体步入现代化，极大地改写了世界现代化的版图，并把人类对现代化的追求引入新境界。一方面，中国历经艰苦努力，已在经济、政治、文化、社会、生态等领域积累下足以支撑未来高质量发展的坚实基础。我们拥有世界上最全的工业门类，世界第二大的经济体，世界最庞大的科技队伍，建立世界规模最大的教育体系，为迎接新一轮科技革命和产业变革准备了充足的物质基础。另一方面，在艰辛探索中我们走出了适合中国发展的中国特色社会主义道路、形成了适合中国发展的中国特色社会主义理论、建构了适合中国发

273

展的中国特色社会主义制度和中国特色社会主义文化。因此，习近平总书记在中国共产党成立 95 周年大会上的讲话中，自豪地指出："当今世界，要说哪个政党、哪个国家、哪个民族能够自信的话，那中国共产党、中华人民共和国、中华民族是最有理由自信的。"作为马克思主义学习型政党，中国共产党自诞生之日起就积极学习借鉴人类文明的一切有益成果，欢迎一切有益的建议和善意的批评，但我们绝不接受"教师爷"般颐指气使的说教！有着伟大建党精神的中国共产党，不乏直冲云霄的自豪和气概！

（作者系山东大学文艺美学研究中心特聘教授）

凝聚共识举旗帜，以文化人共担当

——学习习近平总书记"七一"重要讲话体会

冯双白

习近平总书记在庆祝中国共产党成立 100 周年大会上的重要讲话（以下简称"七一"讲话），系统性地提出了新的思想观点和重要论断，充满建党百年高瞻远瞩的伟大自信，流露出坚毅的斗争精神，闪耀着辩证唯物主义和历史唯物主义的真理光芒，具有十分重大的政治意义、理论意义和实践意义。习近平总书记在"七一"讲话中首次提出了伟大的建党精神，全面而成体系性地提出了以史为鉴、开创未来九个方面的根本要求。其中告诫全党：以史为鉴、开创未来，必须加强中华儿女大团结。并强调，新的征程上，我们必须坚持大团结大联合，坚持一致性和多样性统一，加强思想政治引领，广泛凝聚共识，广聚天下英才，努力寻求最大公约数、画出最大同心圆，形成海内外全体中华儿女心往一处想、劲往一处使的生动局面，汇聚起实现民族复兴的磅礴力量！

凝聚共识、寻求最大公约数、画出最大同心圆，在达到一致性和多样性的统一基础上，汇聚民族复兴的伟大力量，这些鲜明而生动的观点，蕴含着深邃的思想精神，对于我们的文艺工作具有极其深刻的理论指导意义和实践意义。

凝聚共识、寻求最大公约数、画出最大同心圆，事关高举鲜明的精神旗帜

举什么旗？走什么路？建立怎样的精神谱系？追求怎样的精神价值观？这都是关系到中华民族复兴的最根本问题。习近平总书记指出：一百年前，中国共产党的先驱们创建了中国共产党，形成了坚持真理、坚守理想，践行初心、担当使命，不怕牺牲、英勇斗争，对党忠诚、不负人民的伟大建党精神，这是中国共产党的精神之源。一百年来，中国共产党弘扬伟大建党精神，在长期奋斗中构建起中国共产党人的精神谱系，锤炼出鲜明的政治品格。历史川流不息，精神代代相传。我们要继续弘扬光荣传统、赓续红色血脉，永远把伟大建党精神继承下去、发扬光大！因此，凝聚共识，就是要弘扬社会主义核心价值观，弘扬以爱国主义为核心的民族精神和以改革创新为核心的时代精神，不断增强全党全国各族人民的精神力量。

凝聚共识，还关系着在确立独特精神标识基础上打牢文化自信的根基。在论述中国共产党建党历史经验方面，习近平总书记曾经在庆祝中国共产党成立 95 周年大会上的讲话中深刻指出：文化自信，是更基础、更广泛、更深厚的自信。在 5000 多年文明发展中孕育的中华优秀传统文化，在党和人民伟大斗争中孕育的革命文化和社会主义先进文化，积淀着中华民族最深层的精神追求，代表着中华民族独特的精神标识。这一精神标识，正是凝聚共识的最根本的基础。

当然，凝聚共识绝不是一件简单的事情。凝聚共识就是凝聚人心，人心是最大的政治。习近平总书记 2012 年在广东考察工作时指出："不同地方、不同阶层、不同领域、不同方面，大家会有不同想法。那就要考虑，哪些是可以'求同'的？哪些是可以经过做工作形成或转化为共识的？哪些是可以继续'存异'的？把最大公约数找出来。"中国社会的情况极其复杂，人们甚至因为身处不同自然地理条件，各自诉求都会千差万别。在当代百年历史变局之中，上述种种千差万别更会处于不断的

有时甚至是剧烈的发展变化中。因此，凝聚共识的任务也是长期的、艰巨的。凝聚共识，其实就是在不同利益圈层内，寻找出共同性的一致点、共同点。所以，凝聚共识与寻找最大公约数、画出最大同心圆，是彼此深刻关联的。在这一方面，文艺工作大有可为。因为，人们的思想认识千差万别，人性的底层复杂多变，思想上的认识和认同，不可能在一朝一夕完成。另一方面，凝聚共识，绝不意味着单向说教、强行灌输，凝聚共识不是表面的附和敷衍，而是理性与感性相结合的深刻理解，需要的是真心实意的认同、发自内心的追随。中国特色社会主义进入新时代，我们正前所未有地接近实现中华民族伟大复兴的目标，所以，习近平总书记在中央政协工作会议暨庆祝中国人民政治协商会议成立70周年大会上的讲话中才谆谆教导我们："要把大家团结起来，思想引领、凝聚共识就必不可少。"恰恰在这里，文化艺术用形象说话，以情动人，以文化人，春风化雨、润物无声，往往在凝聚共识上收到意想不到的效果。凝聚共识是要从人的内心深处解决思想认识问题，优秀文艺作品直抵人心，经典艺术形象以真善美改造人性，由此，共识才能容易凝聚，文学艺术是寻找"最大公约数"的有力武器。

凝聚共识、寻求最大公约数、画出最大同心圆，事关民族复兴伟业的最终实现

何谓"同心圆"？它在数学定义上是指：同一平面上同一圆心而半径不同的圆。简单地说，如果几个圆的圆心是同一点，它们的圆心相同，但是半径不同，那么这几个拥有共同中心点之圆，即为同心圆。在当代中国政治语境里，中国共产党带领全国各族人民所要画出的同心圆，就是以中华民族伟大复兴为根本中心任务的全民族努力奋斗。2016 年 4 月 19 日，习近平总书记在网络安全和信息化工作座谈会上的讲话中指出："凝聚共识工作不容易做，大家要共同努力。为了实现我们的目标，网上网下要形成同心圆。什么是同心圆？就是在党的领导下，动员全国各

族人民，调动各方面积极性，共同为实现中华民族伟大复兴的中国梦而奋斗。"

我们都知道，中华民族的复兴之路，一路艰辛，一路坎坷，取得当今的伟大成就，实属不易。1840年鸦片战争以后，中国逐步沦为半殖民地半封建社会，国家蒙辱、人民蒙难、文明蒙尘，中华民族遭受了前所未有的劫难。中国社会各阶层情况极其复杂，各民族文化不同，历史境遇不同，各地发展水平差异巨大，各种利益诉求迥异。如此复杂的国情下，中国共产党为什么能够创造百年伟业？答案就在"七一"讲话里："中国共产党一经诞生，就把为中国人民谋幸福、为中华民族谋复兴确立为自己的初心使命。一百年来，中国共产党团结带领中国人民进行的一切奋斗、一切牺牲、一切创造，归结起来就是一个主题：实现中华民族伟大复兴。"这个主题，就是"同心圆"之中心点，实现中华民族伟大复兴，就成为中国人民和中华民族最伟大的梦想。

中国能够画好同心圆，源自中国共产党百年奋斗伟大征程所带来的坚定自信。在"七一"讲话中，习近平总书记代表党和人民向全世界庄严宣告，经过全党全国各族人民持续奋斗，我们实现了第一个百年奋斗目标，在中华大地上全面建成了小康社会，历史性地解决了绝对贫困问题，正在意气风发向着全面建成社会主义现代化强国的第二个百年奋斗目标迈进。在历史进程中，中国没有辜负关乎前途命运的关键一招——改革开放，从而让中国大踏步赶上了时代！中华民族迎来了从站起来、富起来到强起来的伟大飞跃，实现中华民族伟大复兴进入了不可逆转的历史进程！这是全世界有目共睹的伟大征程，是全人类文明历史上前所未有的巨大成功！

习近平总书记在"七一"讲话中指出：一百年前，中国共产党成立时只有50多名党员，今天已经成为拥有9500多万名党员、领导着14亿多人口大国、具有重大全球影响力的世界第一大执政党。一百年前，中华民族呈现在世界面前的是一派衰败凋零的景象。今天，中华民族向世界展现的是一派欣欣向荣的气象，正以不可阻挡的步伐迈向伟大复兴。

过去一百年，中国共产党向人民、向历史交出了一份优异的答卷。现在，中国共产党团结带领中国人民又踏上了实现第二个百年奋斗目标新的赶考之路。

凝聚共识、寻求最大公约数、画出最大同心圆，事关中国共产党所代表的人类文明前途，代表着人类命运共同体的伟大文明发展方向

在"七一"讲话中，习近平总书记指出：我们坚持和发展中国特色社会主义，推动物质文明、政治文明、精神文明、社会文明、生态文明协调发展，创造了中国式现代化新道路，创造了人类文明新形态。这是关于中国共产党与人类文明前途的最新论断，意义十分重大。

中华民族在 5000 多年历史演进中形成的自己独有的灿烂文明，也是从古至今具有强大生命活力的伟大文明。这一点，与已经消亡了的其他古文明形成了鲜明对比。在此基础上，中国共产党经过百年奋斗实践和 70 多年执政兴国的历史，带领中国人民不但走出了一条独特的建设国家之路，同时也在全世界范围内，探索出了一条独特的文明发展之路。可以说，中国共产党所代表的、由中国人民伟大实践所闯出来的文明发展大道，是完完全全中国式的现代化新路，是人民伟大创造力的结果，更是一个有信仰、有追求、永远把人民利益放在最高点位上的政党所努力和坚持自我革命的结晶。这个文明新形态，是古老的中华文明在全新历史条件下的历史重构，其核心价值在于中国共产党一方面把马克思主义与当代中国革命和社会实践相结合，另一方面将中华优秀传统文化与一切人类文明的进步成果相融合，坚持改革开放，实现传统文化的创造性转化和创新性发展，从而创造出了一个全新的文明形态，走出一条中国式现代化新道路。

这一条中国式现代化新道路，与西方国家现代化道路有着根本区别。中国绝不像西方发达国家那样通过殖民侵略进行原始积累，更没有发动

279

任何侵略战争以发不义之财，中国始终坚持独立自主、自力更生的建设发展道路，坚持和平共处五项原则，遵从全人类共同价值，不断推动构建人类命运共同体。和平、和睦、和谐是中华民族5000多年来一直追求和传承的理念，中华民族的血液中没有侵略他人、称王称霸的基因。中国共产党关注人类前途命运，同世界上一切进步力量携手前进，中国始终是世界和平的建设者、全球发展的贡献者、国际秩序的维护者！这一文明新形态，事关人类发展前途和命运，甚至可以说是生死攸关，一念之差，命途决然迥异。正像习近平总书记在中国共产党与世界政党领导人峰会上，用平实的口吻说："从'本国优先'的角度看，世界是狭小拥挤的，时时都是'激烈竞争'。从命运与共的角度看，世界是宽广博大的，处处都有合作机遇。"并强调，"我们要担负起凝聚共识的责任，坚守和弘扬全人类共同价值。各国历史、文化、制度、发展水平不尽相同，但各国人民都追求和平、发展、公平、正义、民主、自由的全人类共同价值。我们要本着对人类前途命运高度负责的态度，做全人类共同价值的倡导者，以宽广胸怀理解不同文明对价值内涵的认识，尊重不同国家人民对价值实现路径的探索，把全人类共同价值具体地、现实地体现到实现本国人民利益的实践中去。"

因此，植根于悠久的中华文明历史基础上的当代中国共产党，带领中国人民把发展进步的命运牢牢掌握在自己手中，积极学习借鉴人类文明的一切有益成果，欢迎一切有益的建议和善意的批评，但是，这一文明新形态是有文明底线的，是有精神价值标准的，所以习近平总书记铿锵有力地指出：我们绝不接受"教师爷"般颐指气使的说教！

初心易得，始终难守。上下同欲者胜，风雨同舟者兴。文艺的根本使命，关系到举精神之旗、立精神支柱、建精神家园，所有这一切，都直接涉及价值观的培养、人心向背、文明兴衰、人类前途。以史为鉴，可以知兴替。我们要用历史映照现实、远观未来，从中国共产党的百年奋斗中看清楚过去我们为什么能够成功、弄明白未来我们怎样才能继续成功，从而在新的征程上更加坚定、更加自觉地牢记初心使命、开创美好未来。我们每一个文艺工作者都应该用自己最勤勉的工作，脚踏大地，不断创新，以文化人，以美育人，为凝聚共识，寻找最大公约数，画好最大同心圆，作出自己应有的努力和贡献。

（作者系中国舞协主席）

进一步巩固马克思主义指导地位的新表述

刘方喜

习近平总书记《在庆祝中国共产党成立 100 周年大会上的讲话》（以下简称《讲话》）是习近平新时代中国特色社会主义思想又一光辉文献，是马克思主义中国化创新发展又一重大成果，为我们继往开来，总结第一个一百年历史经验和成就、决胜第二个一百年奋斗目标提供了行动指南。《讲话》内容丰富，系统性极强，提出了许多新的重要表述，其中"九个必须"为我们进一步深化党史学习教育活动提供了理论遵循。在论述"以史为鉴、开创未来，必须继续推进马克思主义中国化"时，习近平强调："中国共产党为什么能，中国特色社会主义为什么好，归根到底是因为马克思主义行！"——这是对进一步巩固马克思主义指导地位的重要的新表述，对于理论、文化和文艺工作者尤其具有重大指导作用，而其重大理论意义，应置于"九个必须"、《讲话》全文进而置于习近平新时代中国特色社会主义思想体系中加以理解。

2021 年 2 月 20 日，习近平总书记《在党史学习教育动员大会上的讲话》就强调指出："在全党开展党史学习教育，就是要教育引导全党深刻认识红色政权来之不易、新中国来之不易、中国特色社会主义来之不易，深刻认识中国共产党为什么能、马克思主义为什么行、中国特色社会主义为什么好，不断坚定'四个自信'，不断增强历史定力，增强做中国人的志气、骨气、底气。"——这是对党史学习教育活动的基本定调。6 月

16 日出版的《求是》刊登的习近平总书记重要文章《以史为镜、以史明志，知史爱党、知史爱国》再次强调："要在党史学习教育中做到学史明理""要从党的辉煌成就、艰辛历程、历史经验、优良传统中深刻领悟中国共产党为什么能、马克思主义为什么行、中国特色社会主义为什么好等道理，弄清楚其中的历史逻辑、理论逻辑、实践逻辑。"在七一前夕中共中央政治局 6 月 25 日进行第三十一次集体学习时，习近平总书记更是明确指出："中国共产党为什么能，中国特色社会主义为什么好，从根本上说，是因为马克思主义行。我们要从党的百年奋斗史中感悟真理的力量，不断深化对共产党执政规律、社会主义建设规律、人类社会发展规律的认识，用马克思主义的真理光芒照耀我们的前行之路。"然后就是这次《讲话》的进一步明确的表述，把马克思主义行与中国共产党能、中国特色社会主义好之间的关系，清晰定位为因果关系，从而把马克思主义指导地位上升到了新的高度。

《讲话》中，习近平总书记在勾勒党领导中华民族实现从站起来、富起来到强起来的伟大飞跃的历史进程的基础上，概括出了"坚持真理、坚守理想，践行初心、担当使命，不怕牺牲、英勇斗争，对党忠诚、不负人民的伟大建党精神"，并强调"这是中国共产党的精神之源"，进一步丰富了中国共产党人的精神谱系。近代以来，许多仁人志士引进了西方各种"主义"而都未能实现中华民族的独立，"十月革命一声炮响，给中国送来了马克思列宁主义""一群新青年高举马克思主义思想火炬"，中国共产党以马克思主义为理论基础而得以建立，而新中国的建立使中华民族得以独立而真正站起来，没有共产党就没有新中国，而没有马克思主义就没有共产党，中华民族站起来的历史实践，既充分证明了中国共产党为什么能，也充分证明了马克思主义为什么行。百年党史表明：一旦偏离马克思主义基本原理和精神，往往就会遭遇曲折，而从站起来、富起来到强起来的 3 次伟大飞跃则充分证明：只要坚持马克思主义基本原理并同中国具体实际相结合，我们就会从胜利走向胜利。

《讲话》接下来的"九个必须"也都是与马克思主义有机联系在一起

283

的："必须坚持中国共产党坚强领导"，而"马克思主义是我们立党立国的根本指导思想，是我们党的灵魂和旗帜"；"必须不断推进党的建设新的伟大工程""确保党不变质、不变色、不变味"，而党的性质、底色是马克思主义赋予的；"必须团结带领中国人民不断为美好生活而奋斗"，而以人民为中心乃是马克思主义的基本价值理念；"必须继续推进马克思主义中国化""必须坚持和发展中国特色社会主义"，而其理论基础是马克思主义尤其是科学社会主义。此外，国防和军队现代化建设、构建人类命运共同体、进行具有许多新的历史特点的伟大斗争、中华儿女大团结等，也皆离不开马克思主义指导作用。

因此，应在百年党史、《讲话》的有机整体中来理解"中国共产党为什么能，中国特色社会主义为什么好，归根到底是因为马克思主义行"，更应在习近平新时代中国特色社会主义思想体系及其发展中来理解这一新表述的重大意义。党的十八大以来，习近平总书记反复强调巩固马克思主义指导地位的重要性，并率先垂范，主持十八届中共中央政治局就历史唯物主义基本原理和方法论进行第十一次集体学习、就辩证唯物主义基本原理和方法论进行第二十次集体学习并发表重要讲话，推动全党大兴学习马克思主义之风，而习近平新时代中国特色社会主义思想本身，就是中国化马克思主义创新发展的光辉典范。在文化建设、意识形态建设方面，习近平总书记曾经反复强调批判历史虚无主义、文化虚无主义等错误思潮的必要性和重要性，例如《在党史学习教育动员大会上的讲话》中就再次强调"要旗帜鲜明反对历史虚无主义"。历史虚无主义的理论起因是背离乃至反对马克思主义尤其历史唯物主义，目的是削弱、动摇马克思主义的指导地位、侵蚀党的灵魂，把中华民族的发展带入歧途。因此，有效、有力批判历史虚无主义，就必须进一步巩固马克思主义指导地位，就必须通过党史学习深刻理解"中国共产党为什么能，中国特色社会主义为什么好，归根到底是因为马克思主义行"这一道理。

《讲话》这一新表述对于理论、文化和文艺工作者尤其具有直接的指导作用，为更清醒认识、更深入批判理论、文化和文艺领域的历史虚无主义等错误思潮，提供了思想指导和理论遵循。从理论上看，马克思主义关乎我们的理论自信，而关丁"四个自信"之间的关系，习近平强调：坚定中国特色社会主义道路自信、理论自信、制度自信，"说到底"是要坚定文化自信，文化自信是"更基础、更广泛、更深厚的自信""更基本、更深沉、更持久的力量"，突出了在有机联系的"四个自信"中文化自信的独特作用。同样，中国共产党为什么能、中国特色社会主义为什么好，"从根本上说""归根到底"是因为马克思主义行，也突出了在与党的领导、中国特色社会主义发展有机联系中马克思主义重要的指导作用。《讲话》还强调"坚持把马克思主义基本原理同中国具体实际相结合、同中华优秀传统文化相结合"，而文化自信既包括对中华优秀传统文化的自信，也包括对以马克思主义为指导的革命文化、社会主义先进文化的自信，三者也是有机统一的。因此，我们也应在有机联系中来理解"马克思主义为什么行"：我们不能孤立、割裂地基于所谓具体现实的经验主义立场而排斥马克思主义基本原理的指导，也不能基于狭隘的所谓民族本土立场而把传统文化与马克思主义对立起来——把两者对立起来并把传统文化与以马克思主义为指导的革命文化、社会主义先进文化割裂开来等错误倾向，会弱化马克思主义指导地位、侵蚀党的灵魂，应引起我们足够警醒。

我们正面临世界百年未有之大变局，第二个百年目标的实现，在实践上面临诸多挑战，在思想上也面临诸多错误倾向和思潮的干扰。马克思主义是我们洞察时代大势、把握历史主动、应对现实挑战、引领时代发展的理论利器，进一步继承弘扬、发扬光大坚持真理、坚守理想的伟大建党精神，首先就必须进一步巩固马克思主义指导地位。习近平强调"坚持以马克思主义为指导，是当代中国哲学社会科学区别于其他哲学社会科学的根本标志""只有牢固树立马克思主义文艺观，真正做到了以人民为中心，文艺才能发挥最大正能量"，而习近平新时代中国特色社会主义思想，是马克思主义基本原理同新时代中国具体实际相结合、同中华优秀传统文化相结合的结晶，是当代中国的马克思主义、21世纪的马克思主义，因此，坚定理论自信、文化自信，首先就要坚定对习近平新时代中国特色社会主义思想的自信——这是学史明理更是以史为鉴、开创未来的关键所在，也是进一步加快构建中国特色哲学社会科学、繁荣发展社会主义文艺和文化的关键所在。

（作者系中国社会科学院文学研究所马克思主义文学理论与文学批评研究室主任）

坚持马克思主义基本原理
同中华优秀传统文化相结合

——习近平总书记在庆祝中国共产党
成立 100 周年大会上的重要讲话学习笔记十题

仲呈祥

一

习近平总书记在庆祝中国共产党成立 100 周年大会上的重要讲话中
首次明确提出了要坚持马克思主义基本原理同中华优秀传统文化相结合
的重要命题。反复领悟，思之再三，深感这是作为领导我们事业的核心
力量的中国共产党，一以贯之地坚持把作为指导我们思想的理论基础的
马克思主义同中国具体实际相结合的题中应有之要义。"与中国具体实
际相结合"理所当然地包含着同中国的历史与现实、政治与经济、文化
与生态相结合，这是马克思主义中国化的必由之路，是实事求是的辩证
唯物主义的认识论和方法论的必须，也是中华优秀传统文化同当代文化
相适应、与现代社会相协调并进而实现创造性转化、创新性发展的正确
途径。

马克思主义是指导我们思想的理论基础；中华优秀传统文化是民族
的精神基因和文化渊薮。失去了思想导向的理论基础势必迷失方向，丧

失了精神血脉的根基便成了无本之木。因此，坚持马克思主义基本原理同中华优秀传统文化相结合，攸关方向，事关大局，理当高度重视，切实落实。

二

通过百年党史的深入学习，我们更加深刻地认识到："十月革命一声炮响，给中国送来了马克思列宁主义。"只有马克思主义普遍原理同中国具体实际相结合，走社会主义道路，才能救中国。马克思主义是社会形态革命的伟大学说，其辩证唯物主义与历史唯物主义哲学、以无产阶级专政和社会主义民主为核心的科学社会主义、以劳动价值论和剩余价值论为基础和基石的政治经济学，是一个完整的科学的理论体系。无数志士仁人不懈探索，服膺真理，雄辩证明：只有以马克思主义为理论基础，才能完成中国社会由半封建半殖民地社会形态到人民当家做主的社会主义共和国社会形态的根本变革，此外别无他途。而欲将马克思主义中国化，须与中国具体实际相结合，其间绕不开的"实际"之一，便是中华优秀传统文化。

从毛泽东主席到习近平总书记，都极其珍视中华优秀传统文化。他们都反复用"博大精深"这一成语来精准称颂其丰厚内涵，都多次用"从孔夫子到孙中山"这一介词结构来表述对其杰出伟人遗产的全面珍视。毛泽东在《论新阶段》中强调指出："学习我们的历史遗产，用马克思主义的方法给以批判的总结，是我们学习的另一任务。我们这个民族有数千年的历史，有它的特点，有它的许多珍贵品。对于这些，我们还是小学生。今天的中国是历史的中国的一个发展；我们是马克思主义的历史主义者，我们不应当割断历史。从孔夫子到孙中山，我们应当给以总结，承继这一份珍贵的遗产。这对于指导当前的伟大的运动，是有重要的帮助的。"习近平在新时代论及中华优秀传统文化的"天人合一""民惟邦本""和而不同""天下为公""以文化人""己所不欲，勿施于人"等等时精辟指出："像这样的思想和理念，不论过去还是现在，都有其鲜明的民族特色，都有其永不褪色的时代价值。这些思想和理念，既随着时间推移和时代变迁而不断与时俱进，又有其自身的连续性和稳定性。我们生而为中国人，最根本的是我们有中国人的独特精神世界，有百姓日用而不觉的价值观。我们提倡的社会主义核心价值观，就充分体现了对中华优秀传统文化的传承和升华。"反复领悟、体味这两段字字珠玑的精湛论述，受益良多。

三

应当看到，在如何以高度的文化自信去坚持把马克思主义的基本原理同中华优秀传统文化相结合上，近百年来我们的认识是不断深化与发展的。在新文化运动和五四运动中，必须肯定高举科学与民主旗帜"批孔批儒"以唤醒民族觉醒是历史的进步与必然，但确实也留下了以二元对立的简单思维把文化划分为"新"与"旧"的对立所带来的对传统文化笼统否定的弊端。因为实际上，文化是民族的生存状态，是民族的基因，是民族的血脉，恰如黄河长江之水，是万万不可抽刀断水、以"新"与"旧"了了分割的。文化只有"源"与"流"之分，而无"新"与"旧"之别。唐朝魏征在《谏太宗十思疏》中曾云："欲流之远者，必浚其泉源。""浚源"始能"流远"，"塞源"必定"断流"。要想繁荣发展当代社会主义先进文化，就必须开掘配置好优秀传统文化，实现古为今用、现代转化。君不见，尽管五四时期经吴虞之口喊出了"打倒孔家店"的口号，直至"文化大革命"中还掀起过"评法批儒"浪潮，但历史却是无情而又公正的。看如今，以儒学为主体的中华优秀传统文化不仅未被打倒，反而在新时代兴起的"国学"热潮和波及全球的国际儒学联合会会员大会上被人们继承弘扬，并努力使之与当代文化相联系、与现代社会相协调，进而实现创造性转化、创新性发展！

四

那么，为什么说马克思主义基本原理应当而且完全可以同中华优秀传统文化相结合呢？

这首先是因为，"我们不是历史虚无主义者，也不是文化虚无主义者，不能数典忘祖、妄自菲薄。中华传统文化源远流长、博大精深，中华民族形成和发展过程中产生的各种思想文化，记载了中华民族在长期奋斗中开展的精神活动、进行的理性思维、创造的文化成果，反映了中华民族的精神追求，其中最核心的内容已经成为中华民族最基本的文化基因。"（引自习近平总书记在中共中央政治局第十八次集体学习上的讲话）著名哲学家张岱年先生曾概括总结提出，中华优秀传统文化的基本精神主要有四点：一是"天人合一"的哲学主张（另一位百岁哲人张世英先生把这条表述为"万有相通"）；二是"民吾同胞，物吾与也"的民本思想；三是"自强不息""刚健有为"的奋进精神；四是"礼之用，和为贵"的和合处世原则。习近平总书记多次阐明，中华优秀传统文化中的这种"讲仁爱、重民本、守诚信、崇正义、尚和合、求大同"的精神理念，具有恒久的时代价值，完全应当而且可以与当代文化相适应、与现代社会相协调，实现创造性转化、创新性发展，成为涵养社会主义核心价值观的文化源泉，以激励人们为实现中华民族伟大复兴的中国梦而不懈奋斗。

再看马克思主义的三大组成部分和基本原理，不正是科学总结了人类社会发展历史和文化成果（其中当然也包括中华民族5000余年的文明史及其优秀文化成果）的集大成的人类革命理论经典吗！符合逻辑、顺理成章地以马克思主义基本原理为指导思想，打通中华优秀传统文化与社会主义先进文化和社会主义核心价值观的"源"与"流"的内在联系，贯通古今，活跃思维，扬弃继承，转化创新，古为今用，这便是坚持把马克思主义基本原理同中华优秀传统文化相结合的新时代使命。

五

先说马克思主义基本原理中关于整个世界观、方法论的论述，与中华优秀传统文化中"天人合一""万有相通"的相结合、相联系。马克思主义关于人类社会变革与发展、关于人与自然的关系、关于人学、关于每一个人的自由而全面发展等等精辟论述，都可以导引中华优秀传统文化的"天人合一""万有相通"与时俱进地开掘出新的富有生命力的哲学能量和文化内涵。对于西方哲学过度强调"主客二分"而导致主体因一味开发自然资源过度而令生态失衡、主体为争夺自然资源而导致局部战争等弊端，"天人合一""万有相通"无疑是一剂疗救的文化良方。难怪20世纪有诺贝尔奖获得者曾指出，人类要在21世纪生存下去，应当回到2500年前去汲取孔子的智慧。我想要汲取的便是中华优秀传统文化的"天人合一""万有相通"的人与人、人与自然的和谐之道。张世英先生创造性地提出建构以中华哲学"天人合一""万有相通"为本以"各美其美"，再吸收融通西方哲学"主客二分"注重人的主观能动性和个性培养以"美人之美"，进而整合互补以"美美与共"，最终实现"天下大同"的21世纪人类命运共同体哲学，我以为便是马克思主义基本原理同中华优秀传统文化相结合的成功范例之一。

六

再说马克思主义基本原理中关于人的学说、关于"无产阶级只有解放全人类，才能最后解放自己"的伟大思想，同中华优秀传统文化中"民吾同胞，物吾与也"的民本思想的相结合、相联系。斯大林曾说："共产党人是用特殊材料制成的。"共产党除了无产阶级乃至全人类的解放以外，没有任何个人的利益。而中华优秀传统文化儒学的杰出代表张载在《西铭》中就说："乾称父，坤称母，予兹藐焉，乃混然中处。故天地之塞，吾其体；天地之帅，吾其性。民吾同胞，物吾与也。"这就是说，天地犹如父母，人与万物都是天地所生，都是由气构成，气的本性亦是人与万物的本性，人民都是我的兄弟，万物皆为我的朋友，真是"万有相通"、人与自然和谐。他的"横渠四句"道："为天地立心，为生民立命，为往圣继绝学，为万世开太平。"两相结合，启人心智，不正能深化我们对"江山就是人民、人民就是江山，打江山、守江山，守的是人民的心"的认识吗！不正能激励我们自觉践行"以人民为中心"的工作方向吗！

七

三说马克思主义基本原理中关于人的理想、信仰、情操、精神的精湛论述与中华优秀传统文化中"自强不息""刚健有为"的相结合、相联系。马克思主义关于人不是一般的经济动物而是高级形态的理性情感动物的论述，关于共产党人的理论信仰、斗争精神、人格情操的论述和马克思、恩格斯的身体力行、榜样垂范，与中华优秀传统文化中的"天行健，君子以自强不息；地势坤，君子以厚德载物"的人格风范，与"先天下之忧而忧，后天下之乐而乐"的政治抱负，与"苟利国家生死以，岂因祸福避趋之"的报国情怀，与"富贵不能淫，贫贱不能移，威武不能屈"的浩然正气，与"人生自古谁无死，留取丹心照汗青"和"鞠躬尽瘁，死而后已"的献身精神，谁说不是一脉相连、互为表里呢！谁说不能相映成辉、光照人间呢！

八

四说马克思主义基本原理中"全世界无产阶级联合起来""英特纳雄耐尔，就一定要实现"同中华优秀传统文化中"以和为贵""天下大同"的相结合、相联系。以马克思主义关于共产主义远大理想一定会在全球实现的宗旨为指导，从孔子的"礼之用，和为贵"到孟子的"人和"主张，再到张载的"为万世开太平"……人类社会发展的必然趋势，是谁也阻挡不了的！习近平总书记以博大胸怀和世界眼光，从高瞻远瞩地力倡"一带 路"到提出人类命运共同体思想，我以为正是马克思主义关于解放全人类基本原理同中华优秀传统文化的和谐理念与大同思想相结合的伟大创举。

九

说到马克思主义基本原理同中华优秀传统文化相结合，还必须论及与中华美学精神相结合。习近平总书记在文艺工作座谈会上论及传承和弘扬中华优秀传统文化时，紧接着就阐述了还要传承和弘扬中华美学精神。马克思主义基本原理中包含马克思主义美学原理，中华优秀传统文化中包含中华美学精神。习近平总书记精辟概括了中华美学的三个"讲求"：一是从中华民族审美创造的运作思维上，"讲求托物言志、寓理于情"；二是从中华民族审美创造的结构特征上，"讲求言简意赅、凝练节制"；三是从中华民族审美创造的宗旨上，"讲求形神兼备、意境深远"。总之，中华美学精神强调知、情、意、行的统一。运用马克思主义美学原理深入总结研究中华民族在5000余年文明史中审美创造和艺术鉴赏实践的乐论、画论、书论、文论、舞论、戏曲论、民间文艺论等诸多丰富多彩的经验，那是一篇多么诱人绚烂的华丽篇章啊！

十

当然，必须指出，中华传统文化在其形成和发展的历史进程中，不可避免地会受到彼时人们的认识水平、科技水准、时代条件尤其是社会制度的局限、制约和影响，甚至也不可避免地会存在陈旧的、过时的乃至糟粕的东西。即使是其优秀部分，也需要"有鉴别地加以对待，有扬弃地予以继承"。譬如，中华传统文化，毕竟以封建宗法制度为基础、以血缘为纽带、以家庭为细胞，分析处理的是彼时君与臣、父与子、夫与妻、兄与弟、朋与友之间的人际关系，不讲阶级之别，只言君子小人之分，这显然离马克思主义关于阶级和阶级斗争的原理和学说相距甚远；又如，儒家乃至新儒家主张的"修齐治平""内圣外王""返本开新"等，也与马克思主义力倡的社会制度根本变革的革命原理和道路迥异；再如，中华传统文化中的"修己安人""怡情养性"，也与我们新时代力倡的"立德树人""培根铸魂"虽有联系更有差异。惟其如此，我们在把马克思主义基本原理同中华优秀传统文化相结合时，务必以高度的文化自信与文化自觉，坚持古为今用、推陈出新，善于结合新的实践和时代要求，去粗取精，辩证取舍，与当代文化融通，实现创造性转化、创新性发展，以跨越时空、超越国度、富有永恒魅力的新文化更好地服务于以文化人、以文育人的时代任务和宏伟大业，而万万不可食古不化、厚古薄今。

（作者系中央文史研究馆馆员、著名文艺评论家）

从"文明蒙尘"到"人类文明新形态"

马滏漳

在庆祝中国共产党成立 100 周年大会上，习近平总书记深情回顾中国共产党百年奋斗的光辉历程，满怀豪情展望中华民族伟大复兴的光明前景。其中多次讲到中华文明，从中华民族有着 5000 多年源远流长的文明历史，为人类文明进步作出了不可磨灭的贡献，讲到 1840 年鸦片战争以后，中华民族遭受前所未有的劫难，"文明蒙尘"，再讲到我们坚持和发展中国特色社会主义，"创造了人类文明新形态"，深刻揭示了中国共产党带领中国人民创造百年伟业的人类文明史意义。

风雨如磐暗故园

19 世纪，资产阶级"由于开拓了世界市场，使一切国家的生产和消费都成为世界性的了"，"使农民的民族从属于资产阶级的民族，使东方从属于西方"。加之晚清"封建统治者夜郎自大、因循守旧，畏惧变革、抱残守缺，跟不上世界发展潮流"（习近平语）。在这样的背景下，近代中国迎来了"数千年来未有之变局"和"数千年来未有之强敌"，1840 年鸦片战争以后，中国逐步成为半殖民地半封建社会，国家蒙辱、人民蒙难、文明蒙尘。正如有西方学者所说的，18 世纪一度梦幻般的中国被无情地蒙上了肮脏、落后的阴影。由此，近现代中国文化知识界也开始形成轻视、鄙薄自身文化文明而重视、崇尚西方文化文明的思想倾向，有的甚至主张走全盘西化的道路。"中国自甲午一创于东邻，庚子再困于八国，海内憬然，始知旧学之必不足恃。""我们必须承认我们自己百事不如人，不但物质机械上不如人，不但政治制度不如人，并且道德不如人，知识不如人，文学不如人，音乐不如人，艺术不如人，身体不如人。"部分中国人的文化自信、文明自信消失殆尽。

"火烧圆明园"，这是中华文明蒙尘的一个标志性事件。1860年（咸丰十年）8月，英法联军攻入北京。10月，占领圆明园，把圆明园抢劫一空后，为了销毁证据、掩盖罪行，纵火烧毁圆明园。大火连烧三昼夜，使这座世界文化名园化为一片废墟。法国诗人伏尔泰曾说："希腊有帕特农神庙，埃及有金字塔，罗马有斗兽场，巴黎有圣母院，东方有圆明园。"还是让我们用法国文豪雨果的话来描述这颗"东方明珠"吧："在世界的某个角落，有一个世界奇迹。这个奇迹叫圆明园。艺术有两个来源：一是理想，理想产生欧洲艺术；一是幻想，幻想产生东方艺术。圆明园在幻想艺术中的地位就如同帕特农神庙在理想艺术中的地位。一个几乎是超人的民族的想象力所能产生的成就尽在于此。""这是幻想的某种规模巨大的典范，如果幻想能有一个典范的话。请你想象有一座言语无法形容的建筑，某种恍若月宫的建筑，这就是圆明园。""火烧圆明园"是人类历史上最为野蛮、恶劣的文化文明毁灭行为。当时就有法国人指出，这就如同卢浮宫和法国国立图书馆同时被毁。

"风雨如磐暗故园。"列强环伺、山河破碎，中华文明劫难深重，陷入黯淡无光的境地。这是1840年鸦片战争后，近代中华文明史上又一页屈辱。可以说，从那时起，光复旧物、重振文明，实现中华民族伟大复兴，就成为中国人民和中华民族最伟大的梦想。

雄关漫道真如铁

扫除蒙蔽在中华文明上的灰尘，复兴中华文明灿烂的光彩，在近现代的中国有一个根本性的重要前提，即首先要冲破并跨越重重"娄山关""腊子口"，推翻帝国主义、封建主义、官僚资本主义三座大山，完成民族独立和人民解放的任务。十月革命一声炮响，给中国送来了马克思列宁主义。在中国人民和中华民族的伟大觉醒中，中国共产党应运而生。中国共产党一经诞生，就把为中国人民谋幸福、为中华民族谋复兴确立为自己的初心使命，义无反顾地把复兴中华文明的重任扛在肩上。

习近平总书记在庆祝中国共产党成立 100 周年大会上指出，为了实现中华民族伟大复兴，中国共产党团结带领中国人民，浴血奋战、百折不挠，创造了新民主主义革命的伟大成就。我们经过北伐战争、土地革命战争、抗日战争、解放战争，以武装的革命反对武装的反革命，推翻帝国主义、封建主义、官僚资本主义三座大山，建立了人民当家做主的中华人民共和国，实现了民族独立、人民解放。新民主主义革命的胜利，彻底结束了旧中国半殖民地半封建社会的历史，彻底结束了旧中国一盘散沙的局面，彻底废除了列强强加给中国的不平等条约和帝国主义在中国的一切特权，为实现中华民族伟大复兴创造了根本社会条件。同样也为中华文化文明的复兴创造了根本社会条件。

"雄关漫道真如铁，而今迈步从头越。"正如毛泽东同志于新中国成立前夕在《唯心历史观的破产》一文中所说的："自从中国人学会了马克思列宁主义以后，中国人在精神上就由被动转入主动。从这时起，近代世界历史上那种看不起中国人，看不起中国文化的时代应当完结了。伟大的胜利的中国人民解放战争和人民大革命，已经复兴了并正在复兴着伟大的中国人民的文化。这种中国人民的文化，就其精神方面来说，已经超过了整个资本主义的世界。"有了马克思列宁主义指导、中国共产党领导，中华民族和中国人民就有了主心骨，中国人民就从精神上由被动转为主动，中华文化文明也就有了复兴的正确方向、理论武器和光明前景。

六亿神州尽舜尧

鲁迅先生说："唯有民魂是值得宝贵的，唯有它发扬起来，中国才有真进步。"人民文化是民魂的图谱，唯有人民文化振起，确立起对人民文化的自信，中国的文化文明才有真进步。

在中国共产党的领导下，新中国人民文化的兴起，为中华文明复兴奠定了深厚的基础。"小楼一夜听春雨，深巷明朝卖杏花。"人民之于文化文明，如同春天之于杏花。人民是文化文明的尺度，正像春天是杏花的尺度一样。当我们的文化文明重新焕发光彩，再度以其夺目的光芒吸引和照亮世界，她的力量一定来自大地，来自人民，来自其自身的充分的人民性。当谈到解放，我们往往会谈民族解放、人民解放，这里面实际还蕴含着一个文化解放的问题和维度。比如，早期共产党人否定孔教，其重点不在"孔"而在"教"，即被封建统治阶级工具化了的儒家文化。如李大钊所言："余之掊击孔子，非掊击孔子之本身，乃掊击孔子为历代君主所雕塑之偶像的权威也；非掊击孔子，乃掊击专制政治之灵魂也。"可见，这个否定，对于儒家文化实际是一种解放——从更长历史时段看，对于儒家文化摆脱其封建统治阶级附庸角色，成为劳动人民的文化滋养，有着巨大推进作用。这对于确立起文化文明观上的人民主体性具有重要意义。新中国的文化建设，实际是确立并巩固了人民性的文化文明观，为中华文化文明注入了新质、刻画了新貌、升华出了新的境界。

习近平总书记强调："江山就是人民、人民就是江山，打江山、守江山，守的是人民的心。""新的征程上，我们必须紧紧依靠人民创造历史，坚持全心全意为人民服务的根本宗旨，站稳人民立场，贯彻党的群众路线，尊重人民首创精神，践行以人民为中心的发展思想，发展全过程人民民主，维护社会公平正义，着力解决发展不平衡不充分问题和人民群众急难愁盼问题，推动人的全面发展、全体人民共同富裕取得更为明显的实质性进展！"人民是实践主体、历史主体、价值主体，确立起彻底的人民主体意识，才会"六亿神州尽舜尧"，我们社会主义建设才会站在历史和道义的制高点、文化和文明的制高点。没有中华文化文明的人民主体意识的确立，也就没有文化自信。可以说，我们的文化自信正来自运用马克思列宁主义在中国文化原野上所发现、唤醒和构建起来的人民文化，我们的文化自信正成长在人民性文化文明的沃土之上。

在习近平总书记的系列重要讲话中，文化从来都不是抽象的。他在庆祝中国共产党成立 95 周年大会上的讲话中明确指出："在 5000 多年文明发展中孕育的中华优秀传统文化，在党和人民伟大斗争中孕育的革命文化和社会主义先进文化，积淀着中华民族最深层的精神追求，代表着中华民族独特的精神标识。"文化在这里显然不是抽象的泛指。中华优秀传统文化，大都是具有鲜明人民性特质的。革命文化和社会主义先进文化，人民性更是其最本质特征。习近平总书记所强调的文化自信，正是对于人民文化的自信。或许正是在人民文化或文化文明的人民主体的维度上，我们才可以正确理解"文化自信，是更基础、更广泛、更深厚的自信，是更基本、更深沉、更持久的力量"。

人间正道是沧桑

毛泽东同志曾经在中国人民政治协商会议第一届全体会议开幕词中预言："随着经济建设的高潮的到来，不可避免地将要出现一个文化建设的高潮。中国人被人认为不文明的时代已经过去了，我们将以一个具有高度文化的民族出现于世界。"

中国共产党成立 100 年来，新中国成立 70 多年来，改革开放 40 多年来，中国共产党坚持走自己的路，带领中国人民历经千辛万苦、付出巨大代价，开创和发展了实现中华民族伟大复兴的康庄大道——中国特色社会主义。中国特色社会主义，不断推动物质文明、政治文明、精神文明、社会文明、生态文明协调发展，创造了中国式现代化新道路，创造了人类文明新形态。这一人类文明新形态，强调坚定"四个自信"，坚持以科学理论为指导，坚持以人民为中心，坚持以发展为第一要务。立足新发展阶段，完整、准确、全面贯彻新发展理念，构建新发展格局，推动高质量发展，保障人民当家做主，坚持依法治国，坚持社会主义核心价值体系，坚持在发展中保障和改善民生，坚持人与自然和谐共生，协同推进人民富裕、国家强盛、中国美丽。

2020 年 10 月，党的十九届五中全会提出到 2035 年建成文化强国的战略目标，并对如何实现这一战略目标作出谋划和部署。这或许将成为中华文明复兴的一个重要标志。应该说，把文化建设摆在更加突出位置，提升到一个新的历史高度，是与新时代的要求及其在新时代的使命相匹配的。现在我们正面临世界百年未有之大变局。有学者认为，这个大变局体现为"世界经济重心之变""世界政治格局之变""全球化进程之变""科技与产业之变""全球治理之变"。固然如此，但世界百年未有之大变局更深层次的变化却是来自世界文化文明格局、文化文明秩序之变；或者说，在这样的世纪变局中，世界文化文明格局、文化文明秩序之变更带有特殊重要的意义。

正如习近平总书记所指出的，统筹推进"五位一体"总体布局、协调推进"四个全面"战略布局，文化是重要内容；推动高质量发展，文化是重要支点；满足人民日益增长的美好生活需要，文化是重要因素；战胜前进道路上各种风险挑战，文化是重要力量源泉。文化建设日益带有强基固本的意义，以我国文化繁荣、文明复兴为契机，坚定中国特色社会主义文化自信、加强马克思主义科学理论指导、坚持将马克思主义基本原理与中华优秀传统文化相结合、培育和弘扬社会主义核心价值观，强化中华文化人民主体性，复兴中华文明，使中华民族精神大厦巍然耸立，提升世界文化格局中中华文化文明的话语权和影响力，已成为新时代的一个鲜明特质。

"人间正道是沧桑。"2021 年 7 月 16 日，习近平总书记在亚太经合组织领导人非正式会议上的讲话中，引用了一句新西兰毛利谚语："当你面向太阳，阴影终将消散。"一百年来，中国共产党团结带领中国人民，以"为有牺牲多壮志，敢教日月换新天"的大无畏气概，书写了中华民族几千年历史上最恢宏的史诗。这一百年来开辟的伟大道路、创造的伟大事业、取得的伟大成就，必将载入中华民族发展史册、人类文明发展史册！

（作者系文化理论、文艺理论研究者）

传承民间文艺薪火　服务人民美好生活

——学习贯彻习近平总书记"七一"重要讲话精神

潘鲁生

时逢中国共产党百年华诞，习近平总书记在庆祝中国共产党成立100周年大会上发表了重要讲话。习近平总书记"七一"重要讲话全面回顾了百年奋斗的光辉历程，深刻总结了伟大的建党精神，展望了中华民族伟大复兴的光明前景，描绘了新征程的宏伟蓝图。作为一名党员，现场聆听习近平总书记的讲话，备受鼓舞，十分振奋，特别深刻地感受到我党百年历史的精神力量。作为一名民间文艺工作者，从习近平总书记"以人民为中心"的论述中，更感受到一份坚实的使命和责任。

一、要从"实现中华民族伟大复兴"的历史高度，
认识和践行民间文艺事业的坚实使命

习近平总书记在"七一"重要讲话中，深刻总结了一百年来，中国共产党团结带领中国人民进行的一切奋斗、一切牺牲、一切创造，归结起来就是一个主题：实现中华民族伟大复兴。实现中华民族的伟大复兴，是近代以来中华民族最根本的梦想，是一百年来党团结带领人民建立制度保证、物质基础和精神力量，实现中华民族从站起来、富起来到强起

来的伟大飞跃，是历史的、现实的、不可逆转的历史进程，也是我们不断进取、不懈奋斗的梦想和方向。

回顾中国共产党百年奋斗的光辉历程，展望中华民族伟大复兴的光明前景，我们要从民族发展的历史高度认识民间文艺事业发展的意义、践行民间文艺事业的使命。从根本上说，就是要：致力传承中华优秀传统文化，守护民间文化根脉，守望民族精神家园，使来自民间、来自生活的文化凝聚力与创造力薪火相传。

我国的民间文艺源远流长，千百年来，人民群众在生产生活实践中不断积累和创造。民间文艺以中华民族特有的生活形式和风格，表现审美心理，承载文化观念，凝聚文化记忆，表达精神内涵和思想追求；民间文艺以土生土长、丰富多彩、百姓日用而不觉的生活方式，塑造着民众的世界观、价值观、审美观，影响着中国人的精神世界。一段时期以来，由于工业化、市场化、全球化发展，传统的乡土的民间文艺受到冲击。可以说，民间文艺的传承与发展，不只是文艺样式的传承发展，也关系到中国人生活方式、文化心理、精神世界的传承与变迁。

在党的领导下，中国民协团结广大专家和民间文艺工作者，开展了从民歌大规模搜集整理、以"三套民间文学集成"为标志的各民族民间文学普查，到以文化保护为龙头的"民间文化遗产抢救保护"等一系列文化工程。特别是党的十八大以来，传承中华优秀传统文化提升到又一个新阶段，坚定了文化自信，凝聚了民族精神。习近平总书记十分关心民间文艺发展，给乌兰牧骑队员回信，鼓励民间工艺传承与发展，关心《格萨尔》等民间史诗和花鼓戏、潮剧等民间戏曲的发展，视察了敦煌等民间文化遗产的保护与研究。习近平总书记考察调研"民间文艺"的足迹，彰显了党中央对传承发展民族民间文化的高度重视，体现了习近平总书记心系人民群众，以及对民间文艺发展的关怀和期望。在中央领导和中宣部的关心支持下，"中国民间文学大系出版工程"和"中国民间工艺传承传播工程"两大工程全面启动，第一次大规模、高质量、集成性地呈现和传播"中国民间文学"与"中国民间工艺"的全貌，在新时代，

303

为后世传承传播宝贵的民族民间文化财富。

民间文艺事业，是党的文艺事业的有机组成部分。我们要从"实现中华民族伟大复兴"的历史高度来认识民间文艺的意义和使命。我们要从赓续精神命脉、守护文化家园的意义上加以实践，不断发掘整理，深入研究阐发，积极保护传承，促进创作发展，做到存其形守其神、留其名固其实，使丰富多彩的民间文艺滋养民众生活，凝聚精神力量，在人民群众的文化创造中不断增强民族自信心、民族自豪感和民族凝聚力，积聚民族发展的文化动力和创造力。在新的时代征程上，我们要坚定文化的自信，筑牢文化的根基，守好文化的家园，传好文化的薪火，要不断传承中华民族的优秀文化传统，维系乡愁记忆的情感纽带，凝聚美好生活的精神动力。我们要立足人民群众的生产生活，扎根广阔的乡村田野，着眼变迁发展的现实步伐，在现实生活中，以丰富多彩的民间文艺样式，唱响百姓的生活心声和愿望图景，以民间文艺凝聚建设发展的精神力量。我们要前瞻未来，不断培育文化传承发展的种子，不断培养文艺传承创新的人才，不断加强中国民间文艺的学科体系、话语体系、学术体系建设，从而夯实基础，增强发展动力。党领导的民间文艺事业，不仅要在时代进步中焕发出绚丽的光彩，还要在中华民族伟大复兴的历史进程中，发挥传承文脉、培根铸魂，维系记忆、凝聚情感，表达心声、美化生活，创造创新、促进发展的积极作用。

二、要坚持以人民为中心，把人民和生活作为民间文艺事业的永恒起点和归宿

习近平总书记在"七一"重要讲话中，强调"人民是历史的创造者，是真正的英雄"，指出"中国共产党根基在人民、血脉在人民、力量在人民"，提出"新的征程上，我们必须紧紧依靠人民创造历史，坚持全心全意为人民服务的根本宗旨，站稳人民立场，贯彻党的群众路线，尊重人民首创精神，践行以人民为中心的发展思想"。"以人民为中心的发展

思想"，指导我们要从根本上认识民间文艺的本质，把握民间文艺实践的方法，明确民间文艺事业的基础和目标，不断增强来自人民的血脉亲情、开阔服务生活的宽广胸怀。

古往今来，民间文艺产生于民间，流传于民间。人民群众是民间文艺的创造者，也是民间文艺的接受者、欣赏者和传播者。民间文艺具有与生俱来的人民性，民间文艺事业就是人民的事业。

以人民为中心，就是坚持人民群众的主体地位。要尊重人民的首创精神，学习人民的创造智慧，研究人民的创作、欣赏与传播传承习惯和经验，从火热的生活出发去探究、去保护、去发展，带着以人民为师的心态去学习、去服务、去传承、去研究。特别是当一些民间文艺样式面临传承与发展的困境时，我们要回到人民的生活本身去寻找答案，不仅要帮助和支持传承者去守护和传承，还要从生活的文化需要、内容方式出发去发展和创造，使之成为我们生活中富有生命力的重要组成部分。我们不仅要保护和传承好优秀的文化传统，还要关注新时代的文化创造和发展，实现"创造性转化、创新性发展"，使蓬勃发展的民间文艺成为新时代文化创造的重要组成部分。具体来说，我们要深入生活、深入研究，把握民间文艺传统与当代生活的"接口"和"交汇点"，搭建平台、创造条件、积极创作、主动服务，使优秀的传统民艺样式服务今天的百姓生活，使老百姓喜闻乐见的传统民艺样式具有今天的生活主题、时代内涵、时代精神。优秀的民间文艺不只是历史的遗产，更要有今天的生活和创造，要回应时代的关切，唱响时代的旋律，体现时代的脉动与心声，服务今天人民高质量的生活。

以人民为中心，要坚持扎根田野、扎根生活的工作方法。一直以来，"到民间去"，"把书桌搬到田野"是中国民间文艺研究的传统。我们要不断增强脚力、眼力、脑力、笔力，扑下身子、沉到一线，善于观察、发现问题，深入思考、精准研究，不困守书斋，不脱离生活，坚决不做"无根的浮萍、无病的呻吟、无魂的躯壳"。在"中国民间文学大系出版工程"和"中国民间工艺传承传播工程"两大工程的项目调研过程中，我们遇到了一些几十年坚持抢救民族民间文艺工作的老专家，还有默默无闻坚守田野工作、严谨治学的中青年专家，他们中有一大批共产党员，有着坚定的信念和执着的追求，值得我们学习。我们一定要把这种扎根生活、服务人民的情怀和精神发扬光大。真正走进民间、深入田野，用心体验、用脚丈量、用情感受，悉心观察民间文艺与生活的关系，认真记录民间文艺的风貌，深入研究口传心授的经验背后的规律，真正脚踏民间这块坚实的大地，感受民间文艺当代发展的现实，为繁荣我国的民间文艺奉献自己的力量。

以人民为中心，就是为了人民，服务人民，以民间文艺反哺生活，造福生活。民间文艺来自乡村田野，来自百姓生活。繁荣发展民间文艺，在于丰富和发展人民群众的文化生活，发展文化民生，以文艺的创作和应用来提高生活的获得感、幸福感，创造更为美好的生活。服务人民和生活，是民间文艺发展的目标和归宿。只有反映时代的、民众的、群体的审美理想和文化精神，才是具有普遍意义和代表历史发展方向的人民文艺，是我们繁荣发展的目标所在。从根本上说，民间文艺从生活中来，到生活中去。回应人民群众的关切、符合老百姓的兴趣、大家伙儿看了有共鸣，就会拍手叫好，就是叫得响的好作品。其中包含深刻的文艺创作规律，要求我们的创作有生活的深度、有精神的高度、有情感的温度、有艺术表达的精度，大家才会有共鸣，才会有影响力，才能实现民间文艺的价值和社会意义。比如节日里群众的文艺活动开展得好，就更有"节日"的味儿、生活的劲儿，而不只是消费的"假日"。只有以民间文艺精品奉献人民，我们的民间文艺才有生长性，才有生命力。

习近平总书记指出："波澜壮阔的中华民族发展史是中国人民书写的！博大精深的中华文明是中国人民创造的！历久弥新的中华民族精神是中国人民培育的！中华民族迎来了从站起来、富起来到强起来的伟大飞跃是中国人民奋斗出来的！"民间文艺是人民的文艺，我们要紧紧依靠人民，为了人民，做好保护传承和创新发展工作，以此回馈人民。

三、要牢记初心使命，坚定理想信念，
继续为实现人民对美好生活的向往不懈努力

习近平总书记在"七一"重要讲话中，深刻阐释了初心使命的重要意义；阐释了中国共产党从诞生之日起就确立的"为中国人民谋幸福、为中华民族谋复兴"的初心使命；阐释了一百年来"坚持真理、坚守理想，践行初心、担当使命，不怕牺牲、英勇斗争，对党忠诚、不负人民"的伟大建党精神；阐释了"初心易得，始终难守"，牢记初心使命的必要性和基本路径；发出了"牢记初心使命，坚定理想信念，践行党的宗旨，永远保持同人民群众的血肉联系，始终同人民想在一起、干在一起，风雨同舟、同甘共苦，继续为实现人民对美好生活的向往不懈努力，努力为党和人民争取更大光荣"的伟大号召。

以建党百年的光辉历史映照现实、远观未来，在新的征程上，我们要更加坚定、更加自觉地牢记初心使命、开创美好未来。正如习近平总书记曾深刻指出的"一切向前走，都不能忘记走过的路；走得再远、走到再光辉的未来，也不能忘记走过的过去，不能忘记为什么出发"，要时刻明白为何出发而矢志奋斗。民间文艺发展，关系民间的文化创造，关系老百姓情感记忆的表达与维系，关系乡土、乡愁、乡情的凝聚，我们要把这如田野山花的民间文艺传承好、发展好，增强生活的幸福感，增强文化的认同感，增强美好生活的获得感，使来自民间的文化艺术薪火传承。这样的初心使命，激励我们，要远离浮华喧嚣而亲近乡村田野，保持生活的、人民的文艺之朴素热忱，保持关于中国民间文艺研究与学科建设的长远考虑，在全球化、市场化、工业化的冲击中保持坚定的自信和冷静的自觉，从而把心力、情感寄托于人民的文艺、大众的文艺、生活的文艺，为之不懈努力。

在民间文艺事业发展中，我们要坚持以习近平新时代中国特色社会主义思想为指导，切实增强"四个意识"、坚定"四个自信"、做到"两个维护"，团结引领广大民间文艺工作者深入学习贯彻习近平总书记关于

文艺工作重要论述,领悟重大意义、思想内涵、核心要义,把握蕴含其中的时代特色、理论逻辑、实践品格,坚持"二为"方向和"双百"方针,坚持以人民为中心的创作导向,坚守中华文化立场,认真贯彻落实党中央关于文艺事业和民间文艺工作的重大决策部署。

我们要坚持"学术立会"传统,深化关于民间文艺发展的理论研究和实践研究,服务我国民间文艺长期发展的宏伟事业。从中国民间文艺研究会到中国民间文艺家协会,一直秉承"学术立会"的传统,这源自我国民间文艺独特的发展规律,也是中国民间文艺家协会的工作特色,为民间文艺保护、传承、创作、研究提供了坚实的学术保障和基础。当前,我们要在学科建设领域,着眼国家专业人才培养和学术发展,积极推进"民间文艺学""文化遗产学"等学科建设。在文化实践领域,紧密围绕民族文化复兴、传统工艺振兴、乡村文化振兴等战略重点,切实加强学术研究与专业服务。不断加强人才队伍建设,学术阵地建设,推进乡村社区的"民间文艺之乡"建设,推进大学和科研机构的"民间文艺研究基地"建设,并积极为民间的文化推广、技艺传承、艺术创新提供学术支持。从整体上,把握民间文艺规律,开展乡村田野调研,加强民间文艺基础研究,进一步构建具有中国特色、中国风格、中国气派的民间文艺学科体系、学术体系、话语体系。

我们要发挥好"团结引导、联络协调、服务管理、自律维权"的基本职能,团结服务广大民间文艺工作者,建设"民间文艺之家"。包括加强服务意识,向民间艺人学习,为民间文艺家服务,让民间文化活起来;加强青年人才梯队建设,培养一批有研究能力、有创作水平、有文化情怀的民间文艺工作者;加强民间文艺的普及与宣传,面向公众、社区、学校传播民间文化的种子,培育和传承文化的创造力,面向国际,发挥"人同此心,心同此理"的民间文艺交流作用,在文化艺术的传播中深化对外交流与合作。总之,我们要认真学习领会习近平总书记"七一"重要讲话精神,认真学习贯彻国家"十四五"规划和2035年远景目标纲要,紧扣高质量发展主题,聚焦主责主业,立足协会基本职能,围绕

"做人的工作"这一核心任务，持续深化协会改革，积极探索行业服务、行业管理、行业自律的新思路、新途径、新举措；努力把工作对象向新文艺组织、新文艺群体延伸，不断增强协会组织活力、向心力、吸引力和行业影响力；持之以恒加强协会自身建设和民间文艺工作的作风建设，把协会建设成为守正创新、奋发有为、覆盖面广、凝聚力强、温馨和谐的民间文艺工作者之家。

社会发展，生活变迁，不变的是奋斗进取的初心和使命。历史川流不息，精神代代相传，引领我们砥砺前行的是伟大的精神力量。建党百年，我们回顾纪念，我们前瞻展望，我们将牢记初心使命，弘扬建党精神，在以习近平同志为核心的党中央领导下书写奋斗的史诗、迈向新的未来。

（作者系中国文联副主席、中国民协主席）

礼赞百年

　　百年征程，辉煌伟业。怀着内心的喜悦，广大文艺工作者和全国文联系统围绕"喜迎党的百年华诞"开展了一系列形式多样、内容丰富的文艺活动。"礼赞百年"集中呈现各地文艺界、全国文联系统开展的文艺活动，与广大读者深情回望百年奋进路，凝心聚力再启伟大新征程。

2021年6月28日晚,庆祝中国共产党成立一百周年文艺演出《伟大征程》在国家体育场盛大举行。新华社记者 黄敬文 摄

百年风华正青春

中国艺术报庆祝建党 100 周年文章精选

电视剧《觉醒年代》海报

民族歌剧《沂蒙山》剧照

杂技剧《战上海》剧照

百年风华正青春

中国艺术报庆祝建党 100 周年文章精选

追梦（雕塑）鲁迅美术学院

庆祝建党 100 周年特别节目《闪亮的坐标》

一部情景史诗，礼赞伟大征程

——记庆祝中国共产党成立 100 周年大型情景史诗《伟大征程》专家研讨会

吴 华

庆祝中国共产党成立 100 周年文艺演出《伟大征程》6 月 28 日晚在国家体育场盛大举行，演出以大型情景史诗形式呈现，"浴火前行""风雨无阻""激流勇进""锦绣前程" 4 个篇章浓墨重彩地展现了中国共产党百年来走过的光辉历程、取得的伟大成就、作出的历史性贡献。演出自 7 月 1 日在中央电视台播出以来，各界好评如潮。2021 年 7 月 9 日，文化和旅游部召开庆祝中国共产党成立 100 周年大型情景史诗《伟大征程》专家研讨会，主创代表、专家学者围绕演出总体概况、主题思想、艺术语言等展开深入研讨。

文化和旅游部党组成员、副部长饶权表示，今年是中国共产党成立 100 周年，一系列庆祝活动备受瞩目，文艺演出是其中最为重要的活动之一。演出全方位、全过程、全景式展现了中国共产党波澜壮阔的百年历史，主题鲜明、构思精巧、方式新颖、场面宏大，实现了思想性、艺术性的高度统一，具有很强的感染力、震撼力，是全国文艺界践行习近平总书记关于文艺工作系列重要论述精神的成功实践。广大文艺工作者责任在心，使命在肩，希望大家在以习近平同志为核心的党中央坚强领导

317

下，在伟大的征程上，不忘初心、牢记使命，艰苦奋斗、砥砺前行，为实现第二个百年奋斗目标贡献出文艺的力量。

作为此次大型情景史诗《伟大征程》的总撰稿，朱海也参加了庆祝改革开放 40 周年文艺晚会《我们的四十年》、庆祝中华人民共和国成立 70 周年大型文艺晚会《奋斗吧 中华儿女》等大型主题活动的撰稿工作。在朱海看来，《伟大征程》是一部伟大作品，更是一个伟大工程。"在新冠肺炎疫情还在全球蔓延的当下，我们敢于亮剑、敢于表达、敢于说出人类对未来最美好的心声。党领导文艺的坚定意志就在于没有任何退缩，始终坚持高标准、严要求，在众多方案里我们选择了最难的，风险系数、挑战系数最大的，可以说《伟大征程》是在挑战中诞生的。"朱海说。

"细微之处见伟大"，大型情景史诗《伟大征程》总导演陈维亚认为这是此次文艺演出非常重要的经验之一。"我们当然要做一个震撼的、辉煌的、大型的情景史诗，但是是否敢于在超大的空间里做细，塑造栩栩如生的个体形象，是重大的课题。"陈维亚表示，党的百年辉煌历史是一个个鲜活的个体构成的辉煌史——从最开始的建党先驱，到几代领导人，再到千千万万的党员和群众，这些个体形象，构成了情景史诗中最鲜活、最实在、最感人的细节。"广大观众喜爱这场演出，经常有人说是流着眼泪看完的，我想他们是被鲜活的形象感动，这就是艺术个体形象的独特魅力。我们做大型情景史诗的时候没有放弃小细节，把小放大，在这方面我们做了很成功的尝试。"陈维亚说。

"大型情景史诗《伟大征程》是继《东方红》《中国革命之歌》《复兴之路》《奋斗吧 中华儿女》等大型文艺演出之后的一个里程碑式的作品。"中国舞协主席冯双白认为，之前的演出称为"大型音乐舞蹈史诗"，艺术支撑的点是音乐和舞蹈，而情景史诗呈现了音乐舞蹈所不能呈现出来的壮阔、壮丽与壮美，在艺术样式的探索上，《伟大征程》给出了全新的答案。同时，冯双白也表示，如何通过作品凝聚共识，画出最大同心圆，找到最大公约数，《伟大征程》交出了一份非常出色的答卷，"鲜红的党旗和金黄的党徽，是《伟大征程》的史诗灵魂，它富有诗意、富有情感。与之呼应着的，是场地内一次次重现的巨大同心圆图案：在武装起义军的队伍汇聚中、在《抗震救灾》的一片废墟中、在《命运与共》的童声合唱里……鲜红党旗、金黄党徽与无数同心圆，正象征着我们伟大而亲爱的党带领中国人民团结一心、高度凝聚为一个整体，在征程上不可阻挡"。

研讨会上，欧阳逸冰、刘玉琴、许锐、赵忱、欧建平、宋宝珍、鲁太光、茅慧、项筱刚等专家学者先后发言。大家一致表示，大型情景史诗《伟大征程》饱含澎湃的艺术激情，赞美了中国共产党带领中国人民披荆斩棘、取得胜利的历史，热情讴歌了党的十八大以来中国人民紧紧追随以习近平同志为核心的党中央的坚强领导，在中华民族伟大复兴新征程上砥砺前行、创造人类奇迹的伟大业绩，是一曲辉煌而深情的中国共产党百年诞辰生日赞歌。同时，《伟大征程》也是中国共产党百年伟业强有力的全新艺术呈现，是党领导下中国文艺工作的一次百年检阅。演出打破剧场空间限制，利用"鸟巢"自身的环形结构和整体搭建的立体舞台，为观众带来全方位、多角度、沉浸式的观赏空间。这样一种全景式的观演关系，从物理空间和心理空间两个维度打破了原有剧场中惯性的镜框式观演关系，以恢弘的气势，创新了演艺时空。演出将歌、舞、诗、剧等艺术表演形式统合于"情景"的营造之下，从而突出了宏大演艺时空的"代入感"，观赏者仿佛置身于党的伟大征程中，亲身感受百年辉煌，接受了一次难得且珍贵的党史学习教育。

（作者系《中国艺术报》记者）

《永不消逝的电波》：主旋律命题中绽放出艺术美感与质感

彭 维

原创舞剧《永不消逝的电波》传承红色文化基因，选取了一个经典的谍战故事，歌颂了一位年轻优秀的我党潜伏英雄，是现代红色革命主题文化在当代的成功艺术表达，在强烈的主旋律命题中怒放出强悍的艺术美感与质感，堪称当下红色经典舞剧的代表之作。该剧获得第十六届文华大奖。

从《潜伏》《暗算》到《风声》《听风者》等，上海无疑是中国谍战故事风起云涌、层出不穷的大都会，从大银幕到小荧屏，从文本到舞台，上海滩的谍战艺术作品经重重累积，可谓佳作不断，好评如潮。《永不消逝的电波》是早在 1958 年即由电影表演艺术家孙道临主演的经典影片，2010 年谍战剧盛行之时该影片又被翻拍为电视剧，再掀热潮。作为弘扬主旋律和市场模式的又一次成功契合，舞剧《永不消逝的电波》攀上巨人的肩膀，站在了很高的起点，舒展出又一部同一题材的舞台艺术传奇。

舞剧《永不消逝的电波》将这个隐忍悲壮的故事，这段刻骨铭心的历史，这些深入人心的形象，这种积淀甚深的民族心理以及对于种种不可言说的文学内涵的成功叠加与融合，尤其是将人们心中业已形成的或深或浅的审美品格以另辟蹊径的舞剧方式追魂摄魄般地加以唤醒与升华。

观众看到的不仅仅是一台舞剧，更是全国人民对于共产党人在上海滩上的成功潜伏与无畏牺牲的颂扬与缅怀，该剧是一部正能量的主旋律作品，是深沉情感沉淀与艺术表现在当代的重构与再建，从而也使得这部作品既拥有了超乎寻常的传统深度、无与伦比的历史高度，又大大丰富了谍战作品的层次与表达方式，推动了艺术的推陈出新与多元发展，实现了新时代红色基因文化的创造性转化与创新性发展。

该剧线索清晰地在紧张的剧情推进中讲述了一个动人的故事，故事又反过来以严密的架构与布局为舞剧的本体艺术淋漓尽致地发挥助力，每一处舞蹈肢体语言的发挥都在针脚细密的架构中行进编排，张弛有度的故事与分镜头剧本为舞者们的艺术表现设定了精确的点，无声的（无台词）舞剧以缜密的情节设计和细致入微的舞蹈语汇将英雄情结、革命牺牲和爱情离合有机地、艺术地融合在一起。剧作在扣人心弦的故事中深入挖掘了这批特殊人物的内心世界，以最具张力的表演语汇与舞蹈肢体语汇展示了在不动声色的智斗环节中暗藏在人物内心的巨大感情波澜，在真实的人性描绘之中让英雄的忘我献身显得更为难能可贵。

《永不消逝的电波》的场景与细节无不用心用意，在情感集中爆发与娓娓细述中显出自然流畅；男主公两次遭遇为保护自己而被动"牺牲他人"的极境，第一次是一张照片引发的群体的牺牲，第二次是裁缝铺花样少年的牺牲，两次亲历亲人战友，甚至无辜者为自己为事业而被动"牺牲"的煎熬折磨，再加上最终的"主动牺牲"与爱人的死别，主人公在几个最重要的"主场"的情感极度压抑与爆发赋予了舞者表演与肢体艺术要求的灵魂、精神、力量与美感，也从而成就了最震撼人心的艺术表达。人物的可爱首先在于他（她）的机智，尤其是在极度恐惧状态下的过人的胆识与应变的智慧，聪明到明知赴蹈死地依然九死不悔更加令人敬服。

氛围环境营造的群场同样精彩。首先是外在环境层层逼仄迫近的群场：雨夜的两次雨伞阵舞与中场的一次雨衣暗探索命追击，舞剧排出了银幕镜头语汇般的催命感。其次是上海风情浓郁的两场旗袍舞，一干净朴素，莹润温婉，淡淡芳华如花香流溢，风过无痕；一浓艳妖冶，如粉脂浓妍，晕染淋漓。清与浊、浓与淡在两场旗袍群舞中将旧日上海时光展露无遗，历史纵深处的城市光影尽蕴其中，你在精良制作的旗袍与曲线玲珑的舞姿中透视了什么？风云？风韵？风情？还是一切尽在不言中，只是单纯遭遇了美与艺术的享受以及心灵与情感的震撼？

《永不消逝的电波》的主要人物、正面人物的主体塑造无疑是坚强的、刚劲的，是充满力度的，然而在无比坚硬的外壳下他（她）们也是坚韧的、隐忍的、柔软的，因而在编导的主体——舞蹈中，既让人体会到强度、力度、硬度，也感觉到柔软与韧度，既看到直线动作编排，也观察到很多有意为之的曲线展示：对敌时以前者为主，而对战友对爱人则转换为以后者为主；男主角表现以前者为主要风格，女主角表现以后者为依托；整个剧目风格至刚至阳又至阴至柔，刚柔并济，阴阳糅合中把中华美学内涵一次融通在了独特的中国故事的舞蹈表达中。

从上述的舞蹈风格定位出发，舞剧《永不消逝的电波》依循着这种刚、柔的起、承、转、合，在音乐、舞美、灯光、服装、多媒体等艺术的综合之下达到了整剧风格的统一与和谐，变幻多姿的舞美设计是该剧谍战场景魔方般多维展现的平台，纵横交织的四维空间，与灵动自由的转换极大地拓展了舞台空间，简而不单，繁而不乱，辅以灯光的配合，堪称完美。服装自是不必讨论，城市地域特色与旧上海旧日时光都在那一身身精工细作的旗袍身上沉淀与活泛，男士的长衫、特务的造型无一不是类型与个体的绝妙结合。甚至是小徒弟与卖花女的泛着青春气息与学生气息的简单点睛之笔也是对美好生命逝去与懵懂情感的最好祭奠。

（作者系国家京剧院创作中心副主任）

沂蒙精神崇高美，
舞台诠释感人心

——评大型民族歌剧《沂蒙山》

魏德泮

2018 年中国民族歌剧传承发展工程重点扶持剧目——大型民族歌剧《沂蒙山》（王晓岭、李文绪编剧，栾凯作曲，黄定山总导演，王丽达主演）于 2018 年 12 月 19 日、20 日在济南首演，笔者有幸观看了这场震撼人心的演出。

该剧以抗日战争时期沂蒙革命根据地广大军民同仇敌忾抗击日本侵略者为背景，刻画出以崖子村村民海棠为代表的沂蒙人民舍生取义、为国为民的英雄形象，是一曲传唱"水乳交融，生死与共"沂蒙精神的英雄赞歌，是一段齐鲁军民可歌可泣的抗战史的缩影。海棠在战火中几次遭遇与丈夫、村民、儿子的生离死别，她坚毅勇敢、无私奉献的道德力量、情感力量让我们感到高尚、伟大。这部悲剧所展现的崇高美，给人们悲壮的力量，让人们产生精神的升华，激发起人们爱国主义的热情。这是一台史诗般全景式地反映沂蒙人民抗战历史进程的歌剧，是一台对中国民族歌剧的继承与创新积极探索的精彩演出。

323

生死抉择中表现英雄崇高美

编剧通过生死关头人物内心世界的矛盾冲突与心路历程，表现人物性格，展现出英雄人物的崇高。如第三场，八路军伤员和村民躲避日军扫荡藏进山洞，被敌人发现要求交出八路军，不然要用大火封洞烧死全村人。在这谁走出山洞谁就要死的生死关头，海棠和村长孙九龙决定由村民顶替八路军出山洞赴难，海棠说："舅舅，算我一个。"当四个村民抢下战士们的军帽戴在自己头上，毅然要走出山洞时，海棠唱："一声声呐喊，一声声真情，沂蒙山的男人，把生命留给了子弟兵！"对他们舍生取义的大无畏精神给予赞颂。在两难抉择面前，他们把生留给八路军，把死留给自己，表现出崇高的精神境界，撼人心魄！如第五场，天色渐暗，鬼子摸进村挨家搜查八路军的孩子，海棠手拉着自己的儿子小山子，背着八路军烈士夏荷托付给她的孩子小沂蒙往山路上跑，快被敌人追上时，她为了保护小沂蒙，叫小山子换上姐姐的新鞋，独自往前跑，引开鬼子，就这样，她亲眼看着自己的儿子被鬼子打死，这是怎样的一种大爱之心、无私之情啊！

朴素平易中歌词蕴含诗意美

民族歌剧《沂蒙山》的歌词，整体上采用民歌的风格，句式以三字句、五字句、七字句为主，内容简洁、凝练，节奏明快、有力，看似朴素平易，却蕴含着浓浓的诗情，给听众很大的想象空间，具有诗意美。歌词富有诗情画意，诗句的多义性、启示性、象征性，让我们想象出几位英雄大义凛然的崇高形象，让我们体味到英雄们对人生价值的高尚追求。如第四场，军民们被包围，夏荷受重伤，刚出生的孩子没奶水喝，她咬破手指放在孩子口中，对她说："你就喝一滴妈妈的血水吧"，接着唱道："孩子啊，你长大后会体会，妈妈是为了谁。奶水血水和泪水，那是流不尽的蒙山沂水。"这"流不尽的蒙山沂水"是诗意的表达，它象征着沂蒙山区人民的养育之情。还有第五场，海棠对着失去母亲的小沂蒙唱："孩子啊孩子，看看沂蒙的水和山，妈妈就住在山水间。"体现出革命乐观主义精神，我们仿佛看到夏荷等革命烈士正在今日的沂蒙山水中欣慰地微笑。

熟悉陌生中音乐创造和谐美

整部歌剧一共六场，分40个唱段，演唱形式丰富，涵盖了男女独唱、对唱、二重唱、四重唱、混声合唱等。每一位主角都有自己的核心唱段，塑造出不同性格的丰满的音乐形象。

作曲家在该剧音乐中汲取了风靡大江南北的经典民歌《沂蒙山小调》（又名《沂蒙山风光》）的音乐元素，成功运用音乐美中的多样统一律，加以大胆的发展创新，把动机元素贯穿在全剧的各个唱段中，塑造出既有民族性又有时代感的音乐形象，创作出可理解度与新颖度统一的音乐美、和谐美，让我们宛如见到一个熟悉的陌生人，亲切可人，难以忘怀。

音乐形象是作曲家心中"意象"的外化。并不是任何音乐形象都有充分的音乐美，只有高度典型化的艺术形象才是艺术美的集中表现。歌剧《沂蒙山》的音乐形象具有高度的典型性，它所反映的思想、情感，体现了中国人民抗日战争中军民"水乳交融，生死与共"的沂蒙精神，是具有普遍社会意义和充分代表性的，它的音乐形象是高度个性化的，具有与其他音乐不同的个性，是内容美与形式美的统一。

该剧音乐以沂蒙山区元素进行创作是很好的构想，也是民族歌剧继承与发展的一个经验。该剧音乐从沂蒙山民歌中汲取最富有生命力的乐汇进行创作，不仅有浓郁的乡土气息和强烈的时代感，而且有鲜明的音乐形象。多样统一律是形式美的总法则。多样统一一般表现为对比与调和这两种基本形态，在统一中有变化，在变化中求统一，从而达到和谐之美。该剧主题唱段之一咏叹调《沂蒙山，永远的爹娘》分为三个乐段：海棠独唱的 A1—A2—B1—B2 和合唱 C1—C2—C3—C4，这里 A、B、C

三个主导动机都是从民歌中提炼出来的，存在多样统一的关系，其中 B 乐段的第 3、4 乐句基本保留民歌的主干音和部分旋律，C 乐段主导动机从后半拍跃起，旋律与节奏都跟民歌产生对比，情绪更加强烈，但第 3、4 乐句的结束音 6、5 仍然跟民歌保持统一。

在近些年的民族歌剧中，优秀咏叹调稀缺是一个不可回避的问题，而优秀的男声唱段更是少之又少。而在民族歌剧《沂蒙山》中，我们欣喜地看到这一情况的改变。男主人公林生、孙九龙和赵团长，都有着非常动听的唱段，如林生的《爱永在》（男高音）、孙九龙的《再看一眼乡亲》（男中音）以及赵团长的《这份恩情报不完》（男高音）等，极具戏剧的张力、优美动听的旋律、感人至深的情感，都给人们留下了极其深刻的印象。

该剧四次出现的爱情二重唱咏叹调《等着我，亲爱的人》刻画男女主人公共同的心理状态即共同的爱情体验，其音乐主题也是从民歌中提炼、创新，给人既熟悉又陌生的和谐统一的审美感觉。

体验角色中表现人物情感美

参加大型民族歌剧《沂蒙山》表演的主要角色都是从全国物色来的优秀演员，他们不仅有娴熟的演唱技巧，而且能够认真领悟剧情、体验剧中角色的心理状态，把人物的情感表现得准确、逼真，具有很强的感染力。王丽达饰演女主角海棠，她那充沛而真实的感情，很容易把观众带到戏中，一起经历舞台上的悲欢离合，经历情感的潮起潮落。如第六场，赵团长对失去丈夫和儿子的海棠说："我要领走孩子，可就苦了你一个人了……"这句话本来应会勾起海棠的孤独感，使她舍不得让小沂蒙被她父亲领走，可是海棠说："不，俺的两个男人永远陪着俺呢！看，这双大鞋就是林生，这双小的是山子……沂蒙，跟你亲爹走吧！"她说得那么富有诗情，那么坚决，神情那么入戏，让人们感到这个人物本来就应该是她演的这个样子。因为演员深刻理解了海棠这个人物坚毅果敢、说话算话的性格特征，她答应夏荷会把孩子交给她爹，此时她绝不会犹豫的；再说，让新婚的丈夫林生参加八路军，让亲生儿子顶替八路军的孩子遇害，都是她做出的抉择，因为她心中有消灭日本侵略者的理想和正义感，她坚信抗日必胜，烈士永生，这两双鞋子会永远陪着她，她不会孤单。由于演员有了这个心理依据，所以表演得十分逼真、感人，这正是她的表演能够摄人心魄的真正力量之所在。

实践探索中不断继承创新

中国民族歌剧曾经有《白毛女》《洪湖赤卫队》《江姐》等经典剧目为大众所喜闻乐见，在 21 世纪进入新时代的今天，应当如何继承、创新，让民族歌剧成为人民大众更加喜爱的艺术形式，满足人民大众艺术欣赏的需要，是摆在当代艺术家面前的一大课题。大型民族歌剧《沂蒙山》创演人员在这方面做了非常有益的探索与创新，其经验值得认真总结。由于剧目刚刚首演，有些地方还不完全成熟，如：林生这个人物形象在剧中还显得有些单薄，他有的唱段由于受布景的限制只能在山上固定的台位演唱，动作就显得不够舒展。相信通过一段时间大众的审美检验，经过创演人员继续加工打磨，民族歌剧《沂蒙山》将会更完美地呈现在中国乃至世界舞台上，会有许多精彩唱段在人民大众中广泛传播。

（作者系著名词作家、音乐理论家）

地缘美学密码的魅力

——电视剧《山海情》观后

王一川

看 23 集扶贫题材电视剧《山海情》，主要看什么？以持续 20 多年的行政安排，让宁夏西海固贫困山民在福建帮扶下整体搬迁至戈壁滩建设新家园，这样的闽宁携手扶贫故事本身想必就饱含着辛酸和喜悦，并且充满想象力。要把这样的地缘生活奇迹般地转化成以虚构故事见长的电视剧，要点就不在于虚构什么，而在于怎么虚构，以怎样的虚构形式去讲述，才能让这个传奇式的地缘生活变迁故事本身转化为观众爱看和耐看的电视剧。为此，《山海情》付出了一系列艺术创新努力，其中特别的一点在于地缘美学密码的营造。

橙黄色西北风俗画的设计

该剧开启，劈空而来的不是穷兮兮的贫困区惨状，而是一幅幅类似橙黄色麦田奇观的趣味浓郁的西北风俗画。全剧从片头到整体构图，其美工设计显然主要借鉴以凡·高名画《向日葵》《麦田上的鸦群》《麦田与收割者》《午间休息》等为代表的系列黄色基调和变形构图，既贴近西北戈壁沙漠偏于黄色的地理景观，又能唤起后期印象派绘画般的艺术体验。所选用的音乐以激越高昂为主旋律，配以陕西方言为主的当地方言，再加上老中青几代演员的出色表演作为支撑。这些美工、音乐、语言和表演等元素的出色调配，共同渲染出一种为着创建橙黄色美丽家园而艰苦奋斗的激昂、自信而又喜庆的地缘情感氛围。

黄土地上长出来的好故事

正是依托这种橙黄色地缘情感氛围，一个个仿佛是从这片黄土地上土生土长的好故事被讲述出来。观众被带回到20世纪90年代，目睹山民们如何从"最不适宜人类居住"的贫困山区涌泉村，"被迫"搬迁到几乎同样荒凉而生活困难的戈壁滩吊庄，上演了一出出悲喜交加的人生戏剧。先是居民们整体不愿搬迁，无论村干部怎样做工作都做不通；也有已经答应搬迁的，在发现戈壁滩几乎同样难以生存后集体反悔逃回的；更有马得宝等4位少年集体离家出走、被硬生生追回并被父亲鞭打的情节。一边是不想出去的又回来，另一边是想出去的被追回，走还是不走，搬走还是搬回，从涌泉村到吊庄，居民们一再遭遇这类哈姆雷特式生存问题的严重困扰。即便是咬牙搬迁到吊庄后，靠什么维持日常生计以及用水用电等生活设施问题，仍然时时困扰着居民们：种蘑菇、卖蘑菇、阻拦弃学打工潮、整体搬迁动员会等等故事，就这样冒出来了。正是通过这一个个实在而又感人的故事，易地整体搬迁的艰难曲折性被真实再现出来。特别是其中居民们真实的生活情状、微妙的人生情感波澜等被叙述得带有悬念、富有情味，对观众具有吸引力。

性格鲜明的脱贫攻坚主体群像及其灵魂人物

最令人感慨的，还是塑造了一系列活跃在这片土地上的性格鲜明的人物形象，更准确地说，是塑造了一组浮雕般鲜活动人的脱贫攻坚主体群像。这里，除了正面"英雄"（主角）人物，即公而忘私、忍辱负重、富于亲和力、外柔内刚的主人公马得福之外，更有他周围的难以简单下判断、洋溢着泥土气息的芸芸众生：热恋故土而又智慧过人的代理村支书马喊水；从自顾自到关怀乡镇建设的企业家马得宝；到福建打工后眼界开阔的新女性白麦苗；先苦后甜、明了事理的李水花；思想后进、自私和直率的李大有；善于逢迎的麻副县长；苦心探索蘑菇种植法而又自己垫钱扶贫的凌教授；爱学生并全力阻拦其辍学打工的白校长；公正严明、带病苦干的张树成书记；从扶贫支教老师自愿转为全职教师的福建人郭闽航；不想整体搬迁到闽宁镇的倔强的李老太爷；有着鲜明个性而口才奇好的马得花。一部剧可以塑造这么多鲜活动人的人物形象，足见该剧在人物形象塑造上确实了得。

而在其中，给人印象尤其深刻的还是两个有知识的人物。一个是来自福建的凌教授。他最感人的地方，与其说是探索出种蘑菇致富的脱贫路径，不如说是在遭遇卖蘑菇难困扰时，不惜以高价赔钱去收购村民种的蘑菇，而且还在人格遭受侵犯时敢于出手同年轻商贩干架。他还循循善诱地带出了马得宝等一批年轻徒弟，帮助他们树立科技致富的雄心。另一个是西戈壁小学的白校长。在第18集至第19集这两集中，叙述他如何坚决阻拦未成年学生辍学被家长送去福建打工。他一心为了学生上学、学知识，体现了教育扶贫的理念，是宛如当地的孔圣人般的人物。家访时一再被家长冷落、指责或嘲笑，令他心情郁闷。就连了解和敬重他的马得福赶来家中陪他喝酒说话，一不小心也被他赶走，留下自己一个人拉手风琴泄愤。他还索性豁出去把闽商捐赠的电脑卖掉，换钱给学生买校服参加合唱比赛、修整操场，借以发泄教育不被重视的失望和郁闷。这两个人物，呈现出一闽一宁、闽宁合璧的组合格局，分别体现科技扶贫和教育扶贫理念，宛若贯串全剧的一对双核，属于其中最用心用力而又感人肺腑的灵魂式人物。这两个灵魂式人物的设立及其精神支柱作用的传达，深化了全剧的脱贫攻坚题旨及其文化意义。

"变易"式文化传统及古今融通

该剧的一个不同凡响之处在于，整体贯穿着以"变""易"或"变易"为标志的中国"变易"式文化传统。按照《易经》以来的"变易"思想，"穷则思变"，"变"或"易"才是脱贫的唯一可行之道。因此，该剧致力于将变化才能脱贫、易地才能生存和致富等中国式传统理念注入上述故事之中，使得这些故事由于携带这些理念内核而洋溢着激昂奋进的基调。

与"变易"式文化传统相关，全剧的另一个别出心裁的地方在于，为了展现"变易"的必然性，不仅以弘扬闽宁互助精神为主干，而且更让这种当代区域互助精神深植于涌泉村古老传统内部，宛如从涌泉村泉眼中自动奔涌而出的不竭清流。当马得福把不愿搬迁的村民称为"刁民"时，其父亲马喊水被气得异常暴怒地大骂和摔碗，然后深情地讲述200多年前涌泉村李姓人接纳从陕西逃荒而来、无家可归的马姓人的义薄云天的故事，勉励儿子不能忘本。心领神会的马得福后来总结出一条扶贫工作新理念：正像当年李姓人让马姓人有了根一样，今天的马姓人带领李姓人整体搬迁为的是寻找新的根，涌泉村老根与闽宁镇新根都是生存之根。在告别涌泉村时，土墙上有一条巨幅白色标语："涌泉村，水最甜的地方"，呈现出新根对老根的依存关系。该剧尾声中，马得福等率领下一代集体重游涌泉村故地，更是深化了新根对老根的眷恋和款款深情，也把当代闽宁帮扶史实成功地融汇到涌泉村李马两姓已有的古老互助传统中。这样的古今融通构思，既深化了当代闽宁互助行动的思想蕴含，又让古老传统收获了其当代传承硕果，无疑有相得益彰之妙。

地缘美学密码的营造

总的来看，《山海情》的成功之处不少，其关键之一在于，深入挖掘这个易地搬迁故事深层所蕴藏而又容易被忽略的地缘美学密码。地缘美学密码是指缘于特定地理环境而生长的隐秘的美学符号系统，常常以日常言行、乡间谚语、民间传说、民俗风尚等方式存在，对当代人生活方式有着深层支配作用。就这部剧来说，一方面，饱含黄土地深情的宁文化与拥有大海般宽阔无边胸怀的闽文化之间形成"山"与"海"的互助交融，彼此不同的地缘文化精神在此刻实现相互对话和融通；另一方面，涌泉村李姓人对逃荒而来的马姓人的慷慨接纳、融汇共生之地缘传统，也获得当代传承。这两方面的交融表明，闽宁互助而生的山海相连相依的地缘新根，与李马两姓相濡以沫的黄土地老根之间，已经交融一体，共同汇聚为旺盛的新时代生存之根。这可能正是这部剧所尽力搜寻并巧妙地深埋于闽宁帮扶故事中的独特的交融性地缘美学密码，值得肯定。

文艺史上很多好故事都必然携带着自身的独特地缘美学密码，如《红楼梦》《阿Q正传》《边城》《茶馆》等。假如能够在闽文化精神与宁文化精神的根源挖掘及其相互交融上更加用力，上述地缘美学密码会更具魅力。其人物群像在丰富性和多样性之余能够强化主导性和贯通性，也会更具感染力。但一项短期主题创作任务能够以如此高品质完成，实属难能可贵了。

（作者系中国文艺评论家协会副主席、北京师范大学文艺学研究中心教授）

歌剧《红船》：舞台之光，照见了百年前那场会那群人

怡 梦

"中共一大"在歌剧舞台上怎么表现？4月1日，浙江杭州，抱着这样的疑问，记者走进歌剧《红船》首演现场。

黑暗中，一曲合唱"苦难中华"把人们引向20世纪20年代，乌云密布的中华大地。微光里，民众站立在舞台前，衣衫褴褛，身形佝偻，拄着杖，拖着绳索，且歌且哭。一记钟声敲响，"一个幽灵，共产主义幽灵"从歌词中破空而来，将舞台深处渐渐点亮。明灯降下，灯光洒落处，人们看到了历史书上那个熟悉的场景——上海石库门，众代表寂然围坐。舞台开始转动，民众转身朝向会场，在舞台上下目光凝注之中，几道隔板从上方降下，从左右两侧相向推进，框定了会场，犹如镜头拉近一般，会场中有了声音、有了动作，舞台载着"一大"，载着那段岁月那群人，扑面而来。

作为入选中宣部、文旅部、中国文联举办的庆祝中国共产党成立100周年优秀舞台艺术作品展演剧目，歌剧《红船》由浙江省委宣传部、省文旅厅、嘉兴市委市政府共同出品，浙江歌舞剧院、浙江交响乐团、浙江音乐学院、嘉兴市委宣传部、嘉兴市文化广电旅游局联合演出制作，由编剧王勇、作曲孟卫东、导演黄定山等主创人员与台前幕后近400名

演职人员历时近 4 年协力创排。剧目以从上海石库门到嘉兴南湖红船"中共一大"的召开始末为主体,展现其召开之前两年间的历史事件,塑造了李大钊、陈独秀、毛泽东等先驱形象和"一大代表"群像。

歌剧舞台上前所未有

"在那个风云激荡的岁月里,中国共产党的红船从嘉兴南湖启航,驶向中华民族的伟大复兴,反映这个特殊时期、特殊事件、特殊主题,在歌剧舞台上前所未有。"一台歌剧如何能够容纳这一"超当量"的表达需要,导演黄定山介绍,作品通过技术手段和美学设计,采用了高概括力的呈现方式,"演出中牵唤的场景达到 50 个,要让 50 个场景变化在舞台上一气呵成,我们用横向纵向 18 块隔板,不断切割舞台空间,同时有两个转台,大的直径 16 米,在它之上还有直径 7 米的台中台,以此营造出时代的变迁和时空的跨越"。

剧目表现五四运动和陈独秀被捕后北京、上海、广州等地的请愿场景,以群体的奔跑、挥动标语为舞台动作主体,以隔板推移、灯光明暗依次切分出各地画面;表现李大钊、陈独秀各自在北京、广州支持"一大",通过隔板的框定,以舞台局部的意象化,标识特定的时空场景;表现"一大"召开,以写实的会场承担叙事,以写意的多重投影完成抒情,观众能够欣赏到蒙太奇镜头般的隐现、剪接、并置等视觉效果,感受到时代、民众和"一大"、先驱彼此呼应、相互回答的内在关联。黄定山表示,这样的舞台是全新的,由"可听"的歌剧成为"可看"的歌剧,由文本的、总谱的歌剧呈现出鲜活的人物形象、强烈的视觉冲击,让人们能够从一个庞大的场景聚焦到具体的人物、事件,同时对整体仍有所感知,是审美方式的改变,也是对今天观众审美需求的回应。在人物塑造上,黄定山表示,人物必须"可信、可近、可感、可敬"——把他们和观众,把百年前和今天的距离拉近,这是一次近距离的交流,不是远距离的观看;不是博物馆、不是橱窗、不是平面的党史,要让观众触摸得到;

历史人物的形象、精神，要让当代观众产生一种向往。

"没有这十几个人当时那一场'开天辟地'，中国的历史就是另一个样子了。"作曲孟卫东说，这样的题材，"庄重、凝重、沉重"三个"重"字是无法绕开的，"但是我希望写得走心"。孟卫东表示，题材本身充满"刚性"，他在创作中力求尽量柔软，所谓柔软不是简单的"委婉"，而是复杂的"内敛"。作品旋律中多次出现《国际歌》的开头几个音符——这是"共产主义"的声音；有一支先后由"毛泽东"以男高音演唱、"李大钊"以男中音演唱、众代表重唱的咏叹调《我有一个梦》——这是"初心"的声音；还有《共产党宣言》首句"一个幽灵，共产主义的幽灵"——这是时代的民众的声音。除此之外，孟卫东介绍，民族民间音调、人物情节相关的地域性音乐是重要组成部分，湖南姑娘要说湖南话，所以顺理成章地赋予了湘剧音调；嘉兴南湖边有船娘、有小贩，要说嘉兴话，很难不融入当地民歌；李达和王会悟你一言我一语，谈论各位代表都是什么样子，衬以京剧的腔、二胡的调；李大钊和陈独秀赶骡车南下，中国共产党成立的决定，就在铃鼓奏出骡蹄、车轮行进声中初见雏形……

突破惯性的全景式呈现

"按照习惯性思维，用歌剧来表现这样伟大的历史事件，不能全景式地写，可能要从一个侧面切入，而这部作品恰恰是一个全景式的呈现。"南京艺术学院教授居其宏认为，歌剧《红船》采用的不是一般的歌剧叙事——人物、事件、冲突、行动按时间先后顺序呈现。"以音乐结构打个比方，它是一个变奏回旋曲式。'一大'是主部，此前若干重要人物及相关史实是插部。这是一个创造性的结构，也是为这一题材创造的最恰当的表达形式。"

"红船"是作品的表现对象吗？"是，也不是。"在中国儿童艺术剧院原院长欧阳逸冰看来，"'红船'代表的那个历史时期的巨大变化才是"。"故而，它的结构是多重的、回环往复式的，沿着主线红船向前推进，其中穿插了什么人、从什么地方、做了什么事才走到这条船上。红船是承载物，开会是事件，看似简单，不简单的是，它们是历史节点，标志着国家民族的巨变。"欧阳逸冰说，剧中"红船"数次出现，穿插了若干重要历史场景，包括五四运动，陈独秀的《北京市民宣言》及其入狱、出狱，"驱张"运动，陈望道译出《共产党宣言》，毛泽东、杨开慧的婚姻，李大钊送陈独秀南下，两人在骡车上决心成立中国共产党等——"以艺术化的形象、行动告诉我们这个历史节点的郁积、爆发和震撼是这样的历史进程，历史的足迹是这样汇聚的，这是生动的深刻的表现。"

在视觉上，这是一幅浓墨重彩而富于现代性的画卷，它的展开方式丰富多样。欧阳逸冰看到，比如王会悟有一段宣叙调，在船外向观众讲述船内，人物居于舞台右侧，背景是波光粼粼的南湖图景，以金色、红色为主调，由隔板切割为纵向的一条，环境是层叠投影于两侧的嘉兴三塔昏黄的剪影。"主色调和歌唱主题融为一体，意味深长。"欧阳逸冰说，"这是历史画面，这种全部展开，局部放大、缩小的方式，赋予舞台多种角度，给予观众多种观赏的眼光，让画面更加深入人心。"比如打破时空表现"南陈北李"，两个人同时站在楼梯上，直角楼梯与回旋楼梯的区分，形象展示了两人在历史事件中的价值、作用，在表层的视觉印象中嵌入历史的深刻内涵，"这不是单纯的'美'，而是一种更深的'洞见'"。

在听觉上，居其宏认为，作品的音乐具有史诗性、抒情性、戏剧性，与民族特色有机融为一体，声乐、器乐关系把握恰切，以器乐铺底，为声音表达提供广阔的空间，令演员的歌唱、表演增加了难度。此外，居其宏注意到，会议进行中军警的登船，以"小事不拘"的手法，为舞台增加了戏剧性表达的可能，烘托了紧张的气氛，也为歌唱带来表达空间，代表以打麻将、吟诗来应对这个突然的危机，歌词将打牌用语和白居易的《忆江南》组织在一起，一句诗一句麻将轮唱起来，表达得谐谑、妙趣横生。

中国歌剧舞剧院一级作曲温中甲感受到，作品在男声绝对主导的"开会戏"中，巧妙拓展了王会悟的角色，实现了歌剧在音色上的丰富平衡。"她的很多唱段成为旁白，衬托了'一大'，其中有一段表达尤其新颖，会议进行中忽然定格，王会悟从船舱外走进这个历史画面中，歌唱这群年轻人。既解决了男声女声搭配的难题，也令情节向外延伸，达到了'间离'效果。"另外，温中甲表示，杨开慧与毛泽东的爱情、南湖上船娘的棹歌、"驱张"运动中细妹子的倾诉等，同样在平衡音色和增加抒情性上实现了巧妙运用。

那群年轻人，"时尚"了100年

"我入党70多年了，在这部作品中仍然能获得新的认识。"80多岁高龄的歌唱家、原解放军艺术学院政委乔佩娟关注了歌剧《红船》的创排全过程。乔佩娟表示，在戏剧舞台上塑造先驱者、表现那些最早接触马克思主义思想、挽救中华民族于危难的人，告诉观众中国共产党为什么要成立、是怎么成立的，让他们爱惜今天，对陈独秀、李大钊、毛泽东等人不仅是景仰，而且对于他们的理想、初心有所认同、有所共鸣，是创作者的责任，也是对后来者的交代。

"'一大'代表最小的19岁，最大的40多岁，我想和今天的青年观众分享一个体验——其实这就是他们现在的年龄，青壮年。100年前，那些年轻人会为了梦想、信仰、民族复兴，抛头颅洒热血、以命相搏，今天我们也充满理想，我们还有那样的激情吗？我们还能为民族未来的发展尽一己之力去拼搏吗？"黄定山表示，期望歌剧《红船》的创演对今天的年轻人有所启示、有所激励，"这不仅仅是历史，其实这些历史人物身上有一种'时尚'，我们今天讲这个词更多地会从物质层面去理解，但其实'时尚'是一种精神引领、一种'新'。100年前，中国是那样一个黑暗的世界，这群年轻人在寻找最先进的思想，想打破黑暗寻求光明，这就是'时尚'，今天的青年能不能理解这种时尚？应该如何做才能传承这种时尚？"黄定山说，人们在生活中经常会有一种"习以为常"，一部优秀作品却能让人警醒，让人从已经习惯的现实中突然感到还要为国家、为民族、为社会去做些什么，"这就是它的当代意义"。

（作者系《中国艺术报》记者）

历史自觉　文化自信　艺术品质

——评电视连续剧《觉醒年代》

仲呈祥

从"站起来""富起来"到"强起来"，中国正经历一场百年未有之大变局。而一百年前，中国也同样经历了一场百年未有之大变局，只不过那是苦难的中国经历的一场外有帝国主义瓜分、内有封建势力复辟、仁人志士日渐觉醒的以启蒙思想改造社会救亡图存的大变局。中央广播电视总台近日播出的电视连续剧《觉醒年代》，就是以一百年前的那场大变局为宏阔的历史背景，展现了从新文化运动、五四运动到中国共产党建立这段波澜壮阔的历史画卷，讲述了活跃于其间的标领着时代进步潮流的以陈独秀、李大钊等为代表的致力于为"跪着的"中国人开启民智的先贤们九死未悔的革命故事，艺术地揭示了马克思主义与中国革命实践相结合和中国共产党建立的历史必然性。对于今日处于"两个一百年"交汇期的中国，电视剧《觉醒年代》所具有的清醒的历史自觉、坚定的文化自信以至精湛的艺术表达，都值得反思、催人觉醒。正是有这些可贵的历史美学品格，《觉醒年代》堪称是重大历史和革命题材电视剧创作的一部具有史诗性的标志性作品而载入中国电视剧史册。

一

电视剧《觉醒年代》具有清醒的历史自觉。它首先表现在是以历史史实为镜鉴基础。一部重大历史与革命题材电视剧，如果没有丰富的历史资料和新鲜的研究成果，如果没有高超的情节铺排的艺术表现力，纵有缜密的理论以至先进的思想，也断难成为优秀的艺术作品。电视剧《觉醒年代》的历史智慧即揭示历史走向的必然性，是建立在熟稔纷繁复杂的历史史实基础之上的。戊戌变法、晚清新政、辛亥革命、张勋复辟、出版《新青年》、一战胜利、巴黎和会的弱国外交、如火如荼的五四运动、中国共产党的成立等等国内外重大历史事件，提倡白话、讨伐孔教"三纲"、克鲁泡特金无政府主义、问题与主义、革新与革心、布尔什维克主义等各种保守、改良、变革思潮在《觉醒年代》中都得到真实而艺术的再现。可以说，《觉醒年代》以历史史实为镜鉴基础的历史自觉，对于时下流行的那股历史虚无主义，无疑是一种有力的匡正；《觉醒年代》的艺术自觉，对于厌倦了那种脱离历史真实的"架空剧""玄幻剧"的影视观众，无疑是对历史素养和审美回归的真诚呼唤。

这种清醒的历史自觉，还表现在对探寻历史道路的现实判断力上。历史的真实远比艺术的历史更为丰富、复杂，历史道路选择的必然性远比艺术作品情节人为铺排的偶然性更为艰难、精彩。《觉醒年代》在拥有大量史料和深入研究的基础上，既非创作者个人喜好的任意裁剪，亦非对历史的任意解读和重构，更非将历史作为任意打扮的小姑娘，而是融入了先进历史观引领下的现实判断力和正确的原则立场。"历史是最好的教科书，也是最好的清醒剂"，当听到李大钊"试看将来的环球，必是赤旗的世界"的演讲时，我们无不为选择了谋独立、求解放、站起来、富起来、强起来一百年来的历史道路而自信自豪。《觉醒年代》发出的虽是各种保守与激进、强权与公理、辩论与抗争等理论比较、反复实践的历史的"回声"，但其创作旨归足够鲜明，那就是站在今天反思昨天，以清醒的历史思辨、历史自觉，增强人们现实的制度自信、道路自信。

二

电视剧《觉醒年代》具有坚定的文化自信。它首先表现在对传统文化的科学思辨上。文化有先进与落后之分，野蛮与文明之别。电视剧《觉醒年代》对于在浩浩荡荡的世界潮流前的中国传统文化进行了应有的必要的反思，特别是与孔教"三纲"进行了彻底决裂。可以想见，如果没有那一场彻底的决裂而抱残守缺、妄自尊大，正如《觉醒年代》所展示的那样，我们必将在孔教"三纲"中对一个十几岁的娃娃继续三呼"万岁"。毋庸讳言，现在一些"宫廷"艺术品依然在充当"辫子军"，宣扬着"家天下"思想，须知中国封建社会"满本都写着两个字是'吃人'"。如果坚持"祖宗之法不可变"，宗法不可变、文法不可变，何以能唤起民众自强自立的"革新与革心"的意识？深入剧情，我们也会发现，《甲寅》日趋保守，即使是《新青年》杂志，在早期的新文化运动对于语言与文字、语法与文法变革也历经摇摆。正如《觉醒年代》中鲁迅也批评《新青年》"温吞水不够劲"，他说："其一，你们倡导白话文，自己却用文言文和半文言文写作，犹抱琵琶半遮面；其二，提倡白话文，根本是要有大众喜闻乐见的作品，用白话写小说是普及白话文最好的形式，而恰恰你们没有这方面的作品；其三，最重要的，你们口口声声讨伐孔教'三纲'，但讲的全是些大道理，认识也不深刻，没有形象思维的作品，是根本不可能触及人们的灵魂。"同样可以想见，如果在一百年前，在饿殍遍地民不聊生的境况中，民众绝大多数不识字，如果死守黄侃之流的文言文法，"德先生"（民主）和"赛先生"（科学）来不了中国，大道理也进不了社会最底层人民的头脑，要启迪民智断无可能，要让包括长辛店的工人们在内的普通中国人也被号召起来为"还我山东""还我青岛"而斗争更无可能。

这种坚定的文化自信，还表现在对于优秀传统文化的家国情怀的坚守。深入《觉醒年代》剧情，对于新文化运动有着这样的历史逻辑：不提倡白话文，民众就难以迅速获得基本的识字阅读技能，就更难以接受

"民主"与"科学"等先进文化,进而只有一种可能,朝廷以至北洋政府继续"量中华之物力,结与国之欢心",失去青岛继而失去整个山东、国将不国,而百姓要么目不识丁、民智难启,要么噤若寒蝉不谈国事,要么认为"国家是朝廷的国家,干我何事"。如此循环往复,始终沉沦于愚昧。这就是新文化运动之历史逻辑的起点。而这,又辩证证明了新文化运动并非是一种对传统文化的彻底抛弃,而是一种扬弃,那就是坚守了正如《觉醒年代》所诠释的优秀传统文化所提倡的家国情怀。剧中"中国是中国人的中国"的呐喊,屈武血溅总统府、易白沙蹈海自沉的壮举,不正是三闾大夫屈原"亦余心之所善兮,虽九死其犹未悔"的现实写照吗?"劳工最有用、最贵重"难道不是中国优秀传统文化"民贵君轻"思想的现实呼应吗?因此,《觉醒年代》保持了清醒的文化自信,正如陈独秀在回答共产国际马林时说:"说我不喜欢中国传统文化,那是讹传。我八岁随祖父熟读'四书、五经',十八岁中得院试秀才第一名。这些我都烂熟于心、挥之不去。"可以说,电视剧《觉醒年代》艺术再现的新文化运动始终行进在文化自信的轨道上。剧中北大学生"自强不息"的强国思想,长辛店工人"天下兴亡,匹夫有责"的家国情怀,陈延年、陈乔年"舍生取义"的人生追求,陈独秀"苟日新,日日新,又日新,作新民"的革故鼎新的创新思想,工读互助社"扶危济困"的共产互助等等,都是日用不已的中国优秀传统文化在那场百年未有之大变局中的创造性转化和创新性发展。

三

电视剧《觉醒年代》还具有精湛的艺术表达。这首先表现在故事的流畅性上。剧中就世界大势来说,涉及美英法意日俄等国际关系;就国内情势来说,既有顽固不化的保皇党,又有摇摆不定的改良派,还有坚定的革命派。总之,帝国主义、封建主义、克鲁泡特金的无政府主义以及共产主义,各种主义在这样的宏阔历史背景中错综复杂又相摩相荡。

但《觉醒年代》的主创者们具有高超的驾驭重大革命和历史题材的能力，既能将惊心动魄的长篇奇伟故事铺排得如此流畅，又能刚柔相济地在具体情节细节上感人至深。比如，在日本落魄的陈独秀遭到留日学生的围攻令人心生疑窦，其实这只是伏脉千里的起点，与之相呼应的情节是，陈独秀从日本回国发起新文化运动、主编《新青年》后，又被人污蔑曾在日本做过汉奸，间接导致了陈独秀出走上海，其实这都是后来被北大开除的桐城派代表人物林纾的学生张丰载同一人所为。也正是这个张丰载，在"辫子军"进入北京时头戴"马尾辫"勇当"带路党"，而在林纾要他撤回影射蔡元培的讽刺小说《妖梦》时阳奉阴违，竟然谎称已经撤回，待小说出版后又将责任推给出版社，被林纾逐出师门"永不相见"。再如，当陈独秀从日本回来后，汪孟邹等好友为他接风，陈乔年、陈延年为"报复"父亲的"不孝"，在硬菜"黄牛蹄"的荷叶中裹上癞蛤蟆"献给"父亲，让陈独秀当众出丑。这样的情节细节，也仅仅是为后来故事做好铺垫：当陈独秀在雨夜里背着被军警打伤昏迷的陈乔年送去医院时，跌倒了再站起来，再跌倒再站起来，一个革命家坚定的性格和舐犊之情令观众直堪喷泪。以至陈独秀出狱后，蔡元培、李大钊、胡适等好友为他举行出狱"诗会"时，陈乔年两兄弟亲手做了一道"黄牛蹄"献给父亲，二人紧紧相拥，乔年叫了一声"爸"，父子二人积怨全消。如此等等草蛇灰线地铺排，使得《觉醒年代》线索清晰、结构紧凑、悬念迭生，钳制住观众的审美神经，激发了观众强烈的收视热情。

这种精湛的艺术表达，还表现在人物设置和性格塑造上。作为重大革命和历史题材的影视剧人物设置，必须科学、客观。而如何表现人物的历史功绩，又集中体现着主创者的历史观。《觉醒年代》中的历史可谓风云际会，主创者在该剧中"以李大钊、陈独秀、胡适、蔡元培从相识、相知到分手，走上不同人生道路的传奇故事为基本叙事线，以毛泽东、周恩来、陈延年、陈乔年、邓中夏、赵世炎等革命青年追求真理的坎坷经历为辅助线"，如此人物设置，并未有失公允地落入一些革命题材的窠臼，即慑于后来成为革命领袖的英名而将历史功绩此消彼长继或等量齐

343

观。《觉醒年代》"说一人肖似一人",人物性格鲜明,陈独秀的执着与坚守、李大钊的慷慨与侠义、胡适的温良与隐忍、蔡元培的兼容与圆通、陈延年的固执与英勇,等等。例如,面对胡适主张将北京大学迁往上海,陈独秀怒目圆睁毫不留情:"你这是吹灯拔蜡,这不是学生的越俎代庖,而是国家的主权和利益高于一切,主次轻重不能混淆。"而面对胡适的《多研究些问题,少谈些"主义"》,李大钊通过资助长辛店工人,在社会实践中与胡适据理力争更见睿智:"社会问题的解决,必须依靠社会上多数人的共同运动,而要有共同的运动就必须要有共同的主义作为准则","将主义当材料与工具,去解决一个又一个的实际问题"。三人性格各异、选择不同,各自坚持真理矢志不渝,而三人的友谊更是真实不虚。"大事不虚,小事不拘",把握得恰到妙处。

这种精湛的艺术表达,还表现在情节设计的机趣上。电视剧是塑造人的艺术,也是讲故事的艺术。如果没有故事的传奇性,尤其是如《觉醒年代》这样揭示历史规律的电视剧,是很容易陷入"席勒式"的"时代传声筒"的语言对白中的。《觉醒年代》能引人入胜、欲罢不能,也在于创作者的情节设计的艺术感染力上。例如,李大钊答应刚来北京的孩子吃涮羊肉,但学生来借钱又全部慷慨相助,只能哄孩子说"不吃肉,吃肉塞牙",但知道李大钊慷慨好施常常断炊的蔡元培此时命人送钱来时,李大钊的孩子说:"爸爸,其实我吃肉不塞牙",李大钊也说:"爸爸吃肉也不塞牙"……李大钊侠义之士又父子情深的形象,跃然荧屏。又如,陈独秀在天桥新世纪游艺场撒传单,主创者们将剧场内演出的剧目选为《挑滑车》,"高宠"的唱词就是陈独秀侠义肝胆的真实写照:"怒冲霄,哪怕他兵来到,杀他个血染荒郊。单枪匹马,把贼剿,俺定要威风抖擞把贼扫……"再如,生在南洋、学在西洋、娶在东洋、仕在北洋的辜鸿铭也极有机趣,当蔡元培因他不好好上课一学期只讲了六行诗找他诫勉谈话时,他开始恃才放旷,后又害怕北京大学真的开除他,连声说"明天开始把学生讲回来"。而故事发展到北京大学组织教授团到英国使馆去答辩为什么要解聘英国教授克德莱时,蔡元培要陈独秀、李大钊、胡适去请辜鸿铭参加答辩团，辜鸿铭那个"谱"也摆到家了，点了一桌子好菜吃，李大钊急得连摸腰包害怕囊中羞涩。……至于陈独秀去陈乔年开办的互助社吃早餐而忘带钱时，陈乔年非要他洗碗抵账不可，个中情节令人忍俊不禁。总之，本剧组演员极具功力，深入人心，于和伟饰演的陈独秀、张桐饰演的李大钊、马少骅饰演的蔡元培，以及周显欣饰演的高君曼、曹磊饰演的鲁迅等等皆个性鲜明、形神兼备，各具其妙。

（作者系中央文史研究馆馆员、文艺评论家）

《闪亮的坐标》：让英雄这个 "民族最闪亮的坐标" 永远闪亮

吴月玲

"祖国是人民最坚实的依靠，英雄是民族最闪亮的坐标。"贯彻落实习近平总书记这一重要论述精神的庆祝中国共产党成立100周年特别节目《闪亮的坐标》，2021年5月10日在北京中国文艺家之家召开全媒体上线开播新闻发布会，宣布由中国文联、江西省委宣传部、中国视协联合出品，江西广播电视台、北京字节跳动科技有限公司、中国视协演员工作委员会、中国视协主持人专业委员会联合承制的该节目，将于5月15日在江西卫视及各大网络平台播出。

中国文联党组书记、副主席李屹，中国文联党组成员、副主席胡孝汉，中国文联副主席、中国电视艺术家协会主席胡占凡，江西省委常委、宣传部部长施小琳等出席新闻发布会。胡孝汉、施小琳分别代表中国文联、江西省委宣传部在发布会上致辞。节目讲演人代表陈宝国、丁柳元、王千源、刘劲在发布会上发言。发布会由敬一丹主持。

为学史增信提供教材，向庆祝建党百年献厚礼

今年是中国共产党诞生100周年，举国上下都在为庆祝建党百年华诞准备献礼、营造氛围。习近平总书记在 2021 年 2 月召开的党史学习教育动员大会上指出，要鼓励创作党史题材的文艺作品特别是影视作品，精心组织党史主题出版物的出版发行，发挥互联网在党史宣传中的重要作用。中国文联作为党和政府联系文艺界的桥梁和纽带，用文艺的方式和力量庆祝中国共产党百年华诞，是义不容辞的重大责任。中国文联、中国视协贯彻落实习近平总书记关于文艺文联工作、党史宣传工作重要论述和指示精神，联合江西省委宣传部出品的节目《闪亮的坐标》，深耕共产党人精神谱系，以影视界艺术家演讲演绎的方式，回顾中国共产党百年奋斗史，讲述百年征程中涌现出的英雄人物故事，讴歌党、讴歌祖国、讴歌人民、讴歌英雄，这在开展党史学习教育和迎接党的百年华诞之际上线播出，具有重要而特殊的意义。《闪亮的坐标》已被列入国家广电总局庆祝建党 100 周年重点节目。

习近平总书记深刻指出"英雄是民族最闪亮的坐标"，并号召全社会都要崇尚英雄、捍卫英雄、学习英雄、关爱英雄。中国视协和江西广播电视台共同策划、联合相关单位制作《闪亮的坐标》，就是响应习近平总书记号召的一次实际行动，就是落实习近平总书记论述的一项重大成果，并以习近平总书记的金句作为节目创意、作为节目主题、作为节目名称，旨在通过讲述英雄人物故事来传承红色基因、弘扬革命精神，还在节目创意和新媒体传播方面有许多新尝试、新举措。相信这套节目将为社会各界学史增信提供生动教材，也将为庆祝党的百年华诞营造良好氛围发挥积极作用。

"与其说我塑造了英雄，不如说英雄塑造了我"

在《闪亮的坐标》第一季节目中，陈宝国、许还山、刘劲、刘佩琦、倪大红、刘威、敬一丹、佟丽娅、万茜、丁柳元、王姬、陈数、王千源、黄志忠、侯勇、李乃文、朱亚文、马苏等作为讲演人全情投入创作，讲述了李大钊、董存瑞、方志敏、焦裕禄、赵一曼、马本斋、袁隆平、索南达杰、钟南山、张定宇、张桂梅，以及冰雕连、戍边英雄等英模人物故事。在发布会现场播放的由陈宝国和万茜表演的"李大钊篇"，其精深的思想内涵、精湛的艺术表达、精良的制作水准，让英雄精神的力量震撼着现场观众的心灵。

"这是广大演员共同努力的一次集体创作。"中国视协演员工作委员会会长陈宝国在发言中这样形容《闪亮的坐标》录制过程。他说，中国视协演员工作委员会从 2020 年开始就着手演员的邀请组织协调，截至目前，共联络 300 余位演员，参加讲演的演员有 49 位。年纪最大的许还山今年 84 岁，年纪最小的青年演员孟阿赛是 90 后。演员们为了配合录制，都专程从外地赶到北京，录制完之后再返回剧组。"许多演员没赶上这一季的录制，但都表示要积极协调档期，参加下一次的录制。"陈宝国说。

"与其说我塑造了英雄，不如说是英雄塑造了我。"在《闪亮的坐标》中讲述江姐故事的丁柳元在发言时说："诠释江姐最重要的是体现共产党人的生死观。当她听到中华人民共和国已经成立，而自己还在国民党的监狱里面临着生死考验的时候，她做出了一个共产党员的回答，将生命永远定格在 29 岁，践行了共产党人的信仰与坚守。"陈宝国与万茜一起演绎李大钊的故事，使他对中国共产党创立之初的艰辛和不易，又有了新的认识。他说："《李大钊》通过父女间的对话，展现出李大钊对理想的执着坚守，对革命事业的忠诚无畏，以及作为父亲的他对家人的关怀与爱护。李大钊把一切都献给了国家，他的一生都在为中国寻求救国之路。他开创的伟大事业和留下的思想遗产永远不可磨灭。"

时代需要英雄，需要英雄精神

《闪亮的坐标》每集节目只有 15 分钟，但在形式上却做足了崇高感和仪式感。随着金色水晶五星坐标的推出，缓缓翻开的历史档案，展示相关历史图片、文字档案、纪念场馆实景等，并配以对英雄人物的简短解说，让观众了解人物的历史功绩和历史地位。接下来的演播室讲述环节中，讲演人对英雄的故事娓娓道来，并辅以舞美营造的故事情境，让观众在聆听中受教育、受感动。节目的最后，以一首深情歌曲《杜鹃花开》结尾，让观众澎湃的心潮飞扬起来，今昔对比，深感中国正在发生日新月异的变化。让观众们意识到：我们比历史上任何时期都更加接近实现中华民族伟大复兴的目标，实现我们的目标，需要英雄，需要英雄精神。

"很多年轻人现在都不知道、不了解王进喜这样的英雄人物，但是在新时代他们不能被忘记，必须传承他们的精神，继承他们的衣钵，成为新时代中国的有力建设者。"演员王千源在发言中说。他认为，自己讲演的王进喜，是一位真正的硬汉。"像铁人王进喜这样的一大批优秀建设者，不怕吃苦、不怕吃亏，拼搏奋斗、艰苦创业，为了咱们国家能在世界上抬起头来，他们埋头苦干奉献了一生，甚至顾不上家庭，很多人为此忠孝不能两全。是这些先辈为我们现在的幸福生活打下了根基。"王千源说。表演艺术家刘劲与温玉娟合作演绎《北上无音讯》，说的是 17 位江西籍战士告别妻儿父母奔赴前线、生死离别的感人故事。他们在现场录制了三次，每次都抑制不住内心的感情，泪流不止，录制现场的观众每听一次也是热泪盈眶。"正是这份感动，这种互动式潜移默化，让我们的青年朋友们，在内心里种下了'红色'的种子。"刘劲说。

"《闪亮的坐标》顺利完成了第一季的拍摄工作，即将全面推出。民族英雄的题材取之不尽、用之不竭，这里有无数的素材值得我们去开掘，有许许多多的故事应当去传颂。"中国视协分党组成员、副秘书长范宗钗在发言中表示，中国视协将组织演艺工作者持续不断地加盟到节目中，不断释放引领力量，让节目和红色故事一样永久留传。

强强联手，打造全媒体播出矩阵

《闪亮的坐标》三方承制单位可谓强强联手。中国视协积极发挥行业引领作用和组织凝聚力。江西广播电视台则背靠江西丰富的红色文化资源，曾经打造过《中国红歌会》《江西风景独好》等红色文化节目，有着极为深厚的红色文化节目制作经验。北京字节跳动科技公司旗下则有网络短视频的头部平台，与中国视协之前的合作中，也有成熟的成功模式。三家合作单位各有所长，在这部为建党一百周年而精心打造的节目上，大家秉持思想精深、艺术精湛、制作精良的原则，在前期投入了大量的资源，打磨文稿、修改方案、邀请演员，在节目形态和文案确定之后，就迅速地展开录制工作，在短短两三个月的时间里就要完成第一季 40 集的内容。

精心谋划、周密组织、强力推进，反响强烈。4 月 9 日开始，节目宣传片启动了全媒体预热宣传。截至 5 月 10 日，在抖音等新媒体播放量已达到 1.5 亿次，带动相关内容视频近 26.9 万个，引发微博话题 2191.7 万次，百度总计 1800 多万搜索结果。抖音平台上，在《闪亮的坐标》短短十几秒的片段下面，观众纷纷留言："讲得真好""期待""向英雄致敬"……在微博平台，网友们都在询问节目什么时候开播，播出平台有哪些。只看到预告片，网友就表示"有一点掩饰不住我内心澎湃的心情"。年轻人渴望获取党史知识，艺术家的精彩演绎也深深打动了他们。

（作者系《中国艺术报》记者）

忆百年征程　赞百年辉煌

——记"向党报告"庆祝中国共产党成立100周年优秀曲艺节目展演

赵志伟

为庆祝中国共产党成立100周年，由中国曲协等主办的"向党报告"庆祝中国共产党成立100周年优秀曲艺节目展演2021年5月28日至31日在北京喜剧院举办，来自全国的150余位曲艺工作者通过"牡丹花开心向党"综合场、"梨花飘香黑土情"吉林梨树二人转专场、"曲苑芬芳浦江情"上海专场3场演出，为观众奉献了涵盖相声、快板、评书、评话、故事、好来宝、二人转、锣鼓书、独脚戏、京韵大鼓、苏州弹词、上海说唱、南阳大调曲子13个曲种的32个优秀曲艺节目。

中国文联主席、中国作协主席铁凝，中国文联党组书记、副主席李屹，中国文联副主席赵实，中国文联党组成员徐永军，中国文联党组成员、书记处书记董耀鹏，中国文联党组成员、书记处书记张雁彬，中国文联副主席左中一，中国文联第九届副主席杨承志，吉林省委常委、宣传部长石玉钢，以及马勇明、姜昆、杨发航、陈耀辉等有关方面负责人和首都各界群众代表观看了演出。

2021年5月28日晚，"牡丹花开心向党"综合场演出拉开本次展演的帷幕。演出由相声表演艺术家戴志诚、青年相声演员苗阜、原海军政

351

治工作部文工团主持人于紫菲、北京广播电视台主持人龚宁联袂主持。中国曲协"牡丹绽放"曲艺英才培育行动入选者杨菲、冯欣蕊、罗晓静和北京戏曲艺术职业学院曲艺系的同学们共同演唱的京韵大鼓《百年礼赞》，深情礼赞了中国共产党带领中国人民"从解放到开放""从五星到五环""从温饱到小康""让神州大地换人间"的动人景象。来自内蒙古的青年曲艺家斯琴、巴雅尔、宝音朝克图、吉格希扎布、腾吉思等带来的群口好来宝《百年赞赋》直抒胸臆，讴歌了中国共产党一心为民的不变初心和造福百姓的伟大功绩，充分表达了广大曲艺工作者忆百年征程、庆百年辉煌的激动心情和真挚情怀。苏州评弹艺术家王伊冰和蔡小华时隔多年再次演唱经典作品苏州弹词开篇《红船颂》，将观众吸引到了100年前那条为中国指航定向的红船中。中青年快板演员李少杰、李菁、王文水、郭迎欢、孙国松表演的快板联唱《竹韵声声心向党》，演绎了《长征》《劫刑车》《奇袭白虎团》《立井架》4个展现不同历史阶段英雄壮举的经典快板作品；来自河南省南阳师范学院的11名同学集体表演了南阳大调曲子《念奴娇·追思焦裕禄》。青年相声演员徐涛、郭威表演的原创相声《航天梦》，在捧逗之间尽显自然默契，表达了对中国航天事业取得丰硕成果的喜悦与自豪之情。军旅曲艺家杨鲁平和青年曲艺演员李贞、张楚君、吴雨桐、蒋赟琦共同表演的评书《我爱祖国的蓝天》，生动再现了全国道德模范、中国英雄机长刘传健"世界级"迫降的惊人之举。这些节目立体呈现并热情颂扬了中国共产党从革命战争年代到祖国建设时期所凝结形成的红船精神、长征精神、红岩精神、抗美援朝精神、铁人精神等中国共产党精神谱系的深刻内涵。此外，著名相声表演艺术家冯巩和青年相声演员贾旭明、曹随风表演的相声《我爱诗词》，用幽默的艺术手法精彩表达了对古诗词的追慕，是对中华民族优秀传统文化的一次致敬。来自上海的青年曲艺演员陈靓和天津的青年演员李亮节合作带来说唱《这样的好生活》，将南北方不同艺术进行有机融合，从日常生活变化的角度讴歌了新时代的美好生活。最后，由青年歌唱家王莉、汤非合唱的一首荡气回肠的《不忘初心》唱响了整场演出的主题，为本场演出画上完美句号。

30日晚，由中国曲协、吉林省委宣传部、省文旅厅、省文联和四平市委、市政府共同主办，吉林梨树县委、县政府承办，梨树县地方戏曲剧团有限责任公司演出的"梨花飘香黑土情"吉林梨树二人转专场举办，对吉林梨树二人转艺术进行了一次集中巡礼。演出由刘丽杰、李伟主持，老中青三代二人转艺术家同台献艺。其中，既有久演不衰的二人转经典作品《夫妻串门》《西厢听琴》《水漫蓝桥》《回杯记》《西厢观画》《蓝桥》《梁祝下山》等经典片段联唱，还有近年新创并荣获中国曲艺牡丹奖节目奖的《双菊花》，更有致敬革命英雄红色题材的《鎏金锁》，还有《嫦娥情》《天下娘心》《五嫂请客》等具有现实教育意义的优秀作品。此外，演出中还呈现了融合大板、手绢等二人转绝技绝活儿的群舞群唱《梨园赏花》，让传统题材、红色题材、现实题材交相辉映。

"向党报告"庆祝中国共产党成立100周年优秀曲艺节目展演是中国曲协组织的曲艺界致敬建党百年重要主题活动。展演热情赞颂了百年大党的光辉历程和伟大贡献，表达了广大曲艺工作者听党话感党恩跟党走的信心决心和繁荣创作服务人民昂扬向上的精神面貌，为庆祝建党百年营造了浓郁氛围，为凝聚广大人民群众建设社会主义现代化强国的奋进力量作出曲艺人的独特贡献。

据悉，从2020年11月起，中国曲协启动庆祝建党百年优秀曲艺作品征集活动，先后收到来自全国30家团体会员和有关院团报送的涵盖80多个曲种的370个节目，经过专家遴选最终确定100余个优秀曲艺节目在《曲艺》杂志融媒进行专题展示。同时，依托全国大学生曲艺周和东部、中部、西部、东北地区优秀曲艺节目展演等品牌活动，积极开展"永远跟党走"庆祝建党百年惠民演出，尽情讴歌党领导人民创造历史伟业的不凡业绩，充分展示了广大曲艺工作者爱党爱国的真挚情怀。

31日晚，还将举办由中国曲协、上海市文联、嘉定区委宣传部主办，上海市曲协、嘉定区文旅局承办的"曲苑芬芳浦江情"上海专场演出。

（作者系《中国艺术报》记者）

历史巨著里一朵鲜艳的桃花

——观话剧《前哨》四题

欧阳逸冰

《前哨》是上海戏剧学院在建党百年的重要时刻，为青年们创作的一部新话剧。它的构思、表现角度和表达方式别具一格。主创竭尽全力地携手当代青年，去探求 90 年前，在上海，为革命理想而献出生命的五位青年革命文学家的内心世界、生活情状和瑰丽梦想。

话剧《前哨》将像剧中柔石珍藏的那朵鲜艳的桃花，夹在历史的巨著里，每当人们翻开，它就会幻化出瑰丽的景象，令人向往。

谁说落红不情殇

凄厉的枪声吞噬"左联"五烈士生命的那天，是 2 月 7 日，没有桃花。《前哨》最华彩的篇章正是如霞如云如梦的粉色桃花盛开的时节，那是前一年，他们（还要加上冯雪峰、丁玲）同游龙华踏春赏花的日子。导演精心设置了非常浪漫的落英缤纷的画面，那桃花香瓣，从一瓣两瓣三瓣四瓣……变为几十瓣上百瓣几千瓣，再到无数瓣……直至缤纷落下的桃花变成了桃花雨帘、桃花瀑布，把柔石、殷夫等一众青年才俊沐浴其中，镶嵌其中。而伴随的"音乐"则是比天籁之音更加动人心魄的笑声——爽朗的、无拘无束的笑声……多么美丽的诗！倏而，缤纷的花瓣渐渐稀疏了，而这几个愈加清晰的青年才俊们，令观众退出了这美丽的梦境，因为他们会猛然想到一个严酷的现实——这是五烈士人生中最后一个春天了！再过十一个月，桃树枝芽萌动着，即将再次绽放的时候，他们却用自己的热血，率先染红了桃花魂，再也见不到这漫天粉色的云了。此刻，随着他们在台上的欢笑声，观众潸然泪下，犹如那落英缤纷……

如此令人陶醉的美丽画面，却把观众的心灵撞击出如火的泪花……其间的奥秘是什么？这就是戏，是戏剧动作的绝妙表现。戏剧动作不仅有面对面的激烈冲突，还有说不尽的种种。其本质是，在特定的戏剧情境中，戏剧动作能够触动人内心最隐秘柔软的部分，并由此发生微妙的或激烈的戏剧性变化。譬如，这段美丽的落英缤纷的戏，是源于前面狱中放风，柔石偶然发现了那朵从一本旧书中夹着的小桃花……它带给恋人冯铿巨大的喜悦，也让他们在放风结束时的拥抱平添了无尽的悲情。这回忆（去年踏春），这喜悦，这悲情，凝聚着五位青年作家和本剧主创共同的绚烂的浪漫畅想，终于迸发了桃花瀑布的流泻……

沙琪玛的内蕴

许多文化遗址是非常吸引人的，往往会让人产生各种各样的遐想。在上海鲁迅故居，望着那小楼上下，我们想象最多的是先生与青年作家、艺术家们在一起热烈交谈的样子，就像那张照片（在八仙桥青年会），先生与木刻版画家们说着什么……是在分析珂勒惠支的作品？

话剧《前哨》在努力满足人们的渴望——先生与青年在一起究竟是什么样的？剧中先后出现了三次鲁迅与青年在一起的场面。其中，第二次、第三次是1931年阳历新年前夜（五烈士牺牲的前两个月），先生与柔石、殷夫、冯雪峰、冯铿聚餐及其后的茶点。气氛轻松，喜兴，温馨。那么戏在哪里？

这种具有文献性的戏剧场面，主创注重的是对人物关系的刻画。聚餐的戏里，从辣味的梅菜扣肉谈起，引出冯铿主张用辣味（革命的激烈味道）来引发人们的醒悟，先生则发出对读者大众的思考：在上海，谁来吃你们的川味菜？先生直率地表明：文艺固然是一种宣传，但是，宣传未必都是文艺。先生是巍峨的，也是坦荡的，和蔼而不曲意，可亲绝非逢迎，关爱更非苟同。正所谓，君子和而不同。最有意味的，则是那块沙琪玛——殷夫的天真，先生的率真，令人忍俊不禁。在对沙琪玛馋涎欲滴这一点上，先生与青年全然一致，纯真可爱，真性情也！这样不同（你吃，还是我吃？）中的相同（爱吃）也是戏——因为两人不同的主张激发了他们各自内心真实的相同。这个戏剧动作一下子把先生与青年聚会的"温馨"二字诠释得竟如此生动精彩，那是怎样自由坦荡的内心表露！

然而，其含蕴还不仅限于此。后来在狱中，失去自由的殷夫他们怀念和先生在一起聚会、吃饭的愉悦情景，又提到了那块沙琪玛，甚至后悔没有吃掉它。直至生命的最后时刻，殷夫不止一次地喊出"先生，我可以吃这块沙琪玛吗？"此时，美食沙琪玛是自由幸福的象征，是先生与青年之间坦荡、真诚、宝贵的爱啊！

徐培根和他弟弟一样真诚

习惯于欣赏面对面的、环环相扣的戏剧冲突场面的朋友可能最喜欢《前哨》剧中的这段戏：殷夫和他的哥哥徐培根告别。这真是一段好戏，好就好在哥哥和弟弟越是一样真诚，就越会促使骨肉手足的分道扬镳。

当哥哥举着白手绢，满眼闪动着担忧，走近弟弟殷夫，心疼地为其擦拭眼眶旁边的鲜血的时候；当他爱怜地看着长高了的弟弟，发现弟弟的鞋带开了，蹲下来，为其认真地一下一下地系上的时候，观众和殷夫都不能不心酸地涌出泪水……这就是《别了，哥哥》那首诗的第一句"别了，我最亲爱的哥哥"，我们终于明白了这里的"最"字！

徐培根是真诚的，为了爱护弟弟，他用尽了一切手段，追踪，劝阻，保护，警告，倾吐真情，直至搬出母亲的爱，这一切让殷夫痛心疾首，但是，他已经做出了最终的选择——"你的弟弟现在饥渴，饥渴着的是永久的真理"。这就是弟弟的真诚，对真理追求的真诚。

一样的真诚，不一样的内容：哥哥的真诚是对骨肉之情，弟弟的真诚是对永久的真理；哥哥试图用骨肉之情去阻断弟弟对真理的追求，弟弟宁肯牺牲骨肉之情，也一定要追求永久的真理。

这就是双方越是真诚，就越是分离的原因。这对兄弟在激烈的阶级斗争背景下，各自独特的心理状态、独特的情感变化逻辑以及独特的情感表达方式，是这段戏成功的密钥。

鲁迅的手拍在了左浪的肩上

全剧是由两条线索架构起来的：一条是剧中的编导姚远、左浪及他们的老师王近（剧中剧本的编剧）等人，对剧本的情节、对剧中人物的内心、对剧中的人物关系不断地进行琢磨和探索，使得全剧主线一步步向前发展；另一条是"左联"青年作家柔石、殷夫等五烈士被捕前后直至牺牲的过程。

也就是说，全剧是姚远和左浪他们对"左联"五烈士的探求和理解的过程。编导的苦心令人敬佩——设置姚远、左浪等一干青年研究剧本、探索剧本、排演剧本，实际上就是为了架设一座横跨90年的历史回音壁，让90年前吞噬了"左联"五烈士生命的凄厉枪声，在当代青年的心头再次响起，点燃起美丽生命的光焰，照亮当代青年对生命价值的思辨。

如何处理这两条线的关系，是非常值得推敲的。剧中，有一处令人十分惊喜，为这两条线的关系开启了十分高明的新维度：姚远、左浪他们正在开会，探讨如何表现鲁迅与青年的关系。恰在此时，柔石、冯雪峰等人带领着学生们匆匆走了进来，准备聆听鲁迅先生的讲话，一下子就把左浪他们包围在其间，使他们仿佛也成了学生听众，让他们亲眼看看先生与青年们的关系。这比左浪他们孤独的思忖和想当然的议论，要

357

高明得多了！最妙的是，讲话的鲁迅先生走动在人群中，为了加重语气，还在"听众"左浪的肩头重重地拍了一下，让左浪情不自禁地抚摸了一下自己的肩头——

终于，两条线"过电了"！历史与当今交汇了！左浪"直接"感受到了先生对青年的殷殷期望；先生对青年的殷殷期望跨越了时代，对所有时代的中国青年都寄予了殷殷期望！

（作者系剧作家、戏剧评论家）

《1921》：主旋律影片的新力作

马尔康

在中国共产党百年华诞的伟大时刻，电影《1921》经过五年的精心打磨如约而至，让广大观众可以走进影院，重温中国共产党成立的光辉历史，致敬百年峥嵘历程。

近年来，导演黄建新一直在向主旋律影片的高峰努力攀登。从2011年中国共产党成立90周年拍摄的《建党伟业》，到2021年中国共产党成立100周年拍摄的《1921》，他不断尝试把主旋律影片拍精彩。《1921》主创团队在主题、故事、人物等方面都做出了耳目一新的尝试。

影片和"不忘初心"的主题相契合。从中共一大13位代表、50多名党员，发展到今天9000多万名党员、460多万个基层党组织；从带领人民当家做主的革命党，到领导14亿人口大国长期发展的执政党，中国共产党历经沧桑而初心不改、饱经风霜而本色依旧。要始终得到人民拥护和支持，必须始终牢记初心和使命。电影《1921》把"为中国人民谋幸福，为中华民族谋复兴"的初心贯穿全片，中共一大的13位代表平均年龄只有28岁，出身不同、经历不同，来自五湖四海，但拥有着同样的救国理想——打破旧世界、建立新世界。黄建新希望通过这部电影，给更多年轻人提供一个回望百年征程、读懂百年初心的机会。一百年前，一群和他们年龄相仿的青年，满怀理想和壮志，在国家和民族的危难关头挺身而出，矢志改变中国的面貌。他们的理想、信念和故事，不仅可以与今天的年轻人共情和共鸣，也激荡着接续奋斗的力量。

影片和"百年未有之大变局"的时代相契合。100年前的上海十里洋场，暗流涌动、多方博弈，100年后的世界同样不太平。任凭世事变幻，中国共产党一路走来的百年启示就是把马列主义基本原理同中国革命与建设的实际结合起来，走中国特色社会主义道路。当今世界正经历百年未有之大变局，中国正处于实现中华民族伟大复兴的关键时期，中国共产党正带领人民进行具有新的历史特点的伟大实践，对治国理政能力的考验前所未有。电影《1921》全景呈现了100年前中国共产党成立时复杂的国际、国内局势，从而得出结论：必须通过思想建党、政治建党，形成一个强有力的全国性政党来指导行动。这也昭示100年后的今天，面对复杂的国际形势，依然要强调以人民为中心、走中国自己的路，依然需要用马克思主义中国化最新成果统一思想、统一意志、统一行动，把初心和使命变成锐意进取、开拓创新的精气神和埋头苦干、真抓实干的原动力。

影片和年轻人喜闻乐见的人物相契合。在中国共产党成立100周年之际，要向年轻人讲好党的故事，不能简单说教，而要以潜移默化、润物无声的方式影响年轻人，要用理想之光照耀年轻人的心灵。黄建新力求用年轻人的视角去铺陈和刻画。开天辟地的建党故事，不是按传统故事线展开，也没有仅仅展现李大钊、陈独秀和毛泽东，而是选择了富有青春朝气的李达夫妇作为片中的主线之一。李达作为中国共产党上海发起组的代表，担负起了全力筹办中国共产党第一次全国代表大会的重任。他的妻子王会悟则担负会议的食宿、守卫等工作。在转移会场的关键时刻，是她提出到嘉兴南湖继续开会的建议；会议期间，是她坐在船头放哨，保护着船舱内的代表们。这对年轻夫妇，有烟火气，故事性强，将夫妻小爱化为奉献给国家和民族的大爱。片中一些生活化、接地气的场景，把一对相濡以沫、奔赴共同理想的革命伴侣形象塑造得真实而鲜活。

影片和现代审美节奏的叙事相契合。在电影《1921》中，虽然人物群像多、出场时间短、故事线多，但力求在宏大叙事中，突出人性和温情，符合当代审美和叙事节奏。那些精心刻画的人物形象立体饱满，那些用心打磨的情节直击观众。比如，青年毛泽东奔跑的场景让人印象深刻，看到法国人在中国土地上庆祝国庆，他从愤懑失望中升腾起自强不息的信念。一路奔跑，预示着他一路走来的心路历程。再如，中国共产党成立后，反革命势力开始了疯狂杀戮，电影中闪现的许多细节，让人久久回味：李大钊走上刑场，被绞杀后留下摔裂的眼镜，也留下壮志未酬的革命事业；29岁的杨开慧牺牲时，神情坚定，清澈的眼眸中分明还挂着一滴泪，饱含深情和眷恋；何叔衡被敌人逼上绝路纵身跳崖前，最后再回望一眼，留下一个慷慨赴死的决然微笑……革命者的牺牲，撞击着观众的内心，深化了当代人对理想信念的理解。

主旋律影片的创作需要把握好多方平衡，一方面要把握史实的准确；另一方面又要大胆创作，合理想象，有艺术感染力，避免刻板说教。为此，《1921》的主创团队下了大量"苦功夫"，做了许多看不见的功课，在虚与实中平衡、在收与放中拿捏，实现史料和故事的融合、高度和温度的中和，让主旋律创作既在史实情理之中，又在冲突意料之外，经得起历史和艺术的考验，经得起观众和市场的检验。

（作者系文艺评论家）

礼赞百年丰功伟绩

——记大型原创交响合唱《百年放歌》

中 音

"《百年放歌》大型原创交响合唱作品，前前后后大概筹备了有一年的时间，许多参与其中的词曲作家在中国音协的带领下，进行了深入的学习和探讨，为了能把作品创作得更好，主创团队把重要的历史节点和文献翻阅了无数遍，其间召开了十多次策划会、工作推进会、作品听鉴会。我们用魅力的、深情的、深沉的歌声，把一年多来的努力通过今天晚上的演出向大家作一个汇报。此次演出也是广大音乐工作者向中国共产党百年华诞的深情献礼，是老中青三代艺术家对中国共产党百年丰功伟绩的热情赞颂。"中国文联副主席、中国音协主席、著名作曲家叶小钢说。

由中国文联、中国音协共同举办的大型原创交响合唱《百年放歌》2021 年 5 月 19 日晚在国家大剧院音乐厅精彩呈现。此次音乐会以建党百年的重大历史节点为脉络和依据，以当代视角回望历史、展望未来。音乐会由序、上篇"光荣之路"、下篇"破浪远航"和尾声 4 个部分构成。音乐会呈现的 16 首原创音乐作品采用合唱、领唱、独唱、重唱、情景演唱等多种声乐表演形式唱响，热情讴歌百年来中国共产党为人民谋幸福、为民族谋复兴、为世界谋大同的丰功伟绩，生动展现各族人民在党的领导下意气风发追求美好生活的精神风貌。

在凯文作词、叶小钢作曲的合唱《东方船》辉煌磅礴的歌声中，演出正式拉开序幕。在上篇"光荣之路"中，宋小明作词、关峡作曲、沈洋演唱的《信仰的味道》真实描绘了第一代共产党人在艰苦年代为中国革命事业孜孜不倦、刻苦追求真理的生动场景；杨玉鹏作词、郑阳作曲、王凯演唱的《选择》超越常规歌曲创作理念，富有显著的交响性思维，融合了歌剧和音乐剧的写作手法，使这首作品拥有强大的戏剧张力；王晓岭作词、杨一博作曲、王丽达演唱的《火种》则是根据红军过草地时"七根火柴"的感人故事创作而成。此外，还有杨启舫作词，王备作曲，金郑建、李扬、贾贝利、陈淼演唱的《永远是年轻》；屈塬作词、孟卫东作曲的合唱《英雄》；刘新圈作词、戚建波作曲、徐晶晶演唱的《和人民在一起》。这些作品热情歌颂了百年来中国共产党始终和人民在一起，中华民族从站起来、富起来到强起来的伟大征程。

"我们比历史上任何时期都更接近中华民族伟大复兴的目标，比历史上任何时期都更有信心、有能力实现这个目标。"在音乐会演出的下篇"破浪远航"中，屈塬作词、印青作曲的合唱《新时代之歌》以音乐的方式阐释习近平总书记对新时代的重要表述，曲风明快激越、催人奋进，以热情饱满的情绪表达了各族儿女在实现中华民族伟大复兴千秋大业征程上时不我待的紧迫感、使命必达的自豪感；梁芒作词、邹航作曲、石倚洁演唱的《誓言》融合了古典、流行、音乐剧、歌剧等多种风格，乐曲在富于激情的表达后、在充满温情的氛围中缓缓收束，带给人对未来的无限遐想和希冀；宋小明作词、何沐阳作曲、山水组合演唱的《就是不一样》是一首简洁精悍的群众歌曲类型作品；朱海作词，周湘林作曲，黄训国、马小明、尉金莹、毛一涵演唱的《民族之花向阳开》则是一首热情讴歌党的民族政策，歌颂中华民族大家庭在党的阳光普照下相亲相爱、守望相助，共同用汗水浇灌新时代幸福之花的歌曲。此外，王庆爽演唱的《欢歌同唱》，廖昌永演唱的《人民至上》，吴碧霞、周晓琳、王传越、薛皓垠演唱的《旗帜》，杜朋朋演唱的《乘风破浪》等歌曲相继呈现，表现了艺术家们站在"两个一百年"奋斗目标的历史交汇点上，以豪迈之情唱响新时代之歌，以人民至上的信念乘风破浪。演出在王晓岭作词、张千一作曲的合唱《万岁，伟大的中国共产党》的雄壮歌声中圆满落下帷幕。

此次音乐会演出由叶小钢任艺术总监，中国音协副主席、指挥家俞峰担任指挥，中国音协顾问、作曲家孟卫东任音乐组组长，词作家王晓岭任文学组组长，主持人周涛和表演艺术家刘劲任主持，中央音乐学院交响乐团、中央音乐学院合唱团、爱乐男声合唱团、北京音协合唱团担任演出乐团和合唱团。

在影像中感受百年岁月、百年征程

——记"百年·百姓——中国百姓生活影像大展（1921—2021）"

李俊生

盛夏时节，北京王府井大街花团锦簇、游人如织，来自全国各地的游客纷纷在以巨幅展板亮相的摄影展作品前驻足。百年来人民生活翻天覆地的变化，都在一帧帧影像中定格，带领人们共同追忆往昔峥嵘岁月，幸福感与自豪感油然而生。

2021年6月8日，由中国文联，中国摄协，北京市东城区委、区人民政府主办的"百年·百姓——中国百姓生活影像大展（1921—2021）"在北京王府井步行商业街开幕。展览以生动丰富的影像语言，从多个视角展示百年来在中国共产党领导下、中国社会和人民生活发生的翻天覆地的变化，讲述精彩纷呈的中国故事，讴歌党领导人民奋斗圆梦、团结向上的中国精神。

百年，或许只是历史长河中的一瞬，但刚刚走过的这个百年却改变了中国社会，改变了亿万民众的命运，开创了一个亘古未有的新时代。影像承光阴，照片载历史。在中国共产党百年华诞之际，呈现在大家面前的百姓生活的百年画卷，是中国共产党与百姓水乳交融、休戚与共的历史见证；是中国人民继往开来、奋发图强的历史缩影；是一代又一代

365

摄影人扎根人民、聚焦生活的时代抒写。

中国文联主席、中国作协主席铁凝，中国文联党组书记、副主席李屹，中国文联党组成员、副主席李前光，以及中国摄协主席李舸，中宣部文艺局艺术处处长马小龙，北京市东城区委常委、宣传部部长赵海英，中国摄协分党组成员、秘书长高琴，分党组成员、副秘书长彭文玲，分党组成员、副主席、副秘书长居杨，中国文联摄影艺术中心常务副主任厉夫波，各全国文艺家协会、中国文联机关各部门、各直属单位负责人，中国摄协在京顾问、主席团成员，中国摄协团体会员负责人，入选作品的作者、推荐者代表等出席开幕式。开幕式由中国摄协分党组书记、驻会副主席郑更生主持。

主办方介绍，展览主题"百年百姓"的确定可以追溯到 2020 年秋末，"百年百姓"得到大家的认可——以贴近民生的小切口展现中国共产党百年华诞的大主题，适合摄影艺术"围绕中心服务大局"的表达方式。但如何落地，又成为具体策展的关键。其间，思路几经周折变化，最终形成点、线、面相互映照；观看与互动相辅相成的展览结构。通过点的对比，见微知著，反映中国共产党创建百年来社会风貌和人民生活的巨大变迁；通过线的流动，让影像汇集成一首时光的歌，婉转之间，带人们感受时代的波澜；通过面的铺陈，让每一个家庭成为中国社会百年进步最温暖的注脚。

百年长河，影像浩如烟海，为保证展览视野的宽广，同时吸引更多人参与进来，今年春节之际，中国摄协便在多个平台开设话题，进行公开征稿，引发了大众浓厚的兴趣和社会的广泛关注。至 3 月 15 日首次征稿结束，短短一个月，已收到稿件 42000 余幅，其中既有大量原创作品，亦有许多个人、家庭、机构收藏或珍藏的珍贵影像。

随着展览组织的不断深入，展览最具挑战与创意的部分，即 4 个年代 4 张图片精准对比样式，成为组稿工作的一大难题。为此，中国摄协在中后期启动了多渠道、多方位的紧急征稿，发动各方力量进行有针对性的深挖厚掘，并在全国摄影工作会议上开展动员。

主办方表示，希望这些影像，可以唤起人们"抚今追昔"的情愫，让"百年"的抽象概念，变成可亲可敬可感的一段段难忘的记忆；成为激发人们继续奋斗、开创未来的不竭动力。更期待如此汇聚力量、智慧、才情的别开生面的展览，不但能够"受用当今"，而且可以"传之后世"。

李舸表示，中国摄协将继续坚持以习近平新时代中国特色社会主义思想为指引，从党的百年历史中汲取智慧和力量，最大力度团结引导广大摄影工作者听党话、感党恩、跟党走，聚焦人民美好生活需要，创作推出无愧于时代、无愧于历史、无愧于人民的优秀作品，展示丰富多彩、生动立体的中国形象，塑造可信、可爱、可敬的中国形象，为实现中华民族伟大复兴中国梦作出新的更大贡献。

北京市东城区作为首都功能核心区，见证了中国共产党早期组织的萌芽孕育、历经了百年中国人民生活的日新月异。此次展览在素有"中华第一街"之称的北京王府井步行商业街举办，是用影像讲述时光故事、用实际行动庆祝中国共产党成立100周年。

本次展览将展至6月15日。

大展看点

1. 展览思路：点、线、面相互映照，观看与互动相辅相成。从普通百姓的衣食住行、生产生活入手，多方位立体展示百年中国翻天覆地的伟大变革，反映中国共产党"为中国人民谋幸福，为中华民族谋复兴"的初心和使命。

2. 展览内容：以"百姓生活"为突破口，寻找市井巷陌最为真实的生活气息，从生活入手、以细节取胜。展览的作品有相当一部分既有典型的时代风貌，又很少在大众面前亮相。不仅展现了时代的发展，也系统地回望了百年以来中国摄影的历史。

3. 展览结构：展览分为四个板块，分别展现历史巨变、奋斗历程、风俗变迁、家庭生活等内容，形成家国呼应、立体多面的影像叙事表达。

其中，"沧海桑田"板块着力对比，见微知著。以中国共产党诞生年代为起点，选择百年间具有特殊意义的 4 个时间节点，100 张照片分为 25 组，将百姓生活中相似的内容或场景，以对比的方式，置于同一平面上呈现，直观明晰。"岁月如歌"板块立足百年，展现奋斗。以中国共产党创建之后的百年为时间轴，选出 100 幅具有鲜明时代特色的优秀摄影作品，形象展现中国社会从站起来、富起来到强起来的伟大飞跃。"百年好合"板块赞美生命，唱和时代。一幅幅新老结婚照，从长袍马褂、凤冠霞帔到婚纱曳地、西装革履，再到无尽的创意、不尽的风情，既见证爱情，也承载着百年中国社会的变迁。"百家百福"板块关注家庭，传承文化。从数万幅的来稿中，遴选出百家百幅之"全家福"，象征着千千万万的中国人家串联起中华民族的兴盛。

4. 画册亮点：大展画册全书分 4 个篇章，从 4 个阶段对比、时间线、婚礼、全家福 4 个截面，展现百年来中国老百姓生活翻天覆地的变化。图书护封，采用 PVC 材质以 UV 印刷象征喜庆祥和的正红色，表达对党百年华诞的衷心祝福；封面则用砖金色外裱装帧布的方式，象征中国共产党领导下的新中国取得的波澜壮阔的伟大成就。

5. 全家福实景：实景还原 20 世纪 80 年代家庭布置，家具、电器等一一摆设，熟悉的生活场景勾起"过来人"的记忆，互动式的体验吸引观众现场驻足打卡拍照。

（作者系文艺评论家）

以精湛的戏剧艺术礼赞党的百年辉煌

——记"百年辉煌"庆祝中国共产党成立 100 周年戏剧晚会

怡 梦

2021 年 6 月 10 日，"百年辉煌"中国文联、中国剧协庆祝中国共产党成立 100 周年戏剧晚会在梅兰芳大剧院举办。老中青三代戏剧家齐聚一堂，用戏剧艺术的精湛演绎回望百年征程、礼赞百年辉煌。

中国文联名誉主席孙家正，中宣部常务副部长王晓晖，中国文联主席、中国作协主席铁凝，中国文联党组书记、副主席李屹，中国文联副主席赵实，中国文联党组成员、副主席胡孝汉，中国文联党组成员徐永军，中国文联党组成员、书记处书记董耀鹏，中国文联老领导杨承志、夏潮，中国文联副主席董伟，中宣部、文化和旅游部有关司局负责人，各全国文艺家协会、中国文联机关各部门、各直属单位负责人，中国剧协分党组、主席团成员等观看演出。

晚会由"峥嵘岁月""火红年代""百花齐放""继往开来"4 个篇章组成。"中国有了中国共产党，多么响亮多么隽永……"在歌剧《红船》选段"为党命名"的歌唱中，晚会拉开序幕。话剧、歌剧等戏剧样式和京剧、豫剧、秦腔、黄梅戏、北京曲剧、河北梆子、苏剧、婺剧、川剧、汉剧等戏曲剧种的优秀剧目选段，以及朗诵、戏歌等节目精彩上演。

晚会由濮存昕、张凯丽、吴京安、张喆主持。于魁智、沈铁梅、孟广禄、柳萍、韩再芬、王芳、刘子微、王晓梅、李胜素、程桂兰、刘燕燕、于兰、刘雯卉、王斑、王荔、张馨月、杨霞云、邱瑞德、侯岩松、郭广平、张建峰、傅希如、楼胜、涂松岩等梅花奖获得者，关栋天、徐涛等表演艺术家和优秀演员，全国各地院团戏剧工作者代表登台奉献演出。

歌剧《党的女儿》、汉剧《江姐》、京剧《奇袭白虎团》、豫剧《朝阳沟》等选段生动回顾各个时期中国共产党坚持初心使命，带领中国人民不懈奋斗、走向民族复兴的辉煌历程；秦腔《王宝钏》、黄梅戏《王昭君》、川剧《金子》、京剧《太真外传》、婺剧《穆桂英大破天门阵》等选段展现近年来在党的方针政策指引下，戏剧艺术百花竞放、繁荣发展的喜人局面。除了历久弥新的经典名作，话剧《香山之夜》、河北梆子《李保国》、北京曲剧《旗》、苏剧《太湖人家》、婺剧《义乌高华》、抗疫话剧《逆行》和京歌《英雄之城》等新创佳作也在晚会中亮相。

"跟着您走向远方，留下脚印一行又一行。从高原到戈壁，从山寨到水乡。爬山山莽莽，千门万户去走访；涉水水长长，一个不少心里装。"中国剧协副主席王勇为晚会创作了诗歌《今天，是党的生日》、京歌《走向永远》，他说："想说的话都在作品里。"在众多梅花奖获得者和优秀演员、戏剧院校和院团的优秀传承者对这两个作品的共同咏叹中，晚会圆满落幕。

"怀着饱满的热情、蓬勃的朝气、庄严的崇敬，每个篇章、每个选段都是清晰、具体、投入的表达，凝结着戏剧工作者的心意。"晚会总导演李伯男表示，这台演出是以戏剧独有的方式展现党的百年风云，同时以戏剧工作者生活中的、舞台上的经历讲述了戏剧与党和国家血脉相连的关系，在中国共产党的领导下，各个剧种才有今天薪火相传、繁荣发展的景象，戏剧工作者追随着历史的脚步，以戏剧作品记录着民族复兴、人民奋斗的足迹，也表达了戏剧工作者的责任与担当——扎根在党和人民需要的地方、坚守在时代和历史需要的时刻。

"在今天的晚会上，我演绎了婺剧《义乌高华》选段中改革开放初期义乌县委书记谢高华的形象，没有他20世纪80年代的'四个允许'，就没有义乌小商品市场的繁荣发展和义乌老百姓的幸福生活，能把这个敢为人先、勇于担当的基层党员干部立在舞台上，对于我的艺术道路是一种激励。"义乌市婺剧保护传承中心演员汤义波表示，将继续磨炼技艺，把人物塑造得更加立体生动，让全国各地更多观众知道这样一位平凡党员干部不平凡的作为。

北京人民艺术剧院演员王斑在晚会中出演的片段选自话剧《香山之夜》，是毛泽东同志的一段独白，表达了共产党人的初心和使命——为中国人民谋幸福、为中华民族谋复兴。"这台剧目已经在基层演出30多场，几乎走遍了北京各个区县，通过和基层观众交流，作为一名党员、一名戏剧工作者，我更加深刻地体会到'为人民服务'几个字的分量。观众对伟人形象要求很高，戏剧工作者必须对他的思想有深刻的认识和表达，才能让老百姓信任。"在马不停蹄的基层巡演中，王斑更加为中国共产党走过的百年征程感到骄傲，在舞台上歌颂这段历史，心中更加充满了自信和豪情。

据悉，除了面向首都观众公益演出，光明网、央视频、中国文艺网等多家媒体对此次晚会进行线上直播，千万网友同步在线观看了演出。

（作者系《中国艺术报》记者）

共同欢聚在党的"第一百个春天"

——记中国文联原创歌曲特别节目

吴 华

"我16岁加入中国共产党，77年党龄，近80年的岁月在我脑海里闪回，我自豪地与党同行，与共和国同行。我想说，做党的女儿终不悔，党的恩情永不忘。"93岁的电影表演艺术家田华深情讲述。

"解放以前在非常时期，没有入党仪式，我默默地成了一名共产党员，中国共产党是我的引路人，用戏剧艺术传播中华文化是我毕生的心愿，也是激励我永远奋斗的初心和使命。"有着73年党龄的93岁戏剧家徐晓钟回忆说。

"我是一名只有4年党龄的新党员，我是2018年入党的，习近平总书记还写信鼓励我，我激动得几天都合不上眼，我一定在我有限的生命里，永远跟着党走，绝不掉队。"电影表演艺术家牛犇含着热泪说。

......

2021年6月14日，在即将迎来党的百年华诞之际，由中国文联、中国文艺志愿者协会创新举办的"学党史 传精神 跟党走"系列活动"欢聚吧 第一百个春天"中国文联原创歌曲特别节目在学习强国学习平台、中国文明网、《中国艺术报》、央视频、中国文艺网、百度直播、搜狐视频等平台以及各省市县各级媒体同步上线播出。特别节目按原创主题分为"伟大的旗帜——致信仰""永恒的追寻——致初心""力量的源泉——致责任""最美的相约——致使命"四个篇章。现场邀请了一批党龄70年、50年、30年上下以及新入党的老中青文艺工作者,以"我想对党说"的形式串联当晚的文艺节目。他们忆初心、诉衷肠,生动地展示了文艺界爱国、为民、崇德、尚艺的价值追求。老艺术家代表马识途、马金凤、乔羽、牛犇录制了视频,深情表达对党的热爱和对建党百年的美好祝愿。党员代表徐晓钟、田华、陶玉玲、瞿弦和、范迪安、王丽云、姜昆、倪萍、卢奇、刘劲、舒楠、丁柳元、颜丹晨、孙茜、王嘉、权沛阳等来到演出现场,诉说自己与党的故事。田华还现场带领文艺志愿者周涛、康辉、海霞、张蕾以及党员方阵重温入党誓词,让党员重新感受入党宣誓时的庄严承诺和坚定决心,在党旗下接受心灵的净化和洗礼。网友纷纷表示,被艺术家们的动情讲述和庄严宣誓鼓舞,从中汲取了勇敢前行的力量。

当晚的文艺演出由朱迅、任鲁豫、春妮、林永健主持。陈建斌、温玉娟、李丹阳、腾格尔、郎朗、降央卓玛、谭维维、王凯、乌兰图雅等近百位文艺志愿者用歌舞、合唱、朗诵、情景报告等多种文艺形式,向人民汇报文艺工作者深入生活、扎根人民开展文艺创作的成果,给党的百年华诞送上最真挚的祝福。合唱《没有共产党就没有新中国》和联唱《康庄大道》等高亢深情的歌曲,唱出了党带领中国人民从站起来到富起来再到强起来,走出一条繁荣富强的康庄大道的艰辛历程。李丹阳、金志文演唱的歌曲《党啊 亲爱的妈妈》,以及歌曲《各族儿女心向党》《我懂》表达了各族儿女心向党、感党恩、听党话、跟党走的坚定信念。钢琴独奏《黄河颂》、歌曲《少年》展示了伟大坚强的中华民族和朝气蓬勃风华正茂的中国共产党初心从未改变、为不断实现人民美好生活目标奋勇向前的昂扬精神风貌。歌曲《向着太阳歌唱》《迎梦而来》《下马拜草原》等抒发了人民满怀的安全感、获得感和幸福感。朗诵《我们的精神之旅》带领观众从"南湖红船"到"复兴号的巨轮",从"春天的故事"到"新时代的华章",回溯中国共产党的百年,共同感悟红船精神、井冈山精神、西柏坡精神、航天精神、抗疫精神等中国精神。殷秀梅、阎维文演唱的歌曲《欢聚吧 第一百个春天》为中华民族歌唱、为党歌唱、为人民歌唱，歌唱幸福的生活，把演出推向高潮，现场洋溢着一片和谐欢快的气氛。

在党的百年征程中，文艺也没有缺席，他们始终与党和人民同呼吸、共命运，在自己的艺术领域潜心耕耘，为祖国文艺事业的发展贡献力量。中国曲协主席姜昆说，"从1985年5月4日成为一名光荣的共产党员起，直到今天我还如18岁那年第一次递交入党申请书一样，对党忠诚，初心不忘"。中国美协主席、中央美术学院院长范迪安说，"中华大地上的动人故事是无穷的，我们可以扎根的广阔天地也是无限宽广的，我们要继续深入生活、关切现实、反映时代、表现人民，用笔墨丹青描绘壮美山河"。"作为一名党员文艺工作者，今年我参与了很多展现建党百年的影视剧、舞台剧，一次次受到精神的洗礼。"影视演员孙茜说……

此次特别节目联动各全国文艺家协会、各省级文联参与，展示由中央文明办三局和中国文联文艺志愿服务中心联合开展的"圆梦工程"文艺培训学员和文艺志愿者围绕迎接中国共产党成立100周年开展创作的成果，是以精品奉献人民、用明德引领风尚的生动实践。值得一提的是，当晚，张也、吕继宏演唱的开场歌曲《丰收中国年》，以及歌曲《唱支山歌给党听》、情景报告《在灿烂阳光下》等节目不仅邀请艺术家赴基层给予现场指导，还通过"云演唱""云舞蹈"和"云展示"的方式，联动全国各地新时代文明实践中心的文艺工作者、参加"圆梦工程"文艺培训的学员、"圆梦工程"项目受益的乡村学校少年宫的孩子们与演员互动共演，是一次国家、省、市、县、乡、村文艺志愿者的集体行动，真正实现了让群众成为节目的"主角"，充分发挥了人民群众作为文艺创造主体的作用。

据介绍，"欢聚吧 第一百个春天"中国文联原创歌曲特别节目是文艺界深入贯彻落实习近平总书记在党史学习教育动员大会上的重要讲话精神的有力举措，也是继"2017年喜迎十九大·唱响幸福歌""2018年筑梦新时代·唱响幸福歌""2019 年奋进小康路·唱响幸福歌""2020 年大道康庄"后，中国文联推出的以庆祝中国共产党成立 100 周年为主题的原创活动。活动集中呈现了 2021 年 4 月至 5 月举办的"欢聚吧　第一百个春天"文艺作品网络展演成果，把展演融入节目，在节目中展现全国各地文艺志愿者积极开展党史学习教育和创作的生动画面，激励文艺工作者用心用情创作出更多讴歌时代的精品力作。

（作者系《中国艺术报》记者）

歌舞飞扬，与党同行

——记"各族儿女心向党"歌舞晚会

乔燕冰

草原的牧歌高亢嘹亮，田间的舞蹈曼妙翩跹，歌声达意，舞姿传情，共同抒发着各族儿女心向党、万众一心有力量的精神回响。2021 年 7 月 5 日，为庆祝中国共产党百年华诞，贯彻落实习近平总书记在庆祝中国共产党成立 100 周年大会上的重要讲话精神，由中国文联、中国音协、中国舞协共同主办的"各族儿女心向党"歌舞晚会在北京民族剧院举行，腾讯视频平台全程直播。

中国文联主席、中国作协主席铁凝，中国文联党组书记、副主席李屹，中国文联党组成员、副主席胡孝汉，中国文联党组成员、书记处书记董耀鹏，中央党史学习教育第十五指导组副组长、中央和国家机关纪检监察工委副书记吴佳松，中国音协分党组书记、驻会副主席韩新安，中国舞协分党组书记、驻会副主席罗斌，以及各全国文艺家协会，中国文联机关各部门、各直属单位负责人出席观看演出。

晚会以庆祝建党百年为主题，以中国文联、中国音协、中国舞协"深入生活、扎根人民"主题实践活动为线索，以音乐舞蹈为载体，结合视频影像穿插过渡，通过"跟党同行""深扎铸魂""血脉相连"以及尾声"心声"四个板块，集中呈现了中国文联、中国音协、中国舞协近年来组织知名音乐、舞蹈艺术家赴西藏、内蒙古、广西、青海、宁夏、甘肃、新疆等少数民族地区开展采风创作的13部优秀音乐舞蹈作品，热情讴歌了百年来中国共产党为人民谋幸福、为民族谋复兴、为世界谋大同的丰功伟绩，生动展现了各族儿女在党的领导下豪情满怀、英姿飒爽追求美好生活的精神风貌，激励各族人民砥砺奋进全面建设社会主义现代化国家新征程。

"让晚会好听、好看，让党领导下繁荣的文艺服务人民、服务社会，体现伟大的时代精神。"在晚会总导演、中国舞协副主席王舸如是期待中，演出会聚了240余位艺术家倾情献艺，黄训国、于海洋、马小明、赵越、云飞、孔庆学、"彝彩妹妹"组合、陈子文、韦晴晴、黄金、覃可心等青年歌唱家；吕萌、古丽米娜等知名青年舞蹈家携手北京舞蹈学院、中央民族大学舞蹈学院、东北师范大学音乐舞蹈系、北京歌剧舞剧院、上海戏剧学院附属舞蹈学校、沈阳音乐学院舞蹈学院、厦门小白鹭民间舞艺术中心等单位的青年艺术群体共同倾情演绎，让歌舞飞扬。

舞台上，借"牧歌"抒发对祖国的殷殷深情的《永远的牧歌》，表现在党和国家政策指引下彝族人民不负期望实现脱贫致富的《金不换银不换》，用广西那坡壮族风格民歌表达壮族人民对党感恩之情和永远跟党走的《星星伴月亮》，讲述几代人为支援边疆、保卫边疆、建设边疆作出巨大贡献的《边疆》，以贴近人心、深入民心的主旋律诠释中国共产党人不忘初心、砥砺前行的《不忘初心》等，一首首歌曲展现着各族儿女的爱党深情；在春播种青稞的劳作生活中展现藏族姑娘美好形象的《种春》，以人的出生、成长演绎每个人都是自己的演奏家谱写生命乐章的《生命演奏家》，追溯源远流长的龟兹文化，用远古灯舞的表现形式展现对美好生活的向往和祝福的《远古的呼唤》，通过"谷雨"时节的生活场景描绘唯美动人的朝鲜族民俗画卷的《谷雨》，表达对传承与弘扬传统民族舞蹈艺术的责任与信念的《淮水情兰花弯》，以现代舞编创理念全新演绎传统蒙古族舞蹈动作语汇，写意塑造当代蒙古族人形象的《独树》，一段段舞蹈表达着不同民族一心向党的共同心声。

"那一次和你偶然相遇，才知道你家住在乌鲁木齐；你把一分追梦的勇气，悄悄装满了青春的行李……"歌曲《阿依努尔》讲述一位名叫阿依努尔的哈萨克族女孩，抛弃乌鲁木齐的优越城市生活，带着火热梦想来到南疆农村义务支教的感人故事。这首入选中国当代歌曲创作精品工程"听见中国听见你"2020年度优秀歌曲评选的新疆原创歌曲由许会锋作词，陈子文作曲并演唱，而作品的创作正是"深扎"路上所见所闻感动而得。他们说："我们想以这部作品赞美美丽的阿依努尔，她用辛勤的汗水无怨无悔地抚育着一个个希望，绽放出最美颜色飘香大地，也把这首歌献给千千万万奋斗在扶贫攻坚一线的工作者们。"

有破题无解中痛苦的思考，有困顿彷徨中艰难的挣扎，更有村民不理解不支持甚至遭遇反对攻击，但最终与村民携手实现解困脱贫。根据中国文联定点帮扶甘肃陇南武都区真实事迹创作的群舞《第一书记》，以朴实的舞蹈语言讲述帮扶路上的苦辣酸甜，是一个人的事迹书写，也是一群人的形象刻画，舞蹈最后借助多媒体在红红的党旗铺就的屏幕上满屏打出了脱贫攻坚路上默默付出青春甚至生命的奉献者的名字，直戳心底，令人动容。"脱贫攻坚这项伟大的事业需要有人前赴后继地以坚强毅力和奉献精神去完成、去夯实扶贫成果，我希望通过创作认识和走近他们，呈现既是凡人又是超人的一群值得我们致敬的人。"该作品编导、优秀青年舞蹈编导吕梓民说。

韩新安感叹，回望党的百年历史，每逢重大节点，音乐表达人民内心情感，讴歌时代精神的作用不可替代。过去几年，广大音乐家有着非常好的担当意识和自觉精神，始终按照中宣部的指示精神和中国文联的部署，行程万里，走进各大少数民族自治区和人口较少民族地区以及老少边穷地区，在"深扎"中深切感受人民的心愿和诉求，以及在党的领导下翻天覆地的变化，为人民代言，将人民的心声转化成我们共同的心声，创作了百余首原创优秀作品。时逢党的百年华诞，晚会选取表现多个民族的音乐作品，是对十八大以来脱贫攻坚实现小康生活的人民的幸福感、获得感的深情表达。

"文运同国运相牵，文脉同国脉相连。生活是艺术创作的母体先声，也是必然归程。我们以中国音协和中国舞协'深扎'主题创作为切入口，在建党百年这一特殊时刻推出这台晚会，希望体现党和文艺工作者血肉相连、各族儿女心向党的情感精神。晚会的4个篇章突出了党心、民心与文艺之心的同心同德，4段视频贯穿了我们学史明理、学史崇德的基本理念。晚会精选艺术家近几年通过'深扎'创作的优秀作品，希望把我们的思想理论和党的要求具体化地呈现结合在一起，也是我们文艺工作者的态度和坚守——艺术源于生活，艺术为了人民，我们要让艺术在为人民服务的过程中绽放自己的光彩。"罗斌说。

（作者系《中国艺术报》记者）

百年党史精神图谱的完美艺术呈现

——简析建党百年"主题雕塑创作工程"和"大型美术创作工程"

冯　远

一

近 600 块汉白玉让雕凿 276 位人物造型拼装成的，名为《旗帜》《信仰》《伟业》《攻坚》《追梦》的五组雕塑，分别由国内四大美术学院和中国美术馆的主创团队承担创作。组雕呈"U"字形环抱式结构在广场上由北向南对称展开，整体风格和谐又各具特色，其人物群像形神兼备，结构气势宏大、壮观巍伟，堪称达到了当代中国大型群像性、纪念性、空间环境雕塑的五"最"，即最大体量、最昂贵材质、最强专业阵容、最佳艺术质量、最好加工水准。

如果说中国美术馆吴为山团队的《旗帜》，以简约的艺术语言、别致的材质、更多的象征性意义，领衔并勾联四组群雕而形成整体基本架构，突显党的政治理念和党旗的标志性特征的话，那么中央美术学院吕品昌团队的《信仰》则刻意塑造了 71 位人物代表举手宣誓一刻庄严肃穆的气氛，该组雕塑造型谨严、手法细腻，延展了当年天安门广场上人民英雄纪念碑浮雕的风格特点而更为精妙。相比之下，清华大学美术学院曾成钢团队的《伟业》系由 65 位不同时期不同身份的人物群像组合，传达出某种承续接力、薪火相传的象征意念。比之前者形成对应，《伟业》的艺术风格更趋粗犷而富张力，作者甚至有意保留了写意雕塑雕刻斧凿的粗砺体块的厚重感。而由中国美术学院杨奇瑞团队主创的《攻坚》，是以写实手法表现写意内涵，其扎实的体形塑造既深入到位又风格方斫有力，似乎兼容了前二者的不同优长，将 67 个人物经由不同的历史情境和事件串联起来，力量感与厚重感兼具。鲁迅美术学院李象群团队以《追梦》为题的群雕，则以表现 73 个人物为主，深刻反映全国各族人民在党的领导下，团结一致，不光像"石榴籽"一样紧密相联，特别是最大化地张扬了浪漫主义、理想情怀和唯美追求的意蕴，与前三组群雕的庄严、奋力、前仆后继形成鲜明反差与互补，突出了人物群像充满憧憬的欢欣喜悦。

在《旗帜》招展辉映拥抱下的四组群雕中，众多的人物形象生动而有神采，共产党人的精神形象饱满丰富且熠熠生辉，其中不乏精彩的个性特征，可谓"栩栩如生，呼之欲出"。尽管这些凝止于瞬间、经过精心塑造的人物形象静穆无言，但其洋溢和发散着的艺术魅力则将对所有驻足瞻仰的观众形成经久不息的震慑冲击。它们在丽日辉耀下、在光影迁变中将会持续不断地产生出特异的观赏效果，让在不同时段前往"打卡"的观众因之产生日久弥新的审美感受和识读联想。

二

按照"新民主主义革命""社会主义革命和建设""改革开放和社会主义现代化建设""中国特色社会主义新时代"四个不同历史时期的主题，规划内容而组织展开创作的近 180 件绘画、雕塑作品，在中国共产党历史展览馆陈列，组成了中国共产党百年辉煌历史的视觉艺术长廊。这批超越了历次美术创作活动最大尺幅、体量的作品，以等于甚至大于真人比例，展开历史纵深的各个史实、事件的情景再现和象征性表现。

在专家团队的指导帮助下，美术家们认真挖掘历史文献资料，最大化地利用可资借鉴的图像素材，在严格遵照历史真实的基础上，充分展开艺术想象力，精心构思、创意、设计、营造画面形式，以浓重的色彩笔墨塑造不同时代的人物形象。在这支近千人的创作"施工"队伍中，60%以上是60后、70后、80后，虽然他们未曾经历过动荡岁月，对那段历史缺乏真切感受，但他们都以舍我其谁的热情与执着，以高度的责任意识，通过层层竞争比选，以个人或集体的方式得获担纲各个主题创作的签约，并且以全身心的投入与努力，为讴歌党的史诗竭尽才情、智慧与技能。

许江等作者的《红潮——五四运动》是一幅类乎纪实性场景的写实风格作品，画面中当年参加游行的北京各高校学生高举标语、旗帜、横幅迎面走来，作者注重历史事件氛围的渲染，以饱满的构图着重营造扑面而来的无畏气势，摄人眼目。沈尧伊的《遵义会议》是作者在早年作品基础上的新创，以《地球的红飘带》称誉的七旬沈老不顾年迈，仍然以充沛的激情、奔放的笔调和色彩礼赞着革命领袖的风采。其他如高天雄、胡冰的《转战陕北》，陈树东的《三大主力红军会师》，尹骅、来源的《立国之本》，陈坚的《红地毯述》，骆根兴的《历史的星空——两弹一星功勋科学家们》，王铁牛的《1959——大庆石油会战》，孙皓的《空间·作为》，庞茂琨的《彝家新村欢迎您》，俞晓夫等的《北京奥运会》，等等，都是形式新颖、艺术语言精湛的出彩作品。

素来怯于表现宏大叙事题材的中国画，此次涌现精彩佳作。王珂、张煜的《工人运动第一次高潮》，吴宪生的《耕者有其田》在运用水墨材质语言和技艺上，突破了传统绘画的局限羁绊，在多人物群像组合塑造方面，有效地解决了水墨语言与素描造型的兼容关系，强化了写实人物形象的刻画塑造，也创造性地破解了水墨画难以承担大型主题性创作的难题，令人欣喜。而赵建成、赵晓建的《开国大典》则在开国领袖人物形神刻画上将基本功的优长和驾驭能力发挥到了极致。苗再新的《百团大战》，王野翔等的《第一次携手》，徐默等的《大国正名——中国恢复联合国合法席位》，黄骏的《人才强国》等都将水墨语汇写实表现、服务主题的包容性、变适性发挥到了前贤未曾企及的丰富程度。工笔画方面则有李传真、陈孟昕的《友谊的丰碑》，王冠军的《热情洋溢的代表委员们》，王海滨、孙志均的《巅峰——1981年中国女排首获世界冠军》，焦洋的《宝钢建设》，黄山等的《幸福新时代》等作品，既富形式意趣，制作手法亦堪为精妙有特色。

在近年来各项大型美术创作工程中，以往由刀刻使转擅胜中小幅面的版画异军突起。美术家采用多版"无缝"拼接的方式，使版画艺术的表现力丝毫不逊于国画油画。其中袁庆禄的《广州起义》以精湛的造型和画面组织能力以及熟练掌控大幅版画的刻印拼接，成为国内目前最大幅面纪实性版画的代表作。而孔国桥等的《沸腾的中国》，张敏杰的《进博会一角》，则兼容同一主题的多个侧面和不同场景内容，采用意识流结构叠置的手法，较好地呈现了主题应有的多角度丰富性，难能可贵。

在单一主题的室内雕塑方面，则有吴为山的《共商国是——第一届中国人民政治协商会议》和李象群的人物塑像《历史的抉择》，发挥了精准塑造真实历史人物的专业优长，艺术手法娴熟，形神俱全。而班陵生的《马克思主义在中国的传播》、蒋铁骊的《五卅运动》、邓柯的《风雨同舟》等作品，则充分延展了雕塑的多种语言和处理手法，兼取圆雕与不同程度深浅的浮雕艺术表现方式，将主题中个体人物形象与群体造型以及情景环境的标志性关系有机地整合在一起，经由雕塑艺术特有的空间与体量处理，形成立体的综合效果，增强了观看的"在场"感，可观可感可触摸。

三

春秋寒暑三载，千余天夜以继日。数十次会议的研讨、论证、遴选、评审；近百个历史主题的深化和创作草图的完善；数轮创作培训、辅导；历时四个月、行走8省市对百余件作品的现场观摩指导、数度修改调整和集中改稿；无数作者和工作人员放弃休息日、克服家庭困难，边学习、边改进、边提高，精益求精，以苦为荣。中国美协职能部门干部员工不惧繁杂，"白加黑""五加二"，甚至通宵达旦；做好服务工作积极主动、无一抱怨、甘当幕后英雄；用情用心用勤，使命所系、责任驱策、点滴涓积、感人至深。在主办单位各级领导的高度重视和趋前指挥下，在中央党史和文献研究院、党史馆专家团队、艺术指导委员会老艺术家、全体主创人员和中国美协工作团队的通力协作、努力工作、忘我付出下，"主题雕塑创作工程"和"大型美术创作工程"得以圆满完成，向党和人民交出了一份合格的答卷。

我们欣喜地看到，在习近平总书记系列重要讲话精神的感召下，党的十八大以来持续开展的多项主题性美术创作活动，作品的质量和水平不断获得提升，精品佳作的数量不断增长，特别是涌现了一批又一批的优秀青年才俊，这不光在文艺界坚定了正确导向、扭转了形形色色的颓风，更是为新时代培养青年文艺家提供了极好的学习、实践、提高的机会。一大批青年美术家在党的领导下自觉凝聚成长起来，形成新时代美术创作的主力梯队和青年骨干方阵，讴歌党、讴歌祖国、讴歌人民和英雄，凝聚人心、激励士气、鼓舞人民斗志。这是推动社会主义先进文化、红色革命文化、创新文化不断取得更大成就的重要人力、智力保障。回顾两项工程实施以来走过的每一步，无不汇聚了集体的智慧和心血结晶，这是中国共产党领导的优势使然，是社会主义制度的优势使然，也是举国家之力的优势使然，更是中国人民的理想愿望的优势使然。

"一世纪风雨兼程，九万里风鹏正举"，站在"两个一百年"奋斗目标的历史交汇点上，习近平总书记铿锵的话语言犹在耳："中国共产党立志于中华民族千秋伟业，百年恰是风华正茂。"当代中国文艺家在交出一份份合格答卷，勠力于建成社会主义文化强国之时，脚下正启"赶考"新征程。

（作者系中国文联副主席、中国美协名誉主席、中国评协第一届顾问）

在实施"两个创作工程"中
勇攀新时代文艺高峰

徐 里

"建党 100 周年主题雕塑创作工程"和"不忘初心 继续前进——庆祝中国共产党成立 100 周年大型美术创作工程",是新中国美术史上规格最高、规模最大、参与创作人员最多的雕塑工程和美术创作工程,是新中国美术史上主题创作的创举,创造了新时代文艺创作的高峰。这两个工程是深入贯彻习近平新时代中国特色社会主义思想,有力推动习近平总书记关于文艺工作重要论述在中国文学艺术界、中国美术界落地生根,以一大批文艺精品庆祝中国共产党成立 100 周年的重大举措和献礼工程。这两个工程分别于 2018 年 6 月和 8 月正式启动,其中"主题雕塑创作工程"由中国文联、中国美协具体协调组织中央美术学院、中国美术学院、清华大学美术学院、鲁迅美术学院、中国美术馆参与创作和五个专业厂家参与加工,"大型美术创作工程"由中宣部、中国文联、文化和旅游部、财政部共同主办,中国美协具体协调组织全国各大美术学院、美术机构、30 多个省自治区、直辖市美协和军队系统的 3000 多名作者参与创作。截至目前,"主题雕塑创作工程"的五组雕塑(共 276 个人物、583 块汉白玉组合,每组雕塑重 600 吨左右)已经庄严地矗立在中国共产党历史展览馆广场上;"大型美术创作工程"遴选的 200 多件作品已经移交

385

党史馆，大部分作品作为"不忘初心　牢记使命——庆祝中国共产党成立100 周年美术作品展览"的参展作品在党史馆四层展厅展出。

回顾三年来这个紧贴主题、彰显时代、充满艰辛、凝聚汗水的勠力奋斗过程，我们深刻地认识到，正是中国共产党百年光辉历程和伟大业绩，赋予此次创作深刻的思想内涵；是中国特色社会主义伟大事业的道路自信、理论自信、制度自信、文化自信，激励文艺界、美术界为贯彻落实习近平新时代中国特色社会主义思想和习近平总书记关于文艺工作的重要论述而倾情奉献。我们要以两个工程的圆满收官为契机，按照中宣部、中国文联的部署要求，充分挖掘阐释两个工程的重大价值意义，发挥好重大主题创作在实现中华民族伟大复兴征程上凝聚人心、激励士气、鼓舞斗志的功能作用。

一、学习贯彻习近平总书记关于文艺工作
重要论述的重要结晶

习近平总书记关于文艺工作的重要论述，有力回答了我们创作实践中遇到的特殊问题，为这次创作进一步指明了方向，提供了强大思想武器和精神力量。我们以工程创作为主要抓手和实践载体，以学习贯彻习近平新时代中国特色社会主义思想，特别是习近平总书记关于文艺工作的重要论述为强大思想武器，坚持边学习边创作，坚持理论联系实际，坚持以人民为中心的创作导向，坚持与时代同步伐、尽情描绘新时代，坚持深入生活、扎根基层，坚持讴歌党、讴歌祖国、讴歌人民、讴歌英雄，确保创作取得重要成果。比如，在创作动员和培训阶段，上级领导反复强调要坚持以习近平新时代中国特色社会主义思想为指导，深入学习贯彻习近平总书记关于文艺工作的重要论述，牢牢把握创作的正确方向，真正把学习领悟成果转化为美术创作的成果。在主题雕塑创作攻坚阶段，我们把几十名主创人员相对封闭集中到中央美术学院，历时半年，反复对照习近平总书记对新时代文艺创作提出的标准要求，反复研

究雕塑创作小稿的具体呈现方式、创新表现手法和统一风格、统筹要素等，防止主题不够鲜明、创作因循守旧、风格各自为阵和内容交叉重复等。为了生动刻画和描绘新时代，300多位画家深入企业、乡村、边海防、作战部队、抗疫一线等体验生活，挖掘和掌握第一手素材。有位画家说："我们要以行动践行习近平总书记讲话精神，以画笔描绘中国共产党为什么能、马克思主义为什么行、中国特色社会主义为什么好，以画卷呈现中华民族迎来了从站起来、富起来到强起来的伟大飞跃。"两个工程取得了创作理念、表现形式、方法途径、呈现效果、精神感召力等多方面收获，这正是学习贯彻习近平总书记关于文艺工作重要论述的理论结晶和实践结晶，彰显出无穷的思想魅力和强大的实践伟力。

二、献礼建党百年、凝聚中国力量的重要使命

在党的百年华诞这个特殊的庆典时刻，中国美术界以什么样的精神状态、创作什么样的传世作品，真正能够生动描绘党的辉煌百年历程，精心塑造凝聚党心军心民心的新时代精神图谱，向党中央和全国人民献礼，无疑是我们极其重要的文化使命。两个工程正是在这样的背景下应运而生。在"主题雕塑创作工程"方面，相关领导亲自筹划推进，多次面对面与美术家一起，逐项逐事逐人深度研商创作方案、选题内容、语言风格、尺寸材料等，围绕党的"四个伟大"（伟大斗争、伟大工程、伟大事业、伟大梦想），确立了《信仰》《伟业》《攻坚》《追梦》四座雕塑主题，同时为展现"旗帜就是方向、旗帜就是力量"的理念，确立了《旗帜》创作主题，全过程、面对面加强对创作的指导，这是重大主题雕塑创作的政治灵魂和保证。在"大型美术创作工程"方面，工程组织委员会、创作指导委员会先后多次听取"大型美术创作工程"创作进展情况汇报并作具体指导。我们工程办坚决贯彻党中央的决策部署，在中宣部、中国文联的坚强领导下，在全体创作团队、创作人员、党史专家和工程办公室人员等的共同努力下，胜利完成了这个艰巨而又繁重的使命

任务，向党和人民交出了优秀答卷。据初步统计，两个工程中，全程参与的创作人员 450 多人，加工人员 617 人，中国文联办公厅、中国美协等参与常态组织和保障人员 12 人，其中大部分主创人员放弃三年节假日的休息，210 多人坚持带病工作，150 多人能够正确对待和克服家庭实际困难，5 人因创作生产亲人病故不能亲临。特别是近两年以来，大家冒着酷暑严寒、顶着疫情肆虐的危险，在夏季温度高达 40 多摄氏度的工棚搞创作，在冬季零下 20 多摄氏度的雕塑车间深加工，创作指导组在极其简陋的旧厂房边吃盒饭、边研究创作，把创作指挥的"中军帐"直接开设在创作前沿的"第一线"，工程办工作人员连续 6 个通宵组织 239 件美术作品搬进中国共产党历史展览馆负一层，正是大家以苦为乐、甘于奉献的执着付出，才迎来艺术瑰宝的问世，才能不负重托、不辱使命。

三、勇攀新时代文艺高峰的重要成果

按照"政治工程、千年工程、精品工程"的创作目标，我们在创作上既要尊重历史，又要创新思维；既要国内最好，又要世界视野；既要回顾百年，又要放眼千年。比如，在创新主题雕塑的表现手法上，创作团队站在历史前辈经典的基础上，获得创造新时代经典的能量，传达出民族化、东方性的营造法式，实现了新时代的风格样式。在"大型美术创作工程"的作品中，国画、油画、版画和雕塑都有新时代的创新之处，具有更强的写实风格，以实事求是的态度和创新的手法反映党的百年历程。又如，主题雕塑与党史馆建筑的融合，科技手段在雕塑翻模中的运用，都较好地实现了美术、艺术、科学与技术的有机结合。专家们在评论中表示，"主题雕塑创作工程"和"大型美术创作工程"的部分作品，可以说是新时代美术创作的经典作品，是攀登新时代美术高峰的代表性力作。

四、坚定和践行文化自信的重要标志

文化自信是更基本、更深沉、更持久的力量。对于中国美术界来说，要坚定和践行新时代的文化自信，必须要拿出精品力作，而这两个工程的创作给中国美术界提供了最好的历史机遇和实践平台。为保证重大主题雕塑的创作质量，上级领导与主创团队、党史专家先后召开 30 多次论证、选题、审稿和调研等会议，对五组雕塑主题、276 个人物、近百个历史事件的深化创作进行审核，后期以中国文联党组书记、副主席李屹同志为组长的创作指导组成员，集体对每组雕塑的整体形态、每个局部、每个事件、每个人物、肌理语言进行"拉网式"审稿，总计提出近万条修改意见建议，广泛集中艺术家的集体创作智慧，为主题雕塑等比例泥稿定稿、石雕加工制作发挥了重要把关作用。在此基础上，四所美术学院和中国美术馆集中精兵强将，先后组织了 30 多次的创作大小稿的修改和完善。在打造"大型美术创作工程"精品上，工程组委会和工程办公室先后召开 5 次选题工作会议、5 次作品审稿会议、2 次创作培训会议，组织 30 多位专家、历时 4 个多月、赴 8 个省份对 200 多位作者的 165 件作品进行现场观摩指导，300 多名重点创作人员开展了为期三年、基本上都有 10 余次改稿的攻坚创作，今年上半年又组织 10 多位专家对 50 多件美术作品进行集中改稿。正是通过大家不懈的攻关、艰辛的努力、潜心的创作，这两个工程推出了一批思想精深、艺术精湛、制作精良的优秀作品，这些作品有筋骨、有道德、有温度，注重提升原创能力与艺术品质，突出思想性与艺术性的有机统一，突出题材内容与表现形式的创新，为彰显新时代文化自信提供了说服力和正能量。

五、充分彰显社会主义文艺的重要优势

这两个重大主题创作工程，涵盖"四个伟大""旗帜就是力量、旗帜就是方向""党的百年的重要历史事件"等重要创作内容，于"两个一百

年"的历史交汇点，以文艺创作独特的表现形式和优势，在中国共产党历史展览馆隆重推出，接受广大党员和人民群众的参观检阅，必将鼓舞和激励全党全国各族人民，在新征程上永远保持建党时中国共产党人的奋斗精神，永远保持对人民的赤子之心，永远把人民对美好生活的向往作为奋斗目标，更加紧密地团结在以习近平同志为核心的党中央周围，高举中国特色社会主义伟大旗帜，聚焦实现伟大梦想，持续进行伟大斗争、建设伟大工程、推进伟大事业，不忘初心、牢记使命，更好立足新发展阶段、贯彻新发展理念、构建新发展格局，为实现中华民族伟大复兴中国梦而不懈奋斗。

中国美协将以这两个工程圆满收官为新起点，深入学习贯彻习近平总书记"七一"重要讲话精神，并与学习贯彻习近平总书记关于文艺工作、美术工作的重要论述精神结合起来，围绕举旗帜、聚民心、育新人、兴文化、展形象的使命任务，着眼"十四五"规划文化建设要求，促进满足人民文化需求和增强人民精神力量相统一，体现文化艺术审美功能和精神培育引领功能相统一，为时代画像、为时代立传、为时代明德，以实际行动勇攀新时代文艺高峰，为建设社会主义文化强国作出更大贡献。

（作者系中国美协分党组书记、驻会副主席）

红色题材杂技剧的时代价值与艺术路径

——以杂技剧《桥》《战上海》《渡江侦察记》为例

任 娟

2017 年中国人民解放军建军 90 周年，2019 年新中国成立 70 周年，2021 年中国共产党成立 100 周年，围绕这些重要的时间节点，我国红色题材杂技剧迎来了创作高峰和品质的整体提升，涌现出一批力求思想精深、艺术精湛、制作精良的佳品力作。其中，以渡江战役为题材的《渡江侦察记》(2018 年)、表现上海解放战役的《战上海》(2019 年)、再现南京长江大桥建设过程的《桥》(2021 年)等红色题材献礼杂技剧尤具代表性。具体而言，《渡江侦察记》代表了新时代红色题材杂技剧艺术探索的新变和先声，《战上海》标示出中国杂技剧创作的艺术新高度，《桥》通过对工业题材的崭新叙事，拓展了杂技剧的艺术创作空间。在这些优秀杂技剧的示范带动下，随着对杂技的新的文艺历史维度之认识和文艺观念之阐释，杂技不断提升着在主流文艺理论领域地位的同时，中国杂技院团由几只头雁轮流领飞的雁行阵型也正在发生深刻改变，呈现出众水分流、群星闪耀、多元并存的新发展格局。

红色题材杂技剧的时代价值

刚刚过去的这一百年，是开天辟地波澜壮阔的一百年，是亘古未有不可复制的一百年。这是离我们最近的历史，也是离杂技工作者最近的一个富矿。如何发挥杂技语汇与红色题材天然契合的优势，加载红色资源，赋予红色题材艺术品质，是杂技界一个全新的时代课题。杂技剧《桥》《战上海》《渡江侦察记》的成功，就是在不断进行观念变革和路径探索中，发起了"现实主义冲击波"，实现了新时代语境下的艺术突破，彰示了杂技剧宽阔的创作空间和无限的可能性。

对"与时代同步伐"要求的踏实践行

习近平总书记强调文艺工作者"要坚持与时代同步伐"。认识时代的精神气质，展现时代的精神风貌，引领时代的精神建构，是广大文艺工作者的时代责任和创作实践的逻辑起点。

杂技剧《桥》《战上海》《渡江侦察记》是深远的价值追求和精巧的艺术手法的结晶，是编表导、服化道和视听科技等各方面高水准的综合呈现，其典型的时代质感和艺术美感形成了很强的感染力和震撼力。主创团队并不是在复述红色历史，而是致力于挖掘红色历史中为当代人所关注的现实点与情感点。在剧情设置上将国家与民族等非虚构性的历史叙述、革命（建设）与爱情等虚构性的艺术想象完美融合在一起；在表现手法上将独特的杂技语汇与舞蹈、戏剧、电影等艺术元素杂糅为超越传统的戏剧新形态；在剧场语言上运用音乐音响、视觉影像等最新舞台技术，给观众构筑全新的观演空间和视听感受；在风格意境上，既有史诗式的宏大叙事风格，又"以小衬大"，用"小人物"壮怀激烈的人生选择去阐述"大时代"的"大情怀"。正是沿着正确的创作方向，出色地阐释了红色基因的时代价值，才能收获观众热情的积极评价。因为观众和时代才是最终的裁判者，历史将严格筛选我们这个时代的艺术。

为杂技剧"技剧关系"的时代之争提供解决方案

2004 年杂技剧《天鹅湖》的诞生，标志着杂技剧的正式发轫。伴随着杂技剧的勃兴，中国杂技的格局为之一变，有了向前一步海阔天空的意味。

与此同时，杂技剧创作普遍面临着"技"与"剧"冲突时的取舍问题，这种"技"与"剧"谁为谁服务、谁主谁次、孰轻孰重的困惑，实质是没有厘清表现手段与表达目的二者的关系。近年来，以《桥》《战上海》《渡江侦察记》等为代表的杂技剧似乎摆脱了这种困惑，"杂技剧首先是'剧'，其次才是'杂技剧'"，但杂技本体的辨识度不能被冲淡或淹没，已经成为共识。

从戏剧性而言，这三部剧在叙事形态、叙事模式、叙事单元的共同策略是用叙事逻辑来打破杂技节目的自有体系。因此，我们看到了故事、题旨、结构、（身体）语言等戏剧元素的完整体系、戏剧悬念与高潮的精心设置、典型形象的动人刻画、人物情怀的感人呈现，以及在现实主义的历史真实之上，综合表现主义、象征主义等多种手段所传达出的历史观、艺术观和对生活的理解。从技巧性而言，三部剧的技巧均服务于剧中人物的真实性、情节的逻辑性和叙述的连贯性而被拆解、取舍、重组，但依然秉持着技巧是杂技本体的核心观念，在突破御人御物表演潜能的方向上精进，带给观众属于杂技艺术特有的视觉冲击和心灵震撼。

以创新的时代精神匡正杂技舞台的同质化积弊

杂技舞台的同质化问题由来已久、饱受诟病，但问题的出现有其历史的、自身的原因。可喜的是，随着杂技界品牌建设意识的增强，"人无我有，人有我精；无新不出台，无精不参赛"等理念成为共识。如果把"人无我有"形容为独创性，那么"人有我精"就是独特性。独创最为不易，也理应收获最高的评价。但在杂技演员身体潜能已被开发至临近极限的当下，能努力形成作品的独特性殊为不易。

这三部剧可谓兼具独创性、独特性，从技巧、道具、造型到戏剧呈现，处处有创新之举，实现了"一戏一品格"的艺术追求，成为杂技界创作能力和驾驭能力越来越成熟、文化内涵和戏剧品格越来越鲜明的生动范例。其中，《桥》作为首部工业题材杂技剧，更是无成例可援，可以说是今年最令杂技界"喜出望外"的收获之一，也将启发杂技界更多地关注当代中国的现实生活，更好地呈现有广度、深度和多样性的时代特质。

推动杂技剧剧种本体建设的时代新课题

以往，杂技界主要关注的是杂技艺术本体，对杂技剧剧种本体的研究着力太少。相较于其他剧种而言，杂技剧确实还比较年轻，整体来看剧种意识还是模糊的、不自觉的。剧种本体建设是个长期发展的动态过程，只有当代表性的艺术坐标体系建立起来，形成成熟的体制、规范以及艺术形态与舞台想象的共识，杂技剧剧种本体建设才能成为可能。在此基础上，曾经形式即技巧大于内容、与思想与价值呈现有所隔阂的杂技将变身为"文以载道"的艺术。虽然现象与结论之间会有一定的时滞，但全社会终将用新的标尺和角度来考量和评价杂技，直至在一般艺术理论或美学原理的层面上被视为与其他艺术门类并驾齐驱的一个基本艺术门类。

成功的新创剧目并不会以剧种建设为主要动力或目的，但是却能直接带动剧种艺术本体建设。杂技剧《桥》《战上海》《渡江侦察记》等红色题材杂技剧的相继诞生，集中了杂技剧创作方面的优秀人才和大手笔的资金投入，在舞台有当代美学的极致呈现，反映出杂技剧界一种"守正创新"的创作自觉，即沿着"技艺并举"的道路开拓进取，重视在剧种本体上进行挖掘、凝练、丰富。

回过头从杂技剧的发展脉络来看，我们会欣慰地发现曾经有过的静默的探索，都在为剧种本体生命意识、自我要求的生发积蓄能量；曾经有过的不那么成功的实践，都化为了剧种本体向内的反思、调整和变革。

红色题材杂技剧的艺术路径

创造红色经典是文艺界的美好愿景，也是杂技工作者共同的艺术使命。就杂技剧而言，虽然杂技语汇与红色题材有榫卯合契的一面，但创造红色经典却绝非易事，更不是一蹴而就的，而是经过长期的艺术准备、厚积薄发的结果。我们探究优秀红色题材杂技剧的艺术路径，就是对成功现象进行本质性、规律性思考，进而推动杂技剧创作的时代进程和本体发展。

剧本是一切戏剧活动的根本出发点

所谓剧本，乃一剧之本，是导演和演员二次创作的出发点。剧作的成功离不开坚实的剧本基础。随着杂技剧作者创作视野与创作思路的不断拓宽，在题材、叙事领域各个向度上的广泛开掘成为一些创作的突出表现。特别是近年来，杂技剧创作中现实主义的高蹈和追求经典化，既是收获也是特征。

杂技剧《战上海》《渡江侦察记》均属于改编经典电影作品的创新实践，且称其为"电影的舞台化"，其巧妙之处在于能让观演双方借由对原作本身的熟稔结合杂技舞台的二度创作，产生既熟悉又新鲜的观演反应，成就一加一大于二的美学体验。即便如此，编创团队依然在原创性上下足了功夫，努力把新的历史人物、新的历史故事打捞出来，赋予老故事以新的面貌和看点。

杂技剧《桥》则是杂技舞台全然崭新的尝试，实现了多维度的创新与突破。

首先，就工业题材选择而言，杂技剧《桥》带着勃勃生气卓然问世，不仅填补了杂技舞台这一题材的历史空白，更给工业题材类型艺术创作贡献了新的佳作，其文艺史价值也值得关注。其次，《桥》通过艰辛而扎实的前期准备，寻找到散落在浩瀚历史间隙中的人物故事，表现几位最普通的年轻人在建设"争气桥"过程中人格心灵的成长史，引发了观众强烈的情感共鸣和联想。桥梁建设加恋爱的双线叙事结构交织前进，通过"生产事件"与"个人生活"的复调化处理，实现了史诗化的"大格局"与普通民众"生活气"的圆融统一。

杂技本体的创新发展是优秀杂技剧的重要创作基础

杂技剧身兼杂技与戏剧的双重舞台任务，重"技"轻"剧"会失去剧的味道，重"剧"轻"技"会伤害杂技的本体。只有坚持以技为本、技艺并举，杂技在情境化、剧作化道路上才能越走越开阔。

这三部杂技剧在戏剧的完成度上可圈可点，在杂技本体的创新发展上也是成绩斐然。《渡江侦察记》中的"帆"、《战上海》中的"绳梯"、《桥》中的"沉井架"等都是新创的杂技节目形态，既妥帖地契合了情节铺展的逻辑性，又实现了杂技形式的创新式发展，成为优秀杂技剧的重要创作基础。《桥》中男主角卫光荣突破身体极限完成深潜焊接任务的一幕，通过魔术悬宕技术演绎出"不可能完成的任务"的大片感，制造出极具冲击力的戏剧悬念。

创新式发展之外，杂技艺术的创造性转化也随处可见。如《渡江侦察记》中尾声画面最终定格在一枚五星形状的"勋章"上，是化用了杂技空中造型"中国结"而来。《战上海》为了体现旧上海风情，让女演员穿着探戈舞裙、高跟鞋爬杆，原有的手法和节奏被全然改变，给观众耳目一新的审美感受。"跳板""扯旗""梅花桩""蹦床"等技巧的运用也恰到好处、妙不可言。

此外，以上剧作中为服务于戏剧逻辑和结构，对院团已有的成熟的乃至堪称艺术坐标的杂技节目的勇毅拆解、取舍、重组已经得心应手，密密匝匝、不胜枚举。

导演的创作能量决定杂技剧艺术品质的上限

正如专家所言，"杂技是超常的艺术，是所有艺术中最难以捉摸和概括的"。这给杂技剧《桥》《战上海》《渡江侦察记》的导演团队带来了现实的难题，即非杂技专业的导演艺术的"进与退"问题。这种"进与退"的把握非常微妙，稍有不慎则会在剧作形式结构各层面顾此失彼、进退失据。可喜的是，导演团队的创作能量惊艳了杂技界，并体现出对杂技本体的精髓与精神的真诚尊重，以及对杂技剧创作的特殊要求的深度理解。

《桥》借助环境、服装、音乐、道具、表演等元素，将工人的属性特征艺术化，给新中国的建设者们以充满欢愉和亮色的群像书写。为凸显工业题材的厚重感，剧中的道具极大地强化了杂技本体的特性。如"斜坡梯蹬人"借助机械化道具在行进中表演；表现大桥合龙的大型高空节目，一块桥板即重达2吨，演员在无保险绳状态下进行高空攀跃、翻腾对接，视觉效果十分震撼。

《战上海》最受称道的是剧作尾声对主题的升华，演员用身体的柔韧和力量雕塑出一座英雄的"丰碑"，象征和平的白鸽翩翩而至，既表达了对革命先辈的礼赞，又预示着美好的未来，堪称"神来之笔"。今年，该剧再次芟除繁芜、砍削枝蔓，越发结构精巧、神完气足。

演员的创造潜力是杂技剧创作的重要开拓方向

想要把剧立起来，关键还是要聚焦在舞台的表演上。杂技剧《桥》《战上海》《渡江侦察记》涌现出以王怀甫、晏丽、沈思思、许春瑞、达璐、雍永波等为代表的一批优秀演员。为了杂技剧的"一主到底"，他们承担着技巧展示与立体叙事的双重艺术任务，在杂技演员"高龄"之年要承载很多全新技术，没有非凡的挑战自我、重塑自我的能力是不可能实现的。事实证明，这批演员除了自身掌握了新的高难杂技技巧，还通过赋予剧作角色鲜明的饱满度，彰显了不俗的戏剧化表演水平。他们丰富的表演经历、扎实的业务能力、深度解读角色的能力，延长了他们的舞台艺术生命，也使他们成为新时代青年杂技艺术家的优质范本。

当然，总体上中国杂技演员综合表演能力的进步空间还很大，如何发掘演员的创造潜力将是杂技剧创作的重要开拓方向。

杂技剧创新的三个路径

艺术路径之外，笔者认为杂技剧的创新还有一些着力点，值得思考。

一是在文学性的基础上加大戏剧化深度探索。"创新是文艺的生命"，杂技是"没有边疆的世界"，更应该兼收并蓄、博采众长。特别要吸收戏剧的文学性，正是突破性地重视文学，让杂技剧本有了内涵、有了情感，更有了观念。

目前，杂技剧创作模式以鲜明的线性结构方式为主，剧情往往有着连续的因果闭环，常以某个目标为动因，最后以目标的达成为结局。随着创作观念的不断突破，可以进行开放式结构、多线交织、多景并置、信息延宕或压制、立体人物的多面性、正反面人物均衡叙事等戏剧化深度探索。经过系统戏剧化训练的演员，可以完成对剧本细节的个性化拿捏，甚至给自己找戏、补戏。目前，最乐见其成的是杂技剧演员能完成台词的性格化表演。

二是电影艺术应成为下一个重点学习对象。杂技剧目化的时代发展趋势使得剧场的"现场性"得以凸显。我们必须研究如何与剧场观众主体即年轻观众审美趣味进行对应与接榫，向电影艺术学习将是舞台艺术的重要前进方向。

杂技剧《战上海》《渡江侦察记》均属于"电影的舞台化"，都获得了"既有意义又有意思""既叫好又叫座"的艺术效果。《战上海》"暗巷逐斗"一幕中变奏型快慢镜头的呈现,《渡江侦察记》对侦察兵"神龙见首不见尾"的人物特性的塑造,《桥》"舍身救沉井"等场景全息投影技术的运用等,帮助观众建构起"全景—中景—近景—特写"式的电影镜头想象,使得剧目的内容与形式产生了新的辉映点。

三是加强对地方资源的挖掘和地域文化特质的呈现。重视地域性题材的创作,既是策略也是优势。杂技剧《战上海》的成功,正是具有鲜明上海地域特点和风格的海派杂技艺术的成功。高扬"党的诞生地"精神,讲好党的"初心"故事,海派杂技还有太多创作空间。《渡江侦察记》增加了"说书人"的角色来串引剧情,巧妙地融入了江南评话、评弹的艺术元素,为剧目增添了江南文化风韵。《桥》不仅重现了长江大桥的建设历程,也守护了南京这座城市的文化记忆。《芦苇青青菜花黄》(2020年)、《铁道英雄》(2020年)、《一双绣花鞋》(2021年)、《山上那片红杜鹃》(2021年)等新创杂技剧在地域性叙事方面也进行了可喜的艺术探索。

当每部剧目都有独特的自我创造,杂技剧种就会不断得以丰富、延展,杂技艺术的万千气象、无穷意味也就自在其中了。

(作者系中国杂协理论研究处三级调研员)

守正出新书"伟业"

——记"伟业——庆祝中国共产党成立 100 周年书法大展"

杨　阳

从展览主题出发，让新文艺群体书法家题写展标；创建优秀作者电子资料库，从中选取优秀作者保证高质量创作；书法作品成"组"出现，努力"破圈"走向大众；书法家走出书斋挖掘故事，自撰文颂扬革命烈士精神……凡此种种，无不体现出"伟业——庆祝中国共产党成立 100 周年书法大展"如何以"守正出新"之理念，用书法讲述百年党史故事。

为庆祝中国共产党成立 100 周年，中国文联、中国国家博物馆、中国国家图书馆、中国书协共同举办"伟业——庆祝中国共产党成立 100 周年书法大展"，为时代立传、为时代画像、为时代明德，向中国共产党成立 100 周年献礼。展览分为"百年辉煌""崇高信仰""光昭九域"三大篇章，采用浸入式感受、体验式书写、主题性创作的策展理念，运用整体、联系、开放的系统思想和"宏观叙事""微观描述"的策展手法，构建了以主题思想表达为中心的集体创作模式，于"守正出新"中践行了社会主义核心价值观。

2021 年 6 月 19 日，"百年辉煌"篇章、"崇高信仰"篇章分别在中国国家博物馆和中国国家图书馆开展。7 月 2 日，"光昭九域"篇章在中国国家图书馆展出。

一、以"守正出新"之理念，策划"伟业"大展

2021年5月23日，中国书协公众号推出"伟业——庆祝中国共产党成立100周年书法大展"的展览预告，预告中刊发出的带有展标"伟业"的海报即刻引发了观众的好奇之心，纷纷猜测这端庄有力的"伟业"二字出自哪位名家之手。但是这一次，大家都猜错了。其实，从"伟业"二字的题写可略窥中国书协举办此次展览的"守正出新"之理念——不同于寻常展览一般由名家、大家书写，此次展览策划委员会从贴合展览建党百年的正大主题出发，在众多书法家中筛选出最适合此次展览主题书风的作者——程志宏，尽管他只是一名出生在山西吕梁革命老区，长期在河南、山西等地基层从事书法学习、创作和教育工作的新文艺群体书法工作者。程志宏坦言："在书法界，我是一个基层小兵，几个月前，接到本次重大主题展览的入围通知，同时要求为这次大展书写展标'伟业'，我既感到非常荣幸，更感到肩负了沉甸甸的责任，经过数次打磨最终完成作品。几周前，我看到中国书协的展览预告，我写的展标被印在海报上，庄重的请柬上也采用了我写的字。能得到这么重要的学习、展示、交流的机会，这在过去几乎是不可想象的。正是新时代党的文艺政策，让我们基层文艺工作者切实感受到了习近平总书记所说的'每个人都了不起'。"中国书协分党组书记、驻会副主席李昕介绍："在此次展览中，把书法展示的舞台留给了新文艺群体——基层骨干书法家占到了70%以上。"

展标由新文艺群体书法家题写还只是此次展览"守正出新"理念的一个前奏，此次展览的作者更是与中国书协举办的其他面向社会征稿的展览不同，是由中国书协定向提名产生——此前，根据作者近年创作业绩及当下水平，由中国书协各专业委员会、各省书协、中国书协相关职能部门报送名单，中国书协再集中进行审查，最后形成一个有800余位优

秀作者的电子资料库，录入作者基本情况、近年创作成果及代表性作品数幅，此次展览入围作者即是由专家从电子资料库中选取而来。

除此之外，在展览现场可以看见"守正出新"之处比比皆是，可见中国书协在展览策划上下足了功夫。谈起此次展览策划的初衷，中国书协主席孙晓云说："中国书协作为专业性人民团体，必须要以做人的工作为中心，要把'出精品、出人才'作为中心任务来抓，其中主题性创作是非常重要的一环。中国书协要用主题性创作来引导书法家关注自身的使命与责任，创造出真正符合时代需求、深受人民群众喜欢、给人民精神力量的作品。"在李昕看来："主题性创作其实为当代书坛提出了时代命题——书法家该如何深深地扎根人民？中国书协该如何引导书法家创作？这就要求书法家不能简单地把主题性创作作为政治口号、口头的政治任务，而是把政治性要求和自身认识相贯通起来。"展览的三大篇章，即以三种不同形式将书法家、书法艺术与庆祝建党百年这一宏大主题进行了贯通。

二、"百年辉煌"：述纪洪业　承颂华章

在中国国家博物馆展出的"百年辉煌"篇章，作品立足中国共产党百年史，以时间为线，以大事件为点，围绕新民主主义革命时期、社会主义革命和建设时期、改革开放和社会主义现代化建设新时期、中国特色社会主义新时代4个阶段的153个党的重大事件和伟大工程进行主题性书法创作，艺术表现中国共产党领导中国人民进行伟大实践的百年历程。

在"百年辉煌"篇章中，书法作品以"组"的形式展出——每一个事件都配有"事件意义"的说明，有小楷书法家以小楷书写的摘编自《中国共产党简史》《中国共产党历史重要事件辞典》等权威出版物的"事件介绍"，以及书法家书写的事件相关标语、诗词等巨幅书法作品。这种"三段式"的展示，目的是为观众奉献出一场政治导向正确、史料

真实可信、全民共赏的党史主题性书法展览，让普通观众也能准确了解到每件书法作品所书事件背后的故事，以更好欣赏、理解作品。"在中国共产党成立100周年这个举国欢庆的节点上，如何让书法'出圈'，发挥书法的记言录史、纪事本末功能，充分展示中国共产党的重大决策和辉煌成就，让书法走进大众视野，是此次展览策划所考量的因素之一。"此次展览策展委员会成员李宁说。对于让哪一位书法家书写哪一事件，中国书协在策展时又进行了细致安排。譬如"安源路矿工人大罢工"事件由书法家刘洪彪书写，一方面是因为刘洪彪就出生于这一事件中的江西萍乡安源煤矿；另一方面，"安源路矿工人大罢工"是中国共产党第一次独立领导并取得完全胜利的罢工斗争，其所具有的开创性与刘洪彪所善的草书之创新性相呼应。

中国书协名誉主席沈鹏由于身体原因如今已几乎不参加书法展，当知道此次展览是为庆祝中国共产党成立100周年举办的主题展时，沈鹏毅然答应创作。作为当代书坛巨擘，沈鹏进行开篇"中国共产党成立"事件的作品书写，沈鹏多番思考后写下"为有牺牲多壮志，敢教日月换新天"的诗句，他认为这一句最适合歌颂中国共产党成立，中共中央党史和文献研究院工作人员看后也认为的确如此。在书写完成后，虽没有笔法、字法等错误，但是沈鹏自认有两字书写不满意，又提笔进行了重新创作。在此次展览中，老一辈书法家细致严谨的书风以及扎实的文学素养让人敬佩。

书法家王友谊创作的"社会主义协商民主"事件的作品，是身患重病的他在进医院透析前创作的小稿，原本打算从医院回来后再写一幅，却再也没能回来。6月13日凌晨，王友谊与世长辞，因而这幅作品成为王友谊的绝笔之作。站在这幅作品面前，不禁肃然起敬。

展览上，除了老一代书法家贡献的精品力作，中青年书法家也交出精彩书卷。青年书法家虞晓勇在接到创作任务后，反复阅读文献，还找到大量相关资料，了解事件始末，而后创作了毛泽东同志的《〈共产党人〉发刊词》（节录）。由于感受到了以毛泽东为代表的老一辈无产阶级革命家强烈的民族使命感，虞晓勇选择魏碑中偏于雅正一路的风格，展现红色文献的庄重。对于笔形的处理，则讲究藏露相兼，使得书写既有动感，又富于含蓄的韵致。"书写形式的择用，必须建立在对文本内容深入理解的基础之上，此次展览给了我一个很好的创作训练机会。"虞晓勇说。

三、"崇高信仰"：以微观视角再现壮丽史诗

在中国国家图书馆展出的"崇高信仰"篇章，以崇高信仰为指引，深入挖掘党史，探寻在大革命时期、土地革命战争时期、抗日战争时期、解放战争时期和抗美援朝战争中的革命先辈事迹，以微观视角再现为党和国家奋斗、奉献、牺牲的革命先辈的壮丽史诗。

李昕认为："书法家始终不能忘记是为什么而写，一个人永远不能和所生活的时代、环境和社会政治脱离关系，所以书法家一定要走出'小我'，走出书斋，面向更广阔的大地。'天下第一行书'《兰亭序》，也正是王羲之'仰观宇宙之大，俯察品类之盛'后发出的感慨。一幅好的书法作品除了有笔墨之功，还要有文本之理。"在这一篇章中，中国书协对书法家提出了自撰文的要求，鼓励各地书法家走出去，走进革命烈士纪念地进行深入挖掘，在进行深刻了解后撰写出相关文章。中国书协组建了撰文指导小组，小组中几十位相关专家对各位书法家的文章进行指导、审核，文章审核不通过者会被取消入展资格。在此次展览学术主持李刚田看来："要求作者自撰文本，这对当下习惯抄录古人诗文的书法作者来说，是一次考验，不但提升作者文学创作的能力，更重要的是通过自撰文，强化了作者书法创作中的文本意识。"

烈士袁国平是湖南邵阳人，先后参加了北伐战争、南昌起义、广州起义、五次反"围剿"作战和长征，1941年，在皖南事变的战场上牺牲。书法家陈襄就出生在邵阳，袁国平烈士的光荣事迹是他从小就耳熟能详的故事。袁国平在皖南事变中身受重伤，为了不拖后腿，毅然决然举起

手枪对准自己扣动扳机，践行了"如果我们有一百发子弹，要用九十九发射向敌人，最后一发留给自己，决不当俘虏"的阵前誓言。袁国平的英勇事迹给陈寰留下了深刻记忆。在接到中国书协的展览入围通知后，陈寰希望用自己的笔让更多的人知道袁国平的英勇事迹。于是，他先在网络查阅资料，查看相关的文章和视频后，又走访了邵阳市党史馆、邵东市党史馆查阅史料。但是他认为只看资料还不够深刻，于是，陈寰又进行了实地走访，去到袁国平烈士故居，和当地领导、老百姓进行多次沟通交流。走访后，陈寰说："起初，查到的资料比较单一，数量也不多，但随着调研的深入，以及实地瞻仰，让我对烈士的了解逐步深入而立体了。作为一个书写者，当我置身于烈士故居，和当地老百姓聊起革命先烈的故事时，是心灵的洗礼和深刻鲜活的党史学习教育经历。"

来自安徽的书法家杨文浏接到展览入围通知后，头脑中第一时间便跳出"崔筱斋"三个字。杨文浏曾在安徽省长丰县党史研究室工作10余年，对县内党史人物较为熟悉，印象最深的就是建立合肥地区第一个党支部、领导双河暴动的崔筱斋。"在那个革命发展尚处艰难的时期，崔筱斋凭着坚定的理想信念，心忧天下，胸怀大义，宣传革命思想，在大地书写了红色传奇。"杨文浏说。手边虽然有些关于崔筱斋、关于北乡支部的资料，但是为了进一步撰写好文章，杨文浏又前往中共合肥北乡支部纪念馆、县党史研究室查阅相关资料。杨文浏通读了搜集来的所有资料，在感动中渐渐明晰了创作的主体思路——以关键的时间节点串起关于崔筱斋一生的重要事件，用散文化的语言表达，力求既尊重历史事实，又能将崔筱斋写得丰满伟岸、有血有肉。在创作书法作品时，杨文浏以自己较为擅长的小字行书完成。因为是命题创作，在书写过程中，杨文浏说："不追求'国展'作品对技法的呈现，更多的是追求几分畅达婉转，几分笔下的力实气空之感。""对于完成自撰文的书法创作，用传统的书法艺术形式写白话文与诉说当代故事，如何做到艺术形式、风格与文本内容统一和谐、相辅相成，也是对作者的新考验。"李刚田说。

在不断的努力挖掘下，书法家以微观的视角再现了一幕幕感人心魄的生动画面，一个个为了崇高理想英勇奋斗的身影，为中国共产党党史提供了一份书法形式的史实文献。

四、"光昭九域"：墨痕依旧　百年如新

"光昭九域"篇章，精选中国国家图书馆馆藏的马克思、恩格斯、毛泽东等伟人手迹及鲁迅、沈尹默、茅盾、郁达夫、徐悲鸿、容庚、启功等近现代文学艺术界巨匠的墨迹手稿56件，辅以38位书家主题式创作，通过文献史料与当代翰墨的一品一貌式展陈，深描觉醒年代的理想信仰之光。

在中国共产党成立100周年之时，回望马克思主义对中国的影响是应有之义——在马克思主义指导下，中国共产党团结带领人民经过长期奋斗，完成新民主主义革命和社会主义革命，成立了中华人民共和国和建立了社会主义基本制度，进行了社会主义建设的艰辛探索，实现了中华民族从积贫积弱到站起来、富起来、强起来的伟大飞跃。"光昭九域"篇章开篇展出的即马克思的珍贵手稿，该手稿是马克思于1870年5月31日，在英国曼彻斯特恩格斯家中做客时写给女儿燕妮的信。在这封信中，观众得以看到马克思的柔情一面，"我的感冒还没有完全好""当我在写这封信的时候，可恶的弗雷德不断地打扰我""小达金斯是星期六晚上来的"……事无巨细，马克思对女儿的温情满满跃然纸上。在不大的几张纸上，马克思的英文钢笔字迹娟秀飘逸，书法家夏云将这封信的中文翻译用端正小楷进行了书写，以此致敬马克思。

在此次展览中，还展出了中国国家图书馆当年征集到的第一件毛泽东手迹——《蝶恋花·答李淑一》。1957年春节，李淑一写信给毛泽东，谈她读了毛泽东诗词的感想，并附了一首她在1933年听到她丈夫柳直荀牺牲时写的《菩萨蛮·惊梦》。5月11日，毛泽东回信，并作词一首为赠："我失骄杨君失柳，杨柳轻飏直上重霄九。问讯吴刚何所有，吴刚捧出桂花酒。寂寞嫦娥舒广袖，万里长空且为忠魂舞。忽报人间曾伏虎，泪飞

顿作倾盆雨。"另一件展品《致叶恭绰的信》和《沁园春·雪》则是毛泽东致学者、书画家叶恭绰的回信,并为其题写了著名的《沁园春·雪》,该词赞美了壮丽的北国风光,表达了一代伟人崇高的革命气概和无产阶级革命乐观主义精神。

除此之外,朱自清《论自己》、陈独秀《孔子与中国》、鲁迅《藤野先生》、茅盾《复工条件》、赵树理《登记》、启功《唐写小说残本》等手稿在展览上一一呈现。

墨痕依旧,百年如新。这些宝贵的精神财富跨越时空、历久弥新,充满真理的力量、信仰的力量、意志的力量、人格的力量,由此形成的精神长河早已融入我们党、国家、民族、人民的血脉之中。

（作者系《中国艺术报》记者）

追光:《革命者》的精神向度与美学理想

王文静

自 2021 年 7 月 1 日上映后,电影《革命者》的社会反响和话题热度不断攀升。作为中国共产主义运动的先驱、伟大的马克思主义者和中国共产党的主要创始人之一,影片中的主角李大钊温暖坚毅、悲悯慷慨,其栩栩如生的形象成为《革命者》感人至深的重要依托。而透过惊艳了观众的主角光环,构成影片艺术感染力的除了成功的人物塑造和演员精湛的表演之外,更深层次的支撑则是影片对革命者精神内涵的掘进,以及与这些精神内核相匹配的光影呈现。可以说,《革命者》让人眼前一亮的是它的人物形象和电影语言,而让人回味颇深的则是其藏于光影之下的文学质感。

《革命者》从人物形象和叙事结构两个方面入手,巧妙处理史实和虚构的关系,既塑造了一个文化领袖和革命先驱李大钊,又通过这个有血有肉、真实可感的形象,以及他追求真理、弘扬正义、坚持斗争、不惧牺牲的经历,为革命者设置了"追光者"的思想轮廓和美学标准。电影以李大钊就义前 38 个小时的倒序时间轴为主线,通过他与陈独秀、毛泽东、张学良、蒋介石、赵纫兰、李庆天以及北大学生、报童一家、开滦煤矿工友等不同的关系视角,以放射性叙事结构组织了多个故事单元。在这些故事单元中,"光"代表正义和真理、代表美好生活,而革命者从不放弃对光的追求和赞美。因此，观众在影片中看到了李大钊在国民党第一次代表大会上演讲的激昂，在得知报童被枪杀带领家属民众坚决抗议的愤怒，也看到了他在狱中屡受折磨酷刑加身面不改色的沉稳，以及带领革命者走向绞刑架时的无悔与坦然。特别是打入敌人内部的中共党员李庆天受组织秘密委派去监狱实施营救时，李大钊仍然选择平静淡然地拒绝。追光而行，不仅是《新青年》上"领风气之先"的思想启迪，是罢工抗议时走在最前列的行动，也是此时此刻洞观中国局势后仍追随内心理想，九死未悔"我以我血荐轩辕"的悲壮选择。

但是，电影并没有把李大钊的人格魅力局限在为共产主义事业奉献生命的崇高和庄严中，在《革命者》里，光还是热情和温暖——李大钊在包子摊与陈独秀调侃南北口味差异的轻松，除夕夜接过庆子给他的饺子时的暖意，他与妻子孩子们在家弹钢琴唱歌的温馨，以及英勇就义前剃头喝酒时的幽默和从容……这些更加贴近人性真实的形象设定和创作过程中的细致纹理，不但延展了李大钊作为革命历史伟人的概念化形象，同时，也让他的革命贡献和精神价值实现了从教科书到新时代的情感连通，让观众感受也接受了一个从历史中走来的李大钊。

《革命者》对精神向度的拓展还体现在对"革命者"思想含量的把握上。作为一个带有政治意味的身份描述，革命者在某种程度上会带来"传记"式的创作暗示。正如两部同名电影作品——俄国导演叶甫盖尼·鲍艾尔的《革命者》（1917 年）、美国导演露西·奥斯朗德的纪录电影《革命者》（2012 年）那样，聚焦主角的经历和命运，把革命者定位到典型人物上，进而深入那些为人类和平自由、国家民族解放前赴后继、无惧牺牲的生命体验中，去阐释革命者的价值意义。显然，中国的电影《革命者》并不满足于以人讲人、就事论事，只停留在塑造革命者的个体形象上，影片在设定放射性结构的故事单元时就对"革命者"的精神元素和群体层次进行了布局。如陈独秀是思想上的革命者；毛泽东是通晓国情、理论和实际相结合的革命者；罢工的工人是被唤醒的行动的革命者；李庆天是充满生机的未来的革命者；大年三十聚集在公共澡堂无处

409

可去的乞丐则是隐形的革命者等。电影不仅通过一个丰满的李大钊形象告诉观众"谁是革命者",还要在情节展开的过程中梳理出"什么样的人叫革命者"以及"哪些人应该成为革命者",从而完成事件到信仰、个人到群体的价值升华。这一定程度上受到导演徐展雄文学教育背景的影响,但更为主要的则是中华民族对于身份和价值的确认都具有深厚的集体主义思维。因此,《革命者》的主角是李大钊,但它并不仅仅是李大钊的传记,这也是这部电影拥有信仰高致、精神超拔的文学质感的关键所在。

除了思想主题,《革命者》在艺术呈现上同样是一部"追光"之作。它始终遵循电影逻辑、让镜头展现故事,完成思想和情感的传递,而不是简单地用光影去为剧本做顺序化的阐释。对应李大钊惊心动魄、波澜起伏的革命经历和勇敢坚毅的人物形象,电影总体上呈现出坚毅温暖的美学特征,而光的参与使火热的理想、光辉的人物、庄严的历史、悲剧的结局都充满了电影的美学表达。最引人注目的是蒙太奇闪回的大量组合运用,光影的快速、瞬间切换一方面在李大钊行刑倒计时的时间框架中加速影片节奏,另一方面也在镜头并置中为事件的每个环节搭建逻辑链条。在蒋介石签发处决李大钊的回函时,电影中与蒋介石复杂心情共同推进的是对二人相识以及关于思想、道路产生激烈争执的回忆闪现,从拜访孙中山偶遇再到国民党"一大"时各自表态,最终想到李大钊平静却自信的"打赌"之约,正在看戏的蒋介石毅然决然下决心签署处决回函,而观众从这场全程没有台词的心理戏中所感受到的情感张力,正是从光影逻辑中获得的。

在《革命者》中,对光线的调度和搭配是一道不容忽视的风景线。"背黑暗而向光明"是革命者的信仰,因此在电影中光成为希望和浪漫的隐喻。比如身陷囹圄的李大钊对着铁窗漏下的阳光,在黑暗的牢房墙上比出飞鸟翱翔的姿势,隐喻着思想领袖革命浪漫主义和乐观主义精神。开滦煤矿工人大罢工时,当矿工们"敖德萨阶梯"式的排列与他们头上的矿灯组合成"星星之火"式的队伍,与蒸汽中疾驶而来的火车车灯相对形成了小与大、多与少、权利与权力的相遇和对峙。还有,李大钊与陈独秀共驾马车相约建党途中的马灯；和毛泽东同行登上香山冀望"赤旗的天下"时东方旭日的万丈阳光；起身赴刑场时囚室桌上不灭的小油灯与狱警头上刺眼的大吊灯；牺牲后妻子赵纫兰回忆往事时的夕照等。但这不仅仅是关于光的象征，在与主题思想的情感基调保持高度一致的基础上，光的运用积极地参与场面构建和情节推动。同时，塑造革命者的不同面孔和侧面时，无论是李大钊在一束暖光中与想象中的同志紧握的手，还是冷光中掉落在刑场的眼镜，都折射出红色题材电影创作在艺术尝试上的进步和自觉。

（作者系石家庄市文艺评论家协会秘书长）

杂技书写史诗的典范之作

——评杂技剧《战上海》

胡一峰

杂技剧《战上海》聚焦解放上海这一重大革命题材，从杂技艺术本体寻找叙事表达的可能，又以叙事空间的营造拓宽杂技艺术的表现可能，把"杂技"与"剧"的融合推进到一个新高度。众所周知，杂技是一门强调技巧的艺术。"技近乎道"，技术的尽头是思想和美学的表达。"剧"的加持，无疑为技术向美学延伸提供了通道。

作为历史事件，"战上海"无疑是中国革命和中华民族伟大复兴进程中的重要篇章；作为文艺题材，"战上海"也被文学影视作品多次书写，信仰之花、烈士之血，深深震撼着几代中国人的心灵。它以杂技剧形式再次被演绎，演员极尽杂技之能事，奉献了一系列奇难险绝的技巧，革命之艰辛、牺牲之壮烈、情义之忠贞，都被以"近景"的方式，更具冲击力地呈现在我们面前，于是，我们的心和这段历史拉得更近了，对历史精神的感受也更加直观深刻。更重要的是，这些技巧被统一于共同的主题内涵和美学基调之下。因此，舞台上个体的技巧展示和角色间的力量对抗，带给人的不仅是肢体之美，更让人看到了历史进程中不同政治力量的博弈和斗争，以及蕴藏其中的信仰坚守、价值追求，从而提供了书写和观摩革命史诗的新方式。在这个意义上，我以为，《战上海》为杂技艺术书写史诗提供了典范。

如前所述，该剧成功的基础来自"杂技"和"剧"的高度融合。通观全剧，数条线索交织并进，一条是解放军进军上海的正面战场，一条是以白兰为代表的地下工作者为保护发电厂与敌人展开斗争，穿插其中的还有解放军突击队队长江华和白兰的感情线。这样的设计对作品艺术品质的提升居功甚伟。一方面，解放军和地下战线的密切配合，符合解放上海的历史真实，确立了全剧的"正剧"品格。另一方面，这样的设计拓宽了作品的艺术表现空间，这对于杂技剧创作而言或许更为重要。剧中，战场、舞厅、学校、会议室、街巷等多样化的场景，不啻于为各种各样的杂技、魔术、舞蹈等元素提供了尽情展示的舞台，场景的赋能进一步推动技巧成为叙事的有效手段，使这些元素被高度情节化，恰如其分地嵌入故事之中。此时，一种技巧与另一种技巧之间，不再是分隔、孤立的，它们在保留各自独立欣赏价值的基础上，互为奥援，构成一个连续的叙事整体。

从正面战场来看，"血战外围"这一场中，以"双人滑杆"表现战士冲锋陷阵，杆的颤动、摇晃，与战士的火线冲突，前进与迟滞形成动感的统一，恰表现出每一寸胜利的来之不易；"铁骨攻坚"一场，以"单人绳梯""八人绳梯"表现战士为保卫人民财产在不用重武器的条件下攻城的场面，只见解放军战士在高悬的绳梯之上翻转腾挪，前赴后继；"雨夜飞渡"中，"梅花桩"的巧妙运用，既符合事件发生在苏州河两岸这一设定，又充分渲染了江华率领突击队乘夜色过河的惊险，夜幕密织，水波摇动，战士们在桩上起如兔跃，落似猫伏，配合默契，紧张刺激，具有很强的共情效果。"迎接黎明"是全剧高潮，杂技的视觉奇观效果极致发挥，江华的英雄形象跃然眼前。而在表现地下工作者的斗争时，更用了不少别出心裁的设计，与正面战场一张一弛，让全剧节奏更加顺畅科学。比如，"智取情报"中的"宴会"场面，侍者穿着轮滑上场，厨师在长长的西餐桌上，同时转动数十个圆盘，一派欢宴景象，整个画面顿时变得灵动起来，起到调节气氛的作用。"巷斗"场面同样精彩，多媒体技术的充分使用，实现了上海石库门弄堂的原景呈现。此时，弯腰驼背的老婆婆蹒跚上场，把这一场精彩表演推向高潮。她手中长长的竹制晾衣杆，进一步点明上海地域特色，只见她目光坚定，小步紧迈，一边示意白兰等赶紧撤退，一边紧握长杆，一杆当关，横拦纵挡，阻住了一众特务的去路。这一段表演把钻圈、慢速武术与特色场景融合在一起，以强烈的谐剧效果，折射出地下党员与群众间的鱼水之情，堪称剧中的"名场面"。剧中还多次使用了魔术，强化了地下斗争的悬念感。比如，"智取情报"中，地下党员"刘副官"使用魔术手法，把写有消息的手绢变作一朵玫瑰花，又假借汤司令之手将其交到白兰手中，巧妙地传递了情报，让人长出了一口气。"暗巷逐斗"中，"大变活人"魔术的运用，与剧情贴合得天衣无缝，把特务耍得团团转，地下工作者机智勇敢的形象越发活灵活现。这些处理看似随意，其实是充满创意的神来之笔，让人感到，在敌人心脏开展斗争，地下工作者不就是为国为民、身怀绝技的"魔术师"吗？

特别值得一提的是该剧对江华和白兰情感故事的演绎。杂技的情感和美学内涵在此表达得淋漓尽致。"青春誓言"中，江华接到白兰送来的情报，勾起了美好的回忆，三个空间在舞台上依次打开，以无声的语言向观众讲述两人相识相知的情感历程。只见舞台上草坪茵茵，蓝天白云，两个风华正茂的年轻学子合作滚动圆环，轻盈的动作，青春的气息，洋溢在舞台之上。接着，又以"双人绸吊"和"对手顶"，表现这对革命恋人心心相印、缠绵悱恻的美好爱情。我们仿佛看到，从校园中的青葱岁月到革命路上的携手同心，两个年轻而圣洁的灵魂在共同信念的滋养下，越走越近……当江华牺牲在黎明前夕，白兰深情的呼唤在舞台上响起，英雄群像在舞台矗立，信仰信念的丰碑也深深镌刻进观众心中。

总之，杂技剧《战上海》极大发挥肢体对空间的塑造功能，用杂技的语言刻画英雄形象、讲述革命故事、营造舞台意境，书写了浪漫主义的艺术新篇，奏响了英雄主义的慷慨长歌，不愧为当代杂技精品。

（作者系中国文联理论研究室副主任、副研究员）

谱写新时代党员的青春之歌

——评电视剧《我们的新时代》

林玉箫　仲呈祥

2021 年 4 月 19 日，习近平总书记在清华大学考察时指出："当代中国青年是与新时代同向同行、共同前进的一代，生逢盛世，肩负重任。"[①]近期，由国家广电总局指导、华策集团等联合出品的电视剧《我们的新时代》生动回应了当代青年如何肩负历史使命、如何成长为堪当民族复兴大任的接班人这一时代之问，充分展现了新时代青年共产党员以青春之我、奋斗之我投身强国伟业，在历史巨变中勇于担当、善于作为的新风貌。

在中国共产党成立 100 周年之际，围绕党史和共产党人精神谱系的文艺作品屡见不鲜。电视剧《我们的新时代》另辟蹊径，从当下基层青年党员的视角出发，以时代报告剧的形式探索"时代新人"对"红色基因"的传承和发展，用新题材、新人物、新思想谱写了新时代党员精神的新篇章。首先，该剧采用单元剧的结构方式，在"传承党员精神"的主题下开辟出六个单元，每单元配置一组主创团队，分别讲述不同地区

---

① 《习近平在清华大学考察时强调　坚持中国特色世界流大学建设目标方向　为服务国家富强民族复习人民幸福贡献力量》，《人民日报》，2021 年 04 月 20 日，第 1 版。

基层党员在强军强国、工业发展、救援保障、民族团结、乡村振兴、社区维护等领域的奋斗历程，各单元之间既相对独立又彼此补充、映射，从而以多维度的视角、多样化的风格展现年轻党员在应对新时代课题时的责任和担当。其次，该剧在创作上遵循纪实美学原则，将内容的戏剧性建立在扎根人民、扎根生活的基础上，以实事感人、凭真情动人。如《紧急营救》以"蓝天救援队"等多个民间救援团体为原型，《排爆精英》融合了三位排雷英雄的感人事迹。剧中的拍摄场景和细节也十分考究，如《腾飞》搭建了同比例的支线客机和静力试验环境，真实再现了我国民用飞机制造的工作场景和工艺流程；《幸福的处方》深入贵州丹寨县龙泉镇高要村实地拍摄苗乡村医的故事，体现出真实质朴的艺术风格。再者，该剧紧扣社会热点，及时反映时代风貌，如《腾飞》关注我国飞机制造业"卡脖子"问题，《因为有家》聚焦"网红经济"与新农村建设，《美丽的你》更是涉及代际沟通、文明养宠、社区防疫、邻里关系、幼儿托管、5G通信等与当代人民生活密切相关的话题。每一个故事都凝结着新一代年轻党员的新思想、新智慧，展现着新时代各行各业的新方法、新举措，使《我们的新时代》既具有精神高度、时代内涵，又触及社会现实、贴近民生民情。

　　电视剧作为一门视听艺术，归根结底是人学，《我们的新时代》注重挖掘"小人物"伟大心灵的回声，塑造了平凡与伟大相融合、个人理想与民族复兴相统一的党员形象。剧中各单元的主人公都是基层工作者，这些"小人物"有技术工人、乡村医生、社区志愿者，也有排爆军人、大学生村官、救援人员等。他们既是具有好奇心、上进心的平凡青年，又在各自岗位上做出了非凡的成绩，彰显出共产党人坚强的意志品质和锐意进取的精神风范。所以剧中一方面描写基层党员在平凡生活中的喜怒哀乐、悲欢离合，另一方面又刻画他们在工作中超越普通人对困难的畏惧、对名利的追逐，在时代大潮中勇敢地涉险滩、闯难关，无私地为国家和人民服务。例如《腾飞》中的刘梦鸢就以强大的信念和百折不挠的意志，将青春和汗水投入我国支线飞机的制造中；《排爆精英》中的刘夕石在个人与集体、小家与大家的矛盾冲突中做出超乎常人的抉择，用"牺牲自我，奉献社会"的信条完成了边境排雷的崇高事业。在深刻诠释"伟大出自平凡"的基础上，《我们的新时代》还注重将年轻人鲜明的个性与共产党人精神的共性相结合，六位主人公都是有性格、有主见、自我意识凸显的新时代青年，如《美丽的你》中面冷心热的白菁、《幸福的处方》中正直善良的柳石兰、《排爆精英》中热血幽默的刘夕石等。尽管环境不同、性格各异，他们作为共产党员的奋斗精神、牺牲精神、创新精神、奉献精神却又一脉相承、彼此关联。《我们的新时代》有意为新一代基层党员树碑立传、传神写照，将规则与选择、亲情与大爱、崇高与平凡、个性与共性相统一，由此绽放出青春理想之美、信仰之美、奋斗之美、人性之美的动人光辉。

一代青年有一代青年的特点，一个时代有一个时代的担当。近年来，不同题材的影视作品均在寻求契合当下传播语境的年轻化表达。然而，作品的年轻化不仅体现在演员的选择、形式的表达上，更体现在创作者对新一代青年精神世界的挖掘和思考中。改革开放40多年来，我国物质文化水平有了质的飞跃，面对出生于网络时代、吸收海量资讯且衣食无忧的当代青年，用什么样的文化来引领他们，以什么样的精神来感奋他们，是当代文艺工作者思考的重要命题。《我们的新时代》以党员精神的传承回应新一代青年的奋斗支点，将青春励志与红色文化相结合，关注当代青年在社会实践中精神升华的轨迹和心灵嬗变的过程，既在精神的传承上体现"长江后浪推前浪"的历史规律，又在心灵的成长上强调"一代更比一代强"的青春责任。当然，该剧也不避讳青年在奋斗道路上遭遇的挫折、犯过的错误、产生的偏差，而是让青年的理想信念在一次次挫折和奋起中淬火成金、历久弥坚。总的来说，《我们的新时代》以人带事，生动展现了新一代青年党员的人生追求、价值取向、精神风貌，并以"小人物"为切口把握时代脉搏、回答时代课题、描绘时代精神，引导青年观众思考个人理想与国家命运、民族复兴之间的紧密联系，为党员精神在新时代的传承和发展谱写了新篇章。

（作者林玉箫系中国传媒大学艺术研究院师资博士后，仲呈祥系中央文史研究馆馆员、著名文艺评论家、中国传媒大学艺术研究院博士生导师）

理想之光照耀主题创作

——从《理想照耀中国》谈起

蒋祖烜

《理想照耀中国》2021年5月4日播出，7月8日收官，在湖南卫视获得以中国广视索福瑞媒介研究（CSM）全国网0.48%、CSM63城1.8%的平均收视成绩，同时在芒果TV、优酷、腾讯视频、爱奇艺等网络平台获得超过40亿次的累计播放量，该剧豆瓣评分8.2，微博热搜高达244次，话题阅读量破200亿，赢得了电视台和新媒体的大流量，实现了社会效益与经济效益双丰收。

习近平总书记"七一"重要讲话再一次诠释了共产党人"革命理想高于天"的精神品格，再一次强调了坚守理想和坚定理想的伟大号召，把共产主义的远大理想与中国梦的民族复兴紧密相连，让我们更加强烈地感受到《理想照耀中国》这个选题与新时代的追求高度契合，与中国共产党的初心使命高度契合。

近年来，湖南文艺创作实践以习近平总书记关于文艺工作的重要论述为根本遵循，努力从"平原"到"高原"再向"高峰"攀登。作为建党百年红色主题创作的重要作品，《理想照耀中国》是湖南文艺从"高原"向"高峰"攀登的一个重要节点，同时，也是湖南广播电视台电视剧创新的一次重要尝试。

题材选择：以独特视角撷取历史长河中的鲜活浪花

《理想照耀中国》没有沿用全景式的、宏大的思路去破题，而是自觉挖掘百年来4个历史时期中不为人所熟知，但同样闪耀着理想光芒的人物，并采用独立成篇、形散神聚的"诗选剧"模式，对40个闪光人物故事做"盲盒式"呈现，创新了主流剧的表达方式。如长征路上牺牲自我为战友点燃希望的红三军团第六师十七团一连炊事班、用生命为"天河"引流的红旗渠设计师吴祖太、新中国广播事业的第一位男播音员齐越、中国女子柔道队男陪练刘磊磊等。这40位人物中之前被影视作品引用、演绎过的次数非常少，因此给人很多新鲜的信息和新颖的体验。他们的事迹鲜为人知，但精神与品格同样熠熠闪光。

创新传播：与时俱进，对接与当代青年思想交流

我们在不同场合、不同情境中听到很多人在讨论《理想照耀中国》，其中不少都是朝气蓬勃的80后、90后，甚至00后。为什么这些年轻朋友眼里饱含热泪？因为历史川流不息，精神代代相传。《理想照耀中国》以风华正茂的气质与青年相遇，以年轻的创作团队、年轻人乐于接受的新方式，邀请到受年轻人喜爱的演员阵容演绎与年轻人情感接近的真实故事。对青年创作者、青年演员不拘一格的运用，和传播方式的年轻化，都是该剧获得年轻人青睐的重要因素。

表现形态：以新媒体逻辑探索契合当下的传播方式

湖南是文化大省，媒体融合发展不断走深、走实、走在前沿。《理想照耀中国》在这样的大背景下，汲取湖南广电对新媒体传播规律研究的阶段性经验，开启了对传播内容的同步探索。它突破了电视剧45分钟左右一集的传统模式，摒弃了很多注水、拉长、迟缓的电视剧传统制作理

念，创新采用 25 分钟一集的形态，密度更大，节奏更快，契合了当下碎片化的互联网传播语境，印证了"浓缩就是精华"的真谛。同时，该剧实现了圈层突破，湖南广电联合学习强国、央视新闻、B 站、美图秀秀、喜马拉雅、微博、滴滴出行等 55 家线上 APP、媒体，发挥芒果 TV 国际 APP 和国际频道海外渠道优势，乃至线下与新华书店联动，"年轻视角 + 潮流语态""大矩阵 + 强曝光"，激活了全域传播，实现了中外有效传播。

风格手法：以不拘一格的尝试，拓宽艺术表达

在这部剧中，创作者自觉运用大量不同的风格、手段、形式，其中既有大胆写意的散文叙事，也有张力十足的剧情叙事，主创团队根据不同的人物故事，相应地选择不同的类型风格。艺术的多样性令整部剧看起来五光十色，与其"红色盲盒"排播形成呼应——你想不到下一集播出的是什么内容，也猜不到下一集播出的是什么风格，具有强烈的时空穿越感和思维跳跃感，帮助观众打开了广袤深邃的艺术空间，极大地满足了当代年轻观众多样、包容的审美期待。

超强组合：集结最受青年观众认同的演员阵容

《理想照耀中国》共 6534 位演员，其中主要演员超过 200 位，在中国电视剧史上当属史无前例的超强阵容。王一博、赵丽颖、成毅等年轻受众喜爱的当红演员，王劲松、于月仙、马少骅、侯勇等关注度很高的艺术家，都成为这部剧吸引年轻受众的利器。这一搭配既拓宽了主旋律作品的触达范围，也实现了从演员向原型人物的关注引流，把观众的追星热情、追剧热情成功转化为对原型人物的追光行动。

如王劲松在《雪国的篝火》中的表演，成为剧迷津津乐道的经典，让年轻观众对红军长征的历史产生了更多求知欲。为了体现红军长征的真实状态，王劲松在雪虐风饕的长白山将身体埋在零下 20 摄氏度的雪堆

421

中长达十余分钟，将"红军不怕远征难"的精神表现得淋漓尽致。通过他的表演，年轻观众感受到了什么是"长征精神"。他们走进党的光辉历史，汲取奋进的智慧与力量，也增强了做中国人的志气、骨气、底气。

制作生产：以协同作战的方式提高制作效率

《理想照耀中国》是块"硬骨头"——筹备时间不足 5 个月，却要尝试在不到 1200 分钟的总时长中容纳 40 个人物故事，实实在在是"时间紧、任务重"。在这样的情况下，该剧总制片人王柯拿出集结湖南广电旗下 12 家单位组成项目团队的解决方案，发挥了湖南广电大兵团作战的能力与优势：总导演傅东育、总编剧梁振华在极短时间内打造出一支 17 人的导演团队及一支 22 人的编剧团队，最终形成了 14 个项目总组、15 个独立的摄制分组的阵容。在主题曲录制上开创国内 5G 音乐云的先例，实现北京、上海、长沙三地在线制作，因为以上原因，该剧能在 76 天时间内完成全部拍摄，并于 5 月 4 日如期上线。如此体量的一部剧，业内同行认可的拍摄制作时间周期至少要两年，而《理想照耀中国》用两个半月的时间完成了制作任务，大大突破了影视剧创作的周期规律，刷新了中国电视剧生产周期的纪录。

为什么一部电视剧能实现如此多的突破和创新？

其一，得益于国家广电总局的号召和协调。没有这一点，创作是不可能实现的。特别是国家广电总局相关负责人对该剧全过程跟踪、全流程服务、全方位关心，在台本审查、艺术提炼、审片把关、宣传协调等方面，都是靠前指挥、亲力亲为。

其二，得益于湖南广电与生俱来、与时俱进的创新基因和"要么第一个做，要么做第一"的勇气与追求。湖南广电的相关负责人与湖南广电同人在主旋律创作生产与播出中，品尝到了理想的甘甜，增长了在正能量中赢得大流量和高频率的信心。

其三，得益于整个团队被理想光芒照耀下唤起的精气神。在拍摄过程中，他们自己也变成了理想的一部分，与理想光芒相互照耀，情感互动。氛围之下，分集导演金晔，演员王劲松、孙锡堃、王佳宇等被剧里的人物故事深深感染，分别向剧组临时党支部递交了入党申请书。

湖南省委宣传部作为出品单位之一，全程深度参与这部电视剧的创作生产，为把握导向、强化创优、整合资源、扩大传播投入了较大力量。

近两年，在湖南省委宣传部的统筹下，湖南省广电局、湖南广电集团及相关文艺单位，合力完成了《江山如此多娇》《理想照耀中国》《百炼成钢》《大地颂歌》《百年正青春》等重点文艺项目，在实战中增强了战斗力。站在新的起点开启新的征程，我们将继续深耕红色题材的影视剧创作，用心用情用功为党写史、为民族铸魂、为人民立传，创造新的文艺高峰。

（作者系湖南省委宣传部常务副部长）

战争电影创作的新界碑

——评电影《长津湖》

胡智锋

电影《长津湖》在 2021 年"国庆档"一经推出就好评如潮，不断刷新着各项观影纪录。这部以再现和表现抗美援朝战争中极其重要的长津湖战役为题材的战争大片，以全新的影像、视角和思想，呈现出具有史诗意义和风范的壮丽影像，成为新时代中国战争电影创作的一座具有突破意义的新界碑。

影像新形态

《长津湖》作为一部直击那场 70 多年前惨烈战役的战争电影，正面呈现战争场景不可回避，该片动用新的拍摄和制作技术，努力还原更高可信度和更具震撼力的战争影像，这一点精彩演绎不必多说。而给人留下更加深刻印象的是该片主创团队不仅着力于战争场景本身带来的视听震撼，更是力图穿过战争影像，将视野拉开至更广阔的影像新形态，这就是"青春态""生活态"与"英雄态"的影像挖掘与呈现。

该片以伍千里、伍万里兄弟，以及众多的中国人民志愿军年轻的将士为主要角色，通过他们不服输、不退缩，活泼、执着、敢打敢拼的故事与细节，展现出志愿军的青春风貌。诸如弟弟伍万里跟一群小伙伴们在河里打飞石；哥哥伍千里动辄拧弟弟伍万里的脸做鬼脸；志愿军老兵"戏谑"刚刚入伍的伍万里，引发伍万里冲动地反抗等故事细节，都呈现出志愿军年轻将士们朝气蓬勃、活力四射的"青春态"。

同时，大量动人、有趣的生活细节，为本片增添了浓厚的生活质感。伍氏兄弟与父母相会，年迈的老人为他们做出充满亲情的家乡饭菜；伍千里离家时背后爹娘不舍的眼神；战友们在车厢里相互掰手腕、打赌……这些场景都呈现出充满亲情和友情的"生活态"。

而面对强敌，老兵雷公为掩护战友挺身而出，最终壮烈牺牲；尤其是为阻挡敌人进攻，在极端寒冷的大雪之夜，"冰雕连"将士化成冰雕等场景，浓墨重彩地体现出志愿军将士感天动地、震撼人心的"英雄态"。

这些富于"青春态""生活态"和"英雄态"的影像、场景、故事和细节都是那样的昂扬、亲切和壮阔。其由外而内形成的影像冲击力、感染力在同类作品中无疑是空前而令人难以忘怀的。

创作新视角

以往此类战争片在视角的选择上通常会陷入一种惯性的模式，如对于敌方惯用俯视的视角，更多展现敌方的紧张、胆怯、狂妄、无知等状态，而对我方则惯于用仰视的视角，程式化表现高大、完美、伟岸和崇高等状态。当然，任何创作都难免带有鲜明倾向性的判断，并以此来做出相对应的视角的选择。电影《长津湖》尤为难能可贵的是，回望70多年前的这场战役，没有简单化地借用以往惯性的创作模式和视角，而是站在新时代的高度，以更加平实、理性和客观的视角去再现和表现这场战争。

该片显而易见地没有选择惯用的俯视或仰视视角，而是选择了平视的视角，对这场战争作出了更富于文献气质的影像表达。无论是中方还是美方，无论是高层的决策还是普通士兵的行为，都尽可能以平视的视角去呈现，既没有矮化和丑化敌方，也没有过度拔高和美化我方。这样的呈现方式显然更具说服力，也更加有力地表现出中国人民志愿军在以美帝国主义为首的所谓"联合国军"强大的军事压力下，不畏强暴、敢于斗争、敢于胜利的豪迈气质与伟大精神。

思想新开掘

电影《长津湖》特别令人称道的是，在思想价值的开掘上站在了新时代的高度，呈现出更加宏阔、深刻，启人深思的新思想和新价值。这尤其体现在对于"战与和""正义与邪恶""生与死"等关系的全新思考与表达上。

在"战与和"的关系上，该片以伍家三兄弟的故事为由头，通过伍千里接过已经战死的长兄伍百里的骨灰回家乡，伍千里反复劝退一心想入伍当兵的弟弟伍万里，让他安心在家陪伴父母等情节；通过伍千里对着弟弟和父母说出"我们去打仗是为了不让你们再来打仗"等朴素的话语，表达了中华民族从不好战、爱好和平的理想与心愿，也表达了中华民族不怕外敌入侵，不畏外来打压，英勇应战、打赢战争并最终赢得和平的胆量和决心。正如毛泽东主席所言："打得一拳开，免得百拳来。"

在"正义与邪恶"的关系上，该片关注到那些最普通的中国人，尤其是中国农民，他们刚刚获得了赖以生存的土地、刚刚翻身做了主人，为了保卫自己的家园、捍卫自己的尊严，而毅然奔赴战场。这种来自普通中国人争取生存权利的诉求，毫无疑问充满了巨大的正义感。反之，以美帝国主义为首的所谓"联合国军"，在朝鲜发动的这场战争，恃强凌弱、以暴逞强，无疑是非正义乃至邪恶的。中国人民志愿军"抗美援朝、保家卫国"，无疑是一种正义的宣言。

在"生与死"的关系上，该片不仅呈现了新中国开国领袖毛泽东主席的儿子毛岸英，在残酷的战争面前毅然做出了以身殉国、壮烈牺牲的选择，也展现了老兵雷公和"冰雕连"的壮烈牺牲。他们死得其所、死得伟大、死得重于泰山，他们虽死犹生。同样，那些被派到朝鲜战场上的美国士兵，他们也是普通人，也是鲜活的生命，但却因为美国发动战争的非正义性而遭受精神和肉体的戕害。美军面对志愿军"冰雕连"行军礼表明，中国人民志愿军的伟大精神赢得了对手的尊重，他们虽死犹生，精神永存。

这些细腻的表达和呈现，充分展现出新时代我们对于"战与和""正义与邪恶""生与死"关系的新认知。同时，这也是习近平总书记所指出的"人类命运共同体"的共同价值，其意蕴之深邃，彰显出巨大的正能量与思想力。

总之，电影《长津湖》以前所未有的努力，全景式地展现出抗美援朝最惨烈的长津湖战役的丰富影像，以新形态、新视角和新思想，为新时代中国战争电影创作立下了一座新的界碑，其创作经验启人心扉、令人深思。

（作者系北京电影学院党委副书记、副校长）

薪火相传，复兴使命

——评大型民族交响史诗《崛起》

张听雨

　　"崛起"一词在 20 世纪和 21 世纪各有一次成为所处时代的高光关键词。20 世纪初，当时还是中学生的周恩来掷地有声地宣示"为中华之崛起而读书"；到了 21 世纪，全球化多极格局背景下中国作为"大国崛起"，"崛起"成为世界瞩目的话题。从文学史上考索，"崛起"一词的出现可以追溯到东汉王符的《潜夫论·慎微》："凡山陵之高，非削成而崛起也，必步增而稍上焉。"以"崛起"概念切入中华民族谋求复兴的历史叙述再贴切不过。不久前，由中国广播艺术团与中国国家博物馆联合出品的书写建党百年历程的大型民族交响史诗《崛起》在京上演。该作品由著名作曲家刘长远作曲、董芳芳作词、中国广播民族乐团制作。聆听之后，笔者以为这部作品具有多方面的特点，使其在建党百年众多委约新制中独树一帜。

　　从叙事的选择来看，这部作品是沿着 20 世纪的中国历史脉络，选取重大事件作为时间节点展开叙述。作品的前三个乐章可视作第一大部分。第一乐章"千疮百孔"的背景是 1900 年八国联军攻占北京、1901 年签订《辛丑条约》，这也是中国共产党应运而生的历史背景。第二乐章"救亡图存"描写的是抗日战争时期中华民族奋起抗战背景下可歌可泣的英雄故事。第三乐章"气壮山河"分为"战士遗书"与"英雄安魂曲"两部分，通过对烈土的悼念，写出中华崛起背后的沉重代价与坚强意志。第四乐章"复兴之路"可看作第二大部分的开始，其中第四乐章之一《到中国需要的地方》自新中国成立开始，展现了新中国成立后人民劳动生活的新气象，展现"人人都是螺丝钉，哪里需要就去哪里"的精神；第四乐章之二《幸福之泉》着力于对社会主义建设中人民幸福生活的描绘。第五乐章"中华崛起"书写了崛起后中国的"人民之欢乐"。

从体裁、音乐内涵与技巧方面看，这部作品取得了一定的突破。体裁上，民族交响史诗的定位十分准确，细究"史诗性"的概念，其中包含的"民族性""整体性""英雄性""全景性"在这部作品中均得到彰显。音乐上，作品绝非单纯是民族管弦乐的形式，而是通过提升作品的交响性与戏剧性表现史诗性的效果。"崛起"是一个富有张力的词汇，蕴含不屈的反抗力量，而表达出其中的张力要靠作曲家发展乐思的功力。

作品在整体写作上突出了富有张力与戏剧性的效果，许多段落甚至如电影镜头语言的"蒙太奇"手法一般：乐思之间飞驰急转，音乐动感与变化都十分丰富。作品起首便不落窠臼，其开头在朗诵后直接进入第一乐章。不协和的半音化进行与高密度配器下的音块撞击，加之无穷动般的织体，将听众一下带入飞机轰炸下民众仓皇逃难的情境中。迅疾的乐思往往容易处理得散乱而没有头绪，而作曲家将戏剧性与"突然感"的分寸把握得恰到好处，这些体现在调性布局、材料关联诸多细节之中，也是作曲家的功力所在。

这种功力来自作曲家的学习背景。刘长远曾负笈俄罗斯，俄罗斯的作曲教学以扎实的作曲技术理论见长。刘长远正是基于扎实的传统作曲功底，并创造性地将其转化为中国民族管弦乐的形式，这一系列的转化本身即创新的一部分。第二乐章之二《战乱四起》，回旋如风暴似的急板是作品的又一精彩之处。作曲家将西方尤其是俄罗斯古典音乐中递进动机的发展与中国民族音乐"紧打慢唱"的方式相结合，使作品既达到了疾风骤雨的效果，又带有民族韵味。

《崛起》中的合唱队写作也具有特色，使民族管弦乐与声乐结合是刘长远一直致力探索的。《崛起》的合唱队写作在"念白式"与"歌唱式"之间转换自然，能够制造出音乐丰富多元的叙事角度。合唱队在音乐中时而作为歌剧式的群众形象，例如唱词中连续的"逃难"使用战栗短促的节奏表现逃难者此起彼伏的呼号，时而又跃出叙事，以第三人称视角抒发对中华大地满目疮痍的悲恸之情。作曲家在整部作品的写作中吸收借鉴了欧洲清唱剧的音乐语言，独唱与合唱的呼应也设计得恰到好处。在第三乐章之二《英雄安魂曲》中，可以听到如威尔第《安魂曲》般的痛悼，篇章开始突出打击乐纯音色之美，英雄精神的崇高光辉闪烁于整个乐章。

在"雅俗共赏"中突出民族性，是作曲家刘长远创作中一直致力达到的目标，而雅俗共赏的命题转化到民族管弦乐的创作中，很大程度上体现在原创性与民族性的平衡方面，刘长远在这个问题的处理上十分成功。就《崛起》而言，在原创性上，现场呈现了作品浓郁的中国风格。而仔细品味，却不见对于民歌的"改头换面"——对于中国传统音乐的元素，作曲家采用了更加隐喻与象征化的表达手法。例如，第一乐章引用了《梅花三弄》的主题，第二乐章引用了《长城谣》。这种引用绝非单纯的"拿来主义"式地使用传统音乐的素材借以彰显民族特色，而是通过音色、和声的隐喻建立与文本更直接的联系。例如，对于《梅花三弄》的引用，并未像许多其他作品一样对这个著名的主题做出发展和变奏，而是在引用主题的过程中赋予音色与和声变化，将主题置入一个新的语境。"梅花三弄"主题先后由古琴与"喉管"奏出，二者一弱一强的特质使音乐具有了从远景到中景的层次推进，之后则是近景与全景的全奏，以叙写战争的惨烈。第一遍古琴陈述主题时，乐队以震音演奏不协和的音块，并辅之以力度的快速变化，隐隐不安的效果十分贴切。喉管本身便具有哭腔般的音色，用该乐器作为第二遍的陈述，表达"如泣如诉"的效果是神来之笔。以这样富有逻辑思考的形式"引用"传统音乐主题十分具有张力。刘长远师从作曲家鲍元恺，这方面也可看出他对鲍元恺"中国风"创作风格的继承与发扬。总而言之，从作品的音乐细节上可见其结构不落窠臼、音乐语言多样自然、传统功底深厚，而音乐所表达的精神性又突出了史诗性、民族性、英雄性的崇高之美。

前面谈到作品的叙事链条缜密而有机，其中词作者董芳芳功不可没。她有着丰富的歌剧脚本写作经验，优美的文笔之外，对于腔词关系等音乐方面的着意打磨也独具一格。与刘长远的创作一样，她也擅长处理不同风格的文字，并将其纳入一个完整有序的系统，即使单独看来也具有很强的文学性。第一乐章中的《逃难》的连续排比与复沓、嘶喊叩问，文字简白却掷地有声，情感烈度不断加剧，最后一句："一个声音在喊：救亡！一个声音在喊：太阳！"昭示着未来的希望，信仰感极强。第二乐章"救亡图存"开始朗诵的是一封烈士致爱人的诀别信："我写这封信时，还是人间一人；你看这封信时，我已成阴间一鬼。"烈士诀别时黯然却坚定的心情表达得入木三分。而其后女高音《念》的独白，又有着明清话本诗词与散曲的意境。"都说是有缘来世轮回再相见，我却怕擦肩而过不相认"，其间的愁苦与无奈听来令人扼腕；"此恨余生不能已，肝肠寸断痛绵绵"则有《长恨歌》般生离死别的痛切。

表演无疑也为作品增添了光彩。音乐指挥由著名指挥家彭家鹏担任，乐团演奏由中国广播民族乐团担纲。彭家鹏擅长以澎湃的激情调动乐团，作品的尾声演绎尤其精彩，被作曲家称为"中国人的《欢乐颂》"。这段彭家鹏的指挥非常投入，他的右手保持着清晰的图示，同时准确指明了方位，具有昭示性的左手不但在关键结构位置予以大力强调，亦挥动出细腻的律动。在"紧打慢唱"时，他的身体能暗示出旋律的走向，而手上保持精准的击拍。音乐激烈时，分拍自然转化为合拍，使情绪更上一层，指挥家的肢体动作丰富且有效，身体的每一个动作都充满着音乐的律动。指挥的处理能在紧张的快速度演绎中清晰区分音乐的层次，多日的精细排练也使乐团呈现出许多可圈可点的细节。

中国广播民族乐团历史悠久，自 20 世纪 50 年代创团以来推出了大量的原创新作，也正是这样的历史传承使乐团在面对《崛起》这样一部大编制作品时能从容面对。这部作品中管乐难度较大，笛子、唢呐的独奏都十分出彩，管乐与打击乐写作的丰富充分体现了作品的交响性。弦乐的优势在于经过训练后演奏得迅疾整齐，面对几段无穷动式飞快的音乐还能保持充分的清晰性，这点可以在几个急板乐章被清晰地听闻。

而台前幕后的工作者在这样一部大制作中也起到了重要作用。如中国广播艺术团团长刘学俊、中国广播民族乐团团长李春勇、总导演韩瑾等人在选题、把关、制作、呈现上都为作品增光添彩。

大型民族交响史诗《崛起》融合朗诵、独唱、合唱等样式，有利于具象化地表达情感，引起听众思想认识上的共鸣。同时在独奏、乐队演奏上不断创新，以富有民族特色的音乐语言直击听众内心，拓展了交响乐民族化的表现空间。大型民族交响史诗《崛起》用音乐诠释了中华民族儿女薪火相传的复兴使命，它的成功首演既为建党百年献上了一份有政治觉悟、艺术价值、人文品格的厚礼，也是音乐民族化形式的一次成功尝试。希望这部作品能在舞台上反复打磨，焕发出更璀璨的光彩。

（作者系《音乐周报》乐评人）

后 记

在党的坚强领导和光辉指引下，百年中国文艺史，波澜壮阔、荡气回肠。

从星星之火、可以燎原的火光，到延安杨家岭窑洞前的阳光，从红星照耀中国的信仰之光，到领航新时代、指引新征程的真理之光……100年来，中国文艺发生了翻天覆地的变化、取得了可歌可泣的业绩。特别是党的十八大以来，文艺奋发作为，始终与人民共呼吸、与时代同步伐。2014年的文艺工作座谈会与1942年的延安文艺座谈会精神相连，标识着耀眼的文艺坐标。从参与脱贫攻坚到抗击新冠疫情，广大文艺工作者服务大局、砥砺奋进，文艺百舸争流、百花竞放，奋力攀登艺术高峰，热情讴歌伟大时代。

100年来，中国共产党领导中国的文学艺术，犹如一条波澜壮阔生生不息的长河，倒映着100年来发生在中国大地上可歌可泣的历史风景。在举国上下共庆党的百年华诞之际，中国艺术报社推出"百年风华——百部优秀文艺作品中的党史百年""奋进号角精神火炬——党领导的百年文艺实践笔谈"专栏和"礼赞百年"专题，以文艺的形式重温百年党史，展现百年文艺创作的亮丽风景线。其中，"百年风华"穿梭于时光隧道，通过创作者、亲历者等的生动讲述，回顾不同历史时期的优秀

433

文艺作品及其背后的故事，回望百年征程、礼赞百年辉煌，展现党的光辉历程，让我们从经典作品中感受党的百年风华；"奋进号角"聚焦党领导文艺的热点话题，邀约著名文艺理论家，系统梳理、深度阐释中国共产党成立以来党领导文艺事业的经验、主张、路线、方针、政策；"礼赞百年"集中呈现喜迎建党百年的各类文艺活动，以及各艺术门类涌现出的一批思想精深、艺术精湛、制作精良的作品，展现全国广大文艺工作者怀着内心的喜悦，围绕"喜迎党的百年华诞"开展的一系列形式多样、内容丰富的文艺活动。

今天，我们将上述三个部分中的重要文章结集成册，隆重推出《百年风华正青春——中国艺术报庆祝建党100周年文章精选》一书。在此需要特别说明的是，书中作者身份均采用文章登载时的信息。

奋斗百年路，开启新征程。今天的中国，是历史上的中国，同时也是迈向现代化、放眼世界的中国。以中国式现代化全面推进中华民族伟大复兴的征程，正向全世界展示着中国特色社会主义文化的丰富内涵，展示着我们坚定的道路自信、制度自信、理论自信与文化自信。

在全面贯彻落实党的二十大精神开局之年，让我们更加紧密团结在以习近平同志为核心的党中央周围，奋进新时代、逐梦新征程，为推动中华文化更加繁荣兴盛，实现中华民族伟大复兴作出新贡献。